【新装版】

埋甕　―古代の出産習俗―

木下　忠 著

雄山閣

図版1　川崎市潮見台遺跡第八号住居跡

北側より

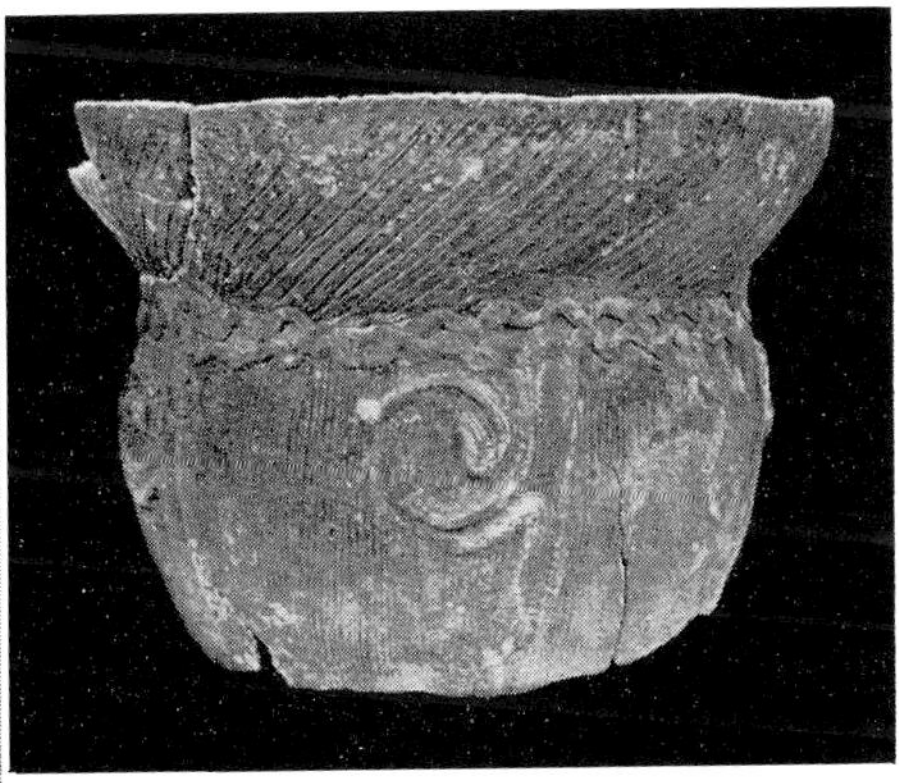

埋　甕

張り出し部　西側より

（関俊彦氏写真）

図版2　川崎市潮見台遺跡第一一号住居跡

→西側より

張り出し部　北側より↓

（関俊彦氏写真）

図版3　川崎市潮見台遺跡第一一号住居跡

住居跡

埋甕1（左）と埋甕2（右）
北西側より

埋甕2

（関俊彦氏写真）

図版4　松戸市殿平賀貝塚の住居跡と墓壙

住居跡と墓壙（矢印）

墓壙の内部　堀之内式期の甕形土器を割って小児遺体をおおう

（関根孝夫氏写真）

図版5　東京都五日市町・子生（こやす）神社の底抜けびしゃく

子生神社に奉納された底抜けびしゃく
（田中丸勝彦氏写真）

図版6　胞衣塚のいろいろ

徳川家康の胞衣塚　岡崎城内
（林正雄氏写真）

徳川家宣の胞衣塚　東京・根津神社
（田中丸勝彦氏写真）

水戸光圀の胞衣塚　西山荘

図版7　胞衣塚と胞衣埋め場

八王子市遣水の
小泉家の胞衣塚
左側の小石積み
（金山正好氏写真）

熊野市の胞衣埋め場

大和郡山市白土のエナボウリ
（集落の環濠の一部）

図版8　愛知県北設楽郡東栄町の産小屋

産小屋　もと東栄町三輪に所在
現在総合文化センター民俗館に
移築。間口1.64m　奥行1.74m

（右）
産小屋の内部　別火生活を送る
ために、いろり・かまどが設け
られ、むしろが敷かれている

埋甕—古代の出産習俗　目次

埋甕

――古代の出産習俗

第一章　戸口に胎盤を埋める呪術

中公新書の『照葉樹林文化』(注1)は、日本文化の最深層に想定される縄文文化の復元の手がかりを求めるために、哲学者や栽培植物学者・文化人類学者・考古学者(考古学の立場では岡崎敬氏が参加)など、異なった立場の専門家が自由にさまざまな仮説を提出した討論記録の好著である。私自身、当時東京の西郊のある町の町史編纂に協力することになり、武蔵野台地に多い縄文時代中期の遺跡や遺物に取り組んでいたため、いろいろと示唆されるところが多かった。そうした矢先に、『月刊考古学ジャーナル』四〇号(注2)に渡辺誠氏の「縄文時代における埋甕風習」という論文がのった。この論文を読むにつれて、頭の中にさまざまな考えが渦巻いて、ついに触発されて、同誌四二号に表題のような小論をのせたのは、昭和四十五年の三月のことであった。その後も国土の開発はすさまじい勢いで進み、埋甕が発掘された遺跡もたいへんな数に達した。拙稿についても賛否両論こもごもであるが(注3)、当時の考え方は基本的には、ほとんど変わっていないので、資料を加え、若干の補訂を行ない、本書の巻頭におくことにした。

一　住居内埋甕に関する諸説

尖石・与助尾根遺跡の発掘によって、縄文時代中期の集落跡の研究に大きな足跡を残した宮坂英弌氏は、その発掘調査報告書(注4)の中で、住居跡の埋甕について、「蓋石の有無はあっても、その位置はいずれも南側の東西両主柱穴の中間より、やや外側に向かった同一地点であった。この埋甕が貯蔵を目的であったならば、出入の激しい南側よりむしろ他の位置が選定せらるべき筈である。然るに特にこの地点が等しく選定せられたからには、そこに何らかの強力な理由が存在していたに違いない。……何か呪術的効果を祈願する思惟の所置と認めなければならない」と、重要な指摘を行なっている。ひたむきな発掘からにじみでた鋭い洞察である。

埋甕については、その後食品貯蔵坑説・飲料水の貯蔵所・便所説・甕棺説などいろいろな意見が提出された。

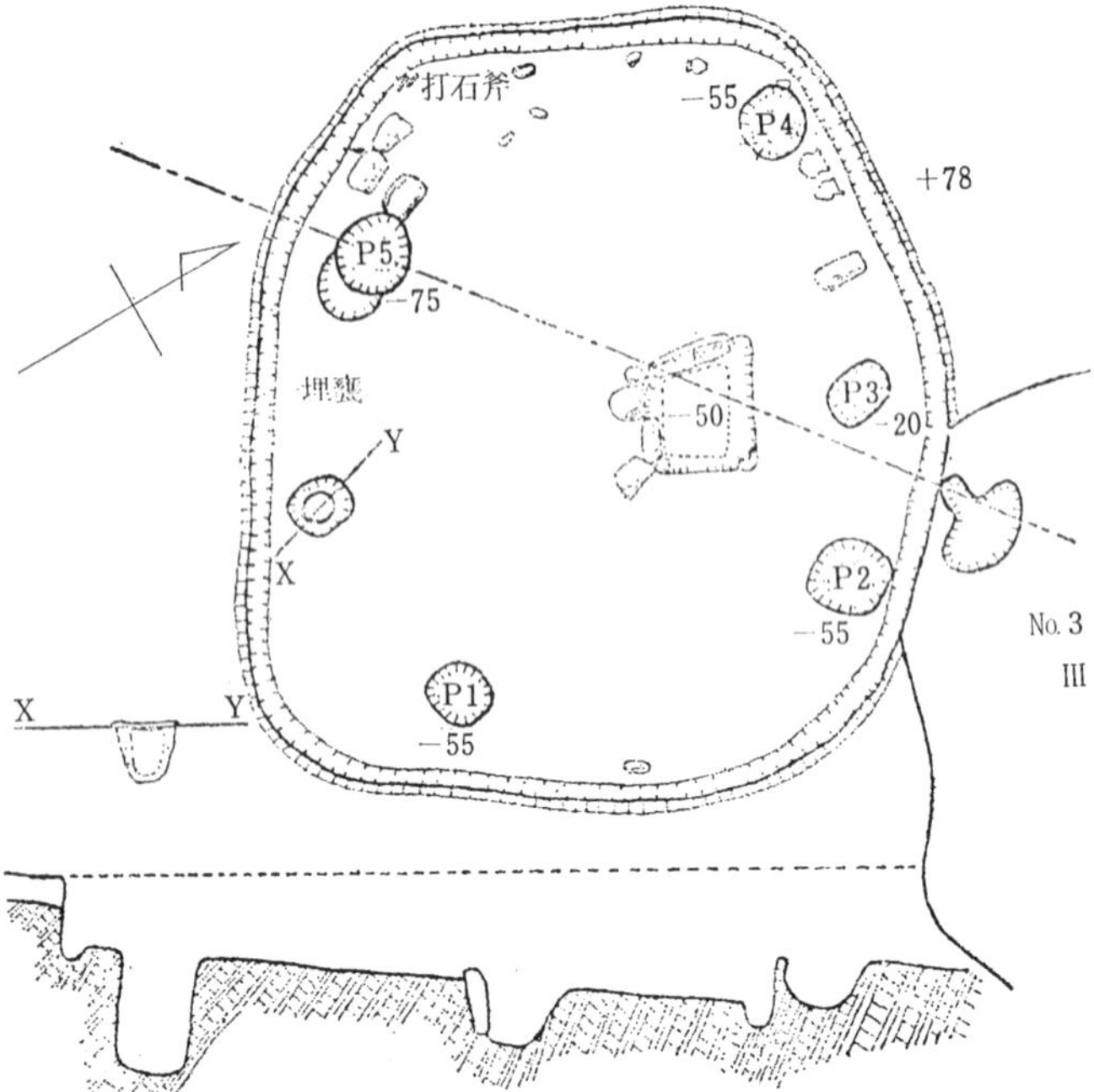

図1　与助尾根第四住居址（『尖石』より）

井戸尻遺跡の報告書（注5）では、「（埋甕は）貯蔵用とも考えられるが、底部を欠いたものや顛倒している例もあって一概に断定はできない。むしろ、宗教的な遺構として理解した方が妥当な面もある。」というにとどまっていた桐原健氏は、昭和四十二年に「縄文中期に見られる埋甕の性格について」（注6）を発表し、長野県下の住居跡から発見された埋甕の資料を集成しながら、小児棺として使用された以外に、胎盤収納のケースがあるであろうことを強調した。

桐原氏が比較研究の資料としたのは、清野謙次氏や岡田謙氏が紹介された東南アジアの事例であったが、諏訪にあって縄文文化の復元に意欲を燃やしていた藤森栄一氏は、埋甕の用途について考察した中で（注7）、「例を遠くをさがさずとも、地元の諏訪地方でも、えなを埋める場所は、土間の上がり端の踏み台の下で、埋めて湯をかける。土間の敷居の下

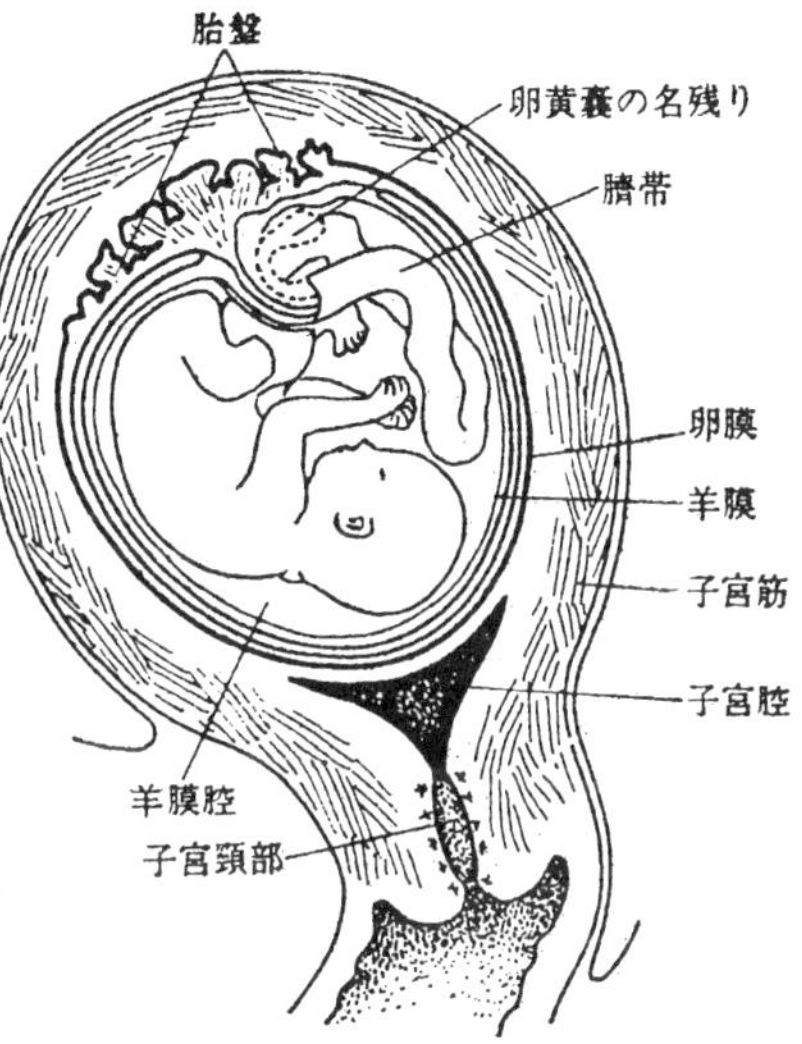

図2　胎盤と子宮の関係（イバート他『発生』・荒井良『胎児の環境としての母体』より）

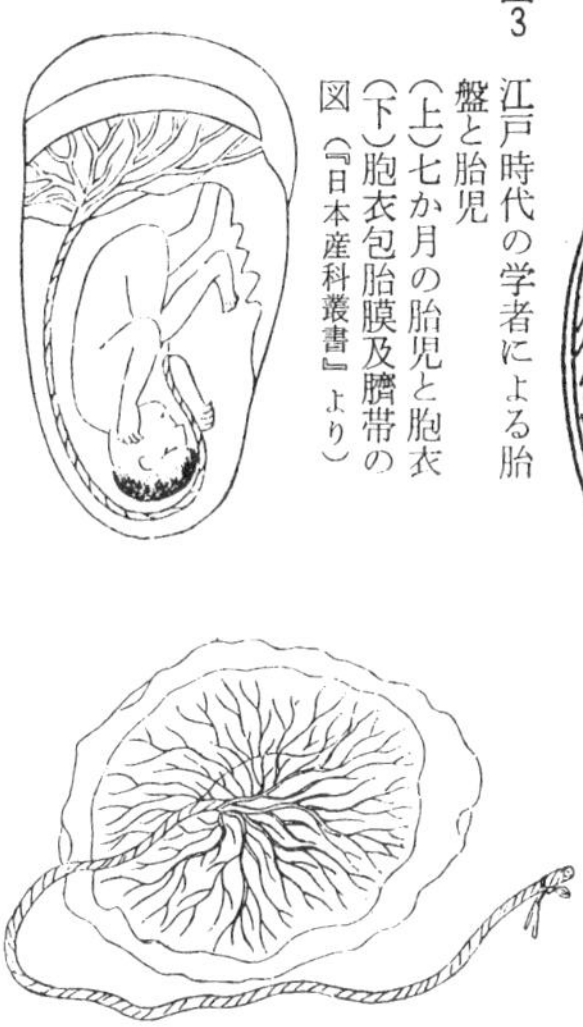
図3　江戸時代の学者による胎盤と胎児
(上)七か月の胎児と胞衣
(下)胞衣包胎膜及臍帯の図（『日本産科叢書』より）

など人の多く踏む場所に埋めて、人に踏んでもらえば幼児がまめに育つとも、産後が軽いともいわれている。」とこれらの遺跡のある諏訪地方の民俗例を紹介された。

　昭和四十年の秋、八が岳南麓の唐渡宮遺跡で、農道拡張工事が行なわれ、たまたま原始絵画のある埋甕が発掘された。武藤雄六氏は、この絵から想定されるものは分娩以外にないとして、これに直結する後産の処理および幼児骨埋葬などに用いられたものであろうと指摘した（注8）。

　こうした胎盤収納説に対し、渡辺誠氏は、入り口床面下発見の埋甕の例を広く集成し、その分布図を作成し、また住居外の埋甕について究明し、千葉県松戸市の殿平賀貝塚の、住居の埋甕（第四章で述べるようにこれは埋甕ではなく、墓壙である。）から小児骨が発見された例を重視して、埋甕は幼児埋葬の施設であろうと強調されたのである。

　私は渡辺氏の論文に刺戟されながら、わが国の民俗例にあたり、遺構や遺物を検討しているうちに、渡辺氏がほとんど否定的な胎盤を埋納する習俗が、世界の諸民族にとどまらず、わが国においても非常に根深い呪術をともなうことを知った。

二　胎盤を埋める習俗

呪術研究の開拓者フレイザー（J. G. Frazer 1854～1941）は、その著『金枝篇』（注9）の中で、へその緒と胎盤をふくむ後産の取り扱いを感染呪術の顕著な事例としてあげている。フレイザーが感染呪術と呼ぶ呪術の原理は、「かつてひとたび接触の状態にあったものは、たとい遠く空間を隔てた後にも、一つに対してなされたすべてのことは必ず他の一つに同じ影響を与えるような共感的な関係を永久に保つ」ということである。「善にもあれ、悪にもあれ、人間一生涯の運勢というものは、身体の一部分であるこれらのものによって左右されることが多く、へその緒や後産が保存されて適当な取り扱いを受ける時は栄達するのに引きかえ、もしそれが害われるか失われるかすれば災厄に見舞われると信じられているのである」として、オーストラリア北東部のクインスランドや、スマトラのバタク族、中央アフリカのウガンダのバ・ガンダ族など諸民族の事例をあげている。そして、「世界中の多くの地方で、へその緒、または後産は、嬰児の兄弟もしくは姉妹である生きものとみなされ、あるいは子供の守護霊または、その魂の一部を宿す物質的存在とみなされている」と指摘している。

わが国の胎盤取り扱いの習俗調査のはじめは、江戸時代後期の文化年間に諸国に質問状を送って風俗調査をこころみた屋代弘賢で、『諸国風俗問状』（注10）の中で、「胞衣の納様如何様、まじなひ事も候哉」と胎盤取り扱いの呪術を質問項目のうちにあげており、いま十数か所の回答が判明している。昭和十年、柳田国男氏らの指導で、発足まもない恩賜財団愛育会が実施した「妊娠出産育児に関する民俗資料調査」は、詳細をきわめたもので、胞衣・臍緒の処置に関する習俗も質問項目にあげられている。その成果は福島・愛知・三重・奈良・岡山・山口の諸県分だけが、調査の依頼をうけた関係者の間で一部刊行されたにとどまっていたが、このほど四〇年ぶりにその記録全部が刊行されたことは喜ばしいことである（注11）。その後、産育習俗の研究は大藤ゆき氏（注12）など主として女性の民俗学者の間で進められたが、胎盤の取り扱いに関する民俗研究者の報告の例もようやくその数をましている。

わが国の胎盤が埋納される場所を大別するとつぎのとおりになる（注13）。(1)家の戸口に埋める、戸口の敷居の下に埋める。(2)土間のすみ・台所に埋める。(3)馬屋・牛の駄屋に埋める。(4)産所の床下・縁の下に埋める。(5)便所の床下に埋める。(6)便所の踏み石の下に埋める。(7)軒下・雨だれ落ちに埋める。(8)方位をみて屋敷の内に埋める。(9)分かれ道に埋める。(10)海に沈める、浜の砂に埋める。(11)イナ墓・エナ埋め場に埋める。(12)墓地に埋める。(13)エナ屋がとりにくる、などである。このうち、エナ埋め場や墓地に埋める、エナ屋がとりにくるなどは、一部例外を除いて明治以後の習俗であることが跡づけられる（注14）。

ここではまず、問題とされている縄文文化の埋甕と埋め場所を同じくする家の戸口の場合について具体的にその習俗をみてみよう。胎盤をそこへ埋める理由は、踏めば踏むほどその子がじょうぶによく育つ（栃木野木、埼玉上里・妻沼・騎西・毛呂山・川越・朝霞・志木、千葉市原、東京羽村、長野宮田、奈良東里・賀名生、島根安来、岡山柵原・旭、徳島神山・市場、福岡能古島、長崎豊玉、熊本花園、宮崎椎葉）、力がつく（埼玉高麗本郷）、堅い子になる（埼玉領家、奈良下市）、大勢の人に接するので賢くなる（埼玉皆野）、出世する（埼玉富士見、高知宿毛）、人見知りしない（香川高松）、頭が固くなる（鳥取大山、徳島西祖谷山）からというのであって、目じるしにさん俵やむしろを置いたり（埼玉深谷、奈良下市、岡山刑部、徳島牛田、香川高松）、こもをかけたり（埼玉川越）、石をのせて置くところ（島根安来）もある。埋めた上に石をのせるのは、犬や猫がにおいをかいで掘るためともいう（埼玉小川・神泉）。埋める所をあやまると子供が死ぬ（東京小金井）ともいい、子供の体が悪いとエナの埋め場所が悪いといって埋めなおす（神奈川生麦南、長崎伊奈）ところもある。また、鳥でも、けものでも、虫でも、はじめてその上を通るものを、その子が一生忌み恐れる（福島いわき、栃木藤岡、埼玉越ヶ谷、奈良室生、岡山浜野、広島品治郡風俗問状答）として、それが蛇や蛙であると困るので父親が一番最初にまたぐ（島根広瀬、広島品治郡風俗問状答）。そうすると親のいうことをよくきくようになる（群馬板倉、東京武蔵野、岡山刑部）といっている。

それを埋める場所をくわしくいえば、表の出入り口の敷居の内側、（栃木小山・藤岡、埼玉領家・川島・越ヶ谷・浦和、東京小金井・羽村、千葉君津、長野宮田、愛知吉田領風俗問状答、奈良郡山・御杖・賀南生・下市・白銀、岡山笠岡・玉島、広島品治郡風俗問状答、徳島池田・三加茂、香川高松、愛媛御荘・城辺）、戸尻（群馬高崎）、ニワを入ってすぐの藁打ち石の下（長崎獅子）、出入り口の敷居の外（千葉市原）、敷居の下（茨城五霞、群馬北橘・入須川・三波川、埼玉高麗本郷・大宮・川口・越ヶ谷・草加・花園・新座・所沢・都幾川・皆野・長瀞、千葉印旛、東京三鷹・青梅・瑞穂・保谷・東久留米・清瀬・大島泉津・利島、静岡清水、奈良上市・川上、長崎松原）、表の入り口の足を一歩踏み入れた所（埼玉坂戸、奈良郡山、島根美保関）などで、敷居の下の場合は、踏まれるほどよいといって埋めるところ（群馬入須川）もある。また、男の子は家に残り、女の子は他家へとつぐものだからといって、男の場合は家の入り口の内側、女の場合は外側（埼玉鳩ヶ谷、三重名張、奈良室生、岡山妹尾・倉敷・御津・昭和・三石・上道、香川善通寺）、長男ならば戸口の内、他の子なら戸口の外（島根松江新庄）、男児は表口、女児は裏口（埼玉領家・鴻巣・川島・川越・上尾・騎西・大宮・川口・越ヶ谷）、男は台所の内、女は外（埼玉深谷）など、性別などにより埋める場所を違える場合もある。

つぎに一般に胎盤を埋める際の容器は、かめ（宮城・茨城〔エナガメ〕・埼玉・福島・千葉・愛知・三重・京都・奈良・島根・岡山・山口・香川・福岡・熊本・大分・鹿児島）、つぼ（茨城〔エナツボ〕・栃木〔イナツボ〕埼玉・東京・長野・三重・滋賀〔エナツボ〕・京都・奈良・和歌山・島根・山口〔ヨナツボ〕・徳島・香川・愛媛・高知・長崎・熊本〔イヤツボ〕・大分・宮崎・鹿児島）が多く、底なしがめ（かめを逆さにして穴をあけたもの）にうつす（三重坂手・桃取）、ハンド（土壺）につぎつぎに子が生まれるとみな入れる（山口柚野）などの例がある。また、たこつぼ（愛知日間賀島、岡山玉野・日生・備前、山口平郡島・下松・宇部、香川高見島・志度・佐柳島・池田・小手島・広島・詫間）、とっくり（奈良室生）、どびん（埼玉・千葉・岐阜・愛知〔エナドビン〕・三重〔ヨナツボ〕・滋賀・奈良・岡山・山口・香川・長崎・熊本・大分・宮崎）、ほうろく（奈良〈直径五寸ぐらいで二重合せ、県下にかなり普遍的〉・山口久賀）、エナ桶（福島白川領風俗問状答、長野豊科、愛知吉田領風俗問状答、奈良王寺・下市）、曲物（埼玉三芳・茨城水戸領・新潟長岡領・和歌山領風俗問状答）、メンパ（静岡吉田）、古いひしゃくの柄のとれたもの、（群馬・東京・岐阜・奈良・岡山・徳島・愛媛・大分）、わん（徳島高河原村風俗問状答・藍住・半田・貞光・池田・山城・西祖谷山、愛媛新井浜・今治）、さんだわら〈二枚合わせた中にはさむ〉（宮城・秋田・福島・埼玉・東京・神奈川・山梨・愛知・三重・佐賀）、こも・むしろ（青森・新潟・滋賀・奈良・岡山・熊本）、馬のくつ（東京羽村・長野落合）、わらづと（青森・岩手・宮城・秋田

・茨城・岐阜・兵庫・島根・岡山・広島・徳島・福岡・長崎・熊本・大分・宮崎）、あわび貝（千葉千倉、東京泉津、神奈川江ノ島、愛媛瀬戸、長崎厳原・芦辺・郷ノ浦・生月）、芭蕉の葉（宮崎高千穂）などがあり、このほか、白紙・油紙・ぼろなどに包む場合もある。

胎盤を埋める民俗分布図（巻末の「胎盤処理の民俗分布図」参照）を作製してみたが、戸口に埋める習俗のとくに密度が濃厚な地域は、関東平野西部で、その広がりは房総西部・中部山地に及んでいる。もう一つは、奈良盆地の周辺から上野盆地・紀伊山地に連なる地域であり、もう一つは、出雲東部・伯耆西部から吉備を経て中国地方の東部を南北に横断し、瀬戸内海をこえて四国の吉野川流域に及ぶ地帯で、肥前西部も一つの地域をなす。関東地方西部を中心とする東日本の分布帯では、戸口へ胎盤を埋納する習俗が、旧利根川を境として中流域ではほとんど東方に及んでいないとか、三国山脈の北方にはほとんどのびていないなど、それが縄文時代中期の勝坂式ないしは、そのあとを受ける加曾利E式期の文化の遺跡の分布ときわめてよく類似している。

三　埋甕と呪術

縄文時代の住居内埋甕については、①入り口の床面下に埋められているものが多い。②口縁に把手がなく、平縁でいかにも木製の蓋などをかぶせるのに便利である。③底部を欠いているものが多い。④中はいつも黒い土ばかりで何も出ない、などの特徴が指摘されている（注6）。はじめに引用した宮坂氏の「貯蔵が目的であったならば、出入の激しい南側よりむしろ他の位置が選定せられるべき筈で、……何か呪術的な効果を祈願する思惟の所置と認めなければならない」を止揚した桐原氏の胎盤埋納説は、前節でしるしたわが国における胎盤埋納の民俗例と埋甕のあり方を比較検討するとき、それを埋める位置からしても、踏めば踏むほどじょうぶに育つという感染呪術の内容からいっても、また、埋甕出土遺跡の分布（巻末の住居内埋甕分布図参照）と民俗分布図との類似からしても妥当性をもつものといわねばならない。

埋甕には底部を欠くものと、胴部下半を欠くものがかなり多い。その意図を考えるために、再び民俗例をみてみよう。胎盤埋納の容器そのもので底部を欠くものには、三重県坂手・桃取の底なし甕（注15）などがあるが、安産を祈願して底をぬいたひしゃくをあげてくるとか、いただいてくることは、群馬六合・上小塙・大島・蟻川・北橘・白沢・本宿・飯倉・桐生、埼玉川越・野上、東京小金井、山梨千代田、静岡三島・浜松、愛知旭・田峯・作手など、広く各地に例があり、神奈川県愛甲町の沢平や原臼では、底ぬけ袋を不動さんや観音さんからいただく。また、秋田東成瀬、群馬白沢、埼玉妻沼・野上・越ケ谷、新潟西川、山梨千代田では、蛇の抜けがらを腹帯の中に入れるなどの民俗例があり、妊婦は袋物を縫わぬ、ねずみ・みみずの穴をふさがぬなどの禁忌は兵庫県下に広く行なわれるところである。

『永昌記』天治元年五月の条には鳥羽上皇の中宮出産につき、こしき（甑）を御所の上から転がすとか、『山槐記』治承二年十一月の条に、高倉天皇の中宮が安徳天皇を出産するときにこしき三つを転がして破るなどの記録があり、『徒然草』にも「御産の時こしきおとす事は……御胞衣とどこほる時のまじなひなり……下ざまよりことおこりて、させる本説なし、大原の里のこしきをめすなり」としるされているが、奈良県下では、産気づいてなかなか出産しないとき、屋根むねへこしきを持って登り、反対の側へ三度くりかえすと、どんな難産でもうまくいくといっている。

お産は棺桶に片足つっこんだようなものといわれるほど女性にとって避けがたい大事である。ことに胎盤が降りないことは、ノボリエナともいって、もっとも恐ろしいものであった。このとき、すっぽり抜けて安産できるよう、胎盤が残らぬようにと底の抜けたひしゃくや、袋・こしき・蛇の抜けがらなどに託することは、フレイザーのいう、類似は類似を生むという原理による（注9）類感呪術の範ちゅうに属する。縄文時代の埋甕が底なしであることは、民俗例を参照したとき、安産を願う祈りをこめた類感呪術を示すものというべきであろう。

四　埋甕といわゆる貯蔵穴

住居の入り口に埋甕が盛んに行なわれた時期は、関東地方でいえば、加曾利EⅡ式・Ⅲ式の時期、中部山岳地方では、曾利Ⅱ式から曾利Ⅴ式までのいずれも縄文時代中期後半にあたり、関東地方ではさらに後期の称名寺式ないしは堀之内式の時期まで連続的にたどられる。また、その上限は縄文時代中期中葉の勝坂式の時期に及ぶことがしだいに明らかになってきた。初源の追究は今後の課題であるが、埋甕に顕現される胎盤を埋める出産の呪術は、さらに埋甕を離れて検討してみる必要があると思う。民俗例にみられるように埋納した容器にはさまざまなものがあったのではなかろうか。たとえばつるで編んだ袋とか、木の葉など、今日残存しない材料のものがあったのではないか。そういう観点から縄文時代の竪穴住居跡をあらためてあたってみた場合、従来貯蔵穴とされるピットに、胎盤埋納の可能性が強いものがある。

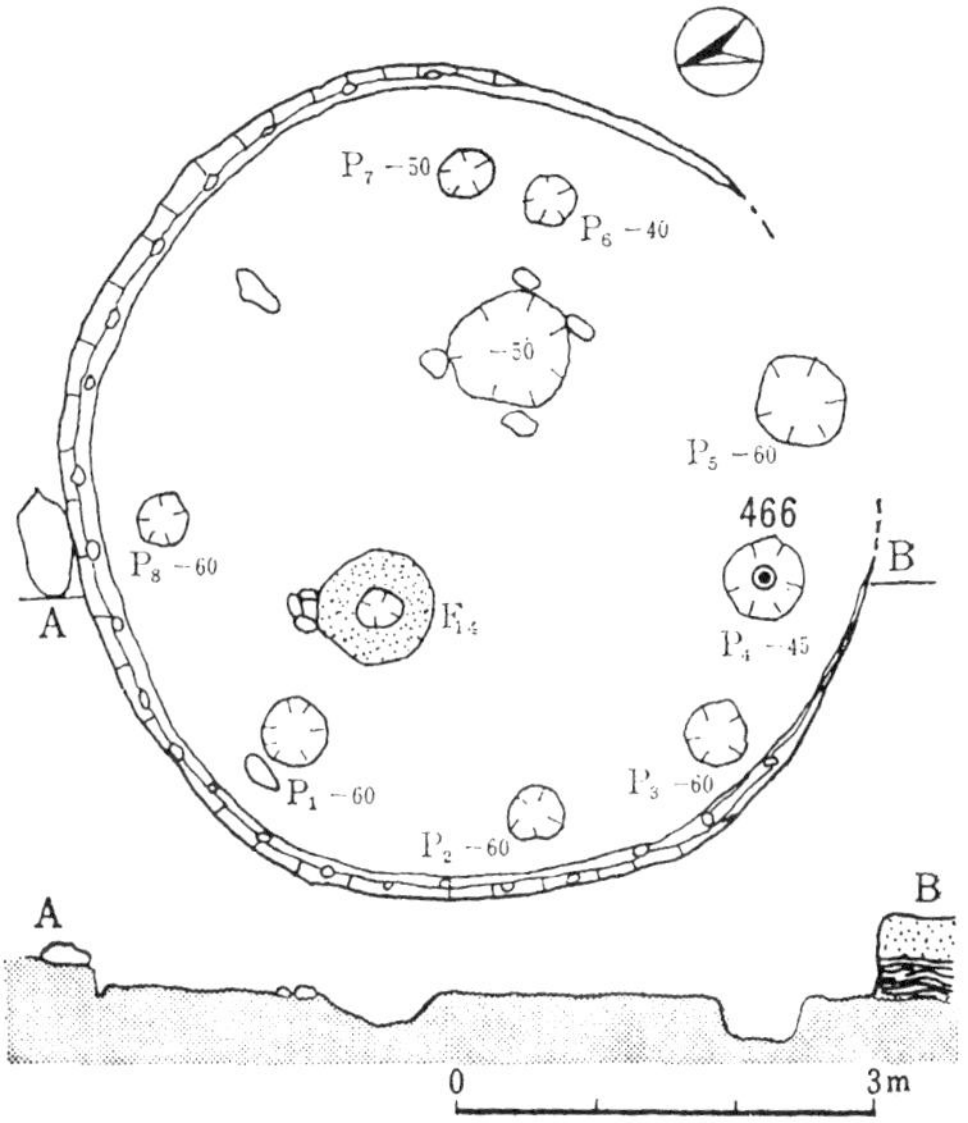

図4　長野県曽利14号住居跡　◉印は埋甕（『井戸尻』より）

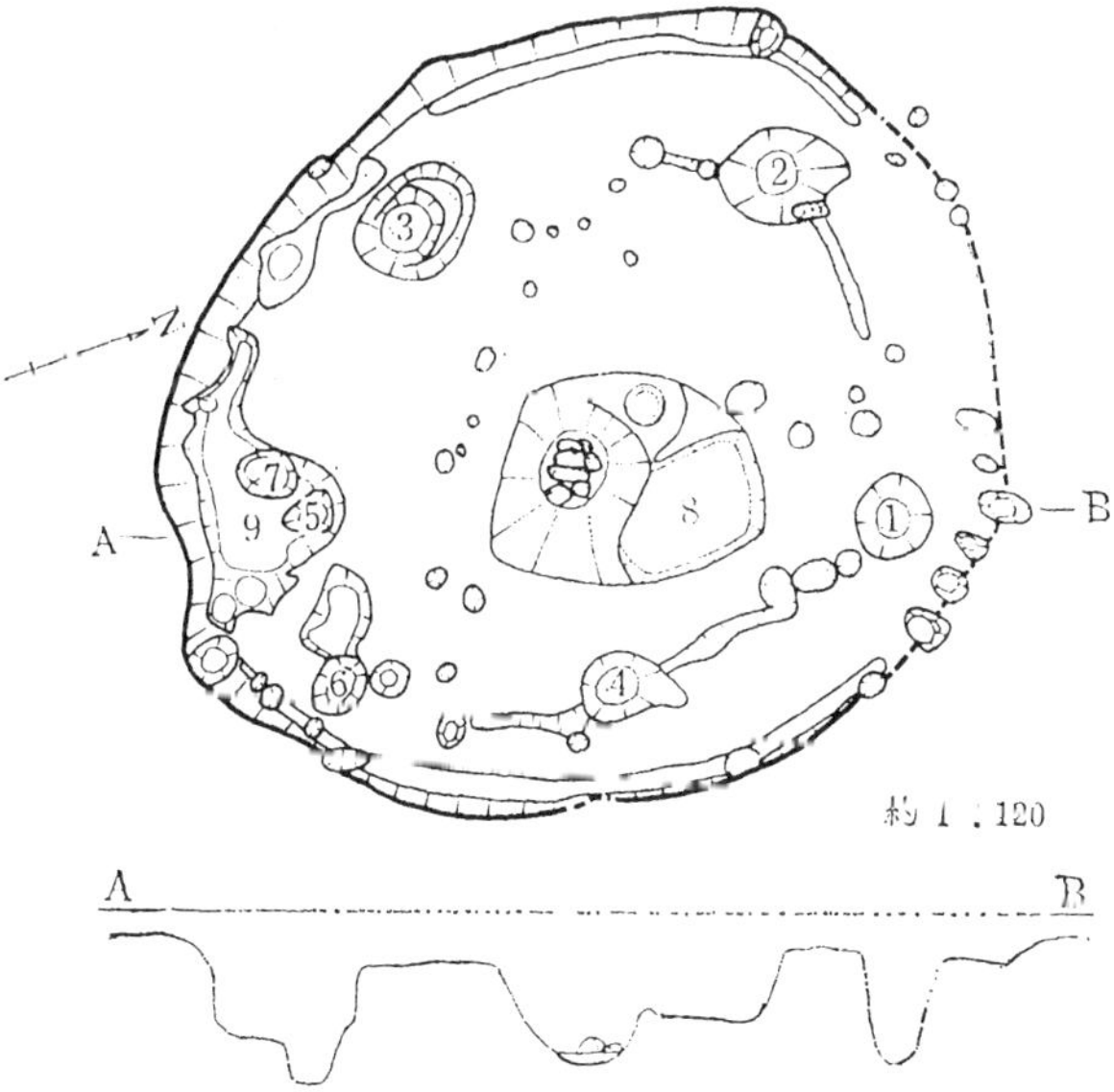

図5　八王子市宮田遺跡4号住居跡（「宮田遺跡発掘調査概報」より）

勝坂式期のものでは、八王子市宮田遺跡の四号住居跡や、小金井市中山谷五号・一五号住居址などの住居南壁に接するピットがその例であろう。このようないわゆる貯蔵穴状遺構とされるものは、すでに縄文時代前期に出現し、南関東では諸磯式期にいくつかの明確な例がある（注16）。いずれも胎盤を戸口に埋める東日本の分布帯の中の事例であることがとくに注意をひく。

石器時代に属する縄文時代の習俗が数千年の歳月を超えて今日まで残存しているということは、歴史民族学や民俗学

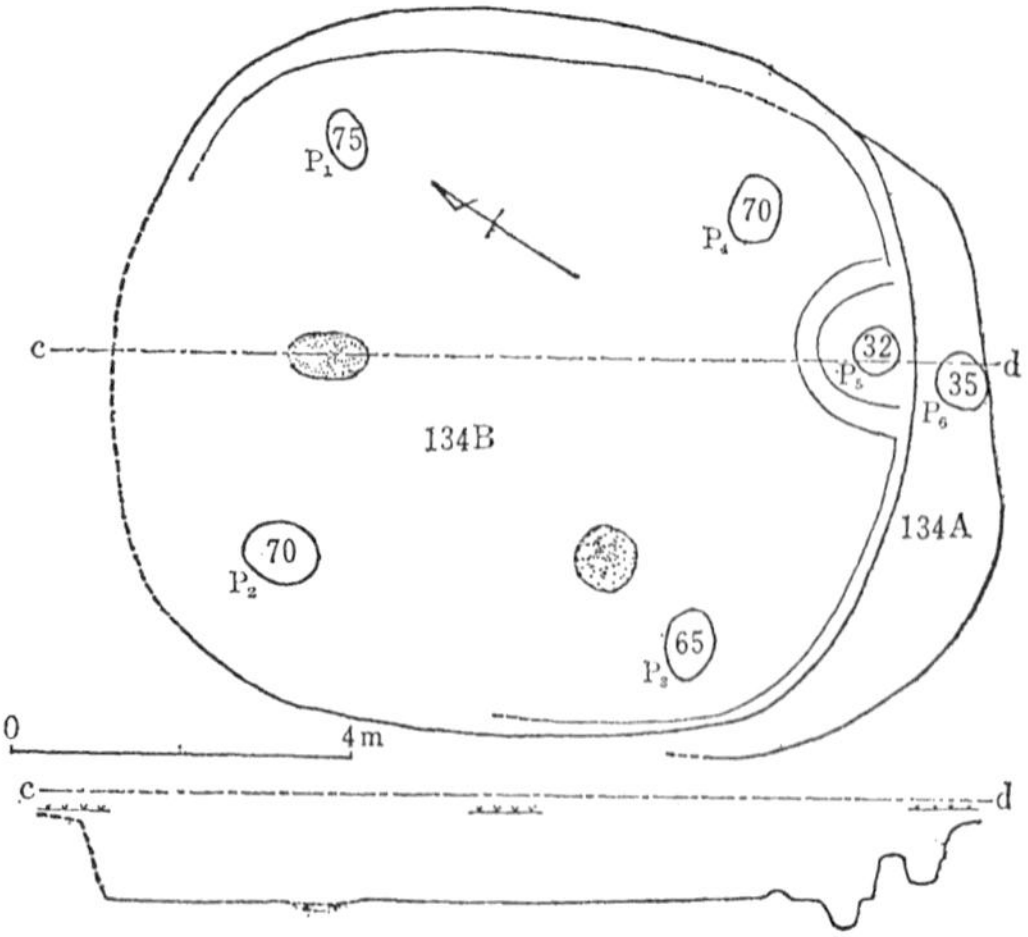

図6　横浜市三殿台遺跡134−A号・B号住居址（『三殿台』より）

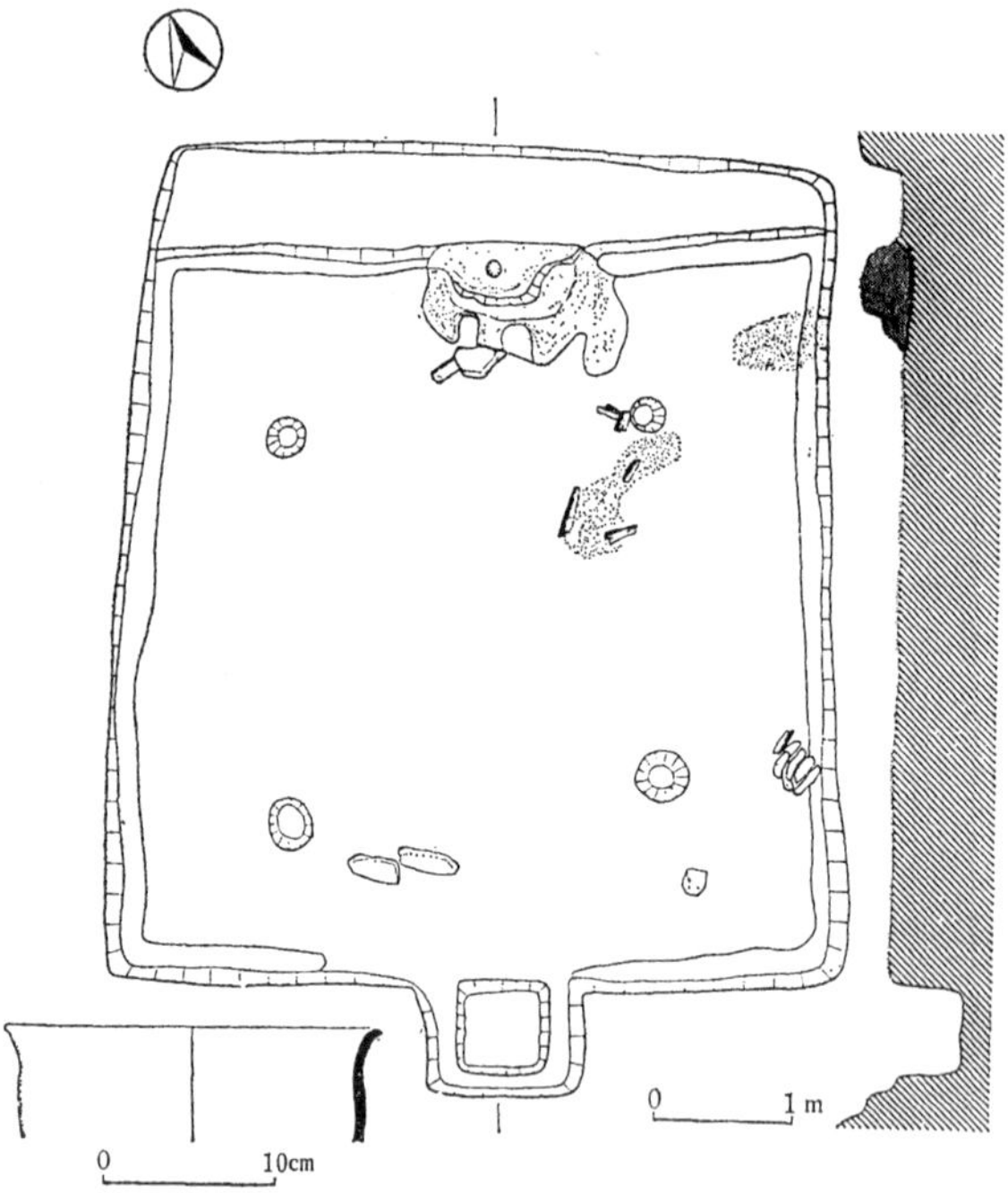

図7　八王子市中田遺跡C地区13号住居址と中央ピット発見の甑
（『八王子中田遺跡　資料篇Ⅱ』より）

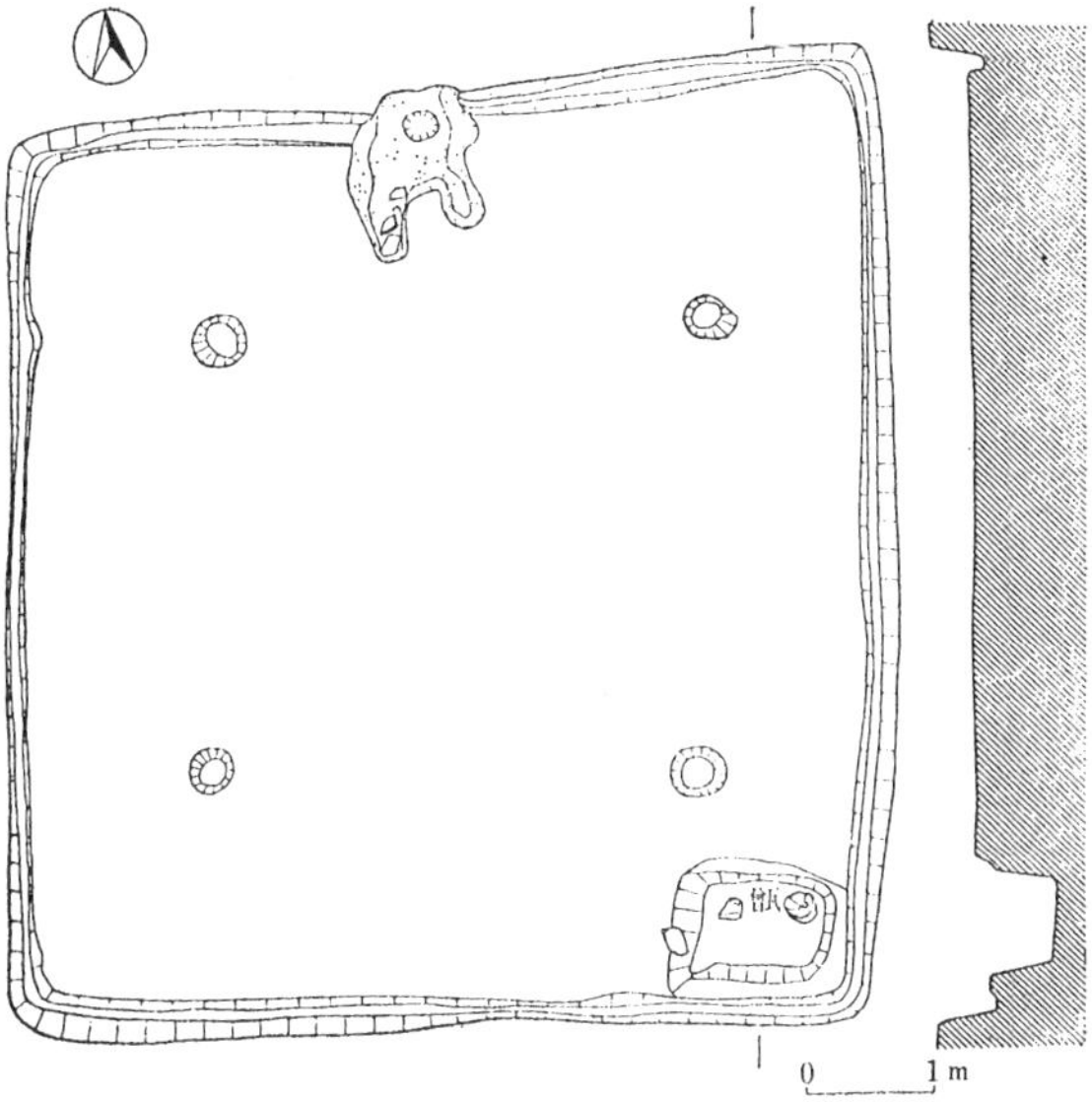

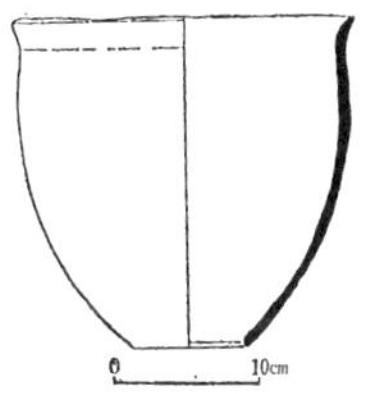

図8　八王子市中田遺跡C地区11号住居址と東南ピット発見の甑（『八王子中田遺跡資料編Ⅱ』より）

を貫く根本原理である文化の停滞性とか世代的伝承性によって説明しうるところである。

いま東日本の戸口に胎盤を埋める習俗が残存する地帯では縄文時代以後も引き続いてこの習俗が反復伝承したものであるという仮説にたって、弥生時代や古墳時代以降の竪穴住居跡の実測図をながめてみよう。これまで考古学者は竪穴住居跡やそれに接して掘られた柱穴以外の穴（小ピット）の用途を、たいてい貯蔵穴であろうと推定

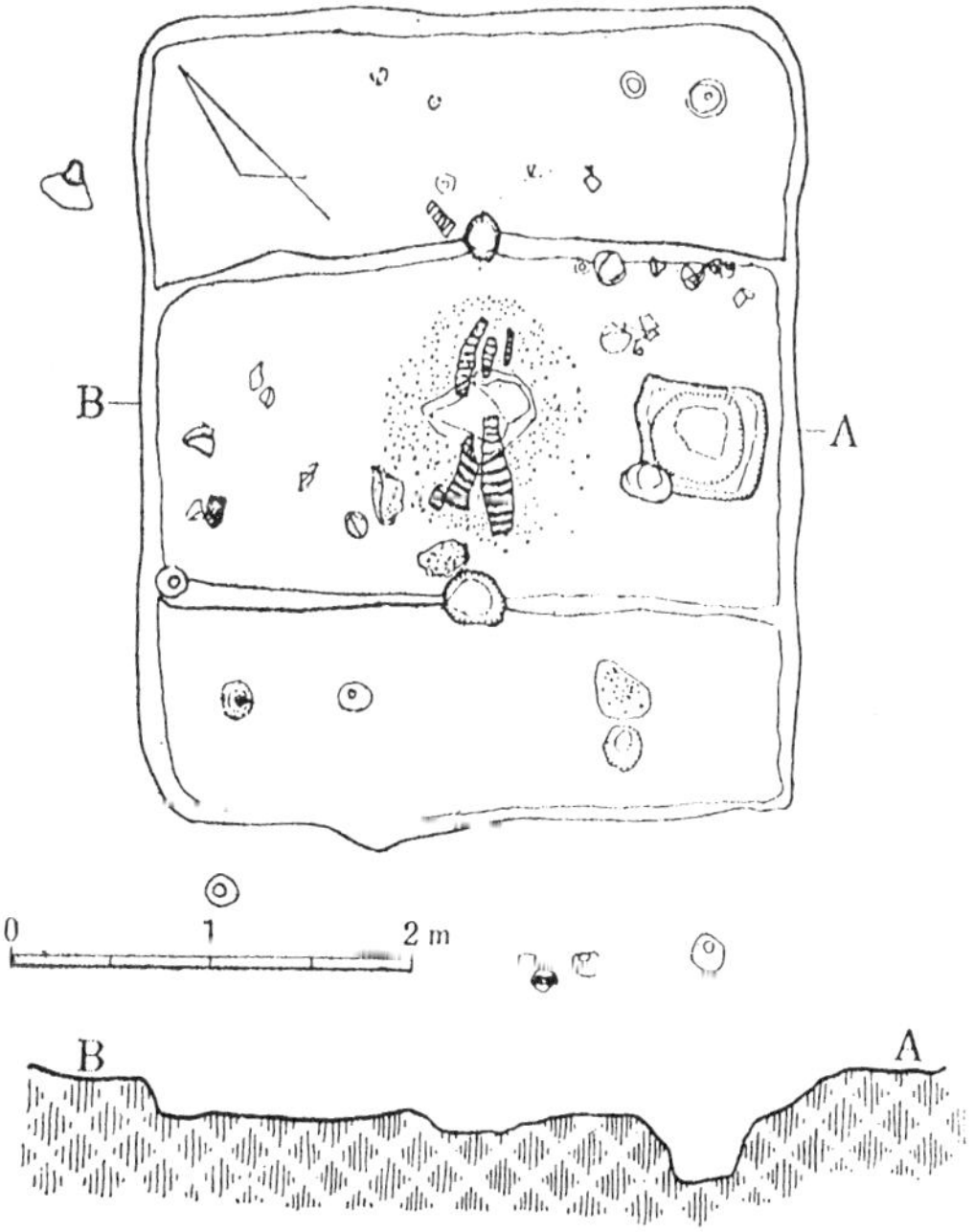

図9　兵庫県大中遺跡第五号住居（『播磨大中』より）

し、それは竪穴住居の消費生活の自律化と生産物の蓄積をしめすきわめて重要な施設であるともいわれている（注17）。しかし、先述のように、この貯蔵穴とされている穴の中に、胎盤を埋納する出産の呪術に従って掘られた穴が多くあるのではないかと思われるのである。

たとえば弥生時代の場合として、横浜市三殿台遺跡の例をとれば（注18）、一一四—C号、一二二—B号、三〇二号の南壁ぎわのピット（以上は宮の台期の住居跡）、一一六—B号のP7、一三四—B号のP5、二一八—C号のP12、二一八B号のP10、二二六A号のP5など南壁ぎわのピット（以上は久が原期の住居跡）、二二二—A号、一三五—A号、一三六号、二〇四—C号、二〇五—J号、三〇四B号の南壁ぎわのピット、一四〇—A号、四〇五—B号の東壁近くのピット（以上は弥生町期の住居跡）、一四一—A号、三〇三号の南壁ぎわのピット、二〇四—E号の東壁や南壁のピット（以上は前野町期の住居跡）など、弥生時代の中期末葉から後期末葉までの各時期の住居跡の東壁や南壁に接して掘られた周囲に低い土堤をめぐらした小ピットがそれにあたるであろう。南関東の弥生時代後期の住居跡にしばしばみられる俗にいうこの「出べそピット」は、ちょうど粘土の内側に蓋をして穴をおおったと思われるような遺構で、住居跡の南と

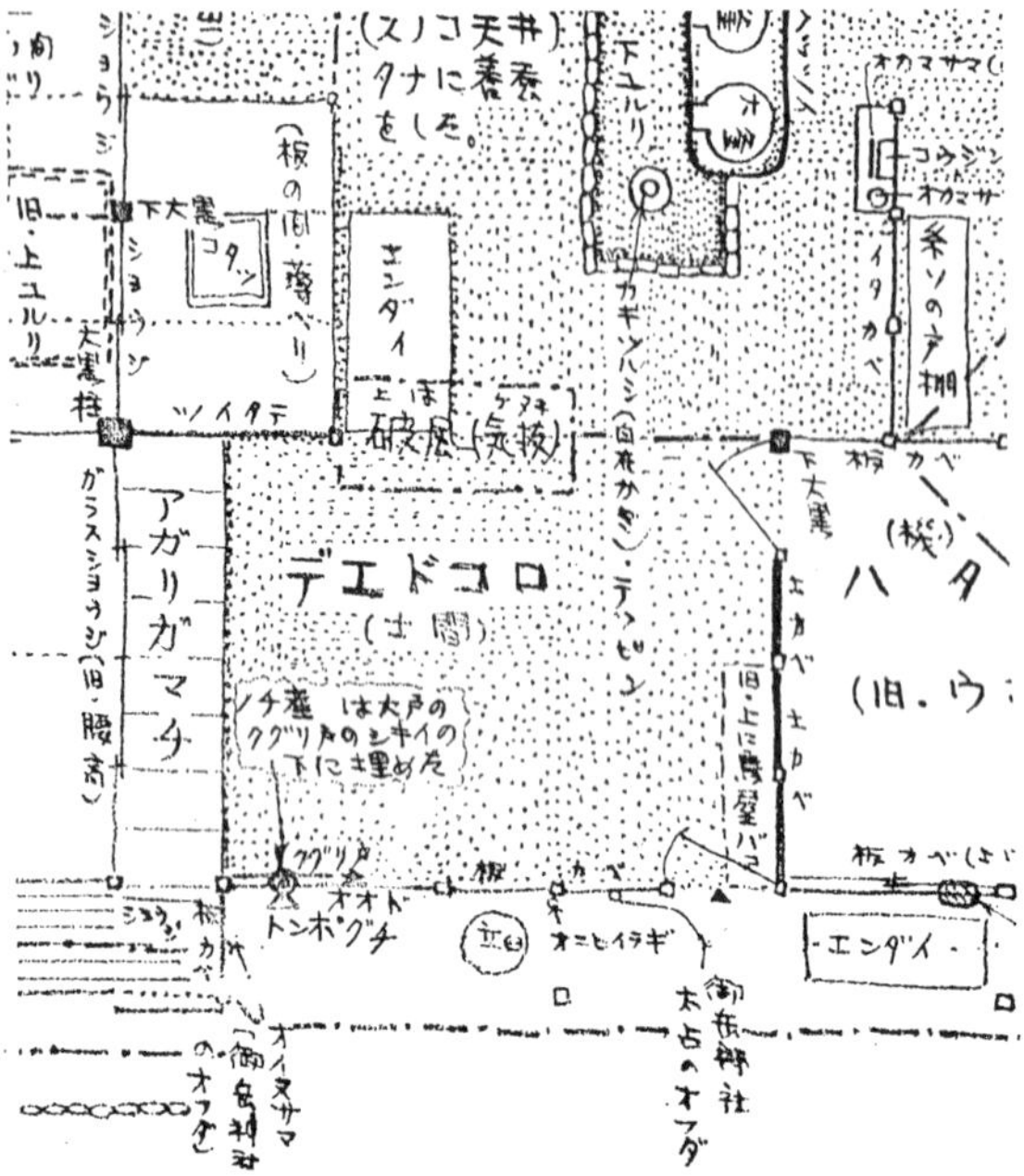

図10 戸口に胎盤を埋める民俗例（東京都清瀬市野塩の森田増治氏宅）トンボグチの大戸の内、クグリ戸の敷居の下に30×30㎝の穴を掘って胎盤を油紙に包んで埋めた（潮田鉄雄氏原図）

か東の壁ぎわのほぼ中央部に掘られた状況とか、住居跡の壁面にくいこんで掘られた状況などは、入り口のそばとか、もし住居に敷居があったとするならば、入り口の敷居の下に胎盤を埋めるとする民俗例と符合するものである。その部分だけ土を盛り上げることは、民俗例では埼玉県比企郡川島村八ツ保にある。ここでは、後産を出入り口のところに埋め、子供が出世をするようにと土を高く盛り上げておく(注19)のである。

古墳時代初頭(五領期)の例としては、千葉県我孫子町中学校遺跡の場合をみよう(注20)。ここでは五つの住居跡のうち四つまでに貯蔵穴とされるピットがみられる。ここの住居跡では炉は中央よりも西に設けられ、東と北に土間から分離したベット状遺構が設けられている。小ピットはこれらに対して南のすみの壁ぎわに掘られたもので、入り口の内側もしくは土間のすみに胎盤を埋納する民俗例と符合する。なおピットの中から小型の壺などが出ているが、これは胎盤を納めたものであろうか。あるいは、茨城・埼玉・東京などの都県で、とっくりにうぶ湯の水などをたっぷりいれて、後産と同時に埋めると母乳がよく出るという類感呪術にあたるのであろうか。

古墳時代後期の例としては、東京都八王子中田遺跡の場合をとりあげよう(注21)。この遺跡の鬼高期前葉の竪穴住居跡は、北壁の中央にかまどを設け、それと向かい合わせの南壁中央に方形のピットが住居跡の壁から張り出したようなかっこうで掘られている。報告者はピットはその回りと中から土器が多く発見されるので、炊事に関係した施設で、貯水穴ではないかとしている。すなわち、A地区八号・一一号、B地区一号・九号、C地区三号・五号・九号・一〇号・一一号、D地区一号(東壁に張り出し)・二七号、E地区二号・四号・八号・一一号・一六号・一九号・二〇号・三二号・五六号の各住居跡である。つぎに、鬼高期の前葉の一部からはじまるのであるが、中葉にはいわゆる貯蔵(水)穴が、かまどの左とか右、住居のすみに作られ、この傾向は鬼高期の末葉までつづいている。すなわち、C地区一一号・一四号、E地区一五号・二九号(以上鬼高期前葉)、A地区五号・一七号、B地区三号・六号、D地区六号・八号・九号・一二号〜一七号・一九号・二八号・二九号、E地区一〇号、一四号(以上鬼高期中葉)、D地区一五号・二〇号・二六号・三六号・四〇号(以上鬼高期末葉)の各住居跡である。

鬼高期前葉の張り出しピットは、台所のかまどに相対する南側に離れてある点が炊事の水溜め穴とする説の一つの難点である。一般にこのピットは、二段に掘りこまれて厚い木製の蓋がはめこまれたような状況をなす。この部分に土器片が多いことも、ここにつぎつぎと胎盤を埋納した感染呪術のあとを示すものとすべきであろう。今日の民俗例では、東京都青梅市の旧家のトボロ（入り口）に近い土間から古い土びんや土なべが十数個も出てきたことが考え合わせられる。

鬼高期中葉から、かまどの左右とか、住居のすみにピットが掘られていることは、裏口とか土間のすみに胎盤埋納の場所が移動した、あるいは入り口が正面からすみに片寄せられたことを示すものであろう。やはりピットとかその周辺に土器が多いが、とくに注目されることは、前葉にも一例（C地区一一号）ピットの底にふせられた状態で発見された甑（こしき）が、半分ずり落ちるような状態で出たとか、底なしの甕が出ている例（A地区八号・一七号、D地区六号・九号・一七号・二七号・二八号）がかなりあることで、安産祈願の呪術が行なわれた証拠であろう。

さきの張り出しピットは中田遺跡だけでなく、同じ八王子市内の船田遺跡でも、また千葉県船橋市夏見台遺跡、松戸市大矢口遺跡、成田市石橋台遺跡などでも鬼高期の住居跡の中に認められており、関東地方を中心にほぼ同じころの集落の住居にかなり広く存在することがしだいに明らかになってきた。また、いわゆる貯蔵穴とされるピットは、東日本では奈良・平安時代の竪穴住居跡に引き続いて設けられていることが明白にされている。

以上の胎盤を戸口に埋める出産に関する呪術について、東日本の分布帯のとくに南関東における跡づけをしてみたのであるが、西日本では、従来、縄文時代の竪穴住居跡がほとんど発見されていないので、この呪術を縄文時代から追跡することは今のところ不可能である。ただ中国地方を南北に縦断する分布帯の東縁にあたる兵庫県加古郡播磨町大中遺跡（注22）や、加古川市東溝遺跡（注23）などの、弥生時代から古墳時代初頭にかけての集落の竪穴住居跡の南壁ぎわの中央に設けられた掘りこみは、南側の入り口をはいった土間に胎盤を埋めた跡と考えられる。ことに、東溝遺跡の一つの住居跡（弥生時代後期）に掘られたピットから、完形のたこつぼ形土器が、九個も発見されていることは、胎盤をこれに納めて、つぎつぎに埋めたことを推測させるものである。今後の事例の発見が期待される。

五　埋甕と幼児埋葬

これまで縄文時代の埋甕から出発して、わが国における胎盤を埋納する呪術について述べて来たのであるが、ここで渡辺誠氏が主張されている埋甕と幼児埋葬との関係について言及しておきたい。

わが国においては、近年まで死産した子や間引きした子を縁の下（床下）に埋める風習は比較的広く聞かれることであった。また、戸口や土間に埋葬することも行なわれていた。

山梨県南都留郡西ノ湖では、明治の初めごろまでは、生まれたばかりの赤児は、台所のふみつぎの下に、後のものといっしょに埋めており、これらの赤ん坊は、名前をつける前に亡くなったので無縁さまにもならないから、線香一本あげることもなかったという（注24）。奈良県吉野郡上北山村東ノ川では、幼児の死骸を土間から台所に上がる上り口の所へ埋めた。また、愛知県北設楽郡設楽町田峰や奈良県十津川村では、からうすの軸木うけの石の所や、からうすの踏む所の下へ埋めた。奈良県山添村や大塔村でもからうすを踏む下に埋めたといわれる（注25）。

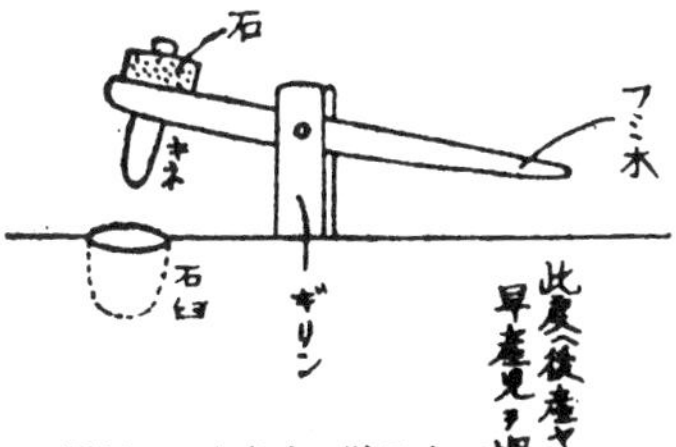

図11　からうすの踏み木の下に後産や早産児を埋めた事例（「愛知県下妊娠出産育児に関する民俗資料」より）

戸口に胎盤を埋納することについては、踏めば踏むほどじょうぶに育つというような呪術が働いていたのであるが、幼児を胎盤と同様な所に埋葬することは、どのような思惟によるものであろうか。伝承は大人のように墓所へ正式に葬らず、ただ簡略に埋葬するだけだとしており、薄命の子をいとおしむために屋内に埋めるのだというような気持はほとんど示されていないようである。

しかし、とにかく、そのような習俗が胎盤を戸口に埋納する分布帯の東と西に離れて残っている事実は、その習俗がまた縄文時代の埋甕につらなる可能性をもっているものともいえる。

注1　上山春平編『照葉樹林文化』中央公論社　昭和四十四年
2　渡辺誠「縄文時代における埋甕風習」月刊考古学ジャーナル四〇　昭和四十五年
3　井之口章次「胞衣の始末」西郊民俗五四号　昭和四十五年。佐原真「一九七一年の考古学界の動向―弥生時代（下）―」（月刊考古学ジャーナル七四　昭和四十七年）などが批判を加えられた主要なものである。なお胎盤埋納説を肯定する立場をとった主要な論文には、関俊彦「縄文時代中期の集落」（『潮見台』潮見台遺跡調査会　昭和四十六年）、戸沢充則「岡谷の遺跡と遺物」（『岡谷市史上巻』昭和四十八年）などがある。
4　宮坂英弌「八ヶ岳西山麓与助尾根先史聚落の形成についての一考察（下）」考古学雑誌三六巻四号　昭和二十五年、同『尖石』茅野町　昭和三十二年
5　桐原健「住居と集落の変遷」『井戸尻』中央公論美術出版　昭和四十年
6　桐原健「縄文中期に見られる埋甕の性格について」古代文化一八巻三号　昭和四十二年
7　藤森栄一『縄文の世界』講談社　昭和四十四年
8　武藤雄六「原始絵画のある縄文土器」月刊考古学ジャーナル二八　昭和四十四年
9　フレーザー著　永橋卓介訳『金枝篇1』岩波文庫　昭和四十四年
10　屋代弘賢「諸国風俗問状」日本庶民生活史料集成第九巻　三一書房　昭和四十四年
11　阿部泰葊・木口昇・堀江繁太郎『妊娠出産育児に関する民俗資料調査』昭和十一年、愛知県教育会編纂部「愛知県下妊娠出産育児に関する民俗資料」愛知教育五八一号　昭和十一年、三浦家吉・辻井浩太郎「妊娠出産及育児の民俗資料」三重県地理学会誌三　昭和十一年、高田十郎『妊娠出産育児に関する郷土大和における民俗』奈良県社会事業協会　昭和十三年、桂又三郎『岡山県下妊娠出産に関する民俗資料』昭和十一年、弘津史文『妊娠出産及育児に関する調査（山口県）』昭和十一年、恩賜財団母子愛育会編『日本産育習俗資料集成』第一法規　昭和五十年
12　大藤ゆき『児やらい』岩崎美術出版社　昭和四十四年
13　この節の民俗例は、昭和三十七年度から三か年にわたって文化財保護委員会が各都道府県に依頼して実施した「民俗資料調査記録」をはじめ多くの民俗学関係研究誌・図書によるものである。
14　伝承の上でもたどることができる。明治二十八年奈良県令第四三号清潔法施行規則第八条には、「胎盤・胞衣・汚血、産児

及死者を洗滌したる汚水を床下に埋却又は放流すべからず」とある（資料については広吉寿彦氏の御教示による）。このような県の規則によって習俗が変化を余儀なくされたことはかなり多かったと思われる。詳細は第九章参照。

15　堀哲「漁民の信仰」『鳥羽・志摩漁撈調査報告書』三重県教育委員会　昭和四十三年
16　村田文夫「関東地方における縄文前期の竪穴住居と集落について」歴史教育一六巻四号　昭和四十三年
17　和島誠一・金井塚良一「集落と共同体」日本の考古学Ⅴ　河出書房　昭和四十一年
18　横浜市教育委員会『三殿台』昭和四十年
19　川越市『川越市史民俗篇』昭和四十三年
20　吉田章一郎・田村晃一「千葉県我孫子町中学校校庭遺跡の調査」考古学雑誌四七巻一号　昭和三十六年
21　八王子市中田遺跡調査会『八王子中田遺跡　資料篇ⅠⅡⅢ』昭和四十一年　四十二年　四十三年
22　播磨町教育委員会『播磨大中』昭和四十年
23　兵庫県教育委員会『播磨東溝弥生遺跡Ⅱ』昭和四十四年
24　大森義憲「甲斐の無縁仏」西郊民俗一三　昭和三十五年
25　中田大造「子墓」『大和の民俗』大和タイムス社　昭和三十四年。保仙純剛「人の一生」『大塔村史』昭和三十四年

〔後記〕この小稿をまとめるに当たって、野口義磨氏・田村晃一氏・田原久氏をはじめ文化庁文化財保護部記念物課の方々や、石塚尊俊氏・上原甲子郎氏・尾島利雄氏・鎌田久子氏・河岡武春氏・宮本常一氏・向山雅重氏、広吉寿彦氏などにいろいろとお教えいただくとか資料を貸していただくなど御厄介になりました。しるして感謝いたします。

第二章　縄文と弥生
―二つの種族文化の重なり―

日本固有の文化が多元的・累積的構造をもち、基礎構造がいくつかの異質・異系の種族文化の累積から成り立つであろうとは、岡正雄氏が早く提起されたユニークな学説である。太平洋戦争後まもないころ、「民族学研究」誌上に発表された同氏の学説を中心とした座談会記録(注1)は、その後の民族学・民俗学・考古学・歴史学・言語学の分野の研究に多くの刺激を与えた。わが国の民俗とか、文化の構成については、依然として水稲耕作民の単一文化を前程にした一元的な解釈がなされるきらいがあるが、たしかにこうした考え方は再検討しなければならないであろう。

私は、日本における胎盤を埋める出産の習俗を縄文時代以来の遺跡との関連において考えていくうちに、胎盤を処理する出産の習俗の分布の研究が、縄文と弥生という二つの種族文化の重なりあいをときほぐす鍵になると考えるに至った。民俗の地域性もこの二つの種族文化を根底において考えるべきであろう。

一　民俗分布図と種族文化

前章で跡づけて来たように、戸口に胎盤を埋める出産に関する呪術は、縄文時代の前期に始まり、反復伝承されて来たものと考えられる。このような精神文化が、数千年を通じて伝承し、それがかなり広い分布帯をなして残存していることはきわめて注意すべきことである。

わが国における胎盤の処置の習俗について、現在までに集めることができた限りの資料を基にして民俗分布図（巻末分布図参照）を作製してみた(注2)。地点数は約二七四〇ほどで、まだ非常にまばらな地域もあるが、ほぼ大勢を知ることができるのではないかと思う。胎盤を家の戸口に埋める、戸口の敷居の下に埋める習俗については先に述べたとおりであるが、土間のすみ、台所に埋めるとか、軒下・雨だれ落ちに埋める、便所の踏み台の下などに埋める習俗は、戸口に埋める地帯の周辺部に分布し、馬屋や牛の駄屋に埋める習俗は東北地方にいちじるしく、裏日本の山地帯から中国地方までみられる。また、三つ辻・四つ辻など分かれ道に埋める習俗は、出雲に盛んに行なわれる。以上は、戸口や屋内の土間や、道の辻に埋め、人の足でも牛馬の足でも、踏まれるほどよいというパターンに属するもので、これらは同系の記号でしるした。

沖縄から奄美群島にかけては、胎盤をかまどの後ろの軒下に埋める地帯で、このとき大笑いするとか、上にすすきを植え、箕を立てかけ、桑の枝で作った弓で三回射るなど、各種の儀礼を伴う別の古い習俗が残っている。

これらに対して、産室の床下・縁の下に埋めるという習俗が日本を広くおおっている。日の光にあててはいけないということが強く意識されており、別棟の産屋をもっていたところがかなり多い。これは別系の記号にしたが、その分布は、北西部を除いて九州の大半をおおい、中国地方の西部をしめている。しかし、それが島根県は石見地方だけで出雲地方には及ばないことがとくに注意される。また、四国の西部・南部に分布し、中国地方東部では踏むパターンの習俗と交錯しながらも、奈良盆地中・南部の低地を占め、熊野・伊勢地方に及び、さらに三河から美濃南部、南信濃にかかる。また相模川添いの低地に沿って北上し、多摩川・荒川上流の山間地帯にはいっている。なお、東北地方南部から、常陸と下野の北半部にかけてはとくに濃密な分布をしめしている。

この床下に胎盤を埋める習俗の分布は、弥生時代の前期およびそれに続く時期の水稲耕作をともなった弥生文化の遺跡の分布とよく似ている。すなわち、北九州の遠賀川系文化が、内海側や四国南部に伝播し、さらに唐古遺跡など奈良盆地に定着し、三河から美濃、南信濃にかけて波及した状況と一致する。また、南奥・北関東の分布は、弥生時代中・後期に一つの文化圏をなす地域と一致する。この地帯は半月形外彎刃石包丁という古い型式の石包丁が、関東地方をとびこえて濃密に分布する地帯である。というように稲作をともなった弥生種族文化の定着した地域と重なるように思われる。

つぎに胎盤を浜の砂に埋める、海に流す習俗は、漁民の間に行なわれるものである。肥前の崎戸・安芸の能地・備後の箱崎などの家舟集落、伊予の中島・岡村島・大島・伯方（はかた）島など芸予諸島の漁村、長門の見島、出雲の猪目（いのめ）・美保・三津、熊野の古泊、志摩の神島・石鏡・相差・安乗（あのり）・船越、伊豆の子浦・入間・仲木、能登の小浦、越後の寺泊、津軽の小泊など古い漁村に分布することが注意をひく。その分布は胎盤を床下に埋める習俗分布の周縁に沿っている傾向がいちじるしい。

多くの民俗事象の中でも胎盤の処置の仕方は後世の改変を受けにくく、非常に古い形を残存しているものの一つであろう。胎盤の処置の仕方は、種族や部族によって異なる（注3）。その習俗分布を下敷きにすることは、わが国の種族文化複合の究明の一つの手だてとなるのではなかろうか、つぎにこれを証する事例をあげてみよう。

胎盤の処置の仕方について検討をすすめるにつれて、産んですぐ床下に埋めるという習俗は、産屋にともなう場合があり（東京御蔵島、長野梶谷、大分姫谷、鹿児島宝島）、おてんとうさんにあててはもったいないので床下に埋めるのだということが強く意識されている点など、わが国の血忌み習俗に連なることに気づいた。いっぽう、戸口に埋める、道の辻に埋めるなど踏むパターンの習俗の地帯では、血の穢れのことをほとんどいわないようである。そこでこの血忌み習俗を別の分布図に表わし、胎盤処置の民俗分布図と比較してみた。

血忌み、すなわち・お産の穢れ、月経の穢れを忌み恐れることは、死穢よりもはなはだしく、赤不浄は黒不浄よりも強いということは、各地で聞かれるところである。血忌み習俗の分布については、すでに大森元吉氏の簡明な論文がある（注4）。大森氏は、血忌み習俗について、(I)居住に関する禁忌。該当する婦人を家族から厳重に隔離しようとする。(II)火に関する禁忌。該当する婦人のもつけがれが、火を介して他の人に伝わるといって、家族と別の火で煮炊きする。(III)生産に関する禁忌。該当する婦人の存在が家族、ときには部落全体の不漁・不猟などの生産活動の成果に影響を及ぼす。(IV)忌明け儀礼とに区分して考察をすすめ、月経小屋三五、産小屋五〇の分布図を掲げている。分布の傾向はほぼ大森氏の図でつかめるのであるが、その後、昭和三十七年度～三十九年度にかけて行なわれた文化財保護委員会の全国的

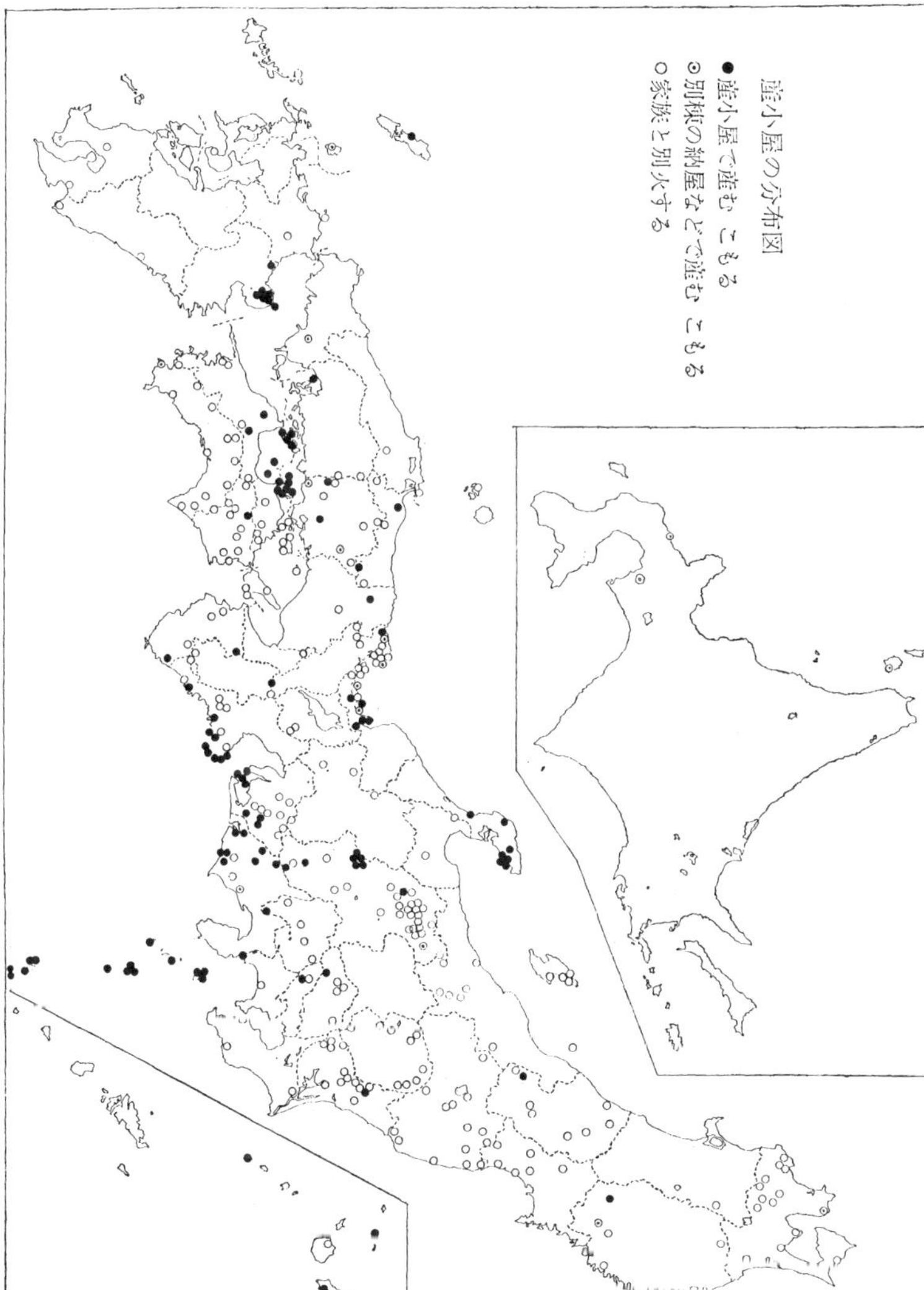
産小屋の分布図
●産小屋で産む こもる
⊙別棟の納屋などで産む こもる
○家族と別火する

図6　産　小　屋　の　分　布

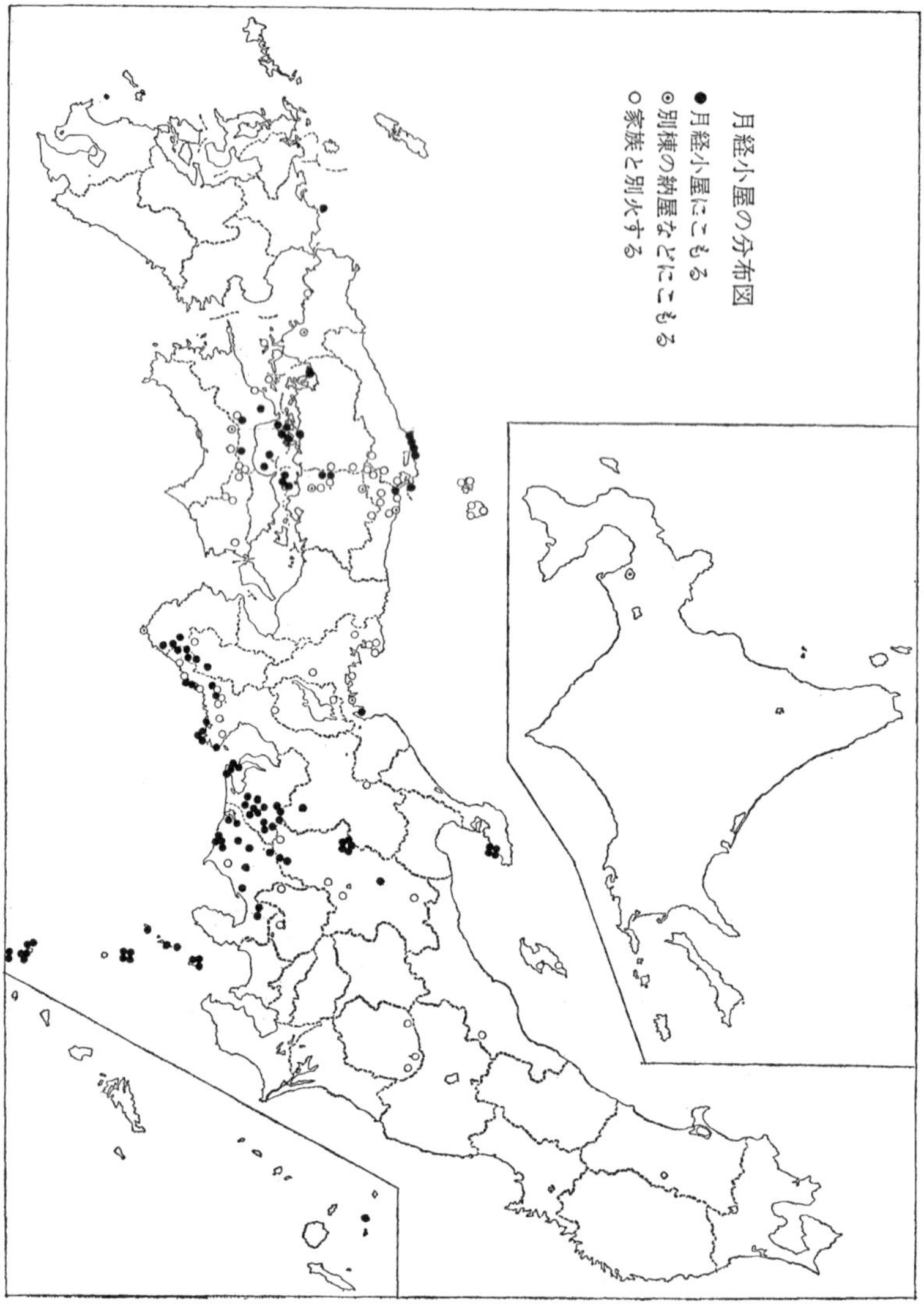
月経小屋の分布図
●月経小屋にこもる
⊙別棟の納屋などにこもる
○家族と別火する

図7　月　経　小　屋　の　分　布

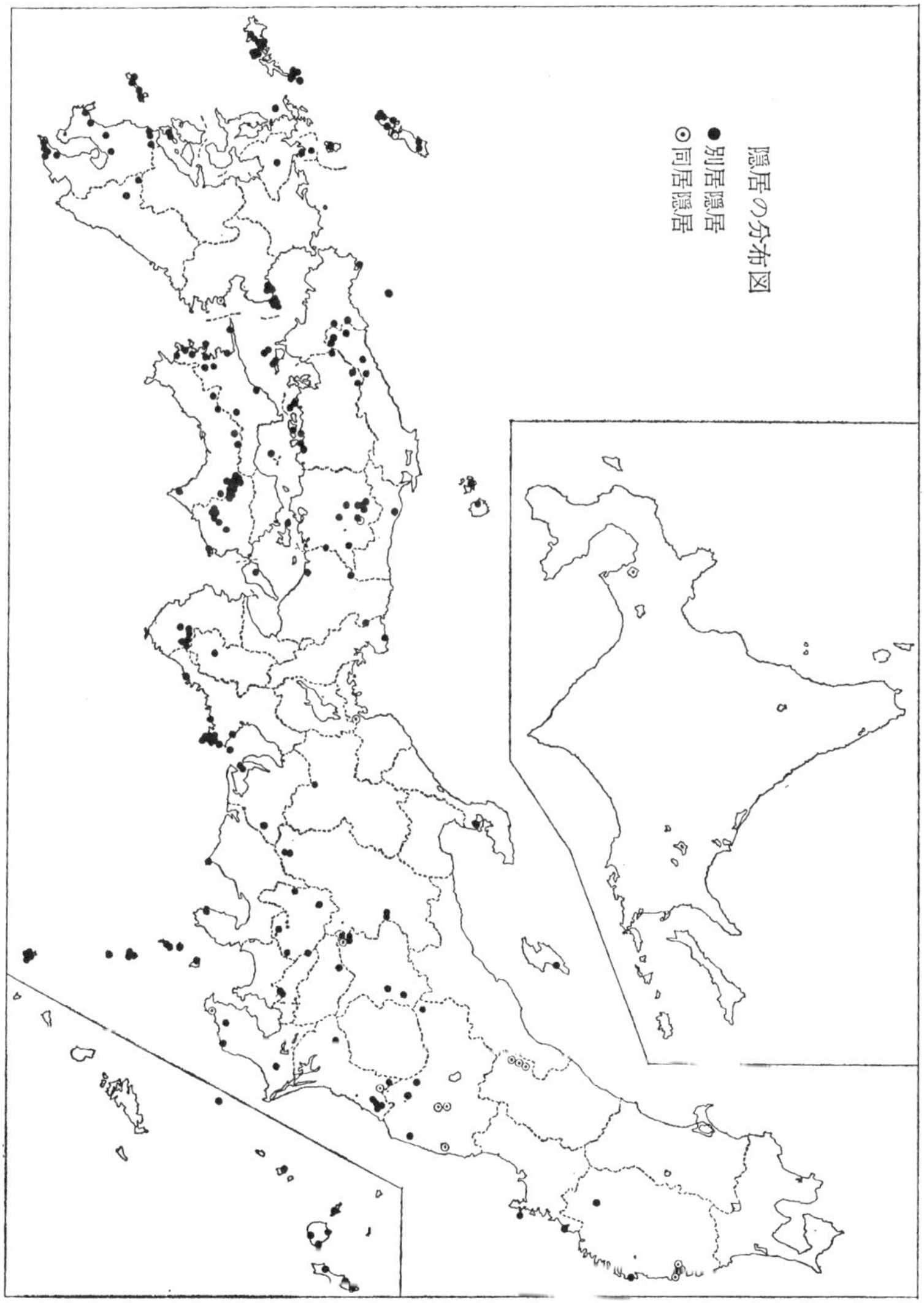

図8　隠居の分布（竹田旦氏『民俗慣行としての隠居の研究』より作製）

な民俗資料緊急調査に、一生の儀礼や別火の項があり、従来の報告を総合するとその数は、それぞれ一〇〇か所をこえるに至ったので、ここには別火の分布とあわせて分布図を掲げておきたい。ちなみにこの分布図には、一般の傾向をつかむために神職とか、特定の大家のみが行なうような特別な場合はのぞいた。また、別棟の産屋・月経小屋の場合は、その隔離された場所で煮炊きするので記号の重複を避け、産屋・月経小屋の記号のみにとどめ、別火の記号を重ねないことにした。産屋は国東半島、中部瀬戸内海の芸予諸島、塩飽諸島に集中する。また、南西諸島は種子島・大隅諸島・吐噶喇（とから）列島以北にとどまる。東海地方は、志摩半島から、三河・遠江に及び、その延長は伊那谷・木曾谷の奥に達し、伊豆七島にわたっている。また裏日本は、若狭湾と、能登半島にある。なお、北海道と津軽半島の別棟に移ってお産をするのは漁期中の場合である。お産のとき、一定期間、家族とかまどを別にする分布はさらに広く、九州各地に散在して分布し、四国に卓越し、信濃川流域、北関東、南奥羽と津軽にもいちじるしい。

これに対して月経小屋と月経にともなう別火になると範囲は産屋の場合と重なりあいながらもずっと限定される。すなわち芸予諸島、塩飽諸島・四国山地、中国地方の中央部を南北に縦断する帯状の分布と島根半島、熊野・志摩から三河・遠江・駿河・伊那谷・木曾谷の奥、伊豆七島、若狭湾沿岸、能登半島である。

産小屋・月経小屋の分布が中部から西南部日本の海辺部にかけて濃く分布することは、すでに大森氏も指摘しているところで、この分布図からもよく読みとることができる。産屋の習俗は古く『日本書紀神代巻』にあらわれる。それは海神の女豊玉姫が、海辺に造られた産屋の中で、産火火出見尊（ひこほほでみのみこと）の子鸕鷀草葺不分尊（うがやふきあえずのみこと）を産むというもので、産屋と海の民とのつながりを暗示するかのようである。

産小屋や月経小屋の分布する地帯の漁民が古い歴史をもつ証拠は多い。志摩の海人については、大伴家持によって『万葉集』に、「御饌つ国志摩の海人ならし真熊野の小船に乗りて沖辺こぐ見よ」と詠じられ、平城宮出土の木簡にも調として、名錐郷（波切＝なきり）から鰒を、船越郷から海松（みる）、和具郷から海藻を調進していることがみえる。また、皇太神宮の神戸がおかれ、鮮鮑螺などを朝夕神宮に御贄（みにえ）として供進している（延暦二十五年「皇大神宮儀式帳)。三河国篠島・析島(佐久島)の漁民が、月々の御贄として、さめやすずきの楚割(干物)を朝廷に供奉していた海部であったことも平城宮跡出土の木簡(注5)によって明らかにされた。同上木簡によると、紀伊国无漏郡(牟婁郡)の御贄に磯鯛・少辛螺がみえ、遠江国山名郡・長下郡、駿河国有度郡、伊豆国加茂郡三島郷(伊豆七島)から調として堅魚が、若狭国遠敷郡・三方郡から塩が調進されている。能登の漁民については大伴家持が、鰒珠を潜き採る珠洲の海人のことを『万葉集』に詠じている。島根半島の漁民については、『出雲国風土記』に、美保浜などの百姓志毘(しび)魚を捕るとあり、ほかに漁獲物として、ふぐ・さめ・いか・たこ・あわび・さざえ・うむぎ・うに・にし・かき・にぎめ・みる・のり・こるもはなどをあげている。産小屋や月経小屋の習俗を保持するのは、贄や調を調進する古い歴史を有する漁村が多い。

お産や月経のときの別火をふくめた、強い血忌み習俗の分布と、胎盤を処置する習俗分布を比較してみると、それは胎盤を床下に埋める習俗の分布、磯端に埋める、海に流す習俗分布と重なり、胎盤を戸口に埋める習俗が濃密に分布する関東地方西部(この分布地帯では、床下に埋める習俗が入りこんでいる荒川上流や多摩川上流地方のみに血忌みによる別火がいちじるしい)や南佐久地方に及んでいないことがわかる。また、胎盤を道の辻に埋める分布一色の出雲の大半の地方には及んでいない。

先に述べた見解からすれば、この分布の仕方は、強い血忌み習俗が弥生時代に新しく渡来した農耕漁撈民(弥生種族文化)によって持ちこまれた習俗で、古い縄文種族文化ではそれほど血忌みをやかましくいわなかったのではないかと思われるのである。

血忌み習俗と弥生文化との関連については、すでに岡正雄氏が、男性的・年齢階梯制的・漁撈―水稲栽培民文化という種族文化は、弥生式文化を構成する重要な文化で、進んだ水稲栽培を行なうとともに、進んだ漁撈技術をもち、社会組織として年齢階梯制が固有なすぐれた男性的な社会で、親族組織としては、父系的ではあるが双系的な傾向を示す。世代別居に関する家慣習、若者宿、娘宿、寝宿、産屋、月経小屋、喪屋などはすべてこの文化に特有のものであったろう、日本島の血の忌みに関する諸慣習もおそらくこの種族文化に随伴したものではなかったろうかと指摘されている(注6)。今後の課題として、弥生文化の集落跡の中に、産屋や月経小屋の跡を探求するこころみをする必要がある。

二　民俗区画試論

国語学の分野では方言区画の系統的な研究が盛んであるが、わが国の民俗学の分野では、民俗分布図の作製や研究が遅れているために、民俗の地方的差異を比較研究するための民俗区画の問題の研究については、石塚尊俊氏が中国地方で行なった意欲的な研究(注7)以外にはきかない。いっぽうこの民俗の地方的差異の研究については、柳田国男氏が方言周圏論を提唱して以来(注8)、民俗周圏論的な考え方が強く、民俗は中心地から周辺地方に波及していく。文化の中心から離れたところほど古風なものが残っているという考えが支配的であった。従来日本民俗学の研究には、民族としての日本の住民の一体性、島国国家の統一性の問題が基底をなしており、日本民俗学は水稲耕作民の単一文化の研究であり、民俗の地域性を考える場合にも、それはその中での小差である(注9)という考え方がとられている。

しかし、日本の民族・文化の形成を考える場合には、先住の縄文種族文化のことを全く無視するわけにはいかないであろう。民俗学の分野でも坪井洋文氏のように稲作文化のわくの中にはいらなかった、それを拒否した等価値の文化社会の存在の究明に努力を続ける研究者も出てきた(注10)。いっぽうでは、近年、日本文化の最深層に想定される縄文文化の復元を多角的に押し進めるべきだという気運が起こっている(注11)。縄文文化の残存は、今後、考古学や民俗学の間で課題とされる重要なテーマの一つであろう。

私は民俗の地域性を考えるにしても、民族文化の核というべき本質的なものを考えるにしても、少なくとも二元的なものを前提とすべきだと思っている。

民俗の地方的差異をとらえる場合に、民俗分布をもとに民俗区画を設定し、比較研究する方法は民俗学の分布においても有効であると思われる。ここでは設定可能と思われるいくつかの民俗区画を例示しながら、この問題について試論としての考え方を示してみたい。

〔出雲民俗区画〕

この民俗区画の東部は、胎盤を戸口に埋める習俗が南北に帯状に連なっており、中部・西部の出雲の主要な部分は、胎盤を道の辻に埋める習俗がまじりけない形で分布している。そして北部の日本海沿岸の漁村だけに海辺に胎盤を埋める習俗がある。胎盤を、産んだ床下に埋める、便所の床下に埋める習俗が石見地方まで及んでいるのに出雲はその影響を受けていない。戸口にせよ道の辻にせよ、踏むパターンに属する縄文以来の伝統的な胎盤処理の習俗がいちじるしいなどのことは、出雲について、縄文人が比較的純粋な形で残存した数少ない地域の一つではないかと推測させるものである。

出雲は、『古事記』・『日本書紀』にあらわれる国譲り神話の舞台である。高天原（大和）に対する出雲といった強力な政治勢力が存在したことについては、否定的な見解もあるが、出雲の人間くさい神話の背景に政治的関係を認めて、ある種の政治勢力が出雲に浸透する過程が神話の核にあったとみなし、そこに歴史の神話化をみようとするいろいろな解釈が行なわれている（注12）。出雲平定の時期については、六世紀に近いころという説が歴史学者によってとられている。井上光貞氏は、そのころ熊野神社をもつ出雲東部の意宇（おう）川流域の勢力が、大和政権を後だてにして、出雲一帯を支配していた杵築大社のある簸川流域の杵築の勢力を滅したものと述べている（注13）。たしかに東の出雲氏と西の出雲氏との対立、東と西の相違は胎盤の処理の仕方のちがいからも首肯される。東に月経時の別火の風習がいちじるしいなどは、東がより大和に近いという説に暗示的で、同じ出雲でも部族の相違といったものがあったかもしれない。「天平十一年出雲国大税賑給歴名帳」は、出雲の氏族構成を考えるうえの史料となる。八世紀のころ出雲は比較的古い部族的な体制をよく伝え、村落はかなり封鎖的であったろうと推定されている（注14）。

山陰の縄文・弥生文化の研究、遺跡調査は必ずしも進んでいるとはいえない。いま、二、三指摘できる点は、これまで出雲においては、石包丁がほとんど出土しておらず、東南のすみの横田町で一点発見されているだけであること。弥生時代の青銅器発見分布図をみても、出雲は西日本にあっても青銅器が格別に少ない地域の一つで、東部から細形銅剣二、島根半島北岸から銅鐸二、銅剣六が、大社付近から広形銅戈一が出土しているにすぎないこと。古墳は、東部において早く発達するが他の地方にくらべて、方形墳や、前方後方墳が異常に発達するなど地域性が強いことである。『出雲国風土記』は、出雲人による風土記の編纂という点が重要である。風土記の神話の世界では所造天下大神大穴持命すなわち大国主命がたたえられ、主役を演じており、出雲の地方色がよく伝えられている。

以上、出雲民俗区画を設定する歴史的基盤について述べたが、つぎに方言の地域性についてふれたい。出雲の方言は早くから出雲方言としてマークされ、東国方言と酷似している不可思議な方言といわれている。すなわち東条操氏は、トとス、チとツの混同といわれた訛音が多い。音は奥羽・越後に似る。京都・鳥取県の沿岸にはこの種の訛音は見出されず、伯耆・出雲にいたって大いに現われ、石見に至って再び消滅し、九州西海岸より琉球に連なっているかのようである。とされている（注15)。近年の方言区画の研究（注16）においても出雲式とか雲伯方言という名で一区画を与えられ、音韻・アクセントの面で東部方言とのつながりが強調されている。

つぎに民俗区画を構成する民俗事象について述べてみたい。出雲は、民俗学の分野で民俗区画を首唱した石塚尊俊氏が、昭和三十九年にその研究の成果を『島根県民俗分布図』(注17）の作製に反映されただけあって、多くの項目についてきめこまかな分布調査が行なわれているので、その成果を紹介したい。同書には「同族体の膨脹量」という分布図がある。それによると出雲では本家を中心に分家がその土地で土着し、分家はさらに孫分家を生むといった傾向であるに対して、石見や隠岐では出はいりが激しく、同じ土地における同族の膨脹が弱かったことが指摘されている。また「朝食の内容」、「米と雑穀」という二図があり、朝食は出雲は米の飯粥と麦飯粥で、石見にくらべ雑穀が少ないなどという点をあげ、これは出雲が土地柄がよいからだと指摘されている。部落長の選出法は互選でなく、頭分できめる。擬制的親子の関係は代々同じ家で、おもに頭分を選び主従関係が強いという。

嫁入りのときの呪術に里方では出たあとを一束藁で掃く、婚家では嫁の荷をまず臼の上にのせるといった魂の信仰的なものがある。出雲の東南部には臨終のとき大屋根に上って破風から遊離しようとする魂をよびもどすタマヨビの行為がある。

屋内にえびす大黒をまつる。屋敷神は荒神で、出雲東北部と石見では地主神をまつる。部落神は荒神で、東部では歳神が重複してまつられる。路傍の神仏にサエノ神がある。荒神と称する部落神は、伯耆・因幡・美作・備中・備後地方にみられるもので、荒神神楽を伝承している。出雲にはその祖型と考えられた藁蛇奉納を骨子とした荒神祭りが伝わっている点などが注目される。

仏教の宗派は、石見では浄土真宗が絶対的で、それは出雲中部まで及んでいるが、出雲の東部・中部は禅宗が多い。一般に真宗は「門徒もの知らず」で迷信的な旧来の習俗を打破する傾向がいちじるしい。安芸・石見・加賀・越前・美濃などはそのために古い民俗がずいぶん稀薄である。しかし出雲についてはそれは当たっていない。同じ真宗の地域でも出雲にはいると不思議に古い民俗を残している。そこに出雲の保守的な地域性が強く出ているように思われる。

年中行事の面では、正月餅として星の餅、小餅を三つ鏡餅の上にのせる。十一日に年飾りの一部を田におろし鍬初めの儀礼を行なう。二十日正月に飯くらべ・なますくらべをする。盆の十三日に迎え火をたく。十六日に精霊流しをする。島根半島と隠岐では精霊舟にして流す。亥の子のときに大根畑へははいらぬ。旧十月は他国の神々が集まるのでこの月中お忌みをする。十二月八日に八日焼きといってお焼きだんごをつくるなどがあげられる。

〔西関東民俗区画〕

胎盤を処理するのに戸口に埋める習俗がきわめて優勢な地域で、下総西部と上総の東京湾岸はその延長にあたり、信濃でも南佐久の谷とは深いつながりをもつ。この区画では、胎盤を床下に埋める習俗は、相模川流域に沿って北上し多摩川上流に達し、荒川上流地方や、利根川上流の山間地方に分布する。前述のとおり、この地域では胎盤を戸口に埋める習俗が、縄文時代前期から、弥生・古墳・奈良・平安時代を通じて伝承せられたことが遺跡の上から追跡できるので、縄文人の子孫がすみついている地域の一つと考えられる。縄文時代中期の勝坂式・加曽利E式の時期に文化がさかえた所で、縄文時代の中・後期には、広場を中に各住居を半月状または環状に配置した顕著な環状集落が営まれていた。この地域の弥生時代およびそれに続く時期の集落に、やはり環状・半月状の形態をとるものがかなりあることがしだいに明らかにされている。たとえば東京都本町田遺跡、横浜市三殿台貝塚、松戸市寒風遺跡、大宮市大和田本村遺跡、上尾市尾山台遺跡などがそれで、このことも縄文人の残存という一つの傍証になるのではないかと思われる。この地域は、武蔵野台地がつづく畑作地帯で、水田は谷間や谷頭にわずかにひらけているにすぎない。弥生時代の磨製石包丁は、群馬県吉井町や埼玉県新座市、東京都板橋区、横浜市磯子区などで発見されているだけである。

『先代旧事本紀』には、旡邪志国造(むさしのくにのみやつこ)の祖は出雲臣で、相武国造・菊間国造も同祖とるされている。正倉院蔵の下総国戸籍によると、葛飾・猿島両郡に孔王部がひろがっていたことがしられる。孔王部は穴穂部で安康天皇の名代とされている、五世紀後半におかれた部民で、少なくともこのころには、この地域が大和朝廷に服属したものといえる。養老五年の戸籍を残す下総国葛飾郡大嶋郷は、今日の東京都葛飾区付近にあてられている。この大嶋郷は正倉院に残る戸籍文書の比較によって、当時もっとも後進的な村落構造をしめすものとされている(注18)。三つの里を包括した大嶋郷は、孔王部の単一集団性を保持し、家族形態に従父兄弟まで含む広い血縁的結合からなり、寄口・奴婢がきわめて少ない。その共同体の後進性の根底には種族文化の差異を考える必要があるのではなかろうか。

大和朝廷の勢力下にくみいれられたこの地域の住民は、律令国家のもとでも長い間西国の防人や蝦夷の鎮圧にかり出されたが、抑圧されたたくましいエネルギーはときどき爆発した。十世紀の平将門の乱もその一つであったが、鎌倉幕府成立の際に、東国武士団としての勢力の結集がはかられた。その後この地域には江戸幕府がおかれ、東京は明治以降も首都として発達した。いま首都圏に対する人口の集中に伴い急激に変貌をとげつつあるこの地域は、四〇〇年もの久しい間繁栄する大都市の周辺にありながらも、民俗については独特な地域性を保ち続けてきた。

方言区画の上では、西関東方言とか、関東方言といわれる。関西弁に対してアクセントがいちじるしく対照的なことが特徴とされる。

この地域の民俗の地域性について、『日本民俗地図』(注19)によって年中行事の一部にとどまるが、地域性をみていきたい。六月一日にケツアブリといって、小麦のからをもやしてしりあぶりすると一年中風邪をひかないとは、武蔵中部でいわれることで、厄病よけとして村境にしめがはられる。盆行事が格別さかんで、釜蓋一日を行ない、盆棚を飾り、迎え馬・七夕の馬をつくる。また迎え火をたく。武蔵・下総では送り火は墓まで送る。無縁仏を盆棚の下にまつることも特徴的である。日本でも月見の盛んな地域の一つで、十五夜・十三夜をともに行なう。月見の供え物を盗む、月を見て豊凶を占うことをする。相模・房総を除いては亥の子の行事が及んでいない。十月十日にトオカンヤの行なわれる地域で藁鉄砲で地をつく。二月八日、十二月八日には、一つ目小僧とか魔物がくるといい、目かごを竿頭高くかかげたり、門口にひいらぎをさし、くさい草木を燃やす。といった総じて呪術性の濃い行事が行なわれている。

〔南奥羽・北東関東民俗区画〕

胎盤を床下に埋める習俗の優勢な地域で、八溝山系などの山村に、戸口に胎盤を埋める習俗が局部的に残っている。陸奥の国のうち、宮城県中南部、福島県、常陸の北半、下野の北部・中部をしめる。

縄文時代には、前期・中期に大木式文化が発達し、晩期には亀が岡式文化園に属していた。この地域の北半南奥羽の一帯は、弥生時代に東日本ではもっとも早く稲作文化がもたらされ、弥生人が占拠した地域とみられる。関東にわずかしか発見されていない磨製石包丁、それも大陸系の外彎刃石包丁が約五〇か所以上から発見されている。その後も三角縁神獣鏡を出した会津大塚山古墳をはじめ、四世紀代後半から五世紀前半にかけて大前方後円墳が諸所に築造されており、大化ごろの陸奥国(石城・石背を含む)の境域と考えられている。奈良・平安時代には蝦夷対策の拠点となった多賀城がおかれ、その北方には城柵が並列して設けられた。

方言区画の上では、南奥・北関東方言などと呼ばれる、語彙をすべて同一のアクセントで発音する地域で、箸・橋・隅・炭・その他いっさいのアクセントの区別がない一型アクセントの地帯で、音韻現象にも共通な現象がみられるとされる(注20)。

民俗の地域性について、『日本民俗地図』から摘出してみよう。苗代前・籾まき時に、田の神おろし・田の神まつりが顕著である。すなわち水口やあぜに木の枝を立て食物を供える。田の神おろしに松葉をいぶし、空臼をつくと煙を伝わって田の神が天からおりてくる。

サナブリに田の神をまつる。虫送りに藁人形を立て、それや藁馬を焼いたり害虫を集めて流したりする。六月一日をムケノツイタチといい、蛇がむけがらになるので桑の木の下でそれを見ると目がつぶれる。人間が脱皮する。なんでもむけるという。月見に供え物を盗む。北関東ではこの夜藁鉄砲を打つ。十月十日にこの地域の北部では大根の年取りがあり、大根畑にはいらぬとか、大根を供える。中部南部では、刈上げ祝い・田の神上げ・地神様などの名で、田の神(地の神・作の神)をまつり、秋じまいの祝いをする。田の神・地神様がこの日天に帰るという。二月と十二月の八日には厄病神や魔物がくるといい、山仕事を休み、目籠や籾どおしを掲げる。くさい木を燃やしたり、にんにく豆腐を門にさしたりする。下野から常陸にかけては一月には笹神を送り、十二月には笹神様が帰ってくるという。概観していえることは、種まきや収穫時の儀礼、田の神祭り・作神祭りが格別盛んで、田の神が垂直去来の型をとることである。

民俗区画については、奄美・沖縄がたしかに一つの区画をなす。今日設定しうるいくつかの民俗区画について、なお試論を述べたいが、文化庁の民俗地図作製作業がより進んだ段階でさらに考えを述べてみたい。以上の民俗区画の例にあげた民俗事象についても、今後地域の基盤をなす種族文化複合の本質的なものをよりいっそう洗い出していくべきであろう。

注1　岡正雄・八幡一郎・江上波夫「日本民族文化の源流と日本国家の形成」民族学研究一三巻三号　昭和二十四年

2　この民俗分布図の作製については、多くの方々の御協力をいただいた。中でも鎌田久子氏には、日本愛育会調査の妊娠出産育児に関する民俗資料調査カードの閲覧について便宜をはかっていただき全国の分布を一段と密にすることができた。

3　世界の諸民族の胎盤の処置の仕方については、第七章を参照されたい。永尾龍蔵『支那民俗誌』(昭和十七年)によると、中国では胞衣は日月星辰などの光を忌むのでそれにさらされて悪い影響をうけないようにできるだけ早く埋める。とくに中国南部ではこのことをやかましくいうという。広東省では、胞衣を壺に納め寝台の下においたり、日光にもあたらず人目につかぬ所に置くと次の子が生まれるまじないになるという。池田敏雄「福建系台湾人の出産習俗」（民族学研究一九巻二号　昭和三十年）によると福建系台湾省人はへその緒と胞衣を甕にいれて産婦の床下に置き、第二第三の出産があったときもその甕に納めるという。日本で、日の光を忌み床下に胎盤を埋める出産の習俗は、弥生種族文化によって持ちこまれたものと考えられるので、中国南部の類似した習俗の分布はとくに注意すべきものと思われる。

ちなみに胎盤を踏むという習俗は、管見では上エジプトのフェラヒン族のほかに、中国東北部（満州）の例が知られている。後者では、男児の場合は産室の入り口の敷居に近い所に、女児の場合は庭や産室の軒下に埋め、多くの人に踏まれるだけその子が無事息災に育ち、長寿を保つことができるという。縄文種族文化の習俗につながるとみなされるわが国の戸口や道の辻に胎盤を埋める習俗が、中国でも北方に近似した習俗がみられることは暗示的である。

4　大森元吉「血忌習俗の分布について」社会人類学三巻一号　昭和三十五年

5　平城宮出土の木簡については、奈良国立文化財研究所『平城宮発掘調査出土木簡概報二〜六』（昭和三十九年〜四十四年）、同『平城宮木簡一解説』（昭和四十四年）による。

6　岡正雄「日本民族文化の諸問題」『民俗学』角川全書　昭和三十八年

7　石塚尊俊「中国地方の民俗」国学院雑誌五九巻一号　昭和三十三年。同「山陰における民間伝承の地方的領域」山陰民俗一号　昭和二十九年。同「民間伝承の地方差とその基盤」日本民俗学会報一六　昭和三十六年

その後、関敬吾氏が、ドイツの民俗学地図法を紹介し、伝統文化領域の設定を提案している（関敬吾「民俗学研究における民俗地図の問題」民俗学評論一三号　昭和五十年）。

8　柳田国男『蝸牛考』刀江書院（昭和五年）。ただし晩年氏が「わたしの方言研究」（『方言学講座第一巻』昭和三十六年）の中で「方言周圏論というのも何かもっともらしいことばを使わないと世間からばかにされるから言ったようなもんで、あれはどうも成り立つかどうかわかりません。いまは決してあれをそのまま守ってはいません。すべての単語が同じように京都を中心に拡がった……そういうことは言えないですからね。しかし、小さい地域については波紋のあることは確かだし、それから辺境現象というものも確かにある。辺境現象なんかもおもしろいけれども、法則づけることができるかどうかは、これは実はまだ確信を持てないんです。」と述懐されていることは注目すべきことである。

注

9 千葉徳爾『地域と伝承』大明堂　昭和四十五年

10 坪井洋文「万葉時代の地域社会（東国篇）」国学院雑誌七〇巻一一号　昭和四十四年。同「日本人の生死観」『民族学からみた日本』河出書房新社　昭和四十五年。同『イモと日本人―民俗文化論の課題』未来社　昭和五十四年

11 上山春平編『照葉樹林文化』中公新書　昭和四十四年

12 上田正昭『日本神話』岩波新書　昭和三十五年

13 井上光貞『大化改新』要選書　昭和二十九年

14 藤間生大「吉備と出雲」私たちの考古学一四号　昭和三十二年

15 東条操「出雲方言のなぞ」旅と伝説三五号　昭和十年

16 日本方言研究会『日本の方言区画』東京堂出版　昭和三十九年。東条操監修『方言学講座第一巻』昭和三十六年

17 島根県教育委員会『島根県民俗分布図』昭和四十二年

18 藤間生大『日本古代国家』昭和二十一年。門脇禎二『日本古代共同体の研究』昭和三十五年

19 文化庁『日本民俗地図Ⅰ』国土地理協会　昭和四十四年

20 金田一春彦「アクセントの分布と日本の東と西」国文学解釈と鑑賞二八巻五号　昭和三十八年

第三章　埋甕といわゆる貯蔵穴について

第一章で、住居に施設された埋甕といわゆる貯蔵穴についての私なりの考えを述べたわけであるが、骨子とした論文を発表してから、年月を経て、開発にともなう発掘調査がいちじるしく進み、また、埋甕やいわゆる貯蔵穴に対する学界の関心も高まり、埋甕の発見された数を例にとっても当時の二十倍余に達している。拙稿についても賛否両論こもごもであるが（注1）、当時の考え方は基本的にはほとんど変わっていない。これまで繁をいとわず埋甕といわゆる貯蔵穴について管見にのぼるものの収集に努めてきたが、その過程の中で考察した若干のことを紹介してみたい。

一　埋甕の機能

今ほとんど定着しているこの埋甕という言葉は学史的にはいつごろから使われはじめたものであろうか。昭和七年に刊行された姥山貝塚の発掘報告書（松村瞭・八幡一郎・小金井良精『下総姥山ニ於ケル石器時代遺跡貝塚ト其ノ貝層下発見ノ住居址』東京帝国大学理学部人類学研究報告）の「通観」の節に、「第一第二両号ニハ周溝ノ設ケアルノ外、南部ニ穴或ハ埋甕ヲ設ク。之等ノ穴或ハ埋甕ハ一種ノ貯蔵施設ト考ヘラル。」として埋甕という語を使用しているのが早い例に属するのではないだろうか。

伏甕ということばは、八幡一郎氏が使用されている（注2）。直接うかがったところ、これは甕を逆さにして伏せるという意ではなく、「伏す」という語に「かくす」とか、「ひそませる」という意味のあるのを汲んで命名されたのだそうである。

つぎに住居に施設された埋甕の機能についての考察を学史的にみると、先の姥山貝塚の報告書には早く貯蔵施設という考え方が現れている。後藤守一氏も東京都船田向敷石住居阯東南隅から発見された埋甕の考察にあたって、「結局食物貯蔵のためとする外はあるまい」(注3)とされた。

これに対して住居の内外を問わず意識的に据えまたは埋めた石蓋をした土器に早くから注意をはらい資料を収集しておられた八幡一郎氏は、「石蓋せる土器に就ては大正十四年に例を集めたことがあるが、当時武蔵・相模各一例、信濃四例を得、うち信濃の二例が竪穴内に存することが知られた。爾後次第に例数を増し、上記三国内はもとより、越後、甲斐、伊豆、飛驒等にまで発見が報ぜられた。これらの土器はおおむねそれぞれの地方の縄文式中期の土器に属し、型式上にも連関が認められて、共通せる意図のもとにかかる行為を行なえるものと推考される。物の貯蔵の必要からとすることもできようし、あるいは一種の棺とも想像されぬことはないが、たいてい黒土が充満するだけで内容物を検しがたかったたから確実なことはいえない。特定地域に特定期間一般的だった所為は、儀式などに付随するものとして信仰に関係づけることも不可能ではなかろう」と信仰に基くものという見解を明らかにされた(注4)。住居内埋甕のみに限定されたわけではないが、行なわれた地域と時代をおさえた点が注目される。

埋甕埋葬施設説のはしりは鳥居龍蔵氏ではなかろうか、大正十三年に『諏訪史』の中で、長野県諏訪郡と下伊那郡から発見された二例の住居内に埋められた石蓋のある土器を「あるいは一種の甕棺として葬ったものかもしれない」と指摘されている。

その後長野県平出遺跡ロ号竪穴址で、南壁に接して床面下に逆さに埋設された土器が発見され、発掘調査を主宰した大場磐雄氏は報告書の中で、他の縄文時代の遺跡の住居外の甕棺葬の例を引き、「あるいは幼児の遺骸を納めたものではあるまいか、それにしても不思議なことは、それが竪穴内の一隅にあること、特に床面下に埋めてあり、もしこの竪穴がそのまま使用されたとしたら、常に意識される位置におかれてある点で、あるいは当時幼児または死産児の遺骸に対しては、大人のそれと全く異った態度で処理し、または特殊な埋葬法をとったとでも解するよりほかには途がない」(注5)

としている。

埋甕埋葬施設説を強く打ち出したのは、渡辺誠氏である。昭和四十二年、同氏は金関丈夫氏のしるす東南アジアの民族の例を引いて、長野県の尖石や与助尾根・平出などで発見された住居内の埋甕に対して「深鉢棺」という名称をあてることを提唱した（注6）。

昭和四十一年、これまでの例と違って、千葉県松戸市の殿平賀貝塚の竪穴住居内の埋甕（第四章で述べるようにこれは埋

表1　住居内埋甕を出した遺跡（昭和56年1月末日現在）

都　県	遺　跡	住居跡	埋　甕	埋設された時期
青　森	1	1	1	円筒上層b式期
岩　手	4	7	7	大木8b式期、堀之内式期
宮　城	2	3	8	大木10式期
山　形	1	1	1	大木10式期
福　島	6	11	15	大木8b式期、大木9a式期 大木10式期
栃　木	2	2	4	加曾利E式期
群　馬	11	69	78	加曾利E式期、称名寺式期、堀之内式期
埼　玉	35	85	98	加曾利E式期、称名寺式期
千　葉	15	22	23	加曾利E式期、称名寺式期、堀之内式期
東　京	41	91	113	五領ヶ台式期、勝坂式期、阿玉台式期、加曾利E式期、称名寺式期、堀之内式期
神奈川	30	160	213	勝坂式期、加曾利E式期、曾利式期、称名寺式期
新　潟	3	3	4	三十稲葉式期
富　山	7	9	10	新崎式期、串田新期
山　梨	8	30	35	曾利式期、加曾利E式期
長　野	96	338	432	勝坂式期、加曾利E式期、称名寺式期、九兵衛尾根式期、井戸尻式期、曾利式期、堀之内式期
岐　阜	8	15	20	曾利式期、加曾利E式期、島崎式期、取組式期
静　岡	6	15	17	加曾利E式期、称名寺式期
	276	862	1,079	

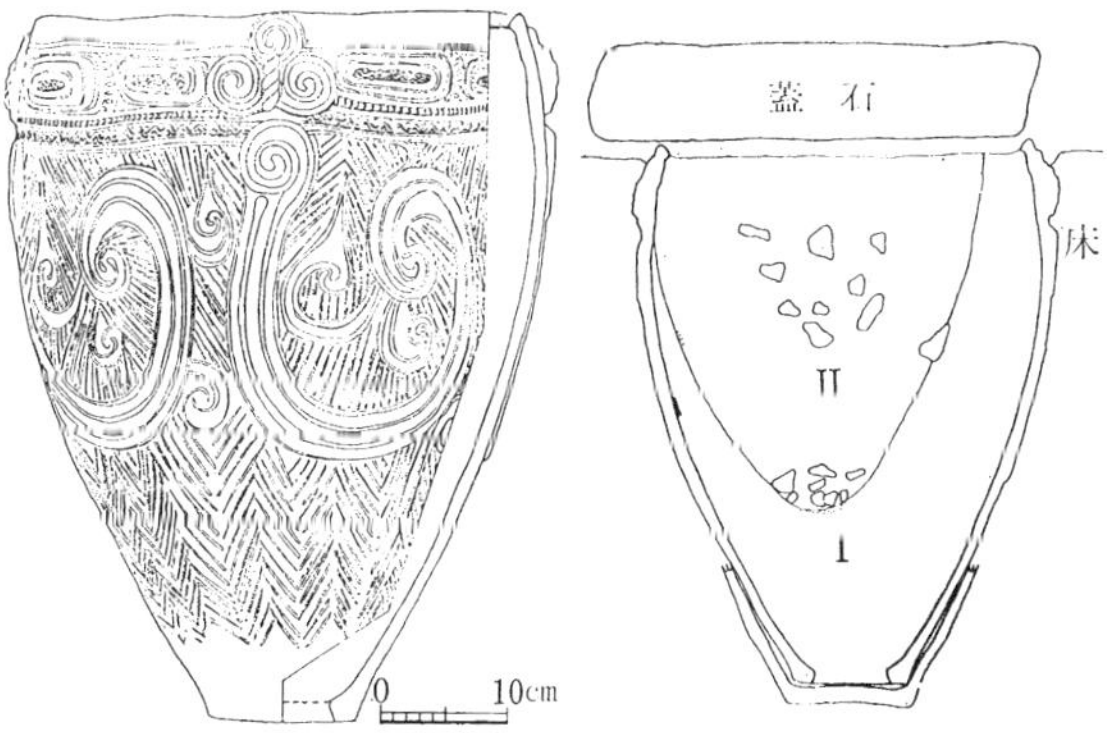

図14　高河原遺跡3号住居跡の埋甕とその断面図
（「高河原遺跡発見埋甕のカッティング所見」より）

甕ではなく墓壙である。）から初めて小児の頭骨片と思われる小さな骨片と歯が発見された。

これに力を得た渡辺氏が、発表されたのが「縄文時代における埋甕風習」という論文であった（注7）。

第一章でくわしく述べたので略述するにとどめるが、長野県尖石・与助尾根遺跡の集落跡の研究に精力を傾けた宮坂英弌氏が、埋甕が出入の激しい南側入口部に設けられていることに着目して貯蔵具説に疑問を抱き、「何か呪術的な効果を祈願する思惟の所置と認めなければならない」とされたことは重要な指摘であった（注8）。その後桐原健氏は、昭和四十二年に長野県下の住居跡から発見された埋甕の資料を集成しながら、東南アジアの事例を引き、小児甕棺として使用された以外に胎盤収納のケースがあるであろうことを提言した（注9）。

藤森栄一氏は、埋甕の用途は胎盤を埋めたか、嬰児・幼児の死体を埋めたかどっちでもいいとしながらも、諏訪地方でエナを土間や敷居の下など人の多く踏む場所に埋めて人に踏んでもらえば幼児がまめに育つとも、産後が軽いともいわれていることを引いてその精霊はうんと踏みつけられる必要があったからであると指摘している（注10）。

これらをうけて日本の民俗例を収集し、フレーザーのいう感染呪術（注11）と関連づけて、まとめたのが、本書の冒頭の「戸口に胎盤を埋める呪術」であった。

今回の時点で住居内埋甕の集成を整理した結果は、表1のとおりで二七六遺跡八六二住居跡、一、〇七九個に達した。各調査者とも内部については、随分慎重に発掘しているようであるが、石蓋をぴっちりとした埋甕（注12）の中からも何も発見されていない。

死産児・乳幼児を戸口に埋めることについては少数ではあるが民俗例もあり、埋甕に全く埋葬が行なわれなかったとはいいきれるものではなかろう。しかし、胎盤を戸口に埋める習俗は、別に集成している民俗分布図や民俗例が示すように、かなり根強い感染呪術のからんだ出産の習俗である。

胎盤はおそらく形骸も残さず腐蝕してしまっていることで、肉眼での検出は不可能ではなかろうか。将来の埋甕内の土壌の化学分析による研究に期待するほかはないが、「考古学における民俗学的方法」を重視する自分としては、戸口に胎盤を埋める出産の習俗の伝承性をとくに強調したい。

今日住居内埋甕を出した遺跡は、二七六遺跡に達する。千葉県成田市天浪No.一九遺跡の縄文時代早期の例（注13）などは特殊な例であるのでおくとして、時期的には、加曾利E式期ないしは曾利式の時期に盛行し、それに先行する勝坂式期と、後に接する称名寺式期・堀之内式期にかかって行なわれている。

東京都下や神奈川県下では勝坂Ⅱ式の時期のころに埋甕が行なわれはじめる。川崎市土橋第六天遺跡第　号住居跡などの例がそれである（注14）。また長野県下でも勝坂式ないしは井戸尻Ⅰ式期の時期にその初源が認められる。

住居内埋甕の盛行した範囲は、埼玉・東京・神奈川・山梨・長野を中心として、千葉県東部・群馬県・静岡県東部・岐阜県に及び、近年では新潟県南部や、富山県東部にも典型的な例が発見されている。また東北地方の縄文時代中期末の大木10式の時期にも行なわれ、その典型例の北限は岩手県大船渡市の長谷堂貝塚の縄文時代後期初頭の堀之内Ⅱ式期の敷石住居跡の例（注15）にみられる。

しかし、埋甕の習俗が連続して行なわれたのは、勝坂式土器と加曾利E式土器が使用された圏内の関東地方西部から中部高地にかけての地域で、石棒とか土偶などにも共通した信仰をもつ強力な部族のエリアが推定される。埋甕の終末は、内陸部に栄えた大集落が急激に凋落する時期と一致する。藤森栄一氏は気候の大激変などにその原因を求めている（注16）。

東京都下でも海岸部には遺跡が存在するが、内陸部では後期の初頭を境に一般に大集落が姿を消す。多摩ニュータウンの地域の中でも後期中葉以降、全く遺跡は見当たらない、無人の状態が継続するとされるほどである（注17）。

二　いわゆる貯蔵穴

つぎにいわゆる貯蔵穴について考えてみよう。竪穴住居跡内の柱穴と認められない穴に対して貯蔵施設であろうという考えを付したのは、先にあげた姥山貝塚の報告書などがやはり早い例ではなかろうか。

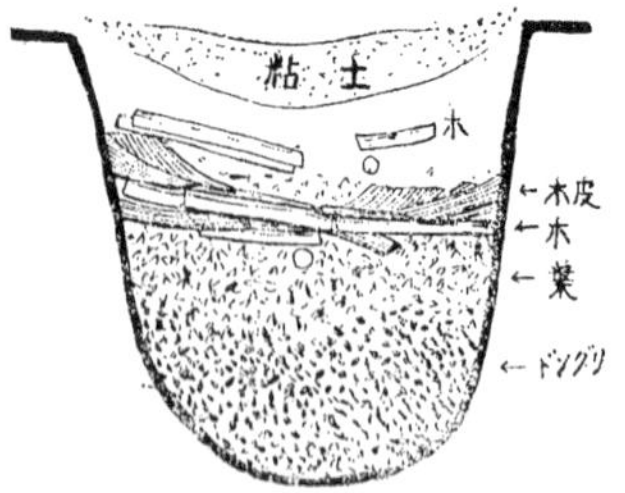

図15　南方前池遺跡の貯蔵庫
(「岡山県山陽町南方前池遺跡」より)

それにしても貯蔵穴ということばはいつごろ普遍化していったのであろうか。

昭和二十九年ごろには「掘りこみ」というような表現での記載がみられた土師の竪穴のいわゆる貯蔵穴について、昭和三十年に刊行された長野県平出遺跡の報告書では、「貯蔵穴らしいもの」「貯蔵穴と考えられるもの」などという表現が盛んに使われている。昭和三十一年に刊行された『秩父』でも同様な遺構について「貯蔵穴と思われるもの」と記載されている。縄文時代の住居跡の調査報告書では、昭和三十二年刊行の『尖石』に「貯蔵庫であろうか」「貯蔵庫と考えられる」などの表現がみられる。また、昭和三十五年の『大深山遺跡調査概報』で、八幡一郎氏が「貯蔵穴と思われる」「貯蔵穴がある」などとしるしている。こうして昭和三十年も後半になると一部の慎重な表現をのぞいては、この「貯蔵穴」という語が、縄文時代から歴史時代までの竪穴住居跡の調査報告書に一般的になる。

そして和島誠一氏と金井塚良一氏は、「集落と共同体」(河出書房新社『考古学講座』)という論文の中で「竪穴住居の消費生活の自律化と生産物の蓄積をしめすものに貯蔵穴がある。貯蔵穴は竪穴の一隅を掘りくぼめてつくった貯蔵用の施設であるが、中からしばしば土器や種実が発見される。弥生時代後期にはその周囲を突堤で囲み、ことさらに土間から区画したものもあった。これは貯蔵穴が竪穴住居の内部できわめて重要な施設となっていたことをしめすものである。前期後半にはこのような貯蔵穴を設備した竪穴住居址が目立って多くなる。たとえば五領遺跡B区の二三か所の住居址群のうち、一八か所の住居址に貯蔵穴が設備され、我孫子中学校校庭遺跡では、五か所の住居址群のうち四か所の住居址に貯蔵穴がつくられていた。和泉期には貯蔵穴をもつ住居址は一層増加して、埼玉県下手遺跡、西富田遺跡の住居址群のように八割以上の住居址に貯蔵穴が設けられている」として、住居内の掘りこみを竪穴住居の消費生活の自律化と生産物の蓄積を示すものとまでいっている。金井塚氏は、その後「古代集落の構成」と題する論文を発表されているが(注18)、おおむね上記の説を踏襲するものである。また、その見解は阪田正一氏の「南関東における後期古墳時代集落跡の一考察」にも「貯蔵穴は集落内における各住居の計画経済的な方策が有したうえの所産であろう」と継承されている(注19)。

いったいこのような掘りこみ(ピット)をそのような生産物の蓄積を示すものと見ることができるだろうか。

縄文時代において明確に貯蔵庫といえるものはいずれも戸外に掘られたもので、岡山県赤磐郡山陽町南方前池遺跡(縄文時代晩期)発見のドングリやトチの実がつめられたピット(注20)とか、山口県熊毛郡平生町岩田遺跡(縄文時代晩期)のホンガシ・ドングリ・シイの実を貯えたピット(注21)、佐賀県西有田郡西有田町坂の下遺跡(縄文時代後期初頭)のイチイカシやアカカシ・シイの実がいっぱいつまったピット(注22)などである。

南方前池遺跡で発見された貯蔵庫は総数一〇基、直径約一m強、深さ約一・三mで、底には大型のドングリがつめられ、その上に木の葉を厚くおおい、木材を縦横にさし渡し、二重三重に木の皮でおおっていたものである。岩田遺跡で発見された貯蔵穴は、二基、直径一・一m、深さ九〇cmの掘りこんだ竪穴で、竪穴の中にホンガシなどをおさめたのち、葉のついた木の枝をかぶせ、上に板をわたし、さらに石でおもしをしてあったと推定されている。坂の下遺跡で発見された貯蔵穴は総数一二基、そのうち五基には木の実が八分どおり充満したままであった。規模は小さいもので径八四×七六cm、深さ五一cm、大きいもので径二二七×一七〇cm、深さ六五cmをはかり、後者に木の実を充満させた場合約九〇〇リットル(五石三斗)は貯蔵できようというから全部あわせると相当な貯蔵量である。それに比べて住居跡内に設けられた縄文時代のいわゆる貯蔵穴とされているものは、そのほとんど全部といってよいほどがこのような低湿地遺跡ではないので植物質遺物などは残っていないのであるが、大きさが前者のように深く大きいものではなく、何ほどの蓄積もなしうるものではない。

弥生時代以降は、稲穂や、粟穂などを貯蔵するのにねずみ返しまでついた高床の倉庫が行なわれるようになることは、静岡県登呂遺跡や山木遺跡の遺構や遺物が証明するとおりである。山の民の中には依然として前代以来のような方式で木の実を貯えた者があったかもしれないが、その遺構は明らかではない。

住居跡にともなういわゆる貯蔵穴について、最近「貯蔵穴様付属施設」という表現を使って「安易に貯蔵穴と断定できないだろう」「むしろ入口施設に伴なうものと考えられる」とするような慎重な配慮がうかがわれる報告書（注23）もみうけられる。また、「一言に貯蔵穴といっても主として食物の貯蔵を考慮しなければならないが、遺跡での所見では、必ずしも食物だけではなく、むしろ土器やその他の生活必需品の貯蔵庫の感が強い、おそらく食料の貯蔵は各個の住居内では、きわめて少量のものの貯蔵しかおこなわず、多量の食料は集落共有の倉庫を保有し、共同の責任において管理がなされたにちがいない。静岡県登呂遺跡における弥生時代後期の高床倉庫を想いおこせばよい」と述べる論考（注24）もある。いずれもそれが生産物の蓄積を示すものというには、あまりにも小さく、まして農耕集落では粟・稲などの大量の貯蔵に適さぬために加えられた考察である。

この住居跡に伴ういわゆる貯蔵穴についての私なりの考えは、第一章に述べたとおりで、胎盤を埋納するために用いられたものが多かったことと考えている。弥生時代や古墳時代のいわゆる貯蔵穴の中には二段に掘りこんで、厚い木の蓋でもしたかと思われるもの、さらに周囲に粘土をまわして封じこめた、それこそいかにもだいじなものを貯蔵した、と推定される遺構がある。そこに埋め納められたものは胎盤であって、その分身が、犬などに掘られたり、そこなわれたりすると、その子の体に悪い影響を及ぼすという強い感染呪術が行なわれていたことであろう。

つぎにいわゆる貯蔵穴の位置について注意してみたい。縄文時代の埋甕については、早く「その位置はいずれも南側の東西両主柱穴の中間よりやや外側に向った同一地点であった。この埋甕が貯蔵を目的であったならば、出入の激しい南側よりむしろ他の位置が選定せらるべき筈である。然るに特にこの地点が等しく選定せられたからには、そこに何らかの強力な理由が存在していたに違いない……一時的の方便よりも、何か呪術的効果を祈願する思惟の所置と認めなければならない。」という宮坂英弌氏の重要な指摘（注8）がなされてから後、桐原健氏や、渡辺誠氏らによって、入り口の床面下に埋められていることが注意され、私もその論争の仲間入りしたりして、埋甕についての研究はその核心に迫って来た感がある。

近年では竪穴住居の機能についてふれる報告も多くなり、出入り口部の推定がなされる例も増している。縄文時代のいわゆる貯蔵穴とされている掘りこみもまた埋甕と同様な出入り口部に掘られていることが多いのである。岡谷市梨久保遺跡の七号住居址（縄文時代中期曾利Ⅱ式または曾利Ⅴ式）では、南辺側壁が欠けた出入り口と考えられるあたりに、深さ一八cmと二七cmほどの浅いくぼみが重復していることが指摘され、井戸尻六号住居址や藤内九号住居址でも類例が認められたとされる。こうしたいわゆる貯蔵穴（掘りこみ）のうち、住居出入り口部と推定される箇所に設けられたものの中には、埋甕と同様に胎盤を埋めた遺構があるだろう。それは埋甕とちがって収納された容器が有機質などであったために形骸をとどめず、ただ掘りこみが残ったのではなかろうかという考察は第一章で述べたとおりである。

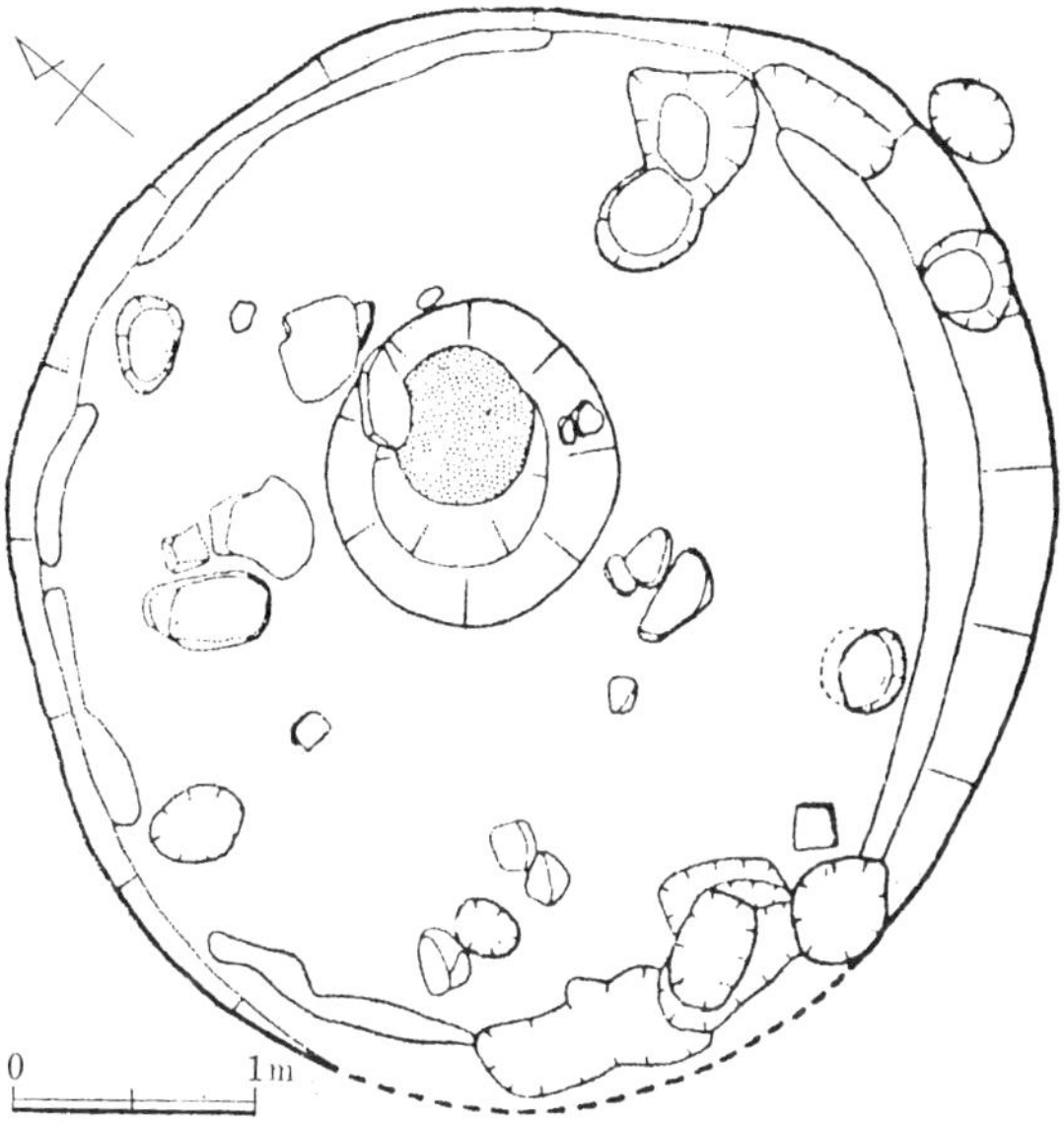

図16　梨久保遺跡7号住居址（『梨久保遺跡』より）

八王子市宮田遺跡の縄文時代中期（勝坂Ⅰ式期）のA地区四号住居跡の南壁中央部に設けられた貯蔵穴とされているものなどもその一例と思われる（注25）。

近年宮城県名取市鴻ノ巣集落遺跡（縄文時代前期大木Ⅱ式期）の住居跡の総数に近い一八基に、南東壁の中央部の内外に径三〇～五〇cmの凹穴が存在することが明らかにされたが（注26）、これなども同様な例であろう。東京都西多摩郡羽村町の山根坂上遺跡の第一号住居址（加曾利EⅠ式期）では、南側に張り出し部があり、そこに二つの重復するピットがあり、新しいほうのピットに胴下半部を欠く土器を埋設してあった（注27）。このように一つの住居跡に、埋甕と土器を埋設していない単なる掘りこみが近接した場所に存在する例は他にも注意されている。千葉県市川市姥山貝塚の第一号竪穴（住居跡）では、南壁周溝に近く、胴部以下を欠いた土器を水平に埋設し、それに近く、径二〇㎝内外、深さ二八㎝の穴があり、一部は周溝にかかっていた（注28。報告書では、穴あるいは埋甕は一種の貯蔵施設と考えられるとしている）。

弥生時代のいわゆる貯蔵穴とされているものについては、第一章で横浜市三殿台遺跡を例にとって説明した（注29）。三殿台では弥生時代の中期末葉の久ケ原式期～後期末葉の前野町式期の住居跡の南壁や東壁内側に接してピット（一例をあげると径五〇㎝、深さ四五㎝）が掘られている。それは周囲に低い土堤をめぐらしており、ちょうど粘土の内側に蓋をして穴をおおったと思われるような遺構である。同様な遺構はほかにも南関東の同時期の住居跡にいくつか認められる

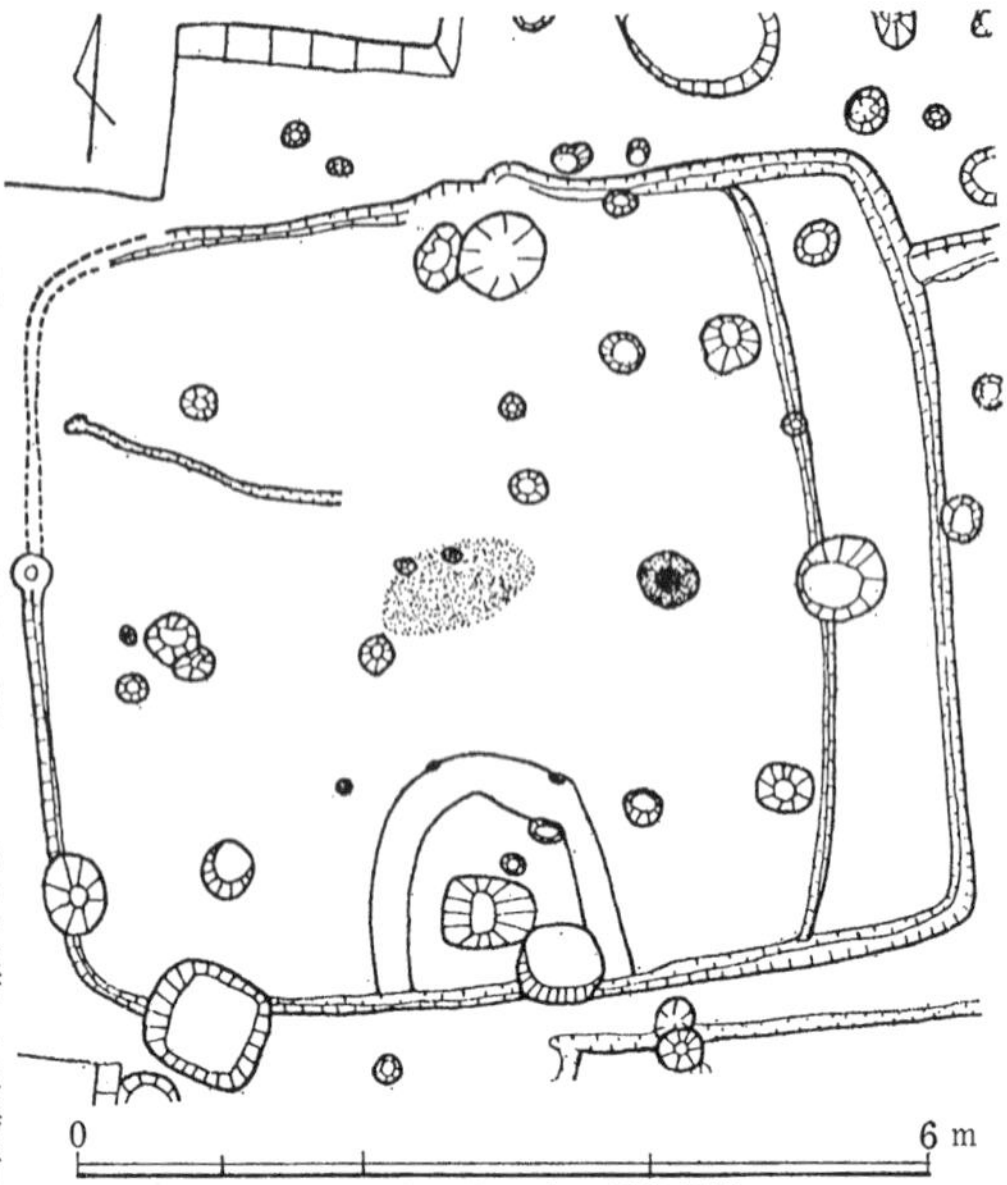

図17　見晴台遺跡第10次４号住居跡
（『見晴台遺跡第10次発掘調査の記録』より）

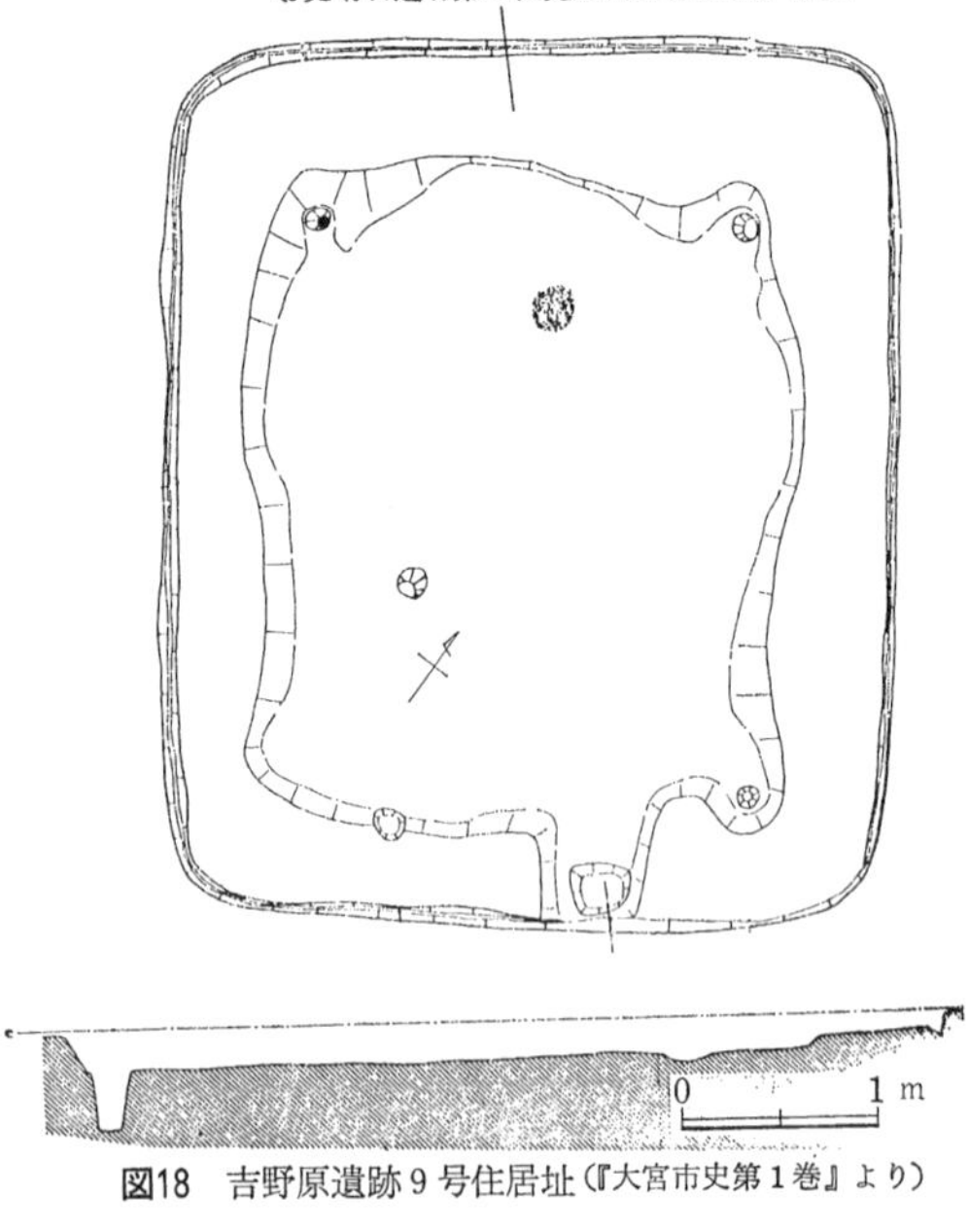

図18　吉野原遺跡９号住居址（『大宮市史第１巻』より）

が、長野県の下伊那の谷にも弥生時代中期後半（北原式期）の北原遺跡、弥生時代後期（中島式期）の鐘鋳原A遺跡・家の前遺跡・畑田遺跡など数例がある（注30）。名古屋市見晴台遺跡でも弥生時代後期の五つの住居跡の、南壁・東壁・南東壁などに同様な遺構が発見されている。報告書には一種の貯蔵庫かと思われるとしるされているが（注31）、その後筆者の説に共鳴された吉村睦志氏が胎盤埋納説をとった論考を発表している（注32）。なお埼玉県大宮市吉野原遺跡の九号住居址は、八・六×七・二mの隅丸方形プランの住居跡の中央に近い四周にベッド状遺構をそなえているが、ちょうどベッド状遺構のない南東側出入り口と推定される部分に、径五〇×六〇cm、深さ二〇cmのいわゆる貯蔵穴がある（注33）。住居に出入りする者は必ずこの上を踏むとか、またがねばならない位置であることがとくに明確である。

古墳時代のいわゆる貯蔵穴とされているものについては、第一章で前期初頭（五領式期）の例として我孫子町中学校遺跡（注34）を紹介し、後期の例として八王子市中田遺跡（注35）の場合を紹介した。

関東地方では、古墳時代の前期初頭にはいわゆる貯蔵穴は北東の隅とか南の隅などのように住居跡の隅に設けられているのが一般であったが、前期後半の和泉式期も後半になると、炉がなくなりかまどが出現してくる。後期にはいわゆる貯蔵穴は住居の隅にではあるがかまどの左とか右に近く掘られることが多くなる。周囲から土器が発見されるのも多く、このため「かまどと貯蔵穴とは密接なかかわりをもって運用されていた」というような解釈がなされている（注36）。

東京都中田遺跡や千葉県夏見台遺跡などにおいても古墳時代後期の鬼高式期の古い時期までは、かまどに対面する南壁とか東壁に方形の張り出し状のピットを持っているが、鬼高式期も中葉以降にかまどの左とか右にいわゆる貯蔵穴が移行する傾向にある。中田遺跡の発掘調査を担当した中山淳子氏や服部敬史氏などは貯蔵穴説には疑いを抱き貯水穴説をとっている。八王子市船田遺跡では、平安時代（国分式期）の住居跡で、かまどの対面に再び馬蹄形状のくぼみが掘られることが指摘されている（注37）。その周囲に若干の盛り上がりが認められる（S地区住居BO2の例では五二×三二cm、深さ一二cm）。このようにいわゆる貯蔵穴の位置が移動することについては人のよく踏む入り口などに胎盤を埋納した感染呪術が世代を追うて伝承したということを考慮にいれると住居の入り口の移動を示すものと解釈できる。南壁や東壁

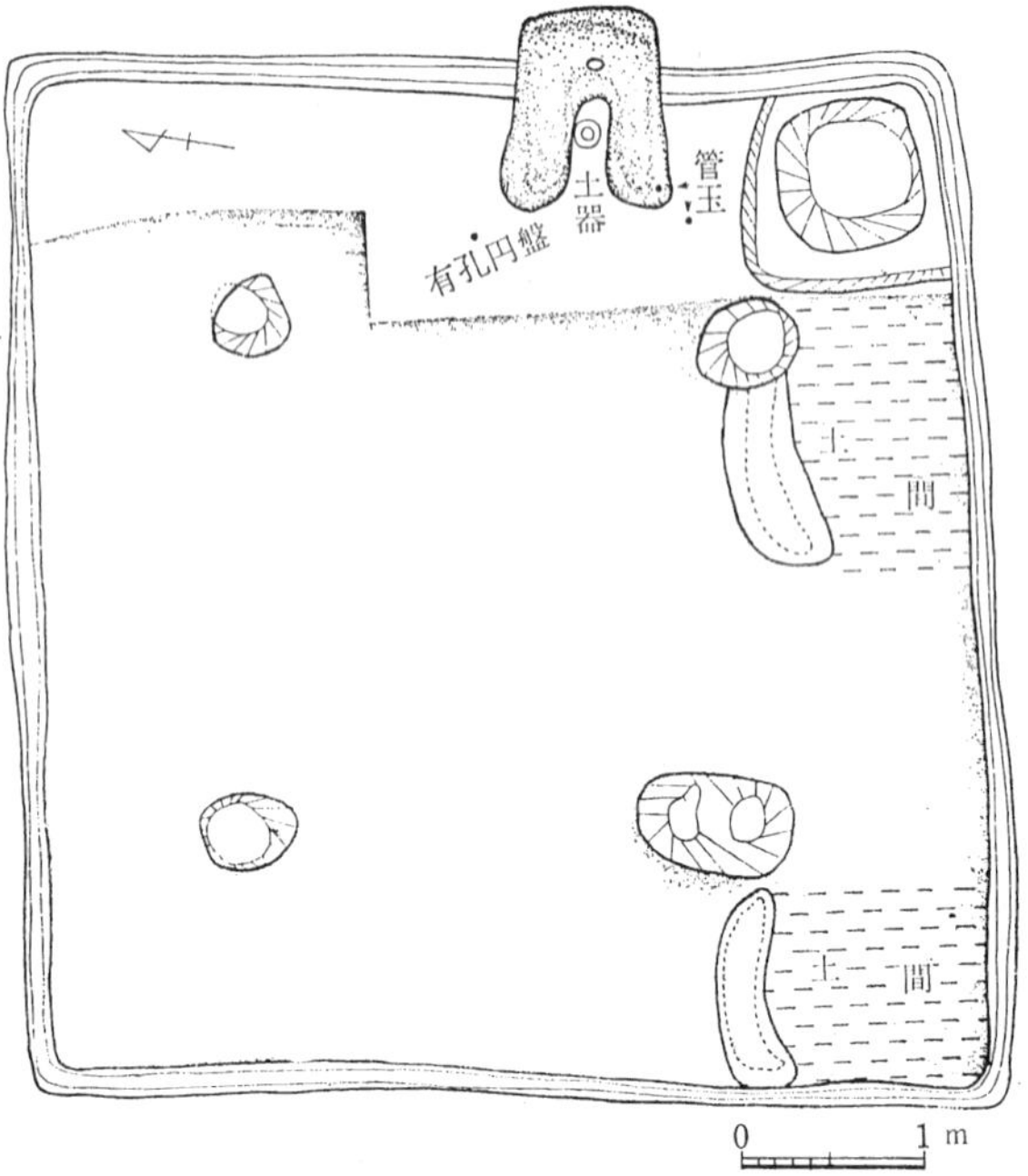

図19　東神庭遺跡第9号住居跡（『東神庭遺跡』より）

の中央に設けられたり、南東側や南西側のすみに設けられていた入り口が、かまどの採用にしたがって、かまどのある側にも設けられるようになり、胎盤はむしろそちらの入り口の部分またはニワ（土間）の隅に埋められるようになったものであろうことは第一章で推察した。近年この入り口の移動を裏づけるような細密な発掘調査が関俊彦氏らによって行なわれた。すなわち川崎市東神庭遺跡（注38）では、弥生時代後期（弥生町式期）の三軒の住居跡の南東側の壁に張り出し部があり、そこに一、二の段が設けられており、ここが出入り口と推定された。この出入り口の下には床面を掘り下げて円形のピット（径約三〇～五〇cm、深さ約一〇～二〇cm）が穿たれている。

古墳時代の前期から後期にかけて（和泉式期から鬼高式の古い時期）の住居跡では、かまどの右側、住居跡の一隅に一×一m、深さ約一mをはかる方形のピットが掘られている。蓋をかぶせるように二段に掘りこまれており、そのピットに接してロームの凸帯で内側の床面との間を仕切り、その中を一×一mぐらいロームのブロックや暗褐色土で埋め、ちょうど土間の機能を思わせるように固くたたきしめてある。同遺跡にはこのような住居跡が七つあるが、かまどの側に入り口が設けられ土間が作られ、その土間のすみまたは入り口の下に掘りこみがなされ、そこに胎盤が埋納されたことが推察される。

三　玉作の工作用特殊ピットとは

つぎに玉作の工房と認められる竪穴住居跡に付随しているいる工作用特殊ピットといわれているものについて疑問を抱いているので問題を提示してみたい。

石川県加賀市にある片山津玉造遺跡（注39）では、古墳時代初頭に属する玉作関係の竪穴が五個発見された。そのうちの三つの竪穴（三号・四号・六号址）には工作用二重ピットが、二つの竪穴（一号・二号址）には工作用連結ピットが存在することが報告されている。

工作用二重ピットのうち、もっとも整備された形態をもつ第六号址は、南北七・二m、東西七mの隅丸方形プランで、東壁に接して工作用二重孔が設けられている。この二重孔は一・四×一・二六m、深さ一〇ないし八㎝の方形の落ちこみの中央にさらに径六八×五五㎝の円形ピットが掘りこまれており、その深さは一・一mに及び孔の底には白色泥状物が沈積し、砥石および原石が発見された。遺物は工作用二重孔の周辺に原石・未成品等が床に接して人量に発見され、それらの中に車輪石や石釧を製作する際にくり抜かれたと思われる円板状石と大型の管玉の未製品が含まれていた。

第四号址の工作用二重孔も東壁に接して設けられている。一・七×一・二m、深さ八㎝ほど方形に掘りこみ、中央に六五×五〇㎝、深さ一・四五mの穴を穿つ、その底部には灰白色の粘土が堆積していた。方形の浅いピットからは、荒割工程の管玉の未製品が六九個、一括して出土した。

第三号址の工作用二重孔も東壁中央に接して一×一・三m、深さ八㎝の方形の掘りこみが設けられ、中に径七五×五二㎝、深さ一・四mの楕円形の大ピットがうがたれたものである。

千葉県成田市にある八代玉作遺跡（注40）では、古墳時代前期の和泉式期の玉作関係の竪穴が三つ発見された。そのうちもっとも顕著な工作用ピットを有するものが第三号址である。四・七×四・二mの長方形プランで、東壁に接して中央よりやや南側に九〇×七〇㎝、深さ一一㎝の長方形の浅いくぼみをうがち、その南半を五〇×五八㎝、深さ三五㎝に

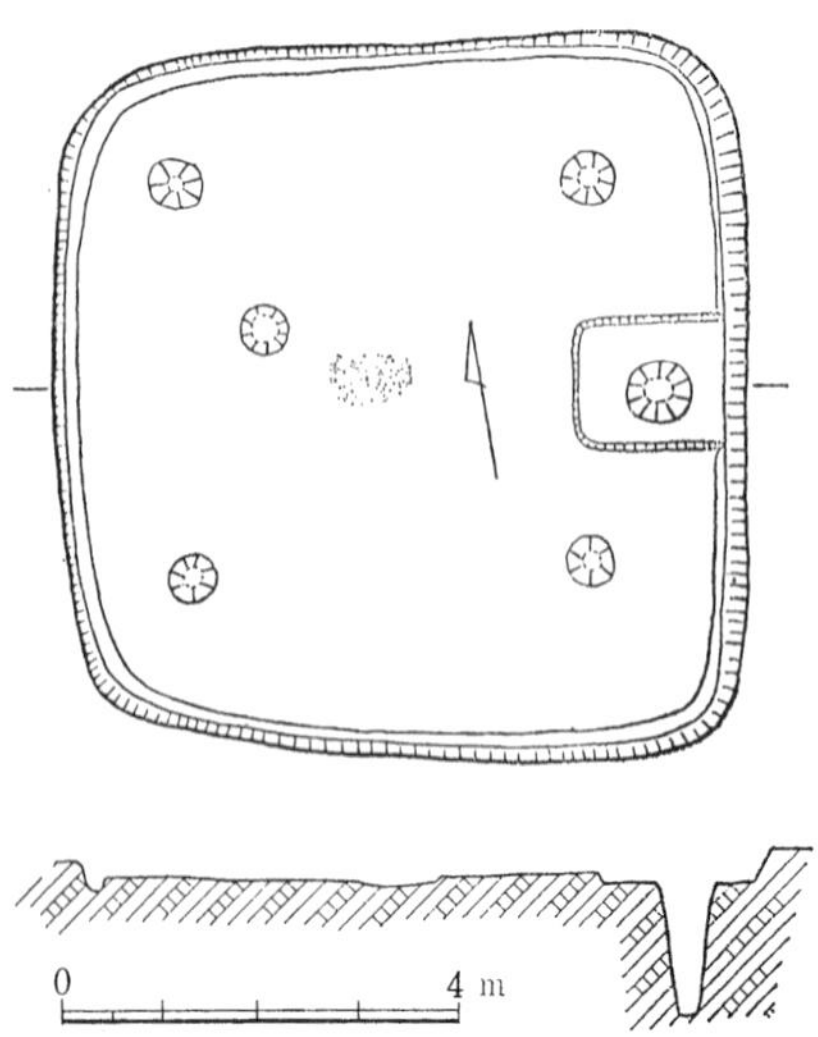

図20　片山津王造遺跡第６号址
（『古代玉作の研究』より）

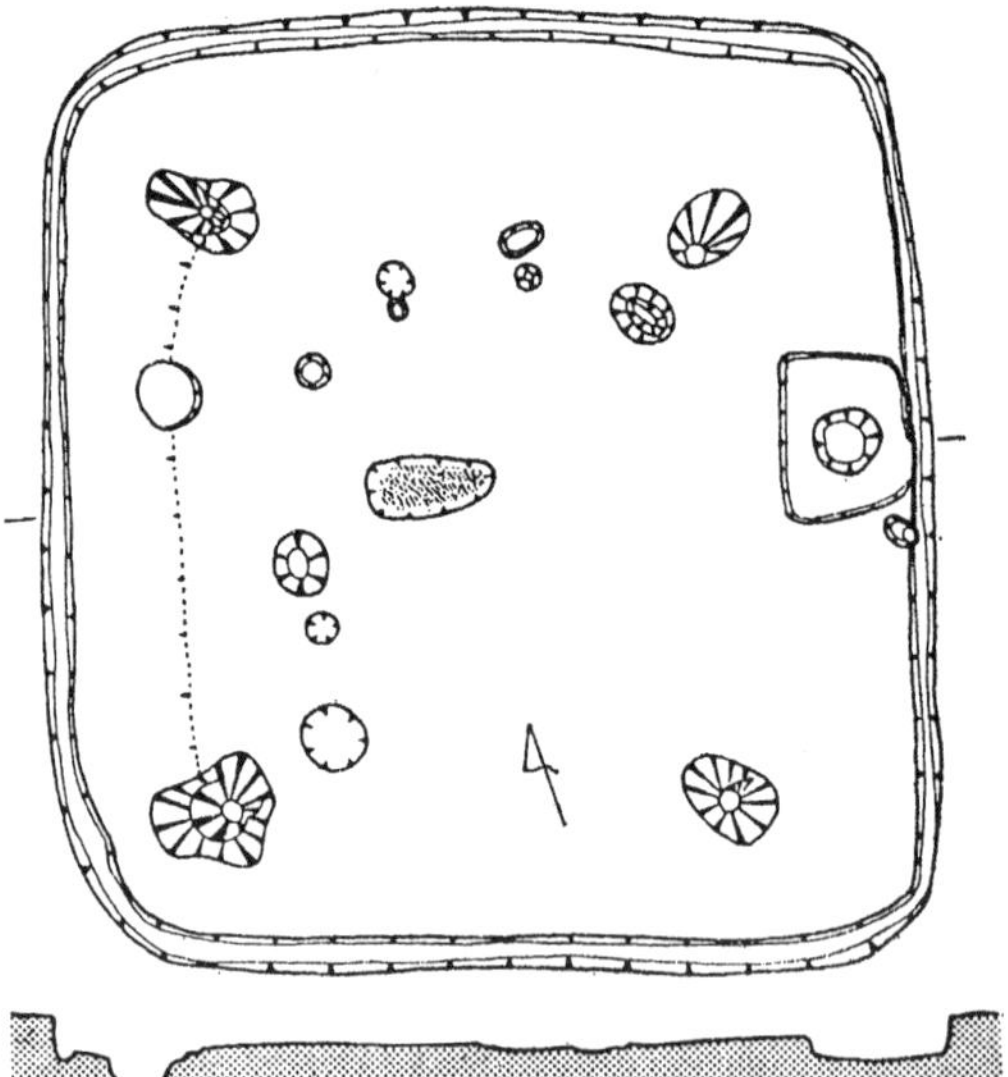

図21　広野新遺跡２号住居址（1/100）
（『本江・広野新遺跡』より）

うがち二段にしたものである。また南東の隅に近く、径五三cm、深さ三五cmの漏斗状のピットがうがたれており、中から砥石の破片が出土した。遺物は主として南東側に玉類未製品および剝片が多く見出され、二つの工作用ピットの付近にもっとも密集しているという。

玉作工房の工作用特殊ピットとされるものは、島根県松江市の忌部中島玉作遺跡の第一号址の南壁中央に接しても設けられていた。一・一五×〇・八四m、深さ四七cmの長方形のピットで、東西に溝がうがたれていた。ピットの中には完形の壺形土器が横たわり、その上下から勾玉の研磨工程の未成品が検出された。これらの工作用ピットは、寺村光晴氏らによって、白色泥状の砥糞を貯えた研磨用のピットとか未成品が出ているところから、形割・打裂の工程において原材料に適度のしめりけを与えるための貯蔵施設であると意義づけられているものである（注41）。

片山津玉造遺跡の場合でも、工房とはいっても一つの竪穴が「日常生活の場」であると同時に「生産の場」を意味していたと考えられている。そこでは、攻玉が行なわれるとともに、玉作の一家が日常の生活を共にしていたわけで、生もあり死もあった。私はこの工作用特殊ピットといわれている掘りこみが、別に玉作の工房特有のものではなく、それらの地方の同時代の竪穴住居に普遍的に存在する施設であったのではないかと疑いを持っている。

片山津遺跡の隣県である富山県滑川市の本江・広野新遺跡（注42）では、ほぼ同時期の古墳時代初期の集落で発見された三つの住居跡に工作用二重ピットとほぼ同じ構造の掘りこみがある。

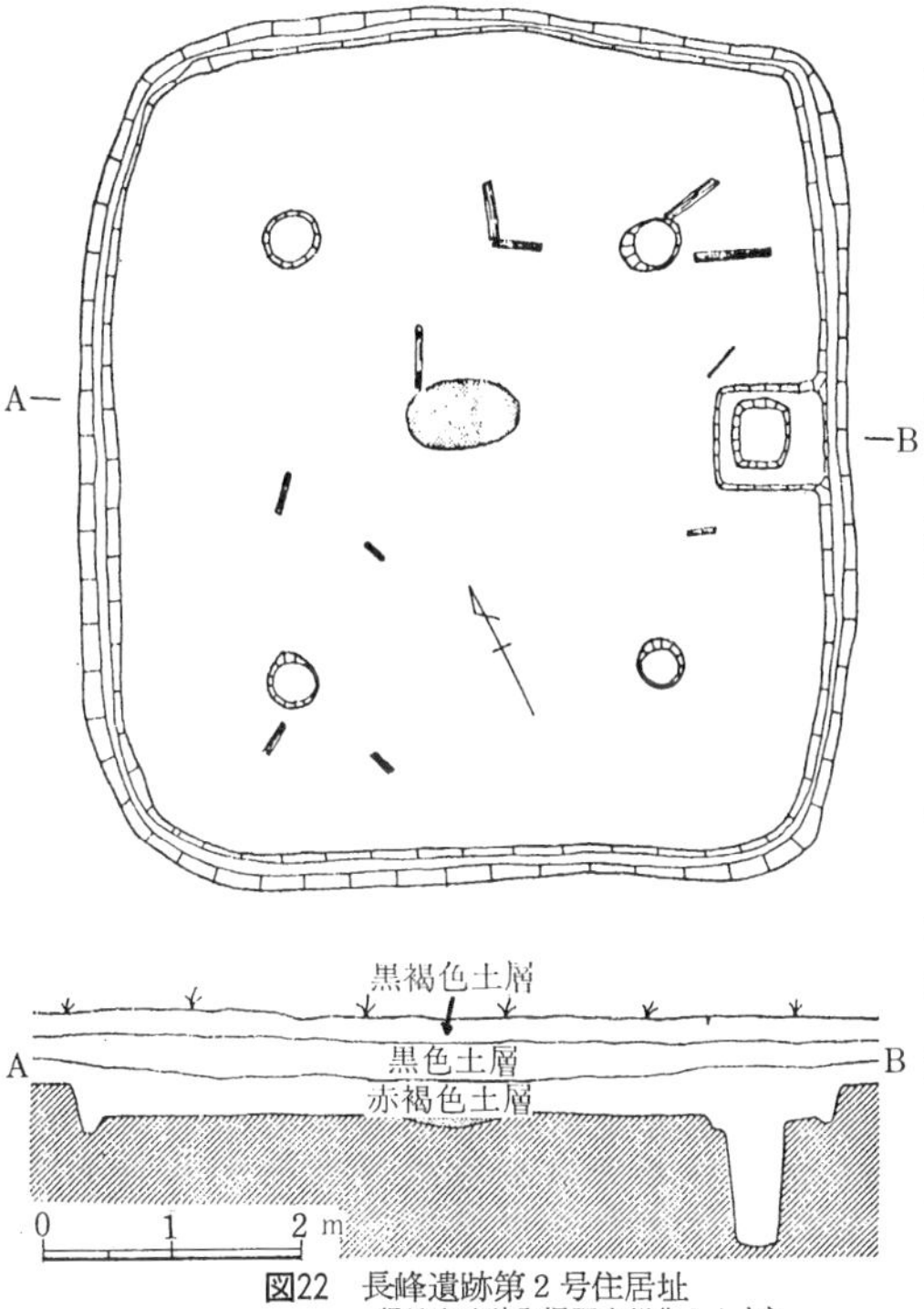

図22　長峰遺跡第2号住居址
（『長峰遺跡発掘調査報告』より）

二号住居址は五×四mの隅丸方形プランで、東壁中央部に接して方形の浅い掘りこみがありその中央に深さ四〇cmのピットが検出された。三号住居址は五・五×五mの隅丸方形プランで東壁中央部に接して方形の掘りこみがあり、中央にピットをもつ。この遺跡は別に玉作の遺跡ではない。周溝のめぐり具合などからして、この集落の遺跡も加賀片山津の場合も東側の中央掘りこみの場所に出入り口が設けられていたと推定される。そこでこの掘りこみもまた出生した子供の胎盤を人の踏む出入り口に埋納した証跡ではないかと考えたいのである。

広野新遺跡のような例は、新潟県中頸城郡吉川町の長峰遺跡(注43)にもある。第二号住居址は、古墳時代前期のもので、六・〇三×六・六五mの隅丸方形プラン。東壁中央部に接してあるピットは、八五×七九cm、深さ一〇cmに方形に浅く掘りこみ、中央に五四×四五cm、深さ八六cmの長方形のピットをうがっている。この二重ピット内からは、木炭の小片と土師器の甕形土器が出土している。

成田市の八代玉作遺跡周辺の古墳時代前期(五領期・和泉式期)ごろの住居跡では、南東側にピットが設けられている住居跡が多い。いわゆる工作用ピットの付近に剝片などが多いのもその部分が出入り口とされ、土間になっており、ここで攻玉の作業がなされたものであろう。

工作用ピットとされている掘りこみから発見される遺物については、ピットをおおっていた蓋の欠落後に流入したようなことはなかったか考慮する必要があろう。また砥石などがもともといれられていたものであれば、民俗例の胎盤と同時に男の場合は文筆がたつように墨、女の場合は裁縫がじょうずになるように針と糸をそえて埋める例のように、成人したら、りっぱな玉作の工人になるように、砥石をそえて胎盤を埋納したような可能性をも考慮にいれる必要があろう。

注1　井之口章次「胞衣の始末」(西郊民俗五四号　昭和四十五年)、佐原真「一九七一年の考古学界の動向―弥生時代(下)―」(月刊考古学ジャーナル七四　昭和四十七年)、高山純「周辺地域の産屋・竹ベラ・胎盤の処置方法」(どるめん三号　昭和四十九年)などが批判を加えられた主要なものである。なお胎盤埋納説を肯定する立場をとった主要な論文には、関俊彦「縄文時代中期の集落」『潮見台』(潮見台遺跡調査会　昭和四十六年)、戸沢充則「岡谷の遺跡と遺物」(『岡谷市史上巻』昭和四十八年)などがあり、民俗学の論文で共感を示したものに、安間清「足で踏む」(信濃二三巻一一号　昭和四十六年)がある。また、拙稿を産育習俗の視点から評価されたものに、最上孝敬「人生儀礼」(日本民俗学一〇〇号―日本民俗学の研究動向―昭和五十年)、井之口章次「人生儀礼」(講座日本の民俗3　有精堂　昭和五十三年)がある。
ちなみに安間氏の論文は、人間一生の通過儀礼の中で行なわれる、足で踏むことに重大な呪術的意味があることを論述した示唆に富む研究である。

2　八幡一郎「南佐久郡大深山遺跡調査」信濃一二巻八号　昭和三十五年

3 後藤守一「船田向石器時代住居遺趾」東京府史蹟保存物調査報告書第十冊　昭和八年
4 八幡一郎「日本先史人の信仰の問題」人類学先史学講座　昭和十五年
5 大場磐雄「主要縄文式竪穴の考察」『平出』朝日新聞社　昭和三十年
6 渡辺誠「縄文時代における原始農耕の展開と埋葬観念の変質」『山梨考古学論攷』山梨県考古学史資料室　昭和四十二年
7 渡辺誠「縄文時代における埋甕風習」考古学ジャーナル四〇　昭和四十五年
8 宮坂英弌「八ヶ岳西山麓与助尾根先史聚落の形成についての一考察(下)」考古学雑誌三六巻四号　昭和二十五年、同『尖石』長野県茅野町　昭和三十二年
9 桐原健「縄文中期に見られる埋甕の性格について」古代文化一八巻三号　昭和四十二年
10 藤森栄一『縄文の世界』講談社　昭和四十四年
11 フレーザー著　永橋卓介訳『金枝篇1』岩波文庫　昭和四十四年
12 高林重水「高河原遺跡発見埋甕のカッティング所見」長野県考古学会誌一一号　昭和四十六年
13 渡辺智信「No.一九遺跡」『三里塚』千葉県北総公社　昭和四十六年
14 久保常晴・関俊彦「川崎市土橋第六天遺跡発掘調査報告」川崎市文化財調査集録第五集　昭和四十五年
15 玉川一郎「敷石住居址」『長谷堂貝塚』岩手県教育委員会　昭和四十七年
16 藤森栄一『縄文式土器』中央公論美術出版　昭和四十四年
17 小林達雄「多摩ニュータウンの先住者」月刊文化財一一二号　昭和四十八年
18 金井塚良一「古代集落の構成」歴史教育一五巻三号　昭和四十二年
19 阪田正一「南関東における後期古墳時代集落跡の一考察」立正大学文学部論叢四一号　昭和四十七年
20 南方前池遺跡調査団「岡山県山陽町南方前池遺跡」私たちの考古学七号　昭和三十一年
21 潮見浩『一九六九年山口県岩田遺跡発掘調査概報』昭和四十四年
22 佐賀県教育委員会『坂の下縄文遺跡』昭和四十六年
23 佐藤茂樹「西原遺跡発掘調査報告―弥生時代の遺構について―」『加倉・西原・馬込・平林寺』日本道路公団・埼玉県　昭和四十七年

注

24 杉原荘介・小林三郎「古墳文化」市川市史第一巻　昭和四十六年
25 宮田遺跡調査会「東京都八王子市宮田遺跡」考古学ジャーナル二五　昭和四十三年
26 志間泰治「宮城県今熊野鴻ノ巣遺跡」日本考古学年報二四　昭和四十八年
27 小杉博『山根坂上遺跡第一次発掘調査概報』羽村町教育委員会　昭和四十七年
28 松村瞭・八幡一郎・小金井良精『下総姥山ニ於ケル石器時代遺跡貝塚ー其貝塚下発見ノ住居址』東京帝国大学理学部人類学教室研究報告第五編　昭和四十七年
29 横浜市教育委員会『三殿台』昭和四十年
30 高森町教育委員会『北原遺跡』昭和四十七年、木下平八郎「鐘鋳原A遺跡」『長野県中央道埋蔵文化財包蔵地発掘調査報告書　昭和四十七年』、松川町教育委員会『家の前・北の城遺跡』昭和四十七年、同『国道一五三号改良工事松川町大島地区昭和四十五年度緊急発掘調査報告書』昭和四十六年
31 名古屋市教育委員会『見晴台遺跡第Ⅳ・Ⅴ次発掘調査概報』昭和四十三年
32 吉村睦志「見晴台遺跡住居跡の特殊遺構ー胎盤埋納習俗との関連についてー」名古屋民俗四号　昭和四十七年
33 大宮市役所『大宮市史第一巻』
34 吉田章一郎・田村晃一「千葉県我孫子町中学校校庭遺跡の調査」考古学雑誌四七巻一号　昭和三十六年
35 八王子市中田遺跡調査会『八王子市中田遺跡資料編ⅠⅡⅢ』昭和四十一年、四十二年、四十三年
36 和島誠一・金井塚良一「集落と共同体」日本の考古学Ⅴ　河出書房　昭和四十一年
37 八王子市船田遺跡調査会『船田』昭和四十七年
38 関俊彦・大三輪龍彦『東神庭遺跡』東出版株式会社　昭和四十八年
39 加賀市教育委員会『加賀片山津玉造遺跡の研究』昭和三十八年
40 大場磐雄・寺村光晴「成田市花内玉作遺跡」『千葉県遺跡調査報告書』千葉県教育委員会　昭和三十九年
41 寺村光晴『古代玉作の研究』吉川弘文館　昭和四十一年
42 富山県教育委員会『本江・広野新遺跡』昭和四十七年
43 関雅之「第二号住居址及び土師器」『長峰遺跡発掘調査報告』吉川町教育委員会　昭和四十九年

第四章　松戸市殿平賀貝塚の墓壙

昭和四十一年八月に松戸市教育委員会と東京成徳学園歴史部の手で、松戸市の北部にある縄文時代後期の貝塚の殿平賀貝塚が発掘調査され、昭和四十二年三月、その調査結果が村上俊嗣氏によって考古学雑誌に報告された(注1)。そのとき堀之内式期の一つの竪穴住居跡が発掘され、幼児骨を埋葬する墓壙が発見された。

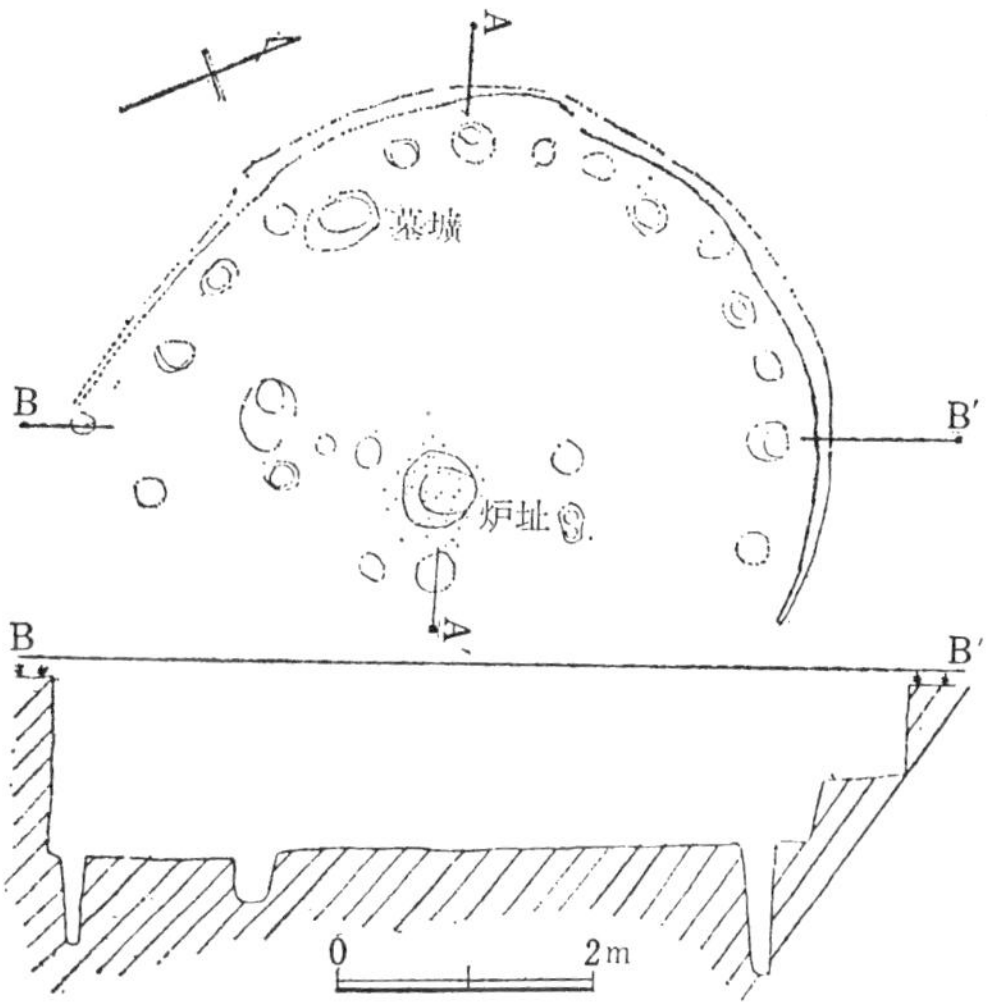

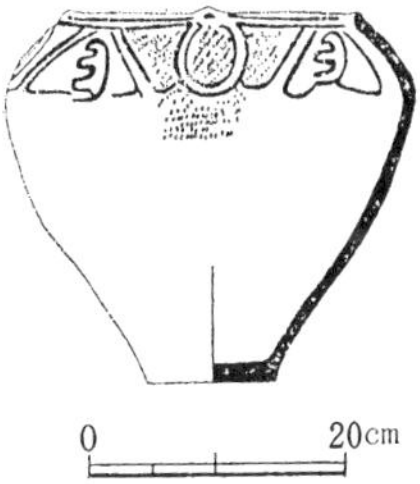

図24　殿平賀貝塚の住居址と土器（堀之内Ⅰ式）
（「松戸市殿平賀貝塚調査報告」より）

村上氏はこれについて、「本住居址に伴う特殊な遺構として明らかな墓壙が存在した。南西部の壁に近い床を長径五三糎、短径三九糎の小判形に切り、深さ三二糎の壙をつくり、口縁から底部まで三分の一あまり欠失した甕を、外面を上にして壙底を掩うようにして伏せてあり、その下から小児の頭骨片と思われる直径一糎の骨片と、歯が出土している。土壙を埋めていた土は、極めてローム質が強く、わずかに黒っぽい程度であり、住居址床面に黒色土が堆積する以前につくられ、埋められた灰層が、墓壙上にも散布していて、その事実を裏付けている。」と所見をのべている。

やがて、昭和四十五年一月、渡辺誠氏はこの資料に注目し、縄文時代中期の竪穴住居跡に顕著な埋甕と結びつけて考えられ、「縄文時代における埋甕風習」(注2)という論文を発表し(月刊考古学ジャーナル四〇号)、「殿平賀貝塚において確実に幼児骨が検出され、この風習に関しては新たな研究段階を迎えた」とした。

これまで埋甕を埋葬施設であろうと考える研究者に、後藤守一・大場磐雄氏などがあり、渡辺氏も昭和四十年に、「縄文時代における原始農耕の展開と埋葬観念の変質」(注3)という論文を発表し、「深鉢棺」という名称を埋甕にあてることを提唱したが、当時は「人骨の検出がなかったので決め手を欠くうらみがあった」とされていた。それが殿平賀貝塚の発掘によって「考古学的な論証が行なわれた現在、幼児甕棺以外の用途想定はひとまず撤回されるべきである。」(注2)と主張されるに至った。ここでそれ以外の用途というのは、貯蔵器説であり、胎盤収納に関する桐原健氏らの説であった。

渡辺氏の月刊考古学ジャーナル誌所収の論文は、住居内埋甕を入り口床面下の埋甕に限って集成し、全国的に概観した点や、集落遺跡における埋甕のあり方について追究した点で啓発されるところが多いが、筆者はわが国の民俗例にあたっていくうちに、渡辺氏が否定的な胎盤収納説が簡単に葬り去られるべき見解ではないと考えるにいたった。そこで本書冒頭の「戸口に胎盤を埋める呪術」(注4)という小論を発表したのであった。これについては賛否両論こもごもであったが、批判する立場の論拠とするところは、主として殿平賀貝塚の資料であった。佐原真氏の言をもってすると「百万の民俗例をもってしても、殿平賀貝塚竪穴住居内の幼児骨を埋葬した埋甕の一例には組しがたいであろう」(注5)というのである。

こういった論法については、百人委員会の『筏遺跡』(注6)のように、「一例をもって全体を律した形で、実際問題として成人洗骨(焼骨)や胎盤が混入していないという保証もなく……一方胎盤を埋める呪術的因習は現在でも土俗の中に残り、……風習の伝統には一定の法則があり、土俗の意義は元来的なものの変形とはいえ、縄文時代以来の習が現在に伝承されている事実は無視できない。」とする批判もある。筆者の考えについては、昭和四十八年に「埋甕といわゆる貯蔵穴について」（注7）という小論の中で「殿平賀貝塚の埋甕の幼児骨の例だけで埋甕全体の機能を律することは、きわめて危険なことだと思う。〈考古学における民俗学的方法〉を重視する自分としては、戸口に胎盤を埋める出産の習俗の伝承性を特に強調したい。」と述べた。

それはさておいて、このころまでの筆者自身の殿平賀貝塚の資料に関する検討は不十分なものがあり、渡辺誠氏が幼児甕棺の論拠とした殿平賀貝塚の資料については、もう一度原点に立ち帰って検討することが必要であったのである。このことについて気づかせてくれたのは、神村透氏の論文「南信地方の埋甕について」（注8）であった。同氏は、「殿平賀貝塚では住居址内に墓壙があり、縄文時代後期土器の大破片を伏せて、その下に小児骨が発見されたのである。……これは埋甕ではないと思う。この根拠点は間違っているので、幼児甕棺の実証にはならない。」と指摘している。これとほぼ同じころ長崎元広氏（注9）も殿平賀貝塚の屋内埋甕とされたものについて、「通常の埋甕の概念から大きくはずれるものである点に注意したい」と記している。

松戸市郷土史料館の関根孝夫氏は、昭和四十八年三月、発掘調査報告書『貝の花貝塚』（注10）の「住居跡にみられる特徴」の中で、つぎのように述べている。「この種の埋甕で人骨の検出されたものは皆無である。貝の花貝塚では、住居外埋甕には埋葬遺体が検出されたものも多いが、住居内の二例については検出されなかったのである。渡辺誠氏は、殿平賀貝塚例として住居内埋甕には本来埋葬があったとされた。しかし殿平賀では報告者の村上俊嗣氏は、これを埋甕とは表現していないし、事実通例いわれる埋甕とは異なるのである。すなわち住居内での人骨片を伴った墓壙には、同一個体の土器破片をもってこれを被覆していたのであって、土器を埋設したものではない。したがってこれを直ちに土器を埋設した埋甕と同様に扱い、埋甕の性格一般にまで及ぼすのは若干の問題がある。……殿平賀例は住居内に埋葬がなされたことは事実であるが、これは今問題にしている埋甕とは一応別種のものであるといわざるをえない。」と、殿平賀貝塚が発掘された松戸市にあって、考古学の研究に取り組み、『貝の花貝塚』の調査報告の取りまとめの中心となった同氏の見解には、とくに傾聴すべきものがある。

この年、昭和四十八年十一月には、猪越公子氏が「縄文時代の住居址内埋甕について」（注11）を発表している。この論文は、同氏の国学院大学の卒業論文の一部をなす埋甕の研究史の部分を骨子としたもののようであるが、単なる研究者の論考の紹介にとどまらず、コメントをつけて同氏なりの学史的展望をしたことに特徴がある。その中で、「昭和四十二年に報告された千葉県松戸市殿平賀遺跡において、一号住居址の床面に埋められていた土器の内部から幼児骨が検出された。この報告を渡辺誠氏は埋甕であると解され、用途は小児埋葬用で、用途論は終了したとされた。……渡辺氏は(殿平賀の)この報告から逆位の埋甕と解されたが、私はこの文章から解すれば埋甕とは異った状態で埋められているのではないかと思う。現在報告されている埋甕の土器埋設ピットの多くは、埋められる土器を意識して掘られている。たとえば神奈川県川崎市潮見台遺跡七号住居址の埋甕のピットは、土器の大きさにあわせて掘られ、空間をもたない。しかし、この殿平賀遺跡の例は、土器を意識しない小判形に掘りこまれている。さらに埋甕に使用されている土器は正位か逆位の垂直状態で埋められているが、本遺跡の埋められている土器は、渡辺氏が逆位の埋甕と解されているが、この報告からは横に倒れた状態で埋められていると解されるのではないか。このように殿平賀遺跡の埋設土器は、埋められた状態に他の埋甕と異なった点が認められるので、埋甕の範疇からは除くことにする。」と本来的な埋甕の埋設状況や埋設ピットの掘り方に注目した点が注意される。

筆者は、千葉県教育委員会の西野元氏の御好意で殿平賀貝塚についての関根孝夫氏撮影の写真を頂戴することができた。冒頭に掲げた写真がそれである。住居跡の全景写真のうち、左上の大きなピットが問題の墓壙である。つぎに墓壙の写真を検討しよう。報告者の村上氏がしるすように、小判形で、堀之内Ⅰ式の甕を割った破片を、外面を上にして壙底をおおうようにして伏せてある。左端と右端に口縁部の破片があり、中央に底部がみえる。報告によると、この小判形の墓壙の大きさは、長径五三cm、短径三九cm、深さ三二cmである。その大きさ・形状は、猪越氏が指摘するように土器の大きさにあわせて掘った通常の埋甕のピットとは異なる。埋葬する幼児の遺骸の大きさに合わせて掘ったものと思われる。その写真を検討すると、関根氏が指摘するように、同一個体の土器破片を割って被覆したもので、埋甕のように土器を埋設したものでないことは明らかである。

したがって渡辺氏が判断したようにこれを逆位の埋甕とすることはできない。また、村上氏の報告の文章による限りでは、猪越氏のしるすように横に倒れた状態で埋められたともとられないこともないが、同一個体の土器の破片を割って被覆したものであることは、写真の口縁や底部の破片の配置状況からして明瞭である。

これまで述べてきたように殿平賀貝塚の資料は、先に各氏が指摘したように埋甕の範疇からは除外すべきものである。したがって、この資料を埋甕の用途論の論拠とすることには問題がある。筆者が全国各地の住居内埋甕を集成した数は一、〇七九にのぼるが、これまでのところ住居内埋甕の中から埋葬遺骸が検出された例は皆無である。同じ埋甕でも、住居外埋甕から遺骸が発見されることが多いことは周知のとおりである。したがって住居内埋甕については、住居外埋甕とは別の目的をもって施設されたものと解すべきであり、埋葬とは別の用途を考えたほうがよいのではないかと思われる。

注1　村上俊嗣「松戸市殿平賀貝塚調査報告」考古学雑誌五二巻四号　昭和四十二年
2　渡辺誠「縄文時代における埋甕風習」月刊考古学ジャーナル四〇号　昭和四十五年
3　渡辺誠「縄文時代における原始農耕の展開と埋葬観念の変質」『山梨県考古学論攷』山梨県考古学史資料室　昭和四十二年
4　木下忠「戸口に胎盤を埋める呪術」月刊考古学ジャーナル四二号　昭和四十五年
5　佐原真「一九七一年の考古学界の動向―弥生時代（下）―」月刊考古学ジャーナル七四号　昭和四十七年
6　古田正隆「筏遺跡―縄文後晩期の埋葬遺跡―」『筏遺跡』百人委員会　昭和四十九年
7　木下忠「埋甕といわゆる貯蔵穴について」信濃二五巻八号　昭和四十八年
8　神村透「南信地方の埋甕について」長野県考古学会誌一五号　昭和四十八年
9　長崎元広「八ケ岳西南麓の縄文中期集落における共同祭式のありかたとその意義（下）」信濃二五巻五号　昭和四十八年

注10　関根孝夫「住居跡にみられる特徴」『貝の花貝塚』松戸市教育委員会　昭和四十八年

11　猪越公子「縄文時代の住居址内埋甕について」下総考古学五　昭和四十八年

このほか、殿平賀貝塚の墓壙が、埋甕の概念とは違うと指摘したものに、堀越正行「殿平賀の抱甕葬」(史館第六号　昭和五十一年)がある。同氏は住居の廃絶後に埋葬されたことを推測し抱甕葬と分類している。

第五章　住居内埋甕研究の現状と問題点

前章までは主として、住居内埋甕に対する筆者の考えを述べてきた。それは住居内埋甕の機能・用途に関する推論であり、幼児埋葬説に対する胎盤収納説の立場にたったものであった。この章では、住居内埋甕研究の展望を行ないながら問題点を整理してみたい。

住居内埋甕（以下埋甕という）の性格に関する主要な特徴を早く指摘したのは、桐原健氏の「縄文中期に見られる埋甕の性格について」（注1）である。その発表は昭和四十二年で、長野県下の資料によるものであるが、発見例の多い長野県において、遺跡の発掘にたずさわり、資料を集成されただけに、よくその性格をつかんでいる。桐原氏は埋甕の特徴を七つあげている。つぎにそれを要約しよう。

1、埋甕が存在する住居址は、加曾利E期の住居址が多い。
2、廃滅した住居址にも残存する。
3、入り口部に埋められているものが多い。
4、直立と倒立の二種がある。
5、底部を欠いているものがある。
6、石蓋や自然礫を積みあげたものなどがある。
7、埋甕に使用された土器には共通性がある。口縁には把手がなく、平縁でいかにも木製の蓋をのせるのに便利な形態をとっており、キャリパー形の形態と合わせて全く典型的な貯蔵用の土器である。文様は独特のもので、曾利Ⅱ式からⅣ式のものは、綾杉文的条線地文の上に複雑ではあるが、力感に欠けた渦巻文が描かれている。

つぎに桐原氏が指摘したこれらの点を中心に、その後に究明されたことを、全国的な視野にたって展望してみようと思う。

一　埋甕の分布と埋設された時期

渡辺誠氏は、昭和四十五年に「縄文時代における埋甕風習」（注2）において、全国的な規模で「入口床面下埋甕出土住居址一覧表」を作成し、二四遺跡を収録し、分布と関連させながら埋設された時期の問題に言及している。渡辺氏は、「加曾利EⅠ式土器を使用した千葉県姥山1号住居址例が最も古い。」しかし、「関東地方を初現地域とすることには躊躇する。」埋甕は、「次の曾利Ⅱ式期や加曾利EⅡ式期の例が最も多く長野・岐阜・東京・静岡・神奈川」とその分布も広範囲になる。「加曾利EⅠ式期の例は、この分布範囲と比較するとき、その東縁部に位置しており、初現地域の追究は今後の重要な課題として残されている。」また、その下限については、長野県下では、「曾利Ⅲ・Ⅳ式期を経て、中期末の曾利Ⅴ式期まで連続的に埋甕の存在をたどることができる。関東地方ではさらに後期まで連続的に確認できる。後期初頭の称名寺式期例は、東京都武蔵野市御殿山一号住居址などに、次の堀之内Ⅰ式期例は、千葉県松戸市殿平賀貝塚一号住居址に、そして加曾利BⅠ式期例としては、東京都八王子市船田向敷石住居址例にみることができる。これ以後の例は未だ報告に接しないが、中期村落址の発掘に比較すれば、後晩期のそれは非常に立ち遅れており、今後検出される可能性はきわめて大きいと考えられる。」としるしている。

その後のすさまじい開発、それにともなう発掘調査によって、住居内埋甕の発見もいちじるしかった。神村透氏は、昭和四十八年に長野県下南信地方の「住居内埋甕一覧表」を発表した（注3）。その遺跡数は四六遺跡（長野県全体で五三遺跡）にのぼった。

また、猪越公子氏は、昭和四十八年七月末現在の遺跡数八八（うち長野県四一遺跡）について、県別・遺跡別に配列し、土器型式・欠損状況・埋設状態・出土位置などを記載している(注4)。筆者も昭和四十八年八月に「埋甕といわゆる貯蔵穴について」(注5)の小論を発表し、これまで集成した住居内埋甕を出した遺跡を、県別のみの表であるが収載し、埋設された時期、分布の範囲についても、この時点での知見をしるした。同年八月一日現在の遺跡は一四九遺跡(うち長野県六二遺跡)、埋甕数は四三六例にのぼった。その後の集成の結果、管見では昭和五十六年一月末日現在、遺跡数は二七六遺跡、埋甕数は一〇七九例に達している。

時期の問題を究明する場合、一つの難点は、土器型式の同定で、研究者それぞれによって規準が異なる。加曾利E式期の細分の仕方にも違いを生じている。土器の型式区分の特徴のつかみ方については従来は口伝法によることが多いため、祖述されるにつれて食い違いもできた。最近になって地域によっては土器集成図録をまとめる試みがなされているが、地域相互の関連をもった土器集成図録のしっかりしたものが刊行されることが望まれる。

今日までのところ住居内埋甕の分布は、青森・岩手・宮城・山形・福島と東北地方に及ぶことが明らかになってきた。岩手県大船渡市長谷堂貝塚の敷石住居跡の事例は、縄文時代後期初頭の堀之内Ⅱ式期並行のもので、住居跡の南寄りに頸部を欠く正位の埋甕があった。現在のところ、この遺跡が関東地方や中部山地に共通した性格をもつ住居内埋甕の北限であろう(東北地方の住居内埋甕は一般的に住居内での位置、埋設状況などが、関東地方や中部山地と異なっており、この習俗が波及して行った縁辺の地という感がする)。住居内埋甕が盛んに行なわれた範囲は、埼玉・東京・神奈川・山梨・長野を中心として、千葉県西部・群馬県・静岡県東部・岐阜県に及んでいる。また、近年では新潟県南部や富山県にも広がることが明らかになってきた。

西日本では、縄文時代の住居跡自体の発見例が少ない。現在のところ住居内埋甕の明確な事例としては、岐阜県関が原町中野遺跡を分布の西限とするにとどまる。しかし、佐々木藤雄氏が「埋甕論ノート」(注6)で指摘するように、埋甕が炉跡に近接して埋設された事例は、近年、大阪府東大阪市縄手遺跡(縄文時代後期)や、馬場川遺跡(縄文時代晩期)で報告され(注7)、京都府舞鶴市の桑飼下遺跡(縄文時代後期中葉)では、埋甕が炉跡から約二・五mの地点に埋設された

(注8)ことが明らかにされているので、これが住居にともなったものとも推測され、今後、住居内埋甕の明確な事例が西日本から発見される可能性は大きいといえよう。

埋甕の盛期は、早く桐原氏などが指摘した加曾利E式期である。その初現の時期と初現の地域の究明は今後に残された問題であるが、東京都下や神奈川県下では、勝坂Ⅱ式期のころに行なわれはじめる。川崎市第六天遺跡第一号住居址や鶴川遺跡J地点三九号住居跡の例などがそれである。新潟県西頸城郡青海町寺地遺跡第一号工房址のそれは中期初頭に位置づけられる。

埋甕の初現に関連して宮坂光昭氏は、「住居址外の特殊な地点にあった埋甕施設が、その後、住居址内に入っていくようになるらしい。」と、岡谷市海戸遺跡の事例をもとに、同遺跡第二次調査報告(注9)で問題提起をしているが、佐々木藤雄氏(注6)の指摘のように、屋外の埋甕の上限は、「現在に至るまで海戸遺跡例などの加曾利EⅠ式併行期の段階にとどめられたままで……むしろ逆に屋内埋甕に対する屋外埋甕の後出という」事実がこのことを反証しているようである。

埋甕が連続して行なわれたのは、勝坂式土器と加曾利E式土器が使用された圏内の関東地方西部から中部山岳地域にかけての地域で、これらの地域では、後期初頭の称名寺式期の時期のものが各所で検出されている。なお渡辺氏が加曾利B式期の例としてあげた八王子市船田向敷石住居址の事例は、小林達雄氏によると堀之内Ⅱ式期に同定されるものという。

佐藤洋氏は「縄文時代の埋甕習俗」の中で、埋甕の分布からして埋甕習俗は勝坂文化圏を母体として確立され、その後の時期に至っても、長くその地域に温存されたと指摘している。同氏は、南関東における埋甕の消滅の時期を堀之内Ⅱ式期としている。

また、長野県下では埋甕の習俗は中期後半に盛行し(二三六例のうち二〇四例が加曾利EⅠ・Ⅱ期)、後期に入る確実な例は一例で、関東地方と違って急激に衰退する点、傾向を異にすると指摘している(注10)。

金井康子氏は、その論文「埋甕の一視角—中部・関東地方における土着土器と非土着土器—」（注11）の中で、埋甕に使用された土器にみられる地域性の問題を考え、分布と埋設された時期の問題により実証的に取り組んでいる。この問題は別章でさらに詳述したい。

なお埋甕の出現以前のそれに先行する施設および消滅後の代行する施設について筆者がいわゆる貯蔵穴とされているものを考えていることは、さきの各章でふれたとおりである。

二　埋甕の埋設された位置

宮坂英弌氏は、早く昭和二十五年に、「八ヶ岳西山麓与助尾根先史聚落の形成についての一考察」（注12）の中で、第四址と第八址から発見された埋甕について、「埋甕が南側両主柱間に遺存しこれに石蓋がしてあった。これが貯蔵を目的とするならば、出入の繁し南側よりむしろ他の位置が選定せらるべき筈である。然るにこの地点が殊に選定せられたのはそこに何らかの強力な理由が存在していたことを語るものである。（中略）何か呪術的効果を祈願する思惟の所置と認めなければならない。」と埋設された位置と埋甕を埋設した目的に関る重要な指摘を行ない、尖石遺跡の調査報告書（注13）の中でも同様な趣旨の見解を述べている。

その後、埋甕が住居の出入り口の部分に埋められていることは、桐原健氏や渡辺誠氏らによっても注目された。渡辺氏は、高砂族などの例を引いて、埋設の目的を幼児甕棺に強く結びつけて考察された。いっぽう、筆者は、わが国の民俗例のうち、胎盤をしまつするとき、人通りの多い出入り口を選んで埋め、人に踏んでもらえばもらうほどその子がじょうぶに育つという出産に関する感染呪術に着目し、桐原氏が説いた胎盤収納説を支持したことは、さきの各章で述べたとおりである。

埋甕を埋設するにあたり、住居構築とともに、はじめから張り出し部を設けた例は、神奈川県川崎市潮見台遺跡八号住居などにあり、「最初から甕を埋めることを意識していたことをしめす」（注14）と指摘されている。

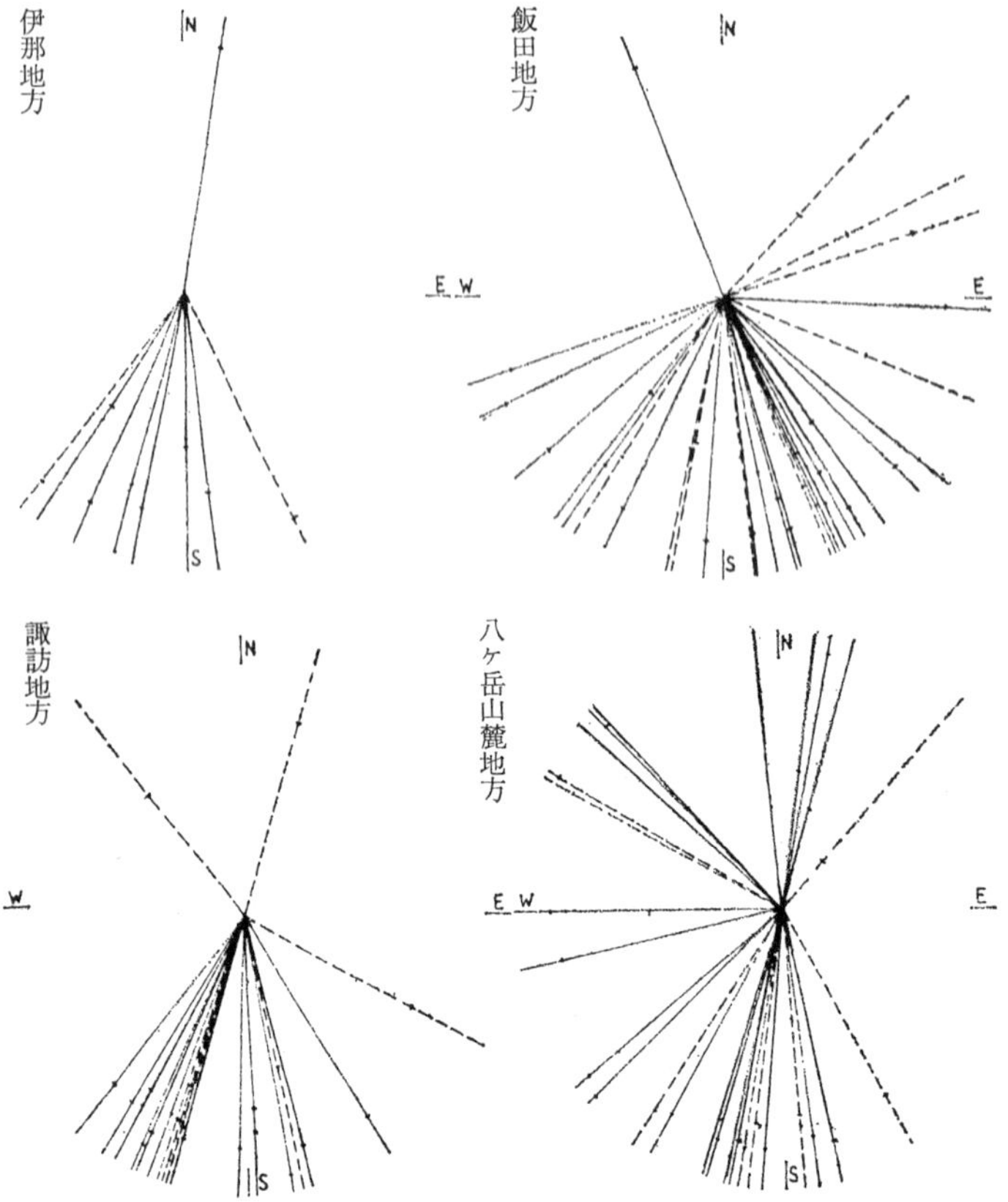

図25　住居跡内の埋甕の方向。実線は正位の埋甕、破線は逆位の埋甕
（神村透「南信地方の埋甕について」より）

埋甕の埋設された位置の究明は、埋設した目的をときほぐすうえでかなり重要な意味を持っている。長崎元広氏は（注15）、埋甕の位置と機能の関係について「屋内埋甕には、埋設位置によって、出入口部埋甕・炉辺部埋甕・奥壁部埋甕の三つの型があるが、炉辺部埋甕と奥壁部埋甕は、石柱石棒などの施設を有する特殊住居に多い。一般の普通住居には出入口部埋甕が普通である。このことは、上記の三型に機能差があったことを暗示している」と指摘している。同氏は出入り口埋甕については、幼児埋葬器説をとり、炉辺部埋甕と奥壁部埋甕については、桐原健氏の「縄文中期にみられる室内祭祀の一姿相」（注16）の分析にしたがって、「この種の埋甕は炉で焚焼したシカ・イノシシなどの獣を石柱や石壇に奉納するための埋納器と考えられる」とし

るしている。

埋甕の埋設された位置が出入り口部とか南壁よりとかいわれていることについて、埋甕の住居跡内における位置を客観的にとらえることはできないだろうかという意識をもって、この問題に取り組んだのが神村透氏である。神村氏は、「南信地方の埋甕」（注3）において、生活の中心となっている炉の中心を計測の基準点として図表化した。これには正位と逆位の埋甕を実線と破線で表示している。また、南信濃の地域を、飯田・伊那・諏訪湖周辺・八ヶ岳山麓・松本の五つの地域にわけて、地方的差異をとらえている。神村氏は主軸方向と埋甕埋設の方向との関係をみた結果、正位のものは、主軸線上の南の方か、それに近いところに集中しており、出入り口部かその付近を選んで位置をきめたと思われるとしている。また、逆位のものでも、胴下半を欠くものが主軸線に近く、正位のものと共通する傾向を示すに対して、底部穿孔のものは、主軸線から離れる傾向があると指摘している。同氏はさらに埋甕の壁からの距離とか、炉中心からの埋甕の距離比表などを作ってみた結果、正位の埋甕および逆位のうち、底部を欠く埋甕が、壁から一m以内に集中するのに対して、逆位の底部穿孔は壁から離れる傾向が強く、住居跡の中間部に埋められる傾向があると指摘する。

三　正位の埋甕と逆位の埋甕

埋甕に直立（正位）と倒立（逆位）があることは早くから指摘されていた。桐原健氏は前出の論文で（注1）、「直立・倒立の差は思惟的な面から窺うべきで、倒立埋甕には物を封ずる観念があらわれていて、許されるならば死霊の隔絶を計ろうとしたごとくある種のマナ活動を抑制しようとする意図を有しておるとまで考えを及ぼしてみたい。」と述べている。桐原氏は、倒立埋甕や埋甕の石蓋は、マナが籠められた胎盤の逃散を防ぐ施設だとするのである。

神村透氏は「南信地方の埋甕について」（注3）のむすびに近く、「正位埋甕と逆位胴下半を欠くものは共通性があり、同一目的に埋められたものである。大きさから見て、中に物を入れるということ、何回でも入れることを考えて埋めたものである。逆位完形品・逆位底部穿孔のものは、一回だけ物を入れることを考え、穿孔することは特別な意味をもっ

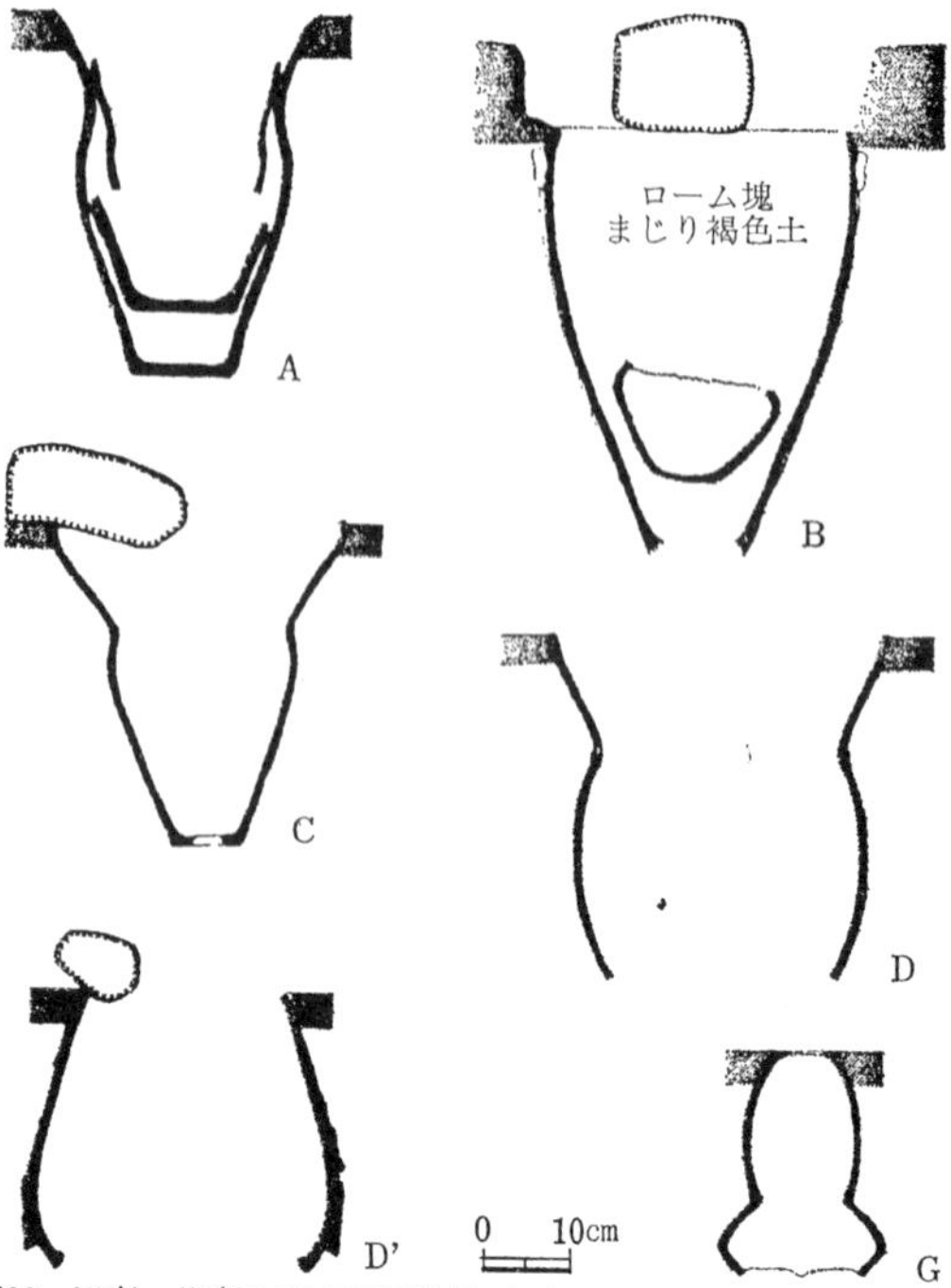

図26 埋甕・伏甕の形式分類(新切遺跡)(神村透「埋甕と伏甕」より)
A(B22号) B(D13号3) C(B25号2)
D(D1号新) D′(B4号) G(B26号)

ていたと思う。」としるし、埋甕の用途については、「食糧貯蔵ではないことは断定できる。宗教的な性格が強いと思う。」と述べるにとどまっていたが、この論をさらに発展させて、「埋甕と伏甕―そのちがい―」(注17)を発表し、正位・逆位の埋甕の相違の問題を追究している。神村氏が伏甕としたのは、逆位底部穿孔の埋甕のことで、逆位底無(胴下半を欠く)などは、正位と性格が同じであるとして、埋甕の中に含めている。同氏は下伊那郡高森町新切遺跡の中央道の発掘調査時の知見をもととして、埋甕を正位と逆位にわけ、正位を底有(A)、底抜(B)、底穿(C)、底無(D)とし、逆位には底無(D′)のみが含まれるものと区分する。なお伏甕については、底有(E)、底抜(F)、底穿(G)として、あわせて八つの型式を区分している。

また、正位底穿を特殊埋甕として分離させている。同氏があげた伏甕の特徴のうち主要なものは、(1)住居内の前半部中央の床面下に埋められる。張り床でかぶせてしまうことが多く、中に何かを入れるとしても、土器を埋めるときにただ一回しか入れることができない。(2)底部にていねいにキリモミによって穿孔される。(3)埋甕にくらべてはるかにそなえられることの少ない施設である。(4)県外については、山梨・埼玉・富山県で知られている。などで、その用途については、「いつも居住者が活動している場の床面下に孔を上にして埋められ、さらに張り床されることは、住居内にあると考えた精霊を孔を通して中におくり込み、その上に張り床しているのはそれを封じこめる目的があったものと考える」としている。その用途に関する推論については、現代人的着想が見えるが、図表などを使っていろいろな角度から検討し、一般の埋甕と区別されるものではないかと結論づけていった作業過程などは評価されるべきであろう。

四　埋甕埋設の時点と複数個埋設の場合

桐原健氏は、「埋甕は廃滅した遺物のない住居址にも残存している」（注1）と指摘している。尖石の一号・八号・一九号・二〇号址のように炉縁石が抜かれ、什器類が持ち出された竪穴の中でも埋甕だけは掘り取られずに残存しているのである。

村田文夫氏は、「川崎市潮見台遺跡の縄文中期集落復原への一試論」（注18）の中で、「潮見台遺跡からは縄文時代中期の竪穴住居址九軒のすべての住居から（埋甕が）発見され、ことに第三・五・一〇・一一号住居からは複数個の発見があ

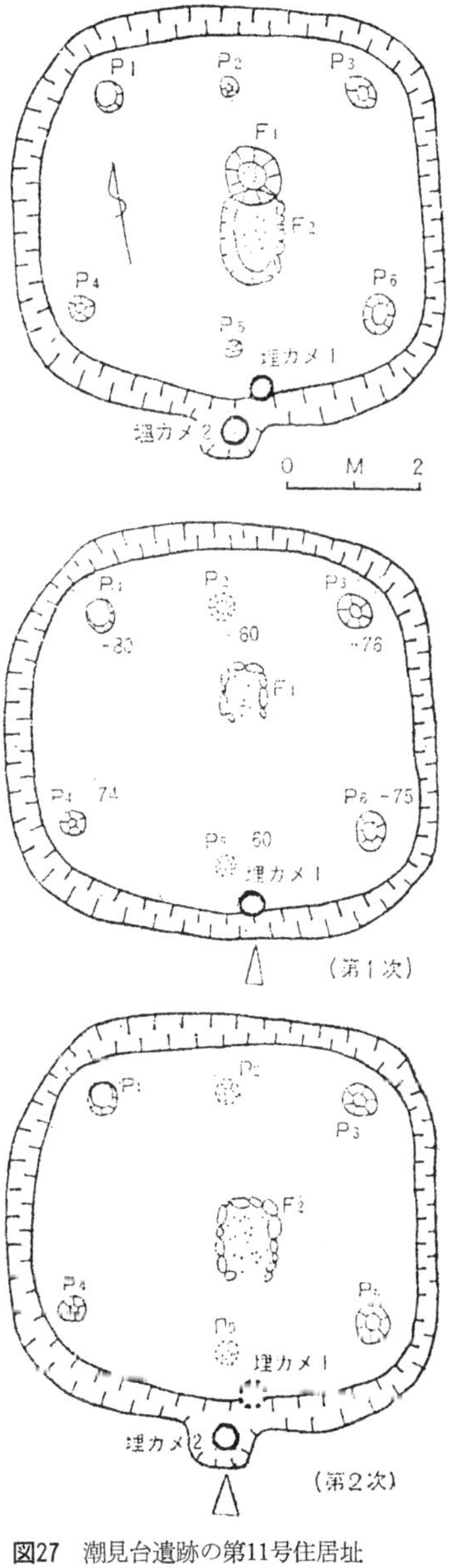

図27　潮見台遺跡の第11号住居址
（村田文夫「川崎市潮見台遺跡の縄文中期集落復原への一試論」より）

る」「それらは必ずしも複数が同時に機能していたとは断言できず、むしろ個々に機能したものが、結果的に複数個となって発見されたものであろう。」「第五号住居址では、第一、二次住居址から埋甕が発見されているが、周溝内に埋設された第一次住居の埋甕は、第二次住居に建て直されたときにもそのまま埋設されていて、埋甕を中心にした左右の周溝と埋甕上部は、ロームのブロックをもってかたく覆ってあったという所見がえられている。同様に一住居に複数個の埋甕が発見された第一〇・一一号住居の場合も、先行して埋設されたと思われる埋甕の上部は、ロームや褐色土をもって意識的に覆いかぶせてあったという発掘所見がある。すべての埋甕にではなく、これら先行して埋設されたと思われる埋甕にのみこうした所見がえられるということは、これらの埋甕の上部を意識的に覆うという所業によって、埋甕としての本来的な機能が終息していることを示唆したものであろう。同時に、住居の建て直し等があっても埋甕だけは旧の位置にとどまり、けっして撤去したり、埋設位置を変更する等の所業はなされていない厳然たる事実をあわせて教えられたわけだ。」としるしている。

なお潮見台遺跡には、張り出し部を設け埋甕を埋設している事例がある。その八号住居では、「甕を埋設するにあたり、住居構築とともにはじめから張り出し部を設けている。」「それは壁面・壁溝および床面における構築や掘さく痕が同一であることから実証できる」「彼らは最初から甕を埋めるということを意識していた」と報告書（注19）にはしるされている。

神村透氏は、南信の事例から、埋甕のほうが住居址内土器より古いということが、住居築造頭初から意識して埋めたことを示す実証例となるとしている。「埋甕が二個以上ある場合、住居の修築との結びつきが強いとされており、修築の都度に埋められたのなら、埋甕は築造頭初から埋められたものである。しかし、すべてがそうであったとは断定できない。このことが埋甕の用途または埋甕のある住居の性格を規制していると思う。」と、埋甕が二個以上ある住居址は南信に三四例を算える。埋甕が二個以上ある場合、「その位置は並ぶかかたまっていて、離れることは少ない。」「この破壊には次のを埋めるために破壊していることが多い。古いものには張り床もあったりして、柱穴の状況などからも判断して、同一住居の修築（建て直し）があったことを知る。三個あったとき、三回修築したかという点については断定できないが、二個のときはほとんど修築しており、住居の建造と埋甕との関係が強い。……誰が埋甕をしたかということからみあわせて考えなければならない。」（注3）としるしている。

水野正好氏は「埋甕の正位と逆位とには意味がある。出入口の正面にあるのは正位で、二、三回の張りなおしや改築があっても原位置を動かない住居址では同じ位置に埋める。このことは住居址を作るときに必ず埋められたものである。」と指摘し、さらにその機能について「それは犠牲が入っているので、人間であれ、動物であれ、建物をたてるときの儀礼に使った犠牲の骨が入っている。」と推測する（注20）。

しかし、埋甕を住居の新築建替え時に行なわれた建築儀礼とみたとき、埋甕が盛行した地域の、同時性をもつとみられる集落内の住居をとった場合に、必ずしもすべての住居跡に埋甕があるとは限らない。埋甕の埋設されていない住居跡も見うけられることが指摘できるし、また、犠牲とされる骨の存在についても疑問である。

五　埋甕の埋め方と内容物

桐原健氏は、住居内埋甕のうち石蓋のある埋甕、自然礫を積み上げた埋甕について、小児骨・胎児骨が収められていた青森県などの住居外埋甕を例に引き、大石に邪霊を避ける威力ありと見た考えのもとに、同様な上部施設を有する住居内埋甕については、「幼児・胎児の甕棺に使用されたとみてよかろう。」これに倒立埋甕を加えて、「愛惜の情に駆られて屋内に葬りながらも死霊の作用におびえている彼等の心情を偲ばせるに充分なものがある。」として、埋甕のこの種のものは、胎盤収納のほかに小児甕棺に使用されたケースがあると推測している（注1）。

埋甕の埋め方と内容物については、神村透氏が南信地方の事例をまとめている。埋甕は床面に土器がちょうどはいるくらいの大きさの穴を掘り、正位にせよ、逆位にせよ、直立するように埋めてある。埋設に際しては、埋甕の上端が床面よりわずかに出るもの、床面と同じもの、わずかに低いものなどがある。石蓋のあるものは、石蓋の上面が床面と平

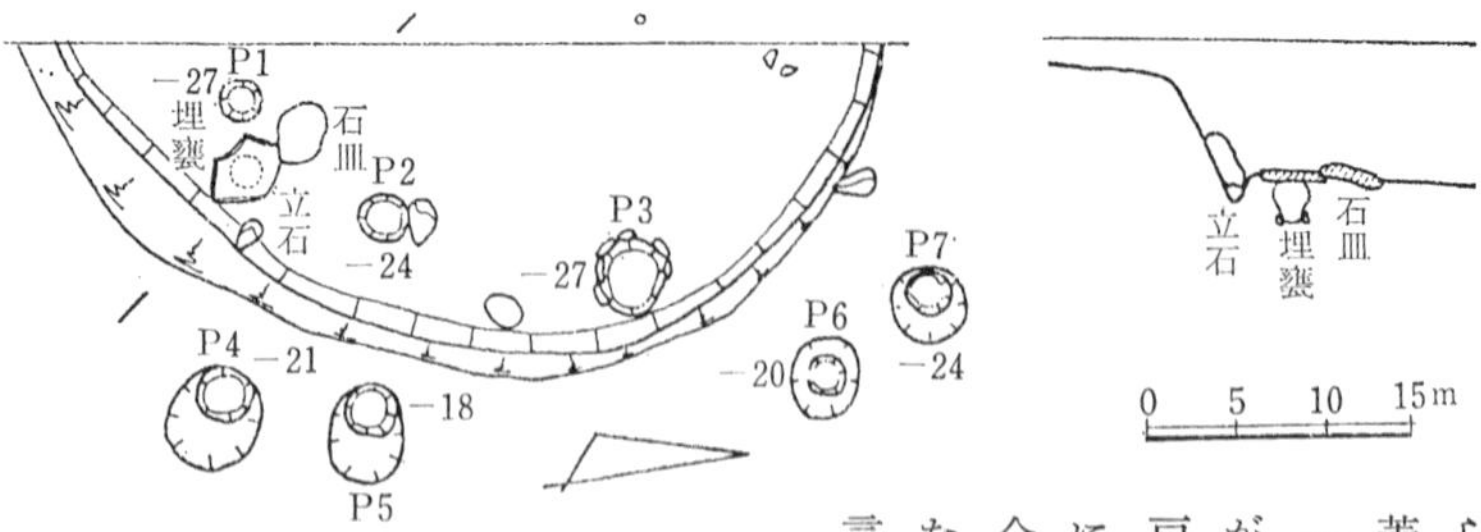

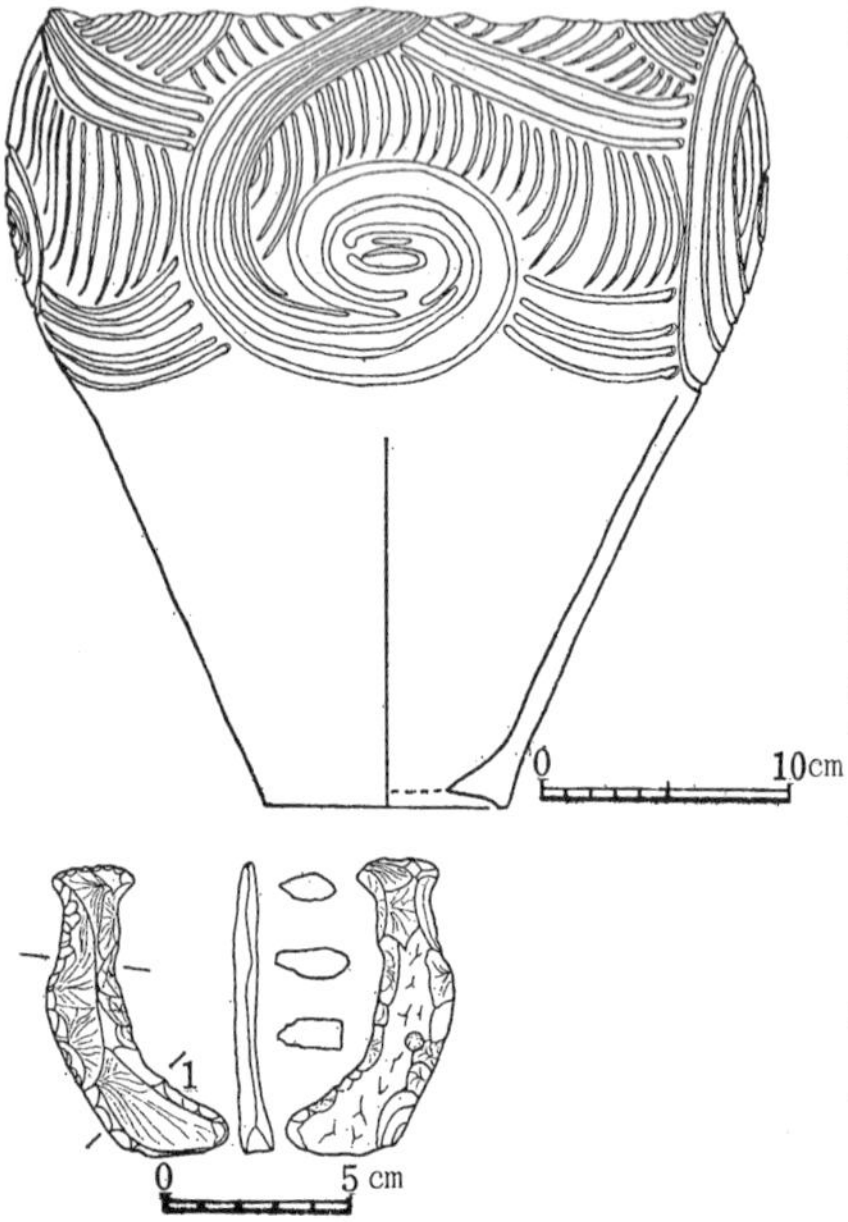

図28　高河原遺跡第１号住居址と埋甕，および中から発見された石匙（『長野県中央道埋蔵文化財発掘調査報告書・昭和46年度』より）

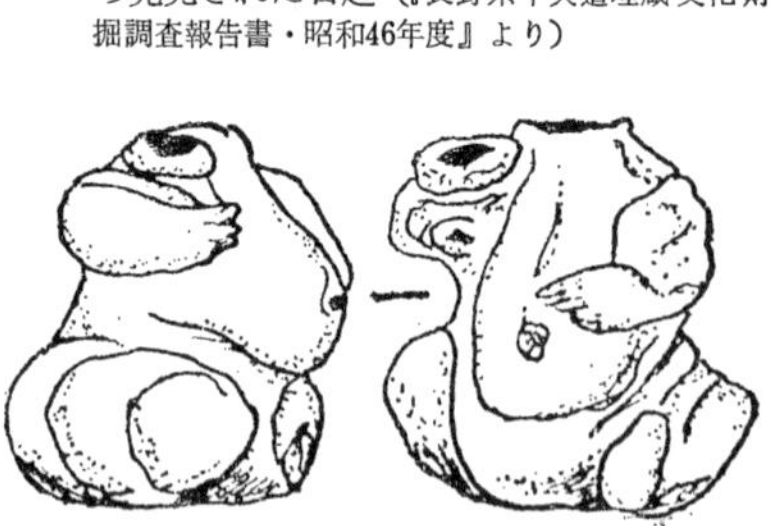

図29　妊娠した土偶　九兵衛尾根遺跡（藤森栄一「縄文人のお産」より）

らになるように埋めている。南信地方では、石蓋のある埋甕は三二例と半数近くにのぼり、石蓋以外にも板など有機質の蓋もあったものと推測されている。神村氏は南信の埋甕について、「石蓋のあるもの、底部穿孔逆位のものの中には、全然か、わずかしか土の入っていないものがあり、残存しにくい有機質のものが入れられていたと思う。中に骨粉が認められたのは、海戸遺跡四五号住居址、巾田敷石住居址一、二号住居址で、いずれも獣骨であるらしい。積極的に人骨であるとするものはでていない。中に土器石器などが入っていた例は一一例ある。……全体からみると異物を入れるということは数少ない例で、入れなければならないという規制はなかったものと思う。」（注３）としるしている。南信での所見は、他の地方の埋甕についても言いうることで、注意深く発掘を行なっても、これまでのところ中から人骨が発見された事例はないのである。

関根孝夫氏は、「貝の花貝塚では住居外埋甕には、埋葬遺体が検出されたものが多いが、住居内の二例については検出されなかった。」「この種の（住居内）埋甕で人骨の検出されたものは皆無である。」したがって「常に埋葬に使用されたものであるとの推論には疑義を呈しておきたい。」としるしている（注21）。

「考古学者というのは、墳墓だとか、甕棺だとか、古墳だとか、死にはきわめて敏感で、従って資料も多いが、生についてはー向に関心もないし、資料もない。大体生がなくては死もないのだから、おかしな話である。」とは藤森栄一氏の言である（注22）。今日の学界でも埋甕といえば埋葬に結びつけて考える傾向は強い。しかしながら、縄文人の生活には生もあり、死もあった。筆者の胎盤収納説は、今日までくり返し伝承されてきたわが国の出産の習俗を強いよりどころとする。胎盤は形骸も残さず腐食してしまっていることで肉眼での検出はおそらく不可能であろう。その検証は、将来における、埋甕内の土壌の化学分析による研究にでも期待するほかはない。

「縄文時代の埋甕に現われる精神文化が現在まで伝承されて、戸口に胎盤を埋める習俗となっていると考えるのには、時間差を無視しすぎるのではないか。」（注4）というきわめて常識的な批判がある。しかし、われわれは、文化というものの根強い伝統・伝承性の事例を、物質文化に限ってみても数多く知っている。出産の習俗の中には、現代人的感覚からすれば、ずいぶんばからしいと思われる呪術的なものが含まれている。おそらく出産の習俗は、精神文化の中では、死喪などに匹敵するほど、古い習俗を多く残存しているともいえるのではなかろうか。

六　埋甕に用いられる土器

住居内埋甕に用いられる土器は、一般的には桐原氏が指摘するように、口縁に把手がなく平縁で、いかにも木製の蓋でおおうのに都合のよい形態をとっている。キャリパー形の形態が多く、典型的な貯蔵用の土器である。口縁が本来波状をなすものなどを用いるときには、口縁部を打ち欠いて蓋をしやすくしている場合もある。しかし、山梨県北巨摩郡長坂町柳坪遺跡の事例のように、まれに波状口縁のものをそのまま用いる場合もある（注23）。

埋甕には底部や胴下半を欠くものが多い。これらの土器はことさらに打ち欠き、中には切りとった割れ口を磨き上げた例も少なくない。前述のように神村透氏は、すっぽり底無のものと、底部穿孔するものとでは用途に違いがあるのではないかと指摘している。

なぜ底を抜くかについては、また議論の分れるところである。渡辺誠氏は、埋甕中七五％が底部を欠失するとパーセンテージをあげて、「底部を欠くことが埋甕にとってかなり重要な意味があったと理解される。封じられた精霊の母なる大地と母体との行き来を妨げないための配慮であろうか。」（注2）と幼児埋葬説にたって述べている。筆者は、安産祈願の類感呪術と結びつけて考えた（注24）。

その大きさについて、渡辺誠氏は、高さは最小は一八cm、最大は六七cm、二〇cm台、三〇cm台が多いことをしるしている（注2）。なお渡辺氏は住居内埋甕と住居外埋甕の差違について、土器の大きさが非常に異なるとしている。住居内埋甕が盛行する中部・関東地方の住居外埋甕は、最小五六cm、最大七〇cmで、平均五五cmである。これに対して住居内埋甕の場合は三〇cm前後のものが多く、埋葬儀礼上の差違があったのではないかとしている（注2）。

神村透氏は南信の事例を実測図などを通して算定し、住居内埋甕の口径と高さの相関表をかかげている。それによると、口径は最大五〇cm、最小八cm、高さ最大六七・四cm、最小五cm。正位のものは高さ・口径とも三〇cmを中心に集中し、物を入れることを意識して器形の大きさを選定している。逆位のもののうちでも、胴下半を欠くものは、口径が大きく、正位のものと同じ目的意識が考えられる。しかし、底部穿孔のものは、口径二〇cm以上をこえるものが少なく、細長い器形で容量的にあまり大きくない器形をえらんでいる。この大きさは、多分に収納物と関係したことであろうとしるしている（注3）。

古田正隆氏は、渡辺誠氏の幼児埋葬説を疑問とする根拠として甕の大きさをあげている。すなわち、「（高さ）一八cm―二〇cmくらいの内容積は二〇〇ccくらいで、早生児ならとにかく、出生児なら少なくとも四〇〇cc～五〇〇ccくらいでなければ納まらないといわれ、したがって内容積の点で不明である。」と（注25）、このことは重要な指摘であると思う。

参考までに現代の日本人の妊娠月数別の胎児の身長・体重を掲げるとつぎのとおりである（注26）。

妊娠月数	五か月末	六か月末	七か月末	八か月末	九か月末	一〇か月末
胎児身長	二四cm	二九cm	三四cm	三九cm	四四cm	四九cm
胎児体重	二四〇g	五八〇g	一、〇二〇g	一、五六〇g	二、二〇〇g	二、九四〇g

なお筆者らが埋甕に収納したと主張している胎盤の大きさは、一般に小が四〇〇g、大が六〇〇gほどで、体重二、四三〇gの出産児の場合、胎盤は四三〇gで、赤子の頭くらいの大きさでこれを産婆が油紙に包んだ場合、縦一六cm、横一四cm、厚さ一・六cmほどの包みにおさまったとされる（注27）。昭和五十一年に八王子市元八王子町の旧志村家屋敷の奥座敷（幕末以降）床下から、オカワと呼ばれるエナの埋納に使われたかわらけが発見され、土井義夫氏らによって紹介された（注28）。口径一九・五cm、底径六・九cm、高さ六・九cmの素焼きの浅鉢で内底に「寿」の印文があり、やや大き目の土器を合わせ口に重ねていた。埼玉県秩父郡皆野町の小林拙英氏所蔵のこの地方の関根氏宅から発掘された赤い素焼きのエナツボはろくろを使って作ったもので、口径一七cm、底径五・二cm、高さ八・五cmで、高さ三cmの蓋がある。エナツボは、秩父市尾田蒔の窯で大正ごろまで焼かれたという（注29）。このほか、各地で胎盤を壺や甕にいれて埋め

図30　産室とエナ土瓶
（松下石人『三州奥郡産育風俗図絵』より）

た民俗例は多いが、土瓶にいれて埋めた例も少なくない。また、奈良県地方では、直径五寸くらいの二重合わせの小さなほうろくにいれて埋めた習俗があるので、その容器は小さい容量のものでもことたりることを記しておく。

桐原健氏は、前出の論文（注1）で、曽利Ⅱ式期からⅣ式期の埋甕は、文様が独特で、力感のない渦文は樹にまつわりからむつる草の類に見たてられる。この土器文様はマナを護り縛る意図をもつように解される、としるしている。これに対して神村透氏は、「これはあくまでも今日的な考え方で、埋甕の土器が当初から埋甕を目的に製作されたものでないことと、この文様以外の土器もあり、この文様の土器がすべて埋甕に使われていないことからも、こじつけ的な理解であることがわかる。たまたまこの文様の盛行する時期に埋甕風習が盛行したので、この文様の土器が類例として多かったのである。だから埋甕の土器文様と埋甕風習とは全く関係がない。」（注3）と反論している。

南信地方の埋甕をみると渦巻文様と懸垂文様が組み合わせられた文様で飾られた唐草文様の埋甕が非常に目につく。筆者なども桐原氏同様、埋甕専用の施文をした甕があったのではないかというような気持にかられるほどである。それにしても文様には縄文人の思惟が表現されているはずである。それを読みとる方法は永遠によみがえらないものであろうか。

七　集落跡と埋甕

集落跡と埋甕の関係に注目したのは渡辺誠氏である。渡辺氏は住居内埋甕と住居外埋甕のあり方を二、三の遺跡を例としてとりあげている（注2）。尖石遺跡と海戸遺跡の事例について紹介しておこう。尖石遺跡の場合は、住居外埋甕は、環状の集落の中央広場の一角に大きな自然石を標識として埋設されていた。また、南側の住居跡のうち、四つの住居跡に入り口床面下に埋甕が検出された。海戸遺跡の場合は、北東にある二つの住居跡群と二五mはなれて、南東方に住居跡群があり、それぞれの群に一基ずつ入り口床面下埋甕をもつ住居跡がある。さらに逆位の単独埋甕がちょうど相対した住居跡群の中間にあり、この埋甕には境界を画する意図が与えられていたらしいとしるしている。

渡辺氏は、集落内における住居内埋甕のあり方を各住居との関係においてとりあげている。与助尾根遺跡の場合、幼児埋葬という立場に立ちながらも、埋甕のある家は成人女性に関係があるという視点から集落の構成をとらえようとしている。海戸遺跡では、一つの集落で住居内埋甕が出現していく時期をおさえる試みをしている。すなわち、住居内埋甕は曽利Ⅱ式期の時期から普及し、三つの住居跡群に同時に現われるが、同期の住居跡でも埋甕をともなわない住居跡が、またそれぞれの住居跡群に含まれていることを指摘している。

笹森健一氏は埼玉県志久遺跡の縄文中期の住居跡について、埋甕を有する住居跡と有しない住居跡があり、それぞれグルーピングが可能であり、埋甕をもつ、もたないのグループは、かなりはっきりとした「居住の住み分け」をもっているらしいと注意をはらっている（注30）。

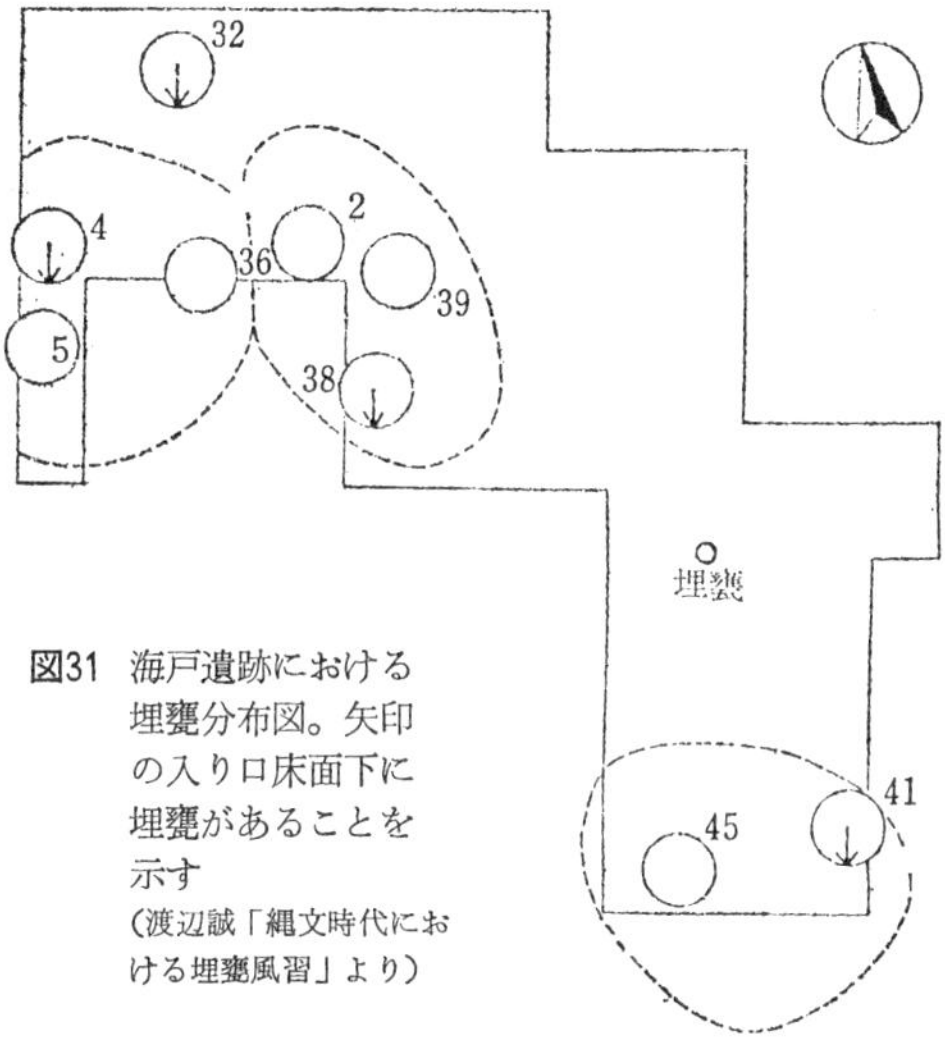

図31　海戸遺跡における埋甕分布図。矢印の入り口床面下に埋甕があることを示す
（渡辺誠「縄文時代における埋甕風習」より）

近年におけるすさまじい開発にともない、集落がほとんど全掘に近いくらい調査された例もずいぶん多くなっている。そのため住居跡相互の同時性について配慮しながら、集落における埋甕のあり方を究明することが各地で可能になってきた。川崎市潮見台遺跡については村田文夫氏の集落復元への試論（注18）があるが、集落における埋甕のあり方の究明は、集落の構成にせまる一つの有力な手段となるであろう。

なお、佐々木藤雄氏は、埋甕のあり方を究明する（注6）中で、住居内埋甕の異相の意味を問題にしていく必要があるとして、竪穴住居跡にともなう埋甕と、敷石住居・大住居にともなう埋甕とを対比して考察している。敷石住居跡は東日本の中期末葉から後期初頭にかけて行なわれるもので、石棒・石柱などの施設が顕著

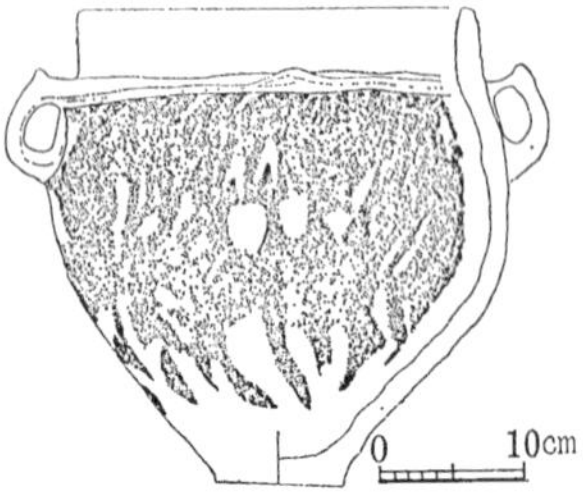

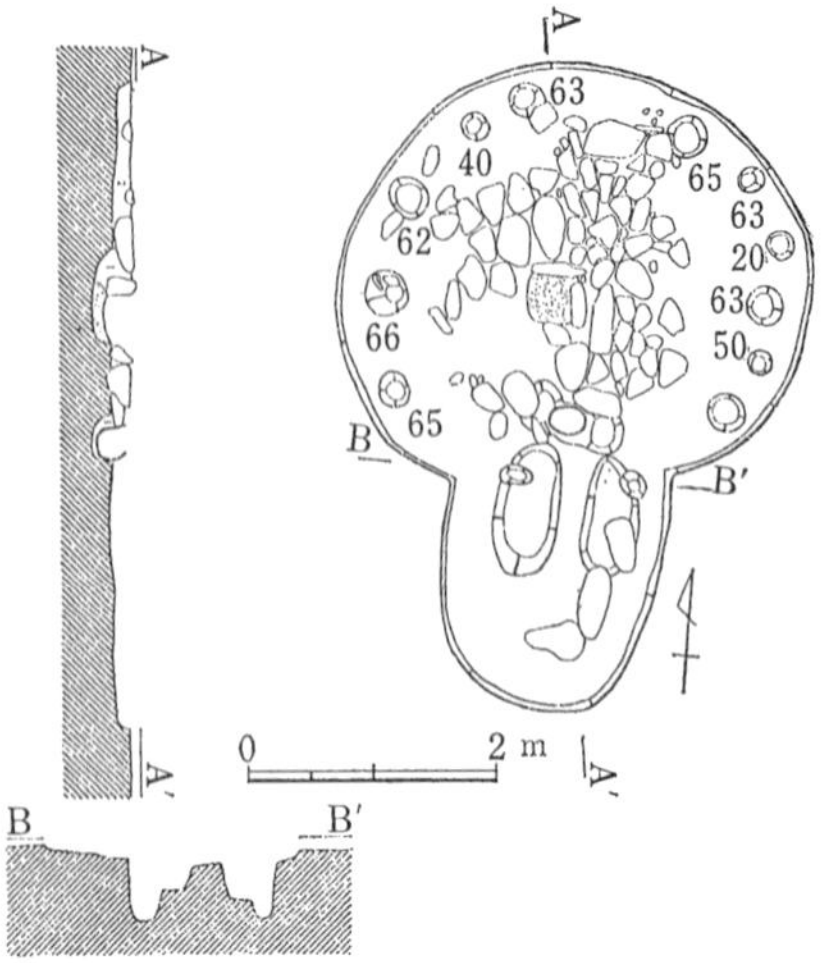

図32　埼玉県坂東山遺跡第２号敷石住居址と埋甕
（『坂東山』より）

なために一般に祭祀の場と考えられている。大住居は、近年になって東日本の縄文時代後晩期の遺跡の発掘の中で明らかにされたもので、埋甕をともなう事例は現在のところ青森市安田近野遺跡第八号住居跡と富山県下新川郡朝日町不動堂遺跡第二号址の二例である。不動堂のそれは、長径一七m、短径八m、面積約一二〇m²を数える長楕円形の住居の長軸線上に並ぶ四基の石組炉のうち二号炉と三号炉の南に胴中央以下を欠いた深鉢が埋められていたものである。時期は縄文時代中期前葉の新崎式期に属する。同遺跡のこの時期の住居跡は二〇基を数えるが、大住居はこの二号址のみである。佐々木氏は、通常の竪穴住居の埋甕が個別的家族的性格をもつのに対して、敷石住居内埋甕、大住居内埋甕は共同的（共同体的）性格をもつものとして解釈

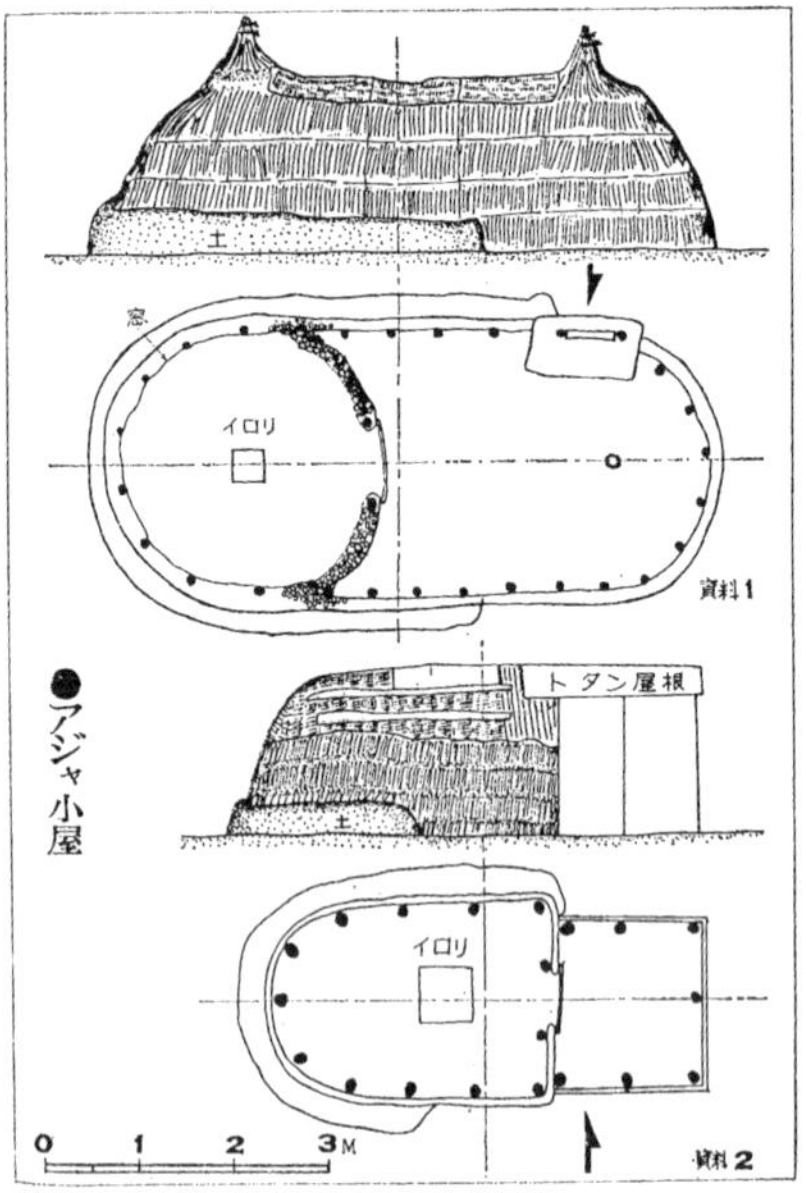

図33　アジャ小屋（酒井和男「新潟県下のサケ小屋」より）

をこころみている。

発展期の敷石住居とされる張り出し部をもった柄鏡形敷石住居は、近年その発掘調査の事例をいちじるしく増加し、加曽利E式期末から称名寺式期にかけてその分布の中心を、群馬・埼玉・東京・神奈川などにもって発達したことが、しだいに明らかにされ、この期の敷石のない柄鏡形プランの住居も、神奈川・埼玉・千葉の各県に分布することが明白になってきた。

山本暉久氏は、敷石住居の研究に精力的に取り組み、「敷石住居出現のもつ意味」（注31）、「縄文時代中期終末期の集落」（注32）などの論文を発表している中で、埋甕の存在を重視し、敷石住居の張り出し部は埋甕との関係において、その性格を論じなければならない。埋甕を中心とする場（出入り口部）の拡大＝張り出し部の形成であるとして、張り出し部を屋内祭祀に関連づけて考察を行なっている。そして集落における柄鏡形敷石住居のあり方を検討する中で、柱穴・炉・埋甕などの存在、数量的な敷石住居の多さなどの点から、敷石住居は疑いもなく住居として機能していた、敷石を施すという時代的・地域的特性をもった一般住居であるとして、長崎元広氏（注15）らの共同祭式の場、共同家屋説・特殊家屋説などに対して反論を行なっている。

なお、柄鏡形（敷石）住居の張り出し部の機能については、古くから出入り口説が説かれている。張り出し部は、中世以来発達した中門（ちゅうもん）造り民家の中門の部分に相当するように思われる。柄鏡形（敷石）住居は、構造的には、新潟県五泉市太田など阿賀野川の支流早出川流域に近年まで存在したアジャ小屋（サケ取り小屋）に近いものと推測される。このアジャ小屋は、竪穴住居に似た円形プランの主体部（透き間風を防ぐため地面から三〇〜六〇センチほどの高さまで外側に土が掛けられている）に対して、方形、または楕円形プランの張り出し部が付属している。酒井和男氏の調査（注33）によるとその張り出し部の機能は、土間である入り口兼物置であるという。構造的な面などの比較研究をするとよいと思う。

注1　桐原健「縄文中期に見られる埋甕の性格について」古代文化一八巻三号　昭和四十二年

注

2 渡辺誠「縄文時代における埋甕風習」考古学ジャーナル四〇号 昭和四十五年

3 神村透「南信地方の埋甕について」長野県考古学会誌一五号 昭和四十八年

4 猪越公子「縄文時代の住居址内埋甕について」下総考古学五号 昭和四十八年

5 木下忠「埋甕といわゆる貯蔵穴について」信濃二五巻八号 昭和四十八年

6 佐々木藤雄「埋甕論ノート」異貌三 昭和五十年

7 縄手遺跡調査会『縄手遺跡』昭和四十六年。東大阪市教育委員会『馬場川遺跡I』昭和四十五年

8 小池史哲・小沢一弘「埋甕」『桑飼下』昭和五十年

9 宮坂光昭「非生産用具の種類と性格」『海戸』岡谷市教育委員会 昭和四十三年

10 佐藤洋「縄文時代の埋甕習俗」物質文化二七号 昭和五十一年

11 金井康子「埋甕の一視角―中部・関東地方における土着土器と非土着土器―」考古学ノート八号 昭和五十五年

12 宮坂英弌「八ヶ岳西山麓与助尾根先史聚落の形成についての一考察 下」考古学雑誌三六巻四号 昭和二十五年

13 宮坂英弌『尖石』茅野町教育委員会 昭和三十二年。宮坂英弌氏の見解が、その後の埋甕研究発展の出発点になったことは、渡辺誠「埋甕研究の背景」(長野県考古学会誌三五号 昭和五十五年)によくしるされている。

14 関俊彦「考察」『潮見台』潮見台遺跡調査会 昭和四十六年

15 長崎元広「八ヶ岳西南麓の縄文中期集落における共同祭式のありかたとその意義(上)(下)」信濃二五巻四号、五号 昭和四十八年

16 桐原健「縄文中期にみられる室内祭祀の一姿相」古代文化二一巻三、四号 昭和四十四年

17 神村透「埋甕と伏甕―そのちがい―」長野県考古学会誌一九・二〇号 昭和四十九年

18 村田文夫「川崎市潮見台遺跡の縄文中期集落復元への一試論」古代文化二六巻四号 昭和四十九年

19 関俊彦「遺構各説」「考察」『潮見台』

20 「縄文中期学習会」『中央道埋蔵文化財包蔵地発掘調査報告書 上伊那郡飯島町地内その1』長野県教育委員会 昭和四十六年

水野正好氏の見解は、その後、「埋甕祭式の復原」(信濃三〇巻四号 昭和五十三年)として発表された。

21 関根孝夫「住居跡にみられる特徴」『貝の花貝塚』松戸市教育委員会　昭和四十八年
22 藤森栄一「縄文人のお産」どるめん創刊号　昭和四十八年
23 山梨県教育委員会『山梨県中央道埋蔵文化財包蔵地発掘調査報告書　北巨摩郡長坂・明野・韮崎地内』昭和五十年
24 木下忠「戸口に胎盤を埋める呪術」考古学ジャーナル四二号　昭和四十五年
25 古田正隆「筏遺跡―縄文後晩期の埋葬遺跡―」『筏遺跡』百人委員会　昭和四十九年
26 瀬木三雄『妊娠から出産まで』二宮書店　昭和二十五年
27 潮田鉄雄氏が埼玉県所沢市安松の産婆新倉氏から聞き取りした資料にもとづく。
28 土井義夫・紀野自由「いわゆるエナ処理用カワラケ」貝塚一八号　昭和五十三年
29 小林抛英氏の御教示による。
30 笹森健一「いわゆる出入口部の埋甕について」『志久遺跡』埼玉県遺跡調査会　昭和五十一年
31 山本暉久「敷石住居出現のもつ意味(上)(下)」古代文化二八巻二号、三号　昭和五十一年
32 山本暉久「縄文時代中期終末期の集落」神奈川考古九号　昭和五十五年
33 酒井和男「新潟県下のサケ小屋」民具マンスリー八巻四号　昭和五十年

第六章　埋甕に用いられた土器

近年の発掘調査による資料の増加にともない、縄文中期後半の土器の研究はとくに進展している。こうした中で金井安子氏は、「埋甕の一視角—中部・関東地方における土着土器と非土着土器—」(注1)を発表し、埋甕に使用された土器の型式に視点をおき、土器にみられる地域性の問題を考えて一応の成功を納めている。

縄文中期後半の土器の研究は、神奈川・埼玉・長野・山梨の各県において、ここ数年来、とくに進捗しており、土器の編年研究・集成図の作成などが行なわれ、研究の成果が利用しやすくなってきた。すなわち、神奈川考古同人会縄文研究グループによる『神奈川県における縄文時代中期後半土器編年試案』(注2)、宮崎朝雄氏の「加曾利E式土器について—埼玉県出土土器を中心として—」(注3)、中部高地縄文土器集成グループによる『中部高地縄文土器集成第一集』(注4)などで、その発表に至るまでにはグループ同人間で議論を闘わし、独善的な見解を除こうと、つとめて苦心した跡が顕著である。しかし、編年や集成図の完成は生やさしいものではなく、中部高地の場合でも、長野県の大部分と山梨県については収録でき

表2　加曾利E式と曾利式の編年対比表(『中部高地縄文土器集成第1集』より)

加曾利E式		曾利式	
神奈川編年(注2)	埼玉編年(注3)	曾利編年	神奈川編年(注2)
神Ⅰ加曾利E 神Ⅱa加曾利E	加曾利EⅠ前 加曾利EⅠ中	曾利Ⅰ	神Ⅰ曾利 神Ⅱa曾利
神Ⅱb加曾利E △神Ⅱc加曾利E	加曾利EⅠ後	△曾利Ⅱ	△神Ⅱb曾利
●○神Ⅲ加曾利E	●○加曾利EⅡ前	○曾利Ⅲ	○神Ⅲa曾利
	加曾利EⅡ後		
	加曾利EⅢ前後	曾利Ⅳ	神Ⅲbc曾利
神Ⅳ加曾利E	加曾利EⅣ	曾利Ⅴ	神Ⅳ曾利

△連弧文土器の発生期　○連弧文土器の確立期　●磨消縄文の確立期

たが、資料の多い伊那谷は未刊である。『中部高地縄文土器集成』が指摘するように、埼玉・山梨・長野の相互の研究者が討論した結果、地域研究者の間で、表2のように加曽利E式と曽利式の編年にずれが生じていることも明確になった。これは編年研究が長く地域ごとに各個に行なわれてきた結果であろう。

これらの研究を踏まえながら土器を眺めていくと、各地域の土器には顕著な地域性がうかがわれ、埋甕の研究にもその成果を応用する必要性を感じる。集成図を基礎として、調査報告書にあたり、先学の他の研究を参照し、自分なりに埋甕の地域別の集成を試みたのが、ここに掲載した埋甕の集成図である。なお、神奈川（東部を除く）・長野の大部分（伊那谷を除く）と山梨については、図の統一性の必要から、それぞれの報告書からではなく、主として集成図（注2・4）を利用させていただいた。埋甕の出土遺跡・出土状況などについては、「埋甕の資料」を参照されたい。

中部高地については、㈠松本平・千曲川水系、㈡諏訪湖盆、㈢八が岳山麓、㈣上伊那、㈤下伊那、㈥山梨県域の六つの地域に、神奈川県については、㈦西部、㈧中部、㈨東部の三つの地域に区分し、地域性の析出を試った。

一　松本平・千曲川水系（図34）

松本平の埋甕には唐草文系（麻神1号、荒海渡5号など）と称される土器が主に使用されているが、曽利系（平山2号など）は少なく、むしろ加曽利E縄文系（洞J6号、麻神5号、開戸、桜井戸4号など）の土器が多くみられる。埋甕の初出は洞J7号、大深山3号、麻神4号など、曽利I式（唐草文系I式）の時期で、終末は下吹上1号敷石、桜井戸4号敷石など唐草文系Ⅳ式期、加曽利EⅣ式期（縄文時代中期最末期）である。

二　諏訪湖盆（図35）

伊那谷と同じく唐草文系の中心地域とみなされ、長塚3号、海戸38号・41号、荒神山31号・33号などの埋甕は唐草文系の編年の標識資料の一つとされている。また、荒神山97号は大木8b式、海戸32号は大木9式の要素の濃厚な土器である。

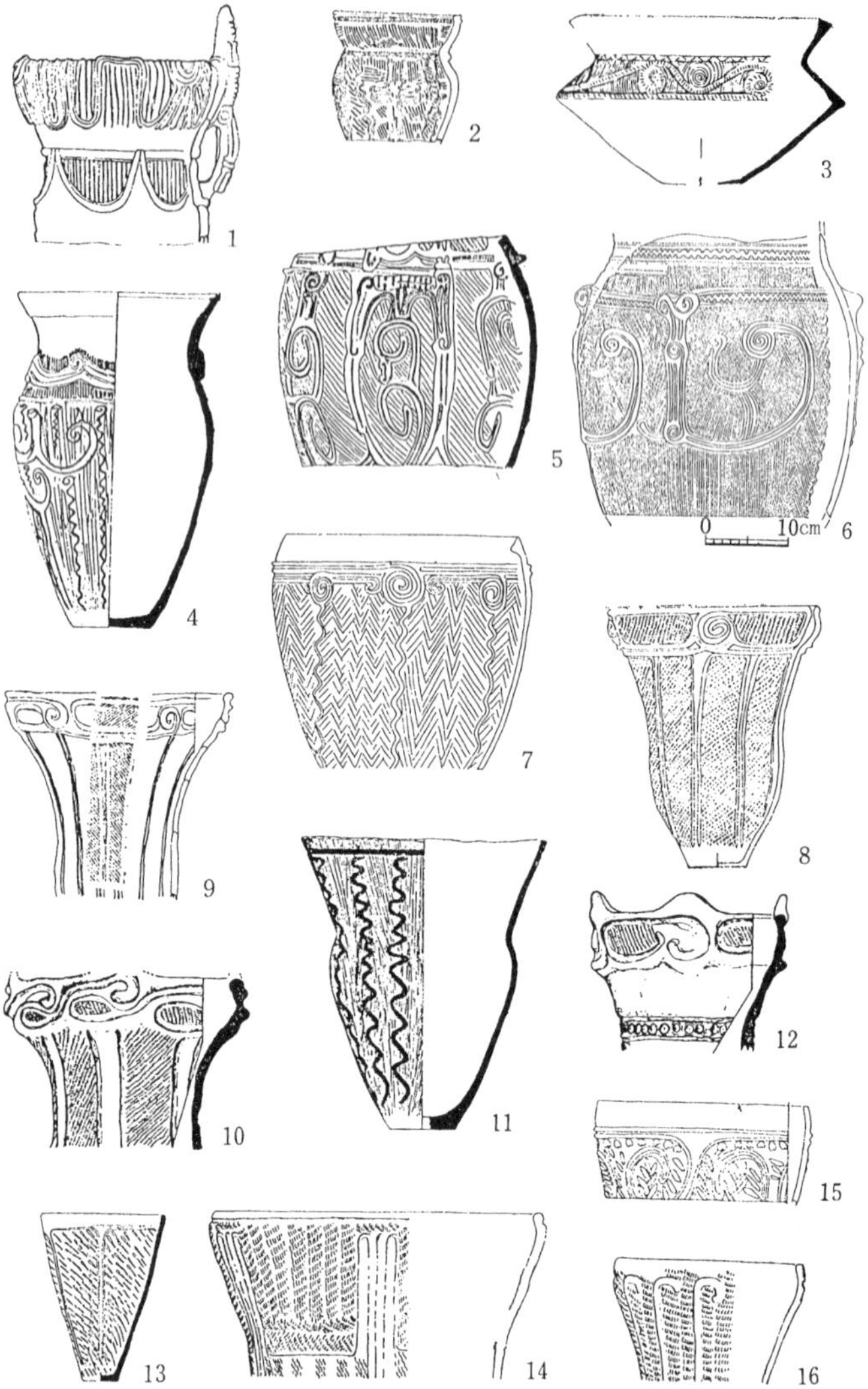

図34　松本平・千曲川水系の埋甕(1/15)　　1 洞J 7号　2 大深山3号　3 麻神4号　4 平出ロ号　5 麻神1号　6 荒海渡5号　7 麻神3号　8 麻神5号　9 洞J 6号　10,12 開戸　11 平山2号　13 下吹上1号敷石　14,16 桜井戸4号　15 こや城
唐草文系Ⅰ式＝曾利Ⅰ式(1,2,3)　唐草文系Ⅱ式＝曾利Ⅱ式(4,5,6)　唐草文系Ⅲ式＝曾利Ⅲ・Ⅳ式(7)　唐草文系Ⅳ式＝曾利Ⅴ式(13,15)　加曾利EⅢ式(8,9,10,12)　曾利Ⅳ式(11)　加曾利EⅣ式(14,16)

縄文中期の曾利式編年が形成された舞台であるが、調査研究の進むにつれて、曾利式土器圏の西北の端にあたることが明らかになってきた。曾利系の優勢な中に、加曾利E縄文系(和田東37号など)、唐草文系(和田東23号、よせの台1号など)、伊那谷系（和田東30号）などが埋甕に使用されている。明確な埋甕の初出は、曾利I式（曾利18号）の時期で、終末

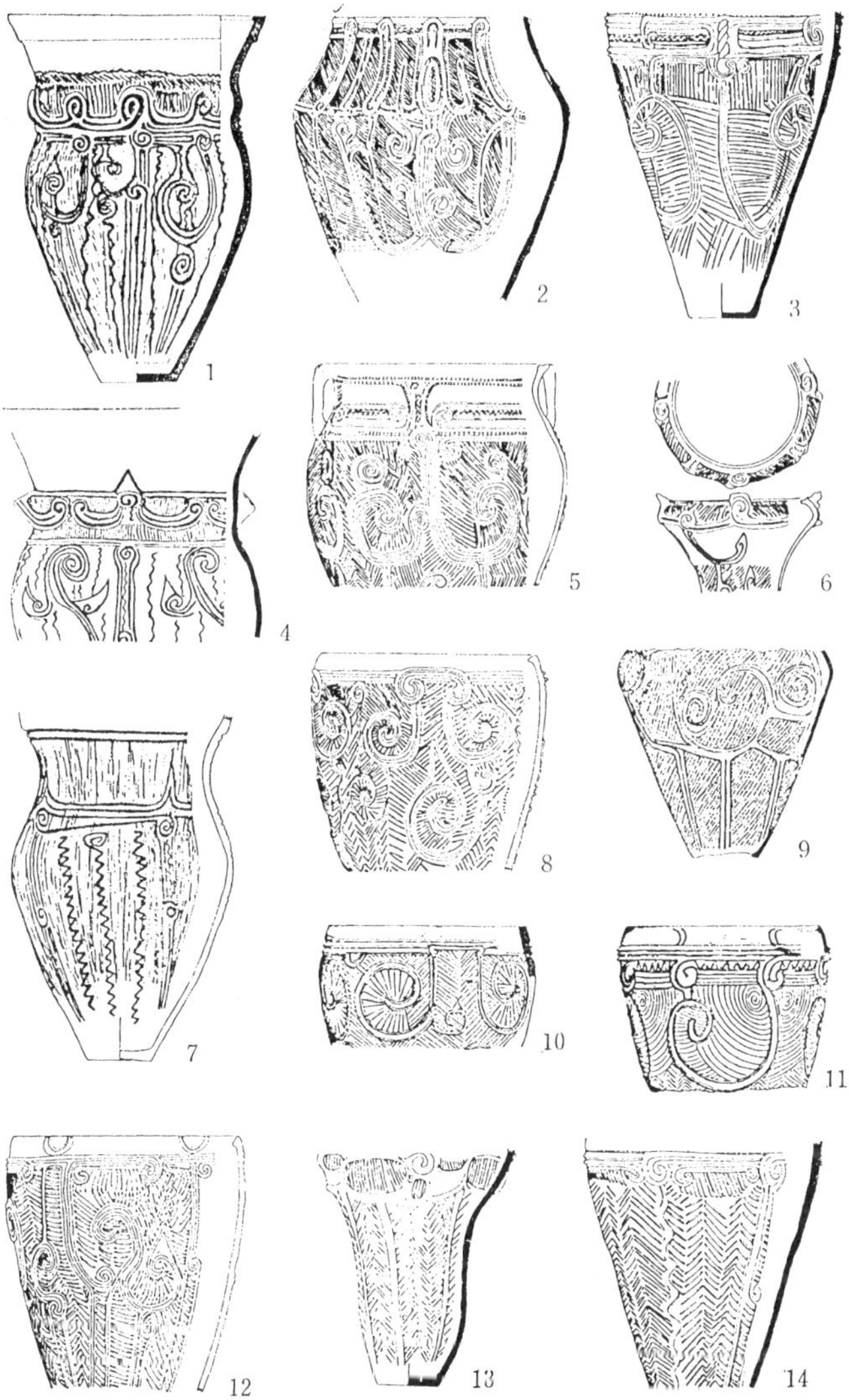

図35　諏訪湖盆の埋甕(1/15)　1 長峰3号　2 荒神山97号　3,12 荒神山31号　4 六地在家2号　5 荒神山42号　6 荒神山97号　7 荒神山33号　8 荒神山16号　9 海戸32号　10 海戸41号　11 海戸38号　13 荒神山17号　14 荒神山10号
唐草文系Ⅱ式＝曾利Ⅱ式(1,2,3,4,5)　唐草文系Ⅲ式＝曾利Ⅲ・Ⅳ式(7～14)
加曾利EⅡ式(6)

四　上伊那（図37）

は曽利V式期（丸森1号、井戸尻12号、大畑5号、よせの台4号など）である。

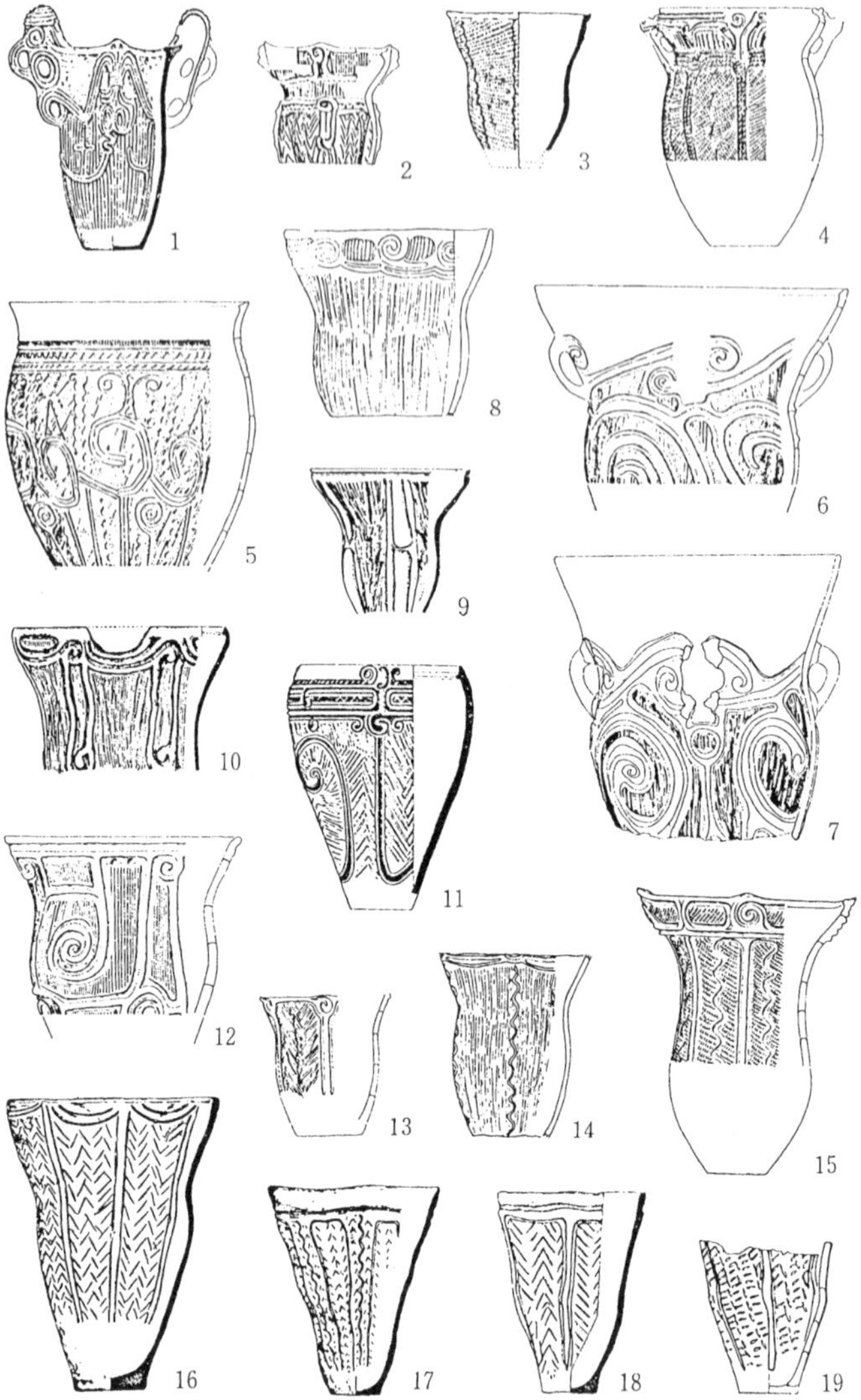

図36　八が岳山麓の埋甕(1/15)　　1 曽利18号　2 よせの台1号　3 大畑7号　4 和田東30号　5 和田東23号　6 和田東15号　7 よせの台9号　8 曽利27号　9 甲六1号　10 曽利6号　11 中ツ原4号　12 和田東16号　13 和田東2号　14 曽利35号　15 和田東37号　16 丸森1号　17 井戸尻12号　18 大畑5号　19 よせの台4号　　曽利Ⅰ式(1)　曽利Ⅱ式(3)　曽利Ⅲ式(6,7,8,9,10)　曽利Ⅳ式(12,13,14)　曽利Ⅴ式(16,17,18,19)　唐草文系Ⅱ式＝曽利Ⅱ式(2,5)　唐草文系Ⅲ式＝曽利Ⅲ・Ⅳ式(11)　伊那谷系＝曽利Ⅱ式(4)　加曽利EⅢ式(15)

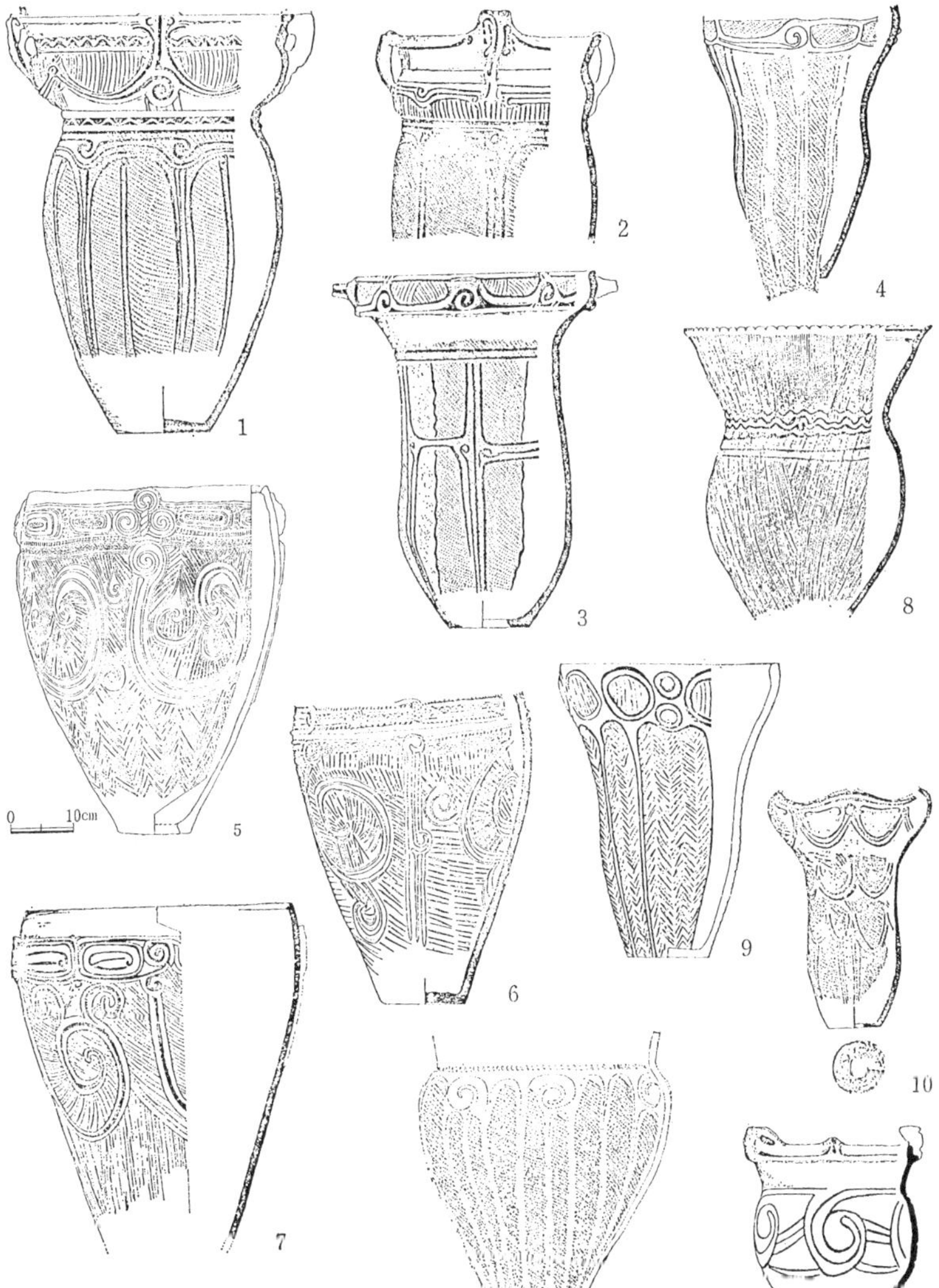

図37　上伊那の埋甕(2/25)　　1　尾越6号　2　鳴尾天白6号　3　鳴尾天白10号　4　樋口内城館66号　5　高河原3号　6　樋口内城館28号　7　北方5号　8　尾越22号　9　北方Ⅰ10号　10　尾越3号　11　藤助畑2号　12　尾越23号
下伊那Ⅱa式＝曽利Ⅰ式(3)　下伊那Ⅱb式＝曽利Ⅱ式(1,2)　唐草文系Ⅱ式＝曽利Ⅱ式(5，6)　唐草文系Ⅲ式＝曽利Ⅲ・Ⅳ式(7)　曽利Ⅳ式(9)　結節縄文＝中期終末(11)　加曽利EⅡ式(8)　加曽利EⅢ式(4)　連弧文系(10)　堀之内式(12)

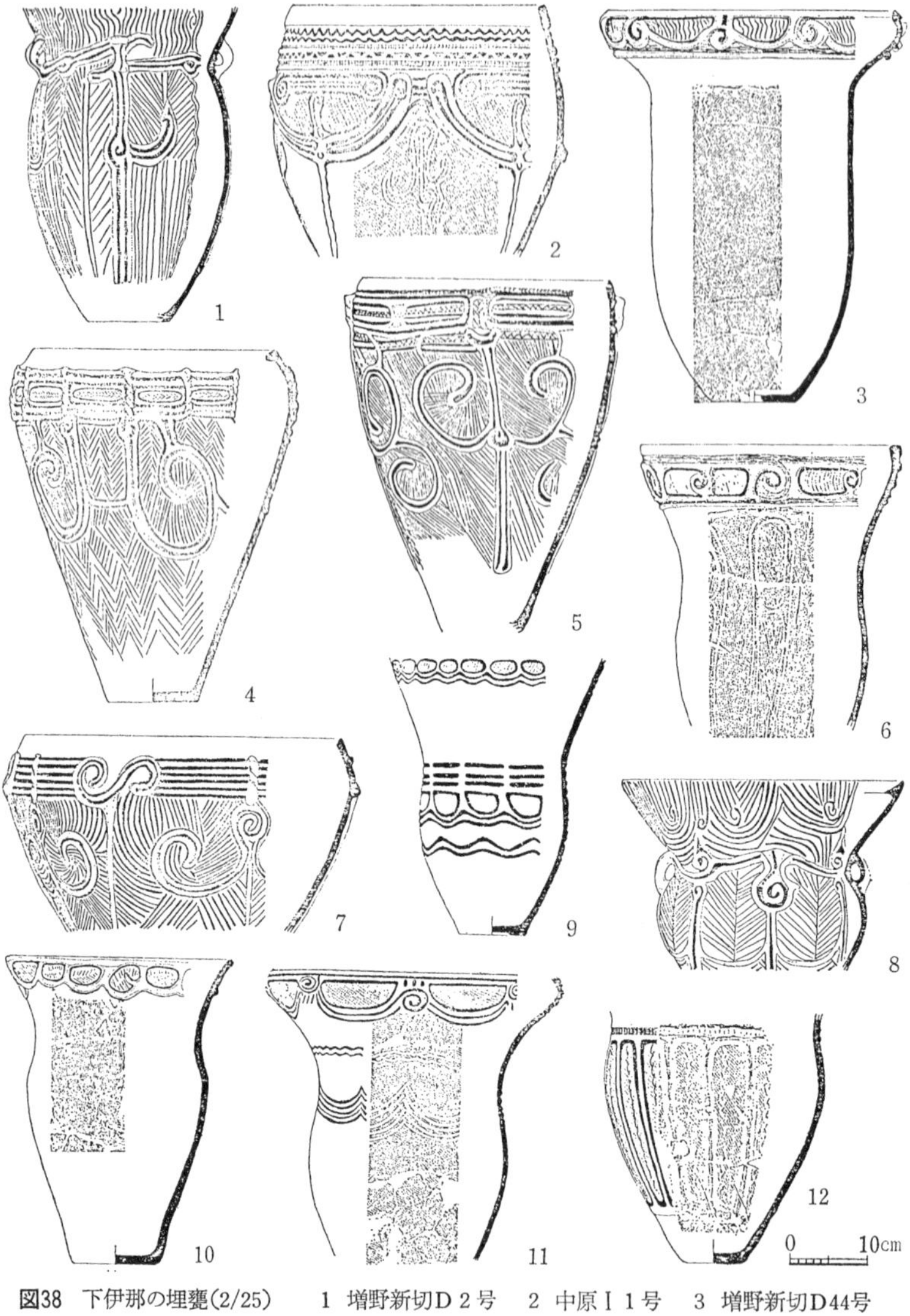

図38　下伊那の埋甕(2/25)　　1 増野新切D 2号　2 中原Ⅰ 1号　3 増野新切D44号　4 中原Ⅰ 2号　5 増野新切D13号　6 酒屋前8号　7 増野新切D13号　8 増野新切D 8号　9 増野新切B13号　10 増野新切B22号　11 増野新切D29号　12 上の平東部2号
唐草文系Ⅱ式＝曽利Ⅱ式(1,2,4,5,8)　唐草文系Ⅲ式＝曽利Ⅲ・Ⅳ式(7)　加曽利EⅡ式(3,6)　加曽利EⅢ式(10)　連弧文系＝曽利Ⅲ式(9)　咲花式(11)　結節縄文＝中期終末(12)

伊那地方は、長野県の中でも縄文中期後半の土器の集成図が完成していない地域である。長い伊那谷を上伊那と下伊那の二つの地域に分けて埋甕集成図を作り、先学の論文(注5)を参照しながら考察してみよう。

上伊那地方は、唐草文系の土器が優勢な地域で、その無頸の甕が盛んに用いられるが、尾越6号、鳴尾天白6号に代

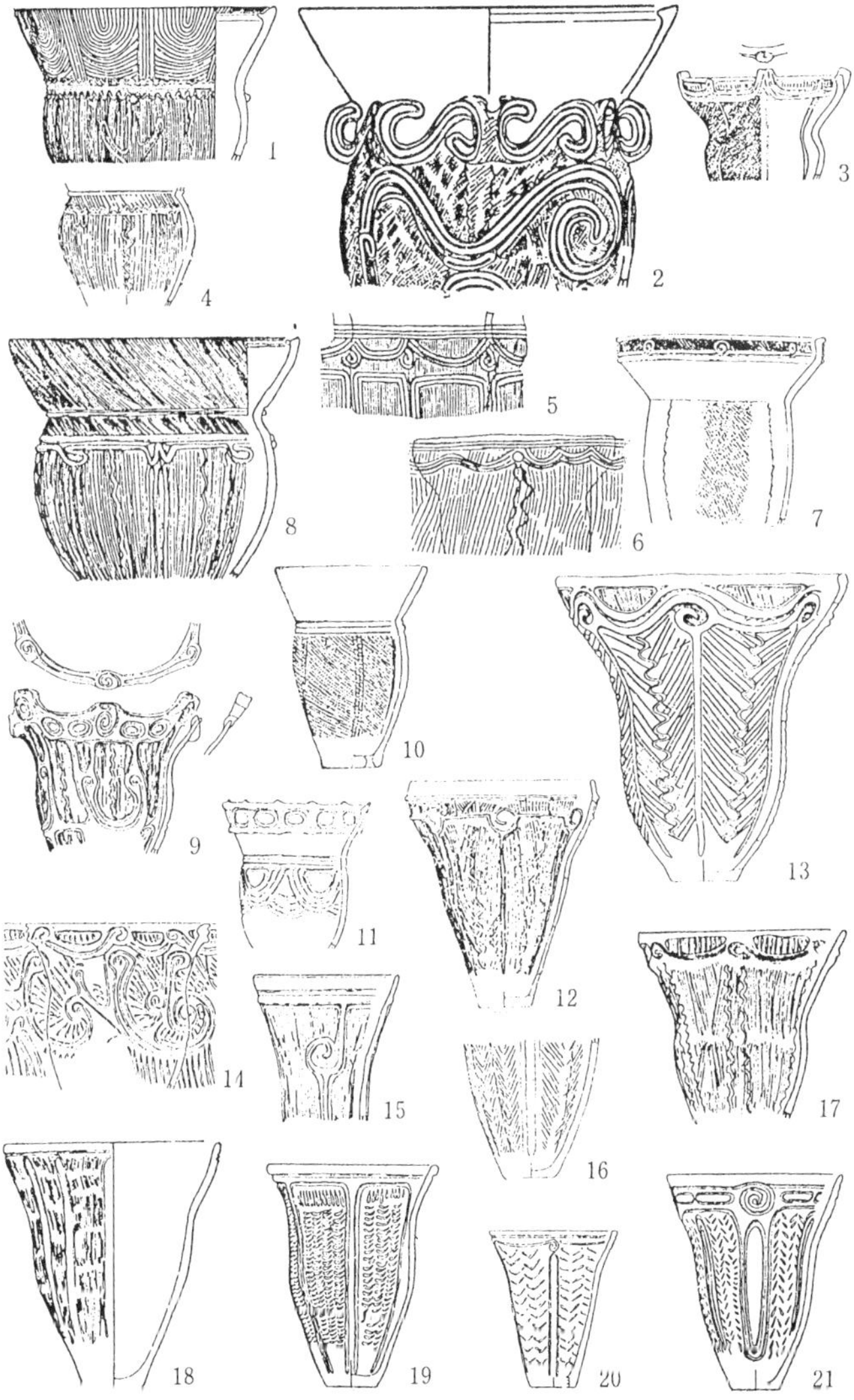

図39　山梨の埋甕(1/15)　1,2 頭無10号　3 柳坪A 1号　4 柳坪A 2号　5,6 大月1号　7 頭無12号　8 頭無7号　9 柳坪A10号　10 住吉2号　11 柳坪D 10号　12,13 白山　14 頭無18号　15 柳坪B14号　16 中原J8号　17 頭無4号　18 頭無2号　19 柳坪B16号　20 柳坪B12号　21 頭無3号
曾利Ⅱ式(1,2,3,4)　曾利Ⅲ式(8,9,12,13,14,17)　曾利Ⅳ式(15,16)　曾利Ⅴ式(18,19,20,21)　加曾利EⅡ式(7,10)　連弧文系＝曾利Ⅱ式(5,6)　連弧文系＝曾利Ⅲ式(11)

表されるような四つの把手をもった伊那谷系と称される土器も使用されている。中期の末には結節縄文をつけた土器（藤助畑2号など）が用いられる。埋甕の初出は、曾利I式後半（鳴尾天白10号など）で、終末は縄文時代後期の堀之内式期（尾越23号）である。

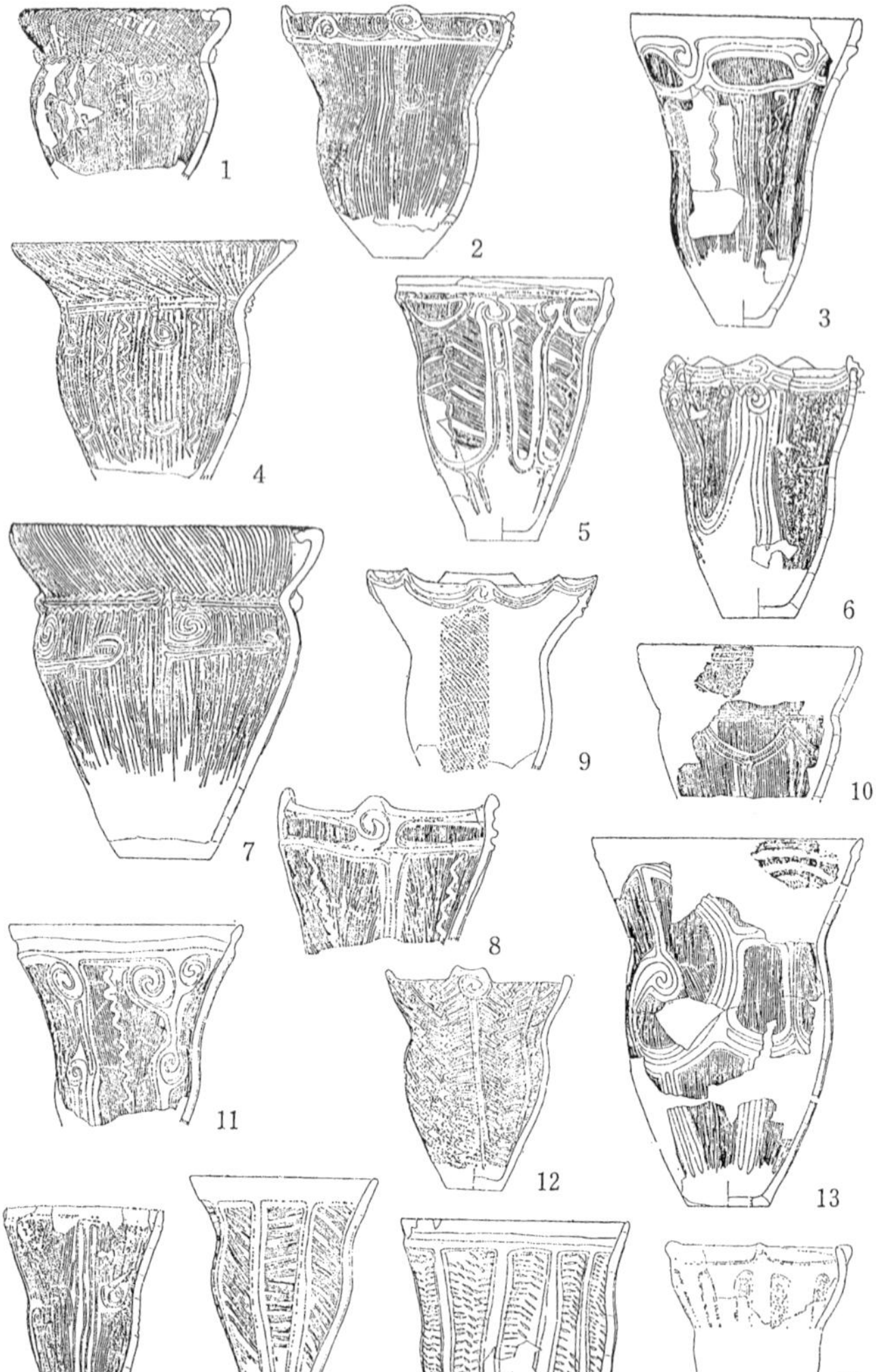

図40 神奈川西部の埋甕(1/12)　1,10 尾崎27号　2 尾崎20号　3 尾崎34号　4,9 尾崎13号　5 尾崎26号　6 尾崎5号　7 尾崎16号　8,15 尾崎32号　11 尾崎6号　12 尾崎2号　13 尾崎23号　14 尾崎7号　16 尾崎4号　17 尾崎11号炉址
曾利Ⅱ式(1)　曾利Ⅲ式(2,3,4,5,6,7,8)　曾利Ⅳ式(11,12,13,14,15,16)　加曾利EⅢ式(9,10)　加曾利EⅣ式(17)

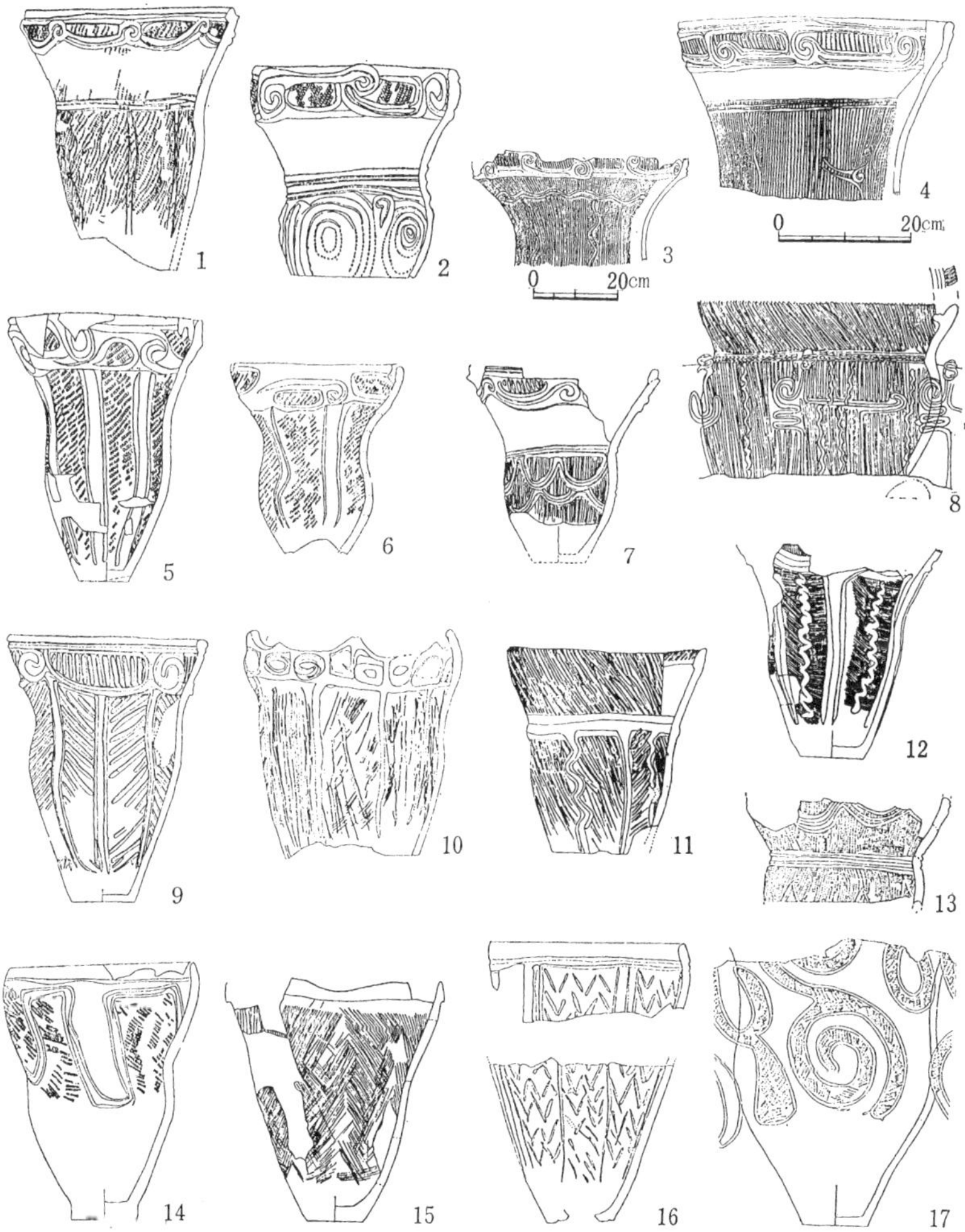

図41　神奈川中部の埋甕(1/12)　1 当麻10号　2 当麻57号　3 御伊勢森6号　4 御伊勢森5号　5 当麻34号　6 当麻50号　7 当麻22号　8,13 当麻60号　9,15 当麻16号　10 当麻29号　11 当麻32号　12 当麻28号　14 当麻1号敷石　16 当麻4号敷石　17 当麻6号敷石　曽利Ⅲ式(8,9,10,11)　曽利Ⅳ式(12)　曽利Ⅴ式(15,16)　加曽利EⅡ式(1,2,3,4,7)　加曽利EⅢ式(5,6,13)　加曽利EⅣ式(14)　称名寺式(17)

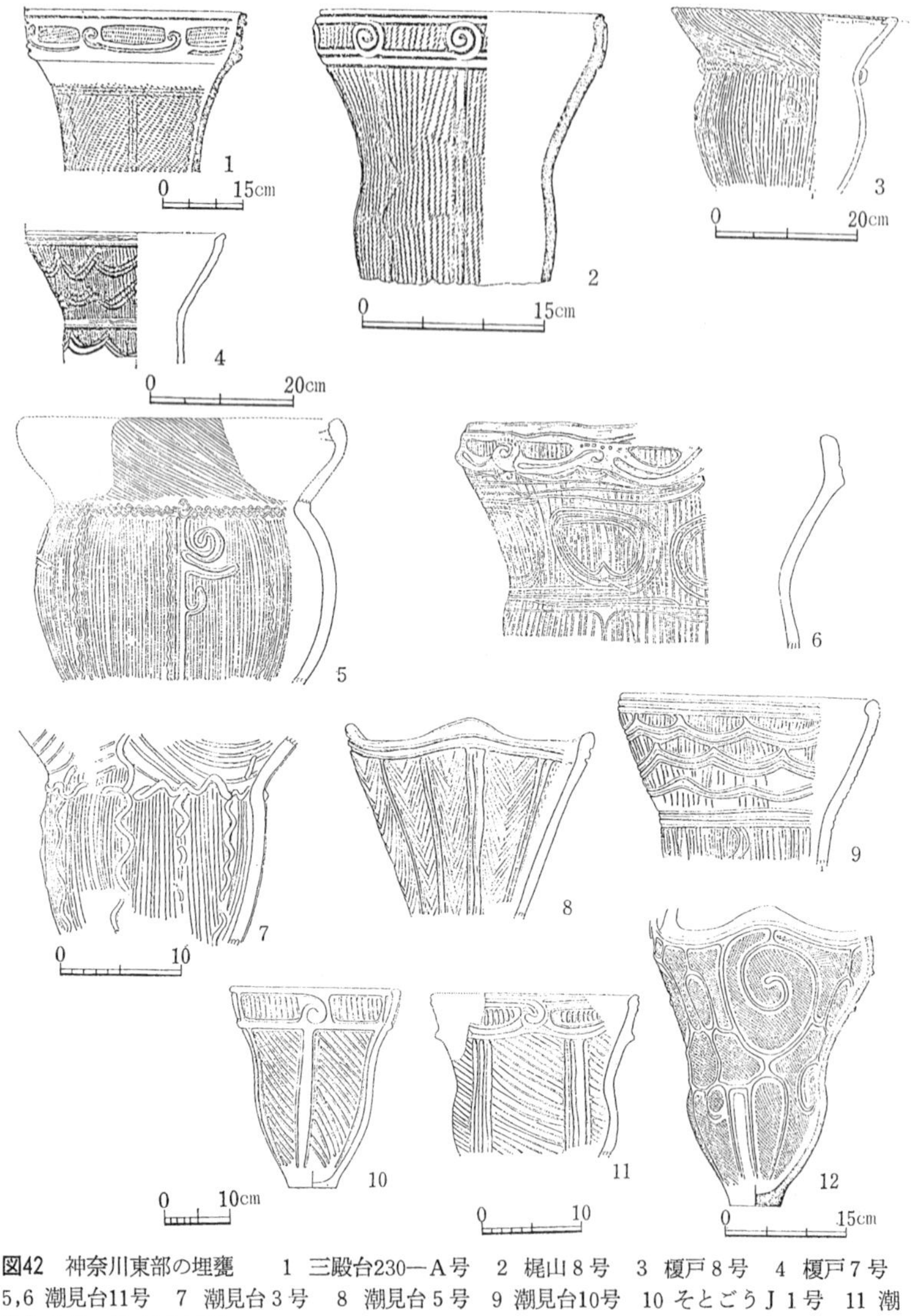

図42　神奈川東部の埋甕　　1 三殿台230―A号　2 梶山8号　3 榎戸8号　4 榎戸7号　5,6 潮見台11号　7 潮見台3号　8 潮見台5号　9 潮見台10号　10 そとごうJ1号　11 潮見台4号　12 梶山12号
加曽利EⅡ式(1,2,6)　加曽利EⅢ式(4,9)　曽利Ⅲ式(3,5,7,8,10,11)　大木8B式系(12)

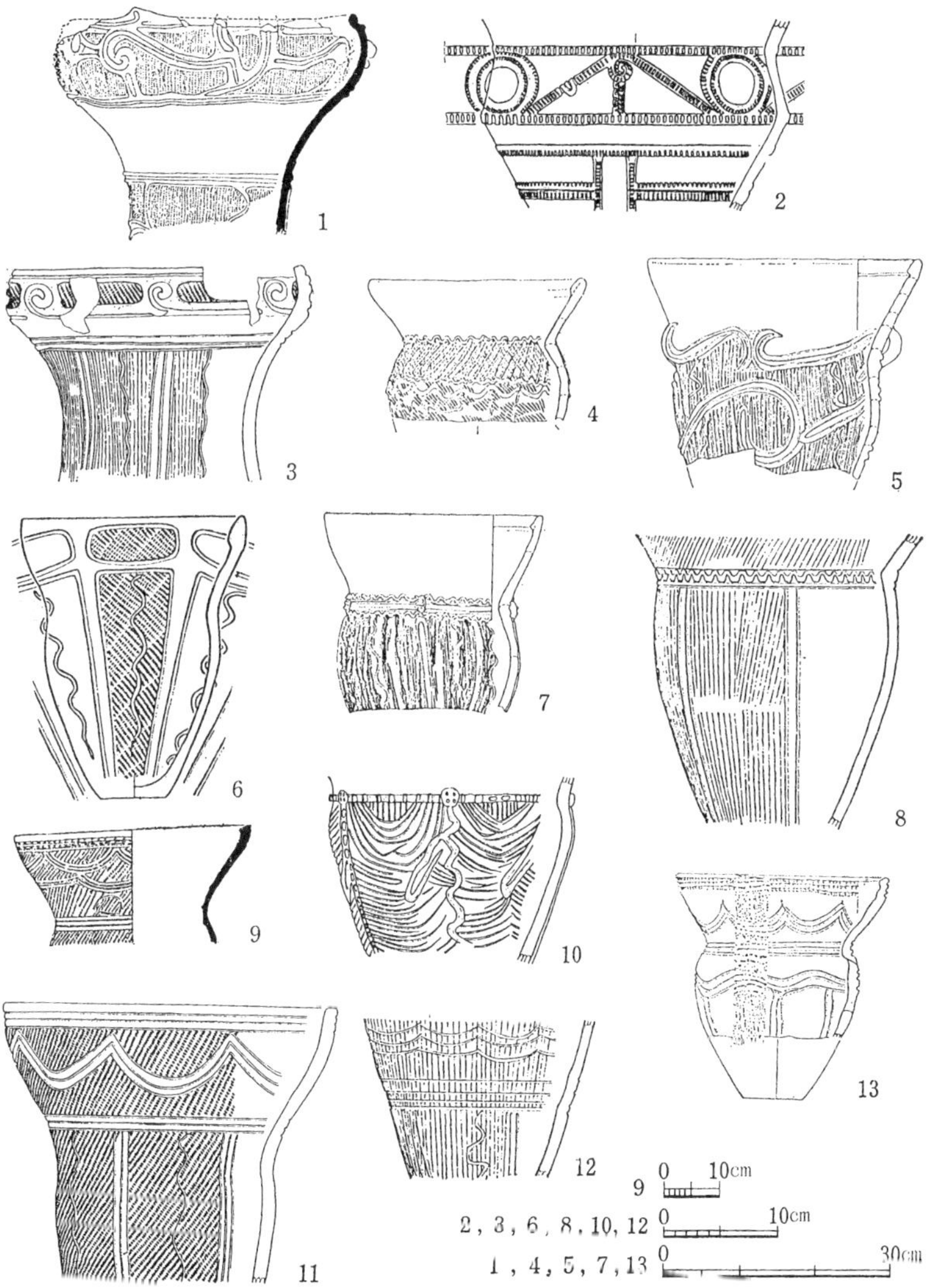

図43　東京の埋甕(1)　1 中山谷11号　2 鶴川J39号　3 鶴川J17号　4 大久保ＳＢ３号　5 椚田ＳＢ11号　6 鶴川Ｊ30号　7 椚田ＳＢ08号　8,12 鶴川Ｊ13号　9 玉川野毛公園　10 鶴川Ｊ21号　11 鶴川Ｊ15号　12 平山橋６号
勝坂式末（２）　加曾利ＥⅠ式（１）　加曾利ＥⅡ式(3,6,9,11,12,13)　曽利Ⅰ式（４）　曽利Ⅱ式(5,7,8,10)

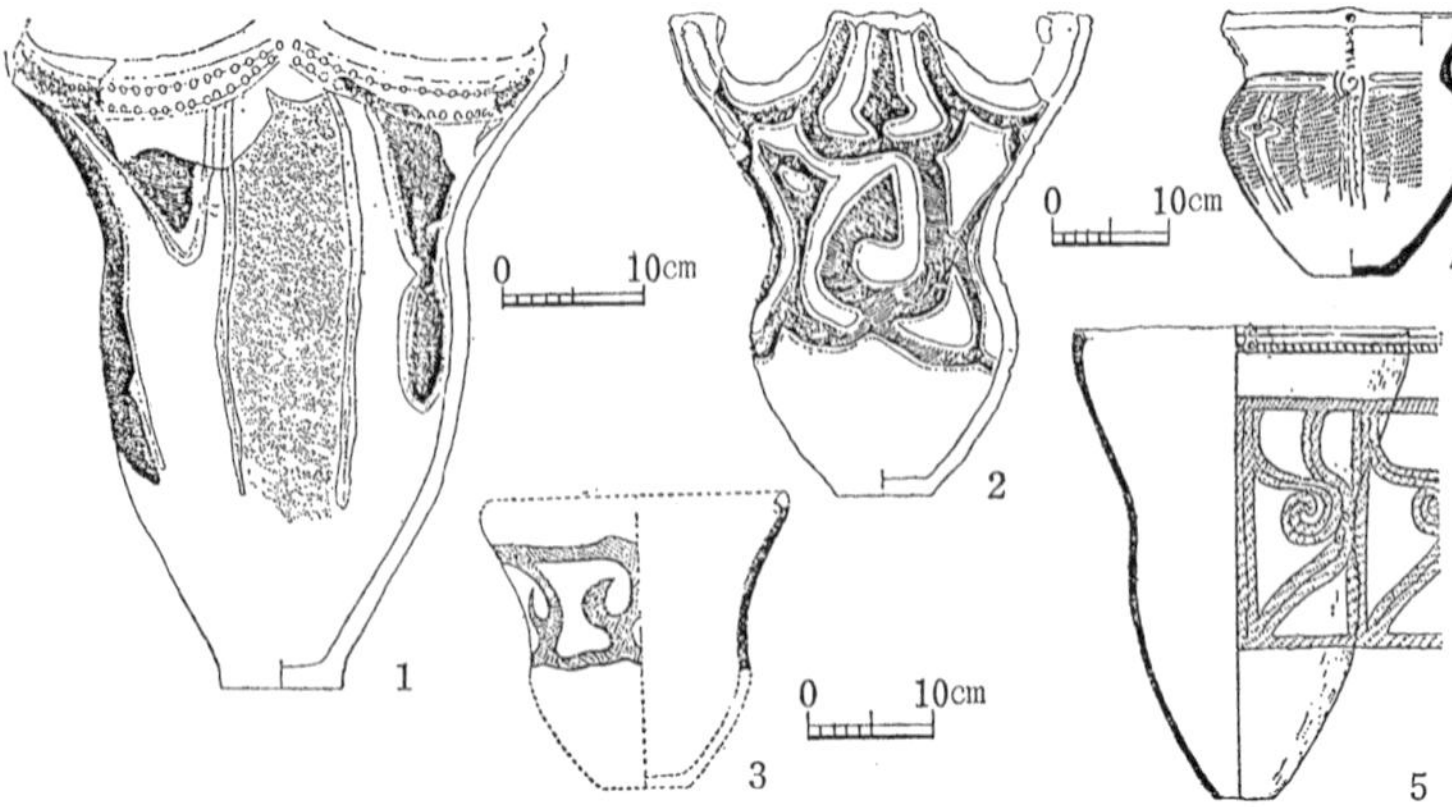

図44　東京の埋甕(2)　1,2 上布田４号　3 利島大石山　4 岳の上ＳＢ６　5 船田向　加曾利ＥⅣ式(1)　称名寺式(2,3)　堀ノ内式(4,5)

五　下伊那（図38）

下伊那地方もまた唐草文系土器が優勢であるが、加曾利Ｅ系の土器（増野新切Ｄ14号、酒屋前8号など）や、東海地方の咲畑式土器（増野新切Ｄ29号など）が埋甕に使用されており、結節縄文をつけた土器（上の平東部２号）も見うけられる。

六　山梨（図39）

近年八が岳南麓から甲府盆地にかけての山梨県の地域が曾利式土器圏の中心と見られるようになった。この地域の埋甕の中には、『中部高地の縄文土器集成』の曾利系の編年の標識資料となった住居の埋甕が多く含まれている。すなわち、曾利Ⅱ式＝柳坪Ａ１号・Ａ２号、曾利Ⅲ式＝頭無７号10号・白山、曾利Ⅲ式＝頭無4号、曾利Ⅴ式＝柳坪Ｂ16号、頭無２号である。いっぽう加曾利Ｅ系（住吉2号、頭無12号）も一部に使用され、連弧文系の土器（大月1号）、東海ないしは伊那谷の土器に共通する要素をもつもの（柳坪Ｂ10号）も見られる。

七　神奈川西部（図40）

神奈川県は西部と中部・東部の三つの地域に分けて集成した。西部は尾崎遺跡のものが主である。足柄上郡山北町という山梨県に近い地理的位置からして、曾利系土器がきわめて優勢であるが、加曾利Ｅ系の土器（尾崎

13号・尾崎27号など）も使用されており、尾崎27号住居では、曾利Ⅱ式土器と加曾利EⅢ式期の連弧文系土器がともに埋甕に使用されている。尾崎遺跡の埋甕の終末は加曾利EⅣ式期（11号炉址1号埋甕）である。

八　神奈川中部（図41）

神奈川県の中部地域は相模川の流域で、この川を通じて山梨県に連なっている関係で、曾利系の土器も多いが、加曾利E系の土器も、Ⅱ式期からⅣ式期まで、各期を通じて使用されている。当麻69号住居では、曾利Ⅲ式系の重弧文土器と、加曾利EⅡ式期の連弧文土器がともに埋甕として用いられていた（注6）。埋甕は時期的には、加曾利EⅣ式期（当麻1敷石住居）、曾利終末期（当麻4号敷石住居）、称名寺式期（当麻6号敷石住居）などまで行なわれている。

九　神奈川東部（図42）

東部地域は中央部と同じく、曾利系土器と加曾利E系土器がともに埋甕に使用されている。潮見台11号住居跡では、曾利Ⅲ式系の重弧文土器と加曾利EⅡ式期の土器がともに埋甕として用いられている（注6）。

十　東　京（図43・44）

東京都もまた、曾利系と加曾利E式系の土器がともに使用されている。埋甕の初出は、勝坂式期の終末（鶴川J39号）、加曾利EⅠ式期の前半（中山谷11号）で、埼玉県地域などとならんで、埋甕の習俗が古く行なわれはじめた地域とみなされる。そして埋甕は、後期の称名寺式期（上布田4号、利島大石山）、堀之内式期（岳の上SB6号、船田向）まで行なわれた。ちなみにこれら後期の住居のうち、岳の上SB6を除いては、いずれも敷石住居の事例である。

十一　埼　玉（図45・46）

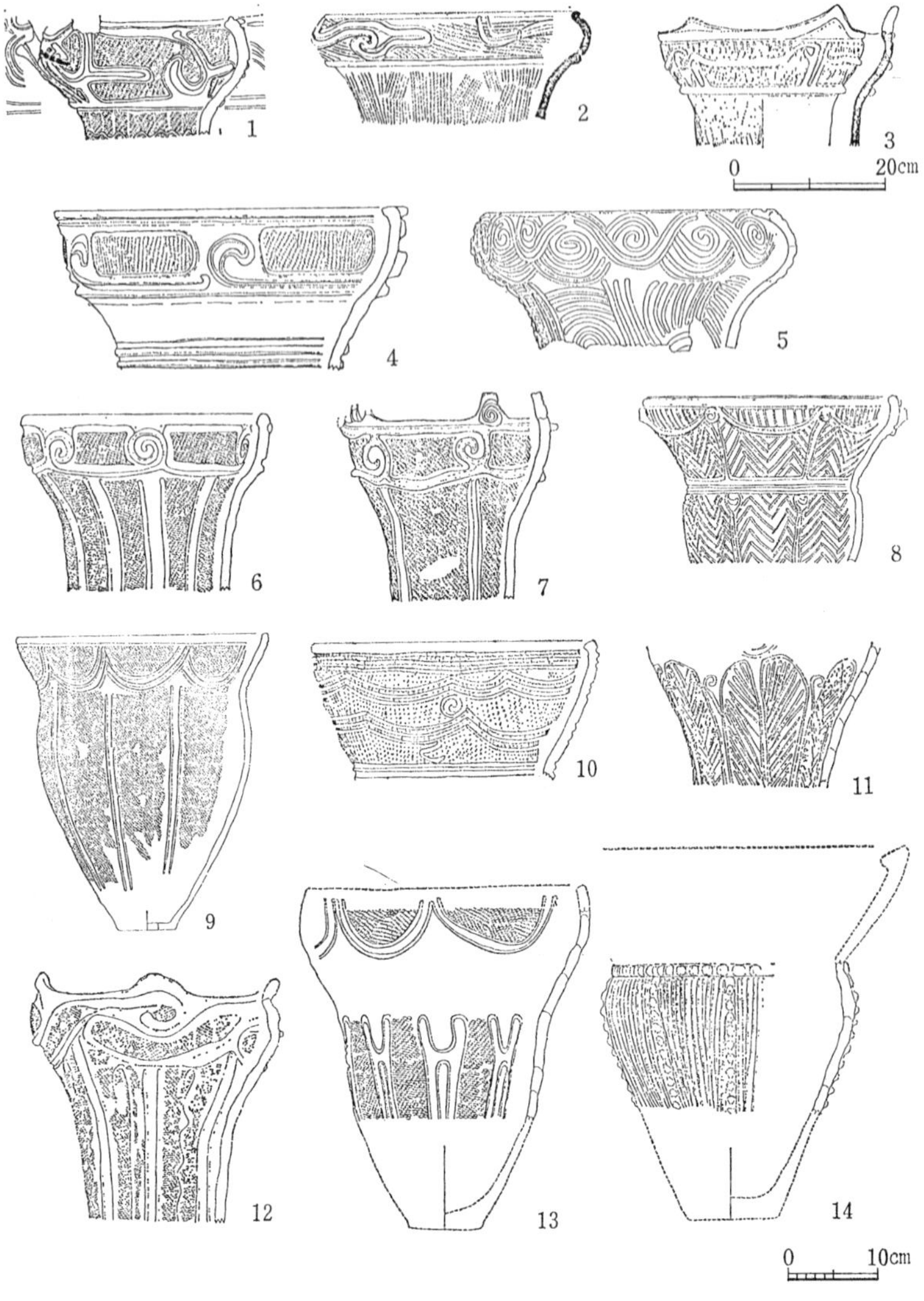

図45　埼玉の埋甕(1)　　1 黒谷田畑前15号　2 高井15号　3 西原10号　4 坂東山Ａ８号　5 唐沢６号　6 坂東山A20号　7 黒谷田畑前10号　8 島之上１号　9 坂東山Ａ１号　10 岩の上９号　11 島之上２号　12 坂東山A19号　13 志久９号　14 志久２号
加曾利ＥⅠ式(1,2,3,4)　加曾利ＥⅡ式(6,7,9,10)　加曾利ＥⅢ式(12,13)　曾利Ⅲ式(5,8,11,14)

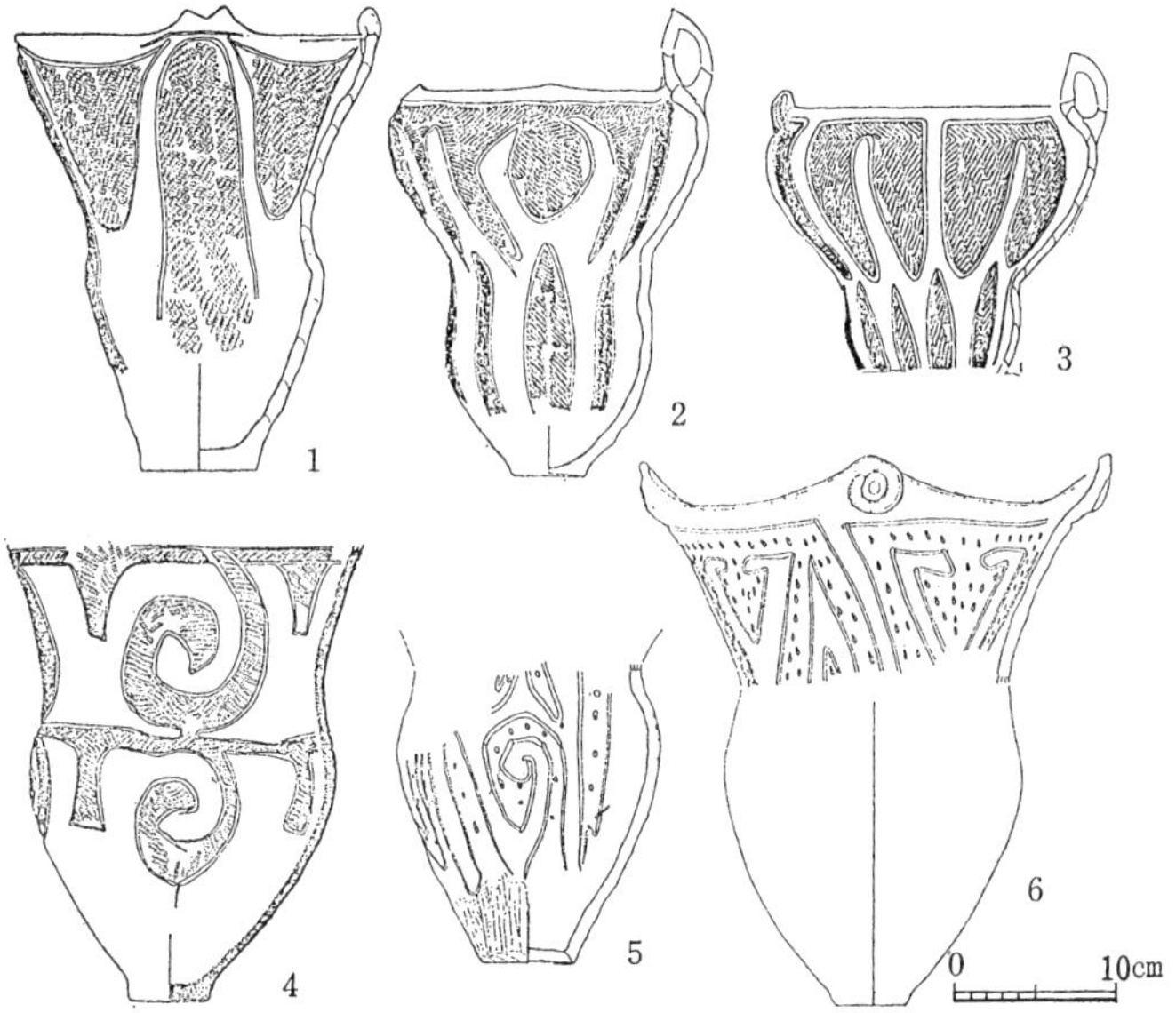

図46　埼玉の埋甕(2)　1 志久8号　2 出口9号　3 出口2号
4 馬込10号　5・6 裏慈恩寺東3号
加曾利EⅣ式（1・2・3）　称名寺（4・5・6）

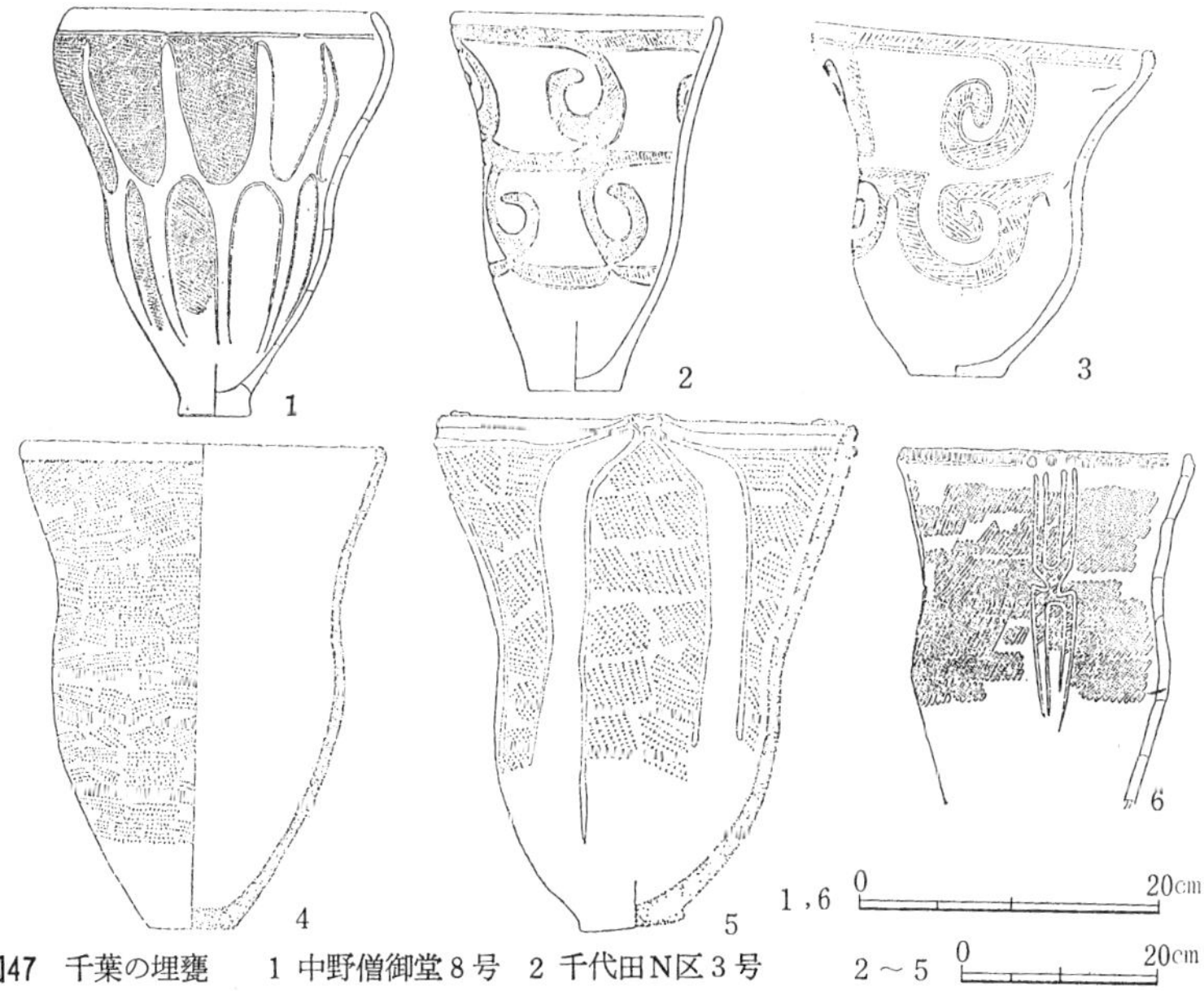

図47　千葉の埋甕　　1 中野僧御堂8号　2 千代田N区3号
3 金楠台1号　4 加曾利南29号　5 加曾利南5号　6 中野僧御堂7号　　加曾利EⅣ式(1,5)　称名寺式(2,3,4)　堀之内式6号

埼玉県地域は加曾利E系の優勢な地域であるが、曾利系の要素の強い土器も行なわれている（島之上1号・2号、志久2号）。埋甕の初出は、加曾利EⅠ式前葉（西原10号）、加曾利EⅠ式中葉（黒谷田畑前15号）のころ（注7）で、終末は、加曾利EⅣ式期（志久8号、出口2号・9号）、後期の称名寺式期（馬込10号、裏慈恩寺東3号）など（注8）である。このうち裏慈恩寺東3号、志久8号・出口9号は、柄鏡形プランの住居跡の埋甕の事例である。

十二　千　葉（図47）

千葉県地域は埋甕の行なわれた地域の東端にあたる。この地域では、姥山貝塚（1号・2号）のように、加曾利EⅠ式の時期から埋甕がはじめられ、後期の称名寺式期（金楠台1号・千代田Ⅳ区3号、加曾利南29号など）、堀之内式期（中野僧御堂7号など）に至るまで、埋甕がもっとも遅くまで残った地域である。

以上埋甕に用いられた土器の地域性と、埋甕習俗が行なわれた時期について、土器の集成を行ないながら概観してきたが、武蔵の地域は加曾利E縄文系、甲斐を中心に八ヶ岳西南麓や相模西部にかけては曾利系、松本平・諏訪湖盆・伊那谷は唐草文系と、長い期間を通じて地域ごとに固有の土器が行なわれた状況をみることができる。

ここに掲げたのはいずれも縄文中期・後期の土器の編年や集成が比較的進んだ地域で、しかも埋甕習俗の盛んに行なわれた地域でもある。埋甕の初源の地域をたしかめることは、なかなかむずかしいことであるが、埼玉から東京にかけての旧武蔵国の資料を比較すると、このあたりが埋甕の早く行なわれた地域ではないかと考えられるふしがある。それにしても埋甕の習俗は関東地方西部から、中部高地、東海は静岡県の伊豆・駿河にかけて比較的早く広がったものと思われる。

資料編の主要な遺跡の「集落の概観」の項をみていくと、各地域とも一様に縄文時代中期の終末には急激に集落の減少・衰滅をきたしていることがよくわかる。これは気候の寒冷化などにともない、依存する食糧不足などの原因によるものと推測され、埋甕習俗圏内でも極度に減少し、縄文時代後期まで多少とも埋甕が行なわれるのは群馬・埼玉・東京・千葉・長野のうち下伊那などの諸地域にすぎない。

なお縄文時代中期後半の土器の研究は、群馬県地域でも、三原田遺跡の発掘調査報告書を作成しながら進められているようであるから、今後、しだいに土器の集成・研究の進捗につれて、他の地域でも埋甕に用いられた土器の地域性や、埋甕習俗の初源・衰退の時期についての究明などが可能となるであろう。

注1　金井安子「埋甕の一視角―中部・関東地方における土着土器と非土着土器―」考古学ノート8号　昭和五十五年
2　神奈川考古同人会縄文研究グループ『神奈川県における縄文時代中期後半土器編年試案』神奈川考古四号　昭和五十三年
3　宮崎朝雄「加曽利E式土器について―埼玉県出土土器を中心として―」奈和一七号　昭和五十四年
4　中部高地縄文土器集成グループ『中部高地縄文土器集成第一集』昭和五十四年
5　八木光則「縄文中期集落の素描(1)―信州伊那谷における集落共同体をめぐって―」長野県考古学会誌二五号　昭和五十一年、末木健「伊那谷中部縄文中期後半の土器群とその性格―予察―」信濃三〇巻四号　昭和五十三年、神村透「結節縄文をつけた一群の土器」『中部高地の考古学』
6　能登健・石坂茂「重弧文土器の系譜」信濃三二巻四号　昭和五十五年
7　白石浩之「加曽利E式土器の変遷」考古学研究二五巻一号　昭和五十三年
8　今村啓爾「称名寺式土器の研究(上)」考古学雑誌六三巻一号　昭和五十二年

第七章　世界の諸民族の胎盤処理の方法

呪術研究の開拓者であるイギリスの民俗学者フレーザー（J. G. Frazer. 1854〜1941）は、名著『金枝篇』（The Golden Bough）の中で（注1）、呪術を分類し定義づけ、感染呪術（Contagious Magic）の顕著な事例として、毛髪や歯牙などとともに、へその緒と胎盤をふくむ後産の取扱いをあげている。

フレーザーが感染呪術と呼ぶところの呪術の原理は、「かつて、ひとたび接触の状態にあったものは、たとい遠く空間を隔てた後にも、一つに対してなされたすべてのことは必ず他の一つに同じ影響を与えるような、共感的な関係を永久に保つ。」ということである。彼は感染呪術の普通の例として、「毛髪や歯牙などのような、人の身体の一部分であったものと、人間自体との間に存在すると想像される呪術的共感」をあげている。その「論理的基礎は誤った観念の連合」であるが、「他人の毛髪や歯牙などを手に入れることのできた者は、そのようなものの元の持ち主に対して、どんなに遠くはなれた所からでも彼の意志を働かせることができる」という信仰は世界中に広く行なわれていると、いくつかの事例をあげて指摘している。

フレーザーは、次いで「実質的な接触がなくなった後までも、なお身体と共感的な結合を保つと普通信じられている他の部分は、臍の緒と胎盤をふくむ後産である。」「善にもあれ悪にもあれ、人間の一生涯の運勢というものは、身体の一部分であるこれらのものによって左右されることが多く、臍の緒や後産が保存されて適当な取り扱いを受ける時は栄達するのに引きかえ、もしそれが害なわれるか失われるかすれば災厄に見舞われると信じられているのである。」として、世界の緒民族の事例をあげている。そして、「世界中の多くの地方で、臍の緒、または更に一般的には、後産は嬰児の兄弟もしくは姉妹である生きものとみなされ、あるいは子供の守護霊またはその魂の一部を宿す物質的存在とみなされている。さらにまた、後産や臍の緒とその主である人間の間に存在すると見られる共感的関係は、その子供の生涯を通じて彼の性格や職業に影響を与え、もし男なら彼をすばしこい木登り名人、上手な泳ぎ手・熟練した猟師、勇敢な戦士などに成長させ、もしまた女であるなら彼女を巧みな縫い手、上手なパン焼き女などに成長させるように、後産または臍の緒を処置する普及した習慣のうちに明らかに現われているのである。」と指摘している。

世界の緒民族の胎盤の取り扱い方法は、変化に富んでいるが、フレーザーが指摘したような共通的な呪術や信仰が多く含まれている。イギリスの人類学者で文化伝播論者であるスミス（G. E. Smith 1871〜1937）は、胎盤の処理について の習慣を、エジプトから文明が拡散したという彼の理論の証明の一つに用いている。それはともかくとして、隣接地域を含めて世界の諸民族の胎盤の取り扱いに関する習俗を知ることは、わが国の胎盤の取り扱いに関する習俗を理解するうえに有意義なことと思われる。

この小論には、フレーザーの『金枝篇』（簡約本ではない。注2）に紹介されている世界の諸民族の事例に加えて、インドの著名な人類学者であるグーイエ（Ghurye. 1923〜1969）が、「人間の胎盤の処理」（Disposal of Human Placenta 注3）に引用した世界の諸民族の事例、高山純氏が、「周辺地域の産屋・竹ベラ・胎盤の処置方法」（注4）に紹介された民族誌的事例などを主として参照し、中国については、永尾龍蔵氏の『支那民俗誌』（注5）を参考にした。

一　中　国

中国においては、胞衣と子供とはいっしょに母体の中にあって、同時に出て来るものであるということから、これを子供と同程度の重要さを持つものとみてたいせつにする。

もしこれを粗末に取り扱ったり、放棄したり毀損するようなことがあると、その影響が直接子供に及んで、その生長・発育に妨げが生ずるという。

それで胞衣が下りるとまず清水で洗い清める。そして胞衣の中を空のままにしておくと、子供は将来貧乏になるといって何物かを中に詰めてから壺に納める。その詰め物にはもし次に男の子が欲しいと思うときには赤く染めた「喜蛋」という鶏卵一つを入れ、娘が欲しいときには「喜花」という造花一房をつめる。また、将来なお多くの子を得たいときには、中国南部地方では、胞衣の中に多くの蓮の実や落花生・竜眼肉をつめる。これは文字の発音から来た縁起「連生貴子」、引き続いて貴子を生むということを意味するためである。

胞衣は壺の中に入れ、ていねいな家ではさらに紅布で幾重にも包み、中に虫などが入らないように厳封する。胞衣はまた日月星辰などの光を忌むので、それにさらされて悪影響を受けないようにできるだけ早く埋める。胞衣を埋める方角や家からの距離などについてはなかなかやかましい規則があり、占易者・巫覡・産婆などは、子供の生まれ歳や生まれた時刻等と干支との関係・子供の生まれ年の属する五行などを考えてきめる。

胞衣を埋める方角と時刻とがきまると、中国南部では、胞衣の穢汚の気を日月星辰にさらすためにその怒りを受け、子供に悪影響を来たさないように傘をさしかけて行く。とくに正午は太陽の威力がもっとも盛んな時刻であるため、各地とも埋めることを避ける。

胞衣を埋める穴は、浅からず、深からざるを要する。もし浅すぎると獣畜に掘り起こされて食われるおそれがあり、あまり深いと子供は厚い土の重さに圧せられて生長発育の妨げを受けるという。浅く埋めたために豚や犬に掘り出されて食われるとその子供は癲狂病にかかるといい、壺の封じ目から蟻や小虫の類が侵入して胎衣を食うとその子はいろいろな悪疾に悩むともいう。また、壺の口が逆さまになると子供の口がふさがって食慾不進となり衰弱を来すといい、胞衣が逆さまになるとその子が乳を吐く病気にかかるという。

図48　胎衣器。蓋は黄色、胴は淡い黄土色で、中央横線の上は白色。（『清俗紀聞 2』平凡社 東洋文庫より）

満州では男児の胞衣を産室内の地下とか産室の入り口の敷居に近い地下に埋め、女児の胞衣は庭(院子)や産室の軒下に埋める。そして多くの人に踏まれるだけその子は無事息災に育ち、長寿を保つことができるという。なおこのように家の中とかまわりに埋めておくとその子が生長したのち、遠方に行くことがなく、家族と平和な生活をおくり、かつやさしい性質の人になるという。

出産の月に入るとなるべく早く妊婦の里のほうから「催生禮」という贈り物をして無事に出産することを祈る。浙江省長興県地方では、この贈り物の中に胞衣を入れる壺を欠くべからざる品物として加える。この壺にはつぎつぎに生まれる子の胞衣を皆入れるのである。

胞衣はだいたい地中に埋めてしまつするのが一般の風習であるが、広東省では、その一部を炉灰に埋めて壺に納め、それを寝台の下に置いたり、日光もあたらず人目にもつかない場所に置くと次の子が生まれるまじないになるという。男子にめぐまれない者は、他家に生まれた男子の胞衣を盗み取ると目的を達することができるといい、また、自家に生まれた女子の胞衣をひそかに男子の多い家に持って行って、その家の竈や火炕（おんどる）の火焚き口に入れて焼き、その家の男子の胞衣を盗んで来ると必ずその目的を達するという。これは主として中国北部に行なわれる風習で「換胎」といわれている。いっぽう胞衣を盗まれた子は早く死ぬといわれているので、男子が生まれたときには胞衣を産部屋の地下などに埋めて盗難を防ぐという。

子のない婦人は男の子の胞衣を焼き、その灰を酒に入れて飲むと男子を授かるといわれている。漢方の薬方に「紫河車」とあるのがそれで、長男として生まれた子の胞衣がもっとも効能があるという。南方の河流の多い地方では、胞衣を針金で編んだ網の中に入れて水中にさらす。約四〇日ぐらいで臭気も去るのでこれを日光で乾燥させ、薬研にかけて粉末にして製するのである。

福建系台湾省人は、臍帯と胞衣を灰を満した甕の中に埋め、紅紙でおおい密封して産婦の床下に置き、第二、第三の出産があったときもその甕に納めるという。台北市艋舺の同系人は、胞衣を石灰に混ぜて薬を煎じるきゅうすの中に入れ、動かさないように寝台の下などに四か月間保存して置くが、これを動かすと嬰児が乳を吐くといい、もし胞衣が火のために焼けることがあるとその子は必ず火のために死ぬとされている（注6）。

二　シベリア東北部・カナダ

シベリアの東北端に住むチュクチ族とコリヤーク族は、ともに後産をつるす小さなテントを特別に設けている(注7)。ヤクート族では、お産に立ち会った女が四日目に胎盤を森に運び、木の幹の高いところに置く。樺太のギリヤーク族は布に包んだ胎盤を家からあまり遠くないところにある森の中の一本の木につるす(注3)。中国の東北地方に住むゴルデイ族も、出産に用いた衣服と胎盤を木につるすという(注4)。

カナダのブリティッシュコロンビア州の沿岸地帯に住むクワキウトル・インデイアンの間では、女子の後産はその子供がビノス貝を掘る熟練者になるようにと波打ちぎわに埋められる。また、男子の後産はワタリガラスが食べそうな場所にさらされる。こうすることによってワタリガラスのような予言的な透視力を得るものと信じられている(注2)。

三　イ　ン　ド

インド(注8)でもっとも広い範囲にわたって行なわれている胎盤処理の方法は、それを注意深く埋めることである。インド西部のスラトでは、胎盤を動物に食い荒らされるとそのときから子供の体力と生命力が衰え始めるというので、胎盤は壺に入れられ、どんな動物にもかき荒らされないように深いところに埋められる。

カツチ島のバニア族は産小屋の下に塩を添えて胎盤を埋めるが、彼らも埋めた場所は誰にも教えてはならないし、どんな動物にも食べられてはいけないといっている。

カティアワルでは、胎盤は壺に入れて中庭に埋められるが、すぐに腐らないために塩を入れるのだと説明されている。ここでも胎盤が犬や猫に食べられるとその子はわずらうと信じられている。

デカン高原のショラプールでは、寝室または屋外に掘られた産婦の沐浴用の水溜めの穴に胎盤を埋める。屋外に埋められる場合には、動物に胎盤を掻き出されるとその子は死ぬといってとくに深く埋めるように気をくばる。

インド東南部のテルグー語を話す地方では、胎盤は壺に入れて埋められるが、壺が垂直に置かれなければ、その子がしゃっくりに悩まされるという。胎盤といっしょにはパイス銅貨・御飯・びんろうの実や葉などが入れられる。

タミール語を話す地方では、胎盤をじかに庭などに埋めるが、胎盤もへその緒も黒魔術を行なう魔術師たちによってたんねんに探し求められる。彼らはそれらによって黒い糊状の混合物を作り依頼を受けた者に売る。それを持っているとどんな男女、どんな家族をも破滅させることができると信じられており、最初の子の胎盤やへその緒で作ったものがとくに強力であるとされている。もし額にそれをつけると既婚の男性や処女を誘惑し奴隷にすることができるし、また誰かに食べさせるとその者は精神異常になるという。

中央州を中心に住むゴンド族は、子供によく肥えてもらいたいために後産を牛馬の糞の堆積の中に埋める。ゴンド族の不妊の女は後産を手に入れて飲むと、その子の母親の多産を自分自身に移すことができるといわれている。

インド東部のオリッサでは、胎盤は壺に入れられ人の行かない裏庭に埋められる。この地方では、そこが踏みつけられると子供が衰弱し、もしあばかれると子供は食物を消化できなくなると信じられている。

チョタナグプールのブフミー族は、新しい壺に後産を入れて中庭に埋め、上に重い石を置く。そこでは後産とへその緒は母子の体の一部分であるから、後産に対するどんな損役もその母親と子供に災いをもたらすと信じられている。

チョタナグプールのオラオン族では、胎盤とへその緒は使い古したほうきや古い箕といっしょに小屋の床下とか、中庭の洗い場や、その家の肥溜の中に埋められる。胎盤が埋められる理由は、それが不妊症の女たちに食べられ、その子の母親を不妊にさせてしまうからである。

胎盤処理の別の方法として後産を埋めてそこで数日間火を焚く方法がある。その分布範囲はムンダ型の種族の侵入した地域と一致する。

一例をあげれば、回教カーストのアヒルは、壺ないしは鍋の中に後産をいれてお産の行なわれた場所に埋め、その上で火を焚き続けるが、悪霊から護られるようにと一切れの鉄片を火の中にいれる。

第三番目の方法は木につるす方法で、アッサム特有のものである。

アッサムのロータ・ナガ族では、産婆がぼろ切れと木の葉で後産を包み、それを小さな籠に入れて、犬や豚が届かないように定められた木につるす。そこではもし後産が犬や豚に食い荒らされるとその子は重い病気にかかると信じられている。

なお範囲が非常に限定されているが、後産を水に投ずるという方法もある。

北西インドの山間地方に住むビール種族は、たいてい流れに胎盤を投げ入れるが、それによってその子は成人してからたくさんの魚を捕るようになるといっている。

ヒンズー教徒の間では、不妊の女または死産した女は、兄弟そろって丈夫な子供の胎盤を手に入れようと産婆に法外な額のお金を払うことをいとわない。胎盤が手にはいるとそれを礼拝し、多産になるようにないしは子供が丈夫に生まれるように祈る。いっぽう胎盤の持ち主であった子供も、その子の母親から生まれてくる子供全部も命がちぢめられてしまうと信じられている。

回教徒の産婆の話では、そのような胎盤が手にはいると胎盤は水に浸され、濾過した水が女によって飲用されるのだという。

四　東南アジア地域

ビルマ北部のシャン族は、夫が胎盤とへその緒を芭蕉の葉に包み、家の階段の下にあらかじめ掘っておいた穴の中にそれを入れ、さっと土をかけておく。それは子供の将来の健康と幸福のために絶対に手荒くしないことになっている。また、後産を家の階段の下に埋めると子供が殖えるというのである。穴を掘るときとか、芭蕉の葉で包むとき、父親は笑顔をしていなければならない。そうしないと子供は不機嫌な人間になるとされている(注4)。

タイの北部では、後産とへその緒は砂糖壺のような容器にいれ、腐朽を防ぐために塩でおおわれ、出産後三日目以後に埋められる。これを埋める理由は、悪霊がその香にひきつけられて胎盤を食べに来るが、もしそれを食べられると、次には母の所へやって来て母に種々の危険が生じるためであるという。

北東タイでは、後産は蓋のある新しい壺にいれ、家の前の階段の下に埋める。また、大きな木の根元に埋めることがあるが、これはそこが涼しく日陰の場所であるからで、その子供が平静に幸福に生きられるようにというためである(注4)。

ベトナムでは、胎盤は出産後できるだけ早く埋める。そうしないと赤子の健康が危くなり、母親の出産力をも危険にする。埋めるのは、出産場所に接した所で、屋根からの水のしたたる所から遠く離れた所でなければならない。さもないと子供は結膜炎などで悩まされるという(注4)。

トンキン高地の民族のうち藍靛蛮は、胞衣を布袋に包んで母親の寝床の下に埋める。パ・センは、胞衣を屋内に埋める。苗族は胞衣を男子の場合は入り口の前に、女子の場合はいろりの下に埋める(注4)。

中央ミンダナオのビサヤン族は、後産を赤子の兄弟とみなしており、それを包んで家のはしごの下ないしは炉の下に埋める。胎盤の霊が空に帰るためである。主人が胎盤を埋めることになっているが、その理由は父親と子供の間の情愛と忠義のきずなを増進するためであるという。普通、胎盤は灰でおおわれたヤシの殻ないしは割れた壺にいれられて、家の中に埋められる。これは赤ん坊が腹の具合が悪くなるのを防ぐためである。胎盤はまた、深く埋められねばならない。理由はもし犬や豚に掘られたりすると、子供が成人したとき放浪者になるからである。

なお、もし赤ん坊が死んで生まれたり、生まれてすぐ死んだりすると、その子の胎盤は将来の繰り返しにならないようにシアトン川に捨てる。胎盤をいれる容器は、ちょうどそれが入る大きさがよい。さもないと子供が大きくなったとき、大食になるからである。また、容器は昆虫や動物にかき乱されないようにがんじょうなものでなければならず、かたく包まれる。さもないと大人になったとき、盗人になるからである。灰は塩のように保存の効果があるために加えられる。ボホールでは、後産を家の中に埋めるのは、赤ん坊が成人になったとき、常に無事に帰って来るのを保証するためである(注4)。

スマトラ北部海岸地方に住むアチエー族では、胎盤は生まれた子供の双生児の兄弟と考えられている。子供が病気になると埋められた胎盤が病に犯されたためではないかと考えて埋めた所の上に薬をおく。それでも効き目がないと胎盤が具合よく埋められていないのだとして、胎盤を掘り出して他の場所に埋め替える。彼らはアドイ（adoi　胎盤の霊）は絶えず双生児の一方の所に来て遊んでいるのだと考えている。たとえば子供が眠っていて笑ったりするのはその証拠だという（注9）。

スマトラ北部のバタク族も胎盤を赤ん坊の兄弟または姉妹とみなしており、これを床下に埋めるが、彼らによると胎盤は赤ん坊の幸福と切っても切れない関係をもつ動かすことのできない霊の座であるらしい。バタク族の一種族であるカロ・バタク族は、人間のもつ二つの霊魂のうちでも、床下の胎盤に宿っているものこそ真実の霊魂であるとさえ確信している。彼らによれば、子供を出生させるのはこの霊魂だという（注2）。

スマトラ南部内陸部に住むクブ族は、後産とへその緒を子供の生き霊とみなして、産後ただちにお産の行なわれた場所のすぐそばの土地に埋めて儀式を行なう。大人になったとき、それらを寝る前や働く前や旅に出る前に守護霊として念ずるのである（注3）。

スマトラ西海岸のマンデリング地方では、後産を洗ってから家の下に埋めたり、陶器の壺にいれてしっかり閉じて川に投げ入れたりする。それは子供の手足が冷えるとか後産の不幸な影響がその子供に及ぶのを避けるためである。

スマトラ中部のメナンガボ族は、胎盤を新しい陶器の壺にいれてその壺が蟻などにねらわれないようにバナナの葉で蓋をする。こうするのはもし蟻に襲われたりするとその子供が病弱で泣き虫になるからである（注2）。

スマトラ中部のグヌング・サヒランでは、後産を家の床下とか家の上り階段のそばに埋める。そのとき前もって塩と胡椒とレモン汁とを加えて獣の食べない味にしておく。後産を獣に食われると子供にとって有害だからである（注9）。

ジャワでは後産を赤ん坊の兄弟または姉妹と呼び、白い木綿の布に包んで新しい壺またはココヤシの殻に入れて父親の手で、男子の場合には家の戸口の外側に、女子の場合は戸口の内側に埋められる。そして子供のへそのただれがなおるまでそこで灯明が燃される。また、ある種族では後産が家の中の米甕の中につるされ、その下で灯明が焚かれる。それは、赤ん坊と兄弟姉妹がこの時期にとくに危険にさらされているため、悪魔の陰謀から彼らを護るためにこうするのである。

もしその子が男なら、学問がよくできるようにとアルファベットをしるした紙を、女ならばお針がじょうずになるように針と糸を壺の中に入れ、子供が常に健康であるように胎盤を埋めた場所に花と水がまかれる（注２）。

中央セレベスのトラフキ族は、胎盤にうこんの根や香辛料を添えてココヤシの殻にいれ、木の皮でよく包んで家の中に保存する。そして子供が病気になるとココヤシの殻をあけて胎盤を調べ、虫がついている場合は取り除いて新しい香辛料を加える。その子が大きくなったとき胎盤は捨てられる。

中央セレベスでは、種族によっては胎盤を埋めるものもあるし、木につるすものもある。子供の具合が悪くなると、彼らは胎盤を掘りおこしたり、木からおろしてバナナと四種類の米を供え、ろうそくに火をともしてまつり、またもとのようにもどしておくのである。

中央セレベスの沿岸ぞいの王国のパリギでは、胎盤を料理用の壺にいれて、母方の親類の女が白い布で包んでスカートの下に隠し、家の下に運んで行って埋める。女はそこから帰るまで、左右を見ると子供が斜視になるといって、目をしっかり閉じ別の女に手をひいていってもらう。それは彼女が、その子供の一部であり、兄弟であるところの胎盤と密接に結びついているからで、終わって帰ると頭にスカートをかぶって寝ござの上に横たわり水をふりかけてもらう。こうしてはじめて彼女は起き上がり目をひらく。水をふりかけるというのは、彼女と子供との共感的な関係を断ち切り、彼女がその子供にいかなる影響も及ぼさないようにというためである（注２）。

南セレベスでは、へその緒と後産をその子供の兄弟または姉妹と呼ぶ。赤ん坊が王子か王女の場合には、これらに塩とタマリンドを添えて新しい米甕に入れ、りっぱな衣服に包んで、悪霊が後産をさらっていくのを防ぐためにしっかりとひもでくくる。同じ理由から一晩じゅう灯明が燃やし続けられ、いわゆる兄弟姉妹に食物を与えるために、一日に二回甕のふちで米をこする。その後しばらくはときどき食物を与える儀式を行なうが、母親が次のお産をするとそれも全く行なわれなくなる。産後九日目に儀式を行なったのち、方形の棚の中に何本かのココヤシの木が植えられる。そして後産やへその緒を洗うのに使った水をかける。これらのココヤシは、その子の同年輩と呼ばれ彼とともに成長する。後産などのはいった米甕は子供のベッドのそばに置かれ、王子が外出するときは、兄弟の入った米甕をも盛装の衣服で包み、日光をさえぎるために傘をさして王子とともに散歩させる。もし子供が死んだ場合は後産とへその緒は埋められる（注2）。

チモール島の南西方にあるサウ島では、後産に薬用香辛料を添えて新しい壺の中に入れる。また新しい籠の中に後産をいれて、それを肥やすために高い野生のしゅろにつるしたりするが、このときは子供が常に幸せであるためにすばやく木に登らねばならない（注2）。

モルッカ諸島南部には、小さな竹の筏にのせて胎盤を川に流す方法が広く行なわれている。それは祖先の化身とみなされている鰐が、人間が死んで胎盤の霊と死者の霊とが合体して死の国へ行くまで守ってくれるという信仰のためで、人間と胎盤との結びつきは切り離すことができないものとされている（注3）。

アムボン島の東にあるハルク島やサパルア島・ラウト島などでは、産婆が後産を埋め、その上に花をまき散らし、さらにその子供にいかなる災難もふりかからないように、たい松がその上で三晩とか七晩焚き続けられる。これらの島の一部の種族は厳粛な儀式を行なって後産を海に投げ入れる。すなわち、後産は壺の中にいれて一枚の白い木綿の布でしっかり包んだのち、船にのせて海に運ばれる。このとき産婆はまっすぐ前を見ていないと子供が斜視になる。また、船をこいだり、かじをとったりする男は船をまっすぐ進ませないとその子はそこらじゅうを遊び歩く人間になるといわれている。壺は海に沈めるときに穴があけられ、産婆は白い布をはずして帰り、それを赤ん坊にかける（注2）。

ニューギニアとセレベス島の間にあるババル諸島では、胎盤に灰をまぶして小さな籠に入れ、その辺で一番高い木の頂上につるされる。このとき籠は剣で武装した女たちによって運ばれ、胎盤を手に入れてその子供を病気にするかもしれない悪霊から守られる（注2）。

五　南太平洋地域

ニューギニア島南部のキワイ・パプア族は、後産を容器に入れて誰にも知られないように埋める。それは誰かに上を踏まれるとその子供に災いがもたらされるとか、また呪術師によって赤ん坊とその父母に災いが及ぼされるためである（注3）。

ニュージーランドのマオリ族は胎盤を子供の住む所と考えており、それが排出されるとすぐに細心の注意を払って埋める。それはもしそうしなければ祭司たちが胎盤を手にいれ母子の死を祈ると信じられているためである（注2）。

南オーストラリアの一部の原住民の間では胎盤は神聖なものとみなされており、もしも子供自身の一部である胎盤が動物に食べられるようなことがあれば、その子は必ず災いをこうむるとして犬などの手のとどかぬ所に注意深く片づけられる（注2）。

オーストラリア北東部のクイーンズランド州のペンファーザー川流域の原住民の間では、後産は子供の肉体の外面で、終生彼の霊の一部が残っていると信じられている。そこでは祖母が後産を取り出して砂の中に埋め、周囲にたくさんの小枝を立て、先を結び合わせて円錐形にする。こうしておくと泥の赤ん坊を再び子宮に押しこんで女たちを妊娠させると信じられているアンジェアが現われてこの場所に目をつけ、その霊をとり出して木や岩の穴や沼などの住みかへ連れ去るというのである（注2）。

ニューギニアの東端に近いトロブリアンド諸島では、へその緒と後産は栽園のかこい内に埋める。この慣習の底には赤ん坊をりっぱな栽園造りにするためという概念が流れている。すなわち「赤ん坊の心を栽園に結びつけておく」ためである（注10）。

東南ソロモン諸島のメラネシア人の間では、後産が黒魔術に用いられ、びんろうの皮といっしょに害を与えたいと思う人の家の裏に埋められる（注4）。

六　アフリカ

上エジプトのフェラヒン族の胎盤はだいたいナイル川に投げこまれるが、もし母親がもう一人子供を持ちたいと欲するときには、一番遅く生まれた子供の胎盤を家の入り口の敷居のところに埋めて、その胎盤を三回、五回、七回と踏むことによって、完全な子供として再び生まれて来るように胎盤の霊を誘い入れることができると考えられていた。

エジプトの多くの地方では、後産は「もう一人の子供」または「第二の子供」と呼ばれるが、また地方によっては未完成の赤子とみなされることもある（注3）。

中央アフリカのウガンダのバ・ガンダ族は、第二の子供である後産を嬰児の生き霊とみなしている。母親はこの後産をバナナの葉に包んでバナナの木の根もとに埋めるが、そうすることによって後産は野生動物から護られる。このバナナの木は果実が熟するまで神聖なものとされ、熟した実はその家の神聖な饗宴のために用いられる（注2）。

七　ヨーロッパ

ヨーロッパでも多くの人びとは、人間の運命は多かれ少なかれ、へその緒または後産と切っても切れない関係にあるといまだに信じている（注2）。そしてもっとも恐れられていることは、後産やへその緒が動物に食い荒らされたり、妖精や呪術師の影響にさらされることとである（注3）。

アイルランドでは、「妖精から子供を護るために後産は焼かれねばならぬ」といわれている（注3）。

アイスランドでは、昔はもし後産が悪魔の手に落ちたり、野性の動物のえじきになったり、火で焼かれたりすると、その子は動物の形をした守護霊を持たないために大きな災難にあうといわれていた。それで後産は入り口の敷居の下に埋められるのである（注3）。

ユーゴスラビア西部のダルマチアでは、胎盤はいつも子供がバラ色の頬をしているようにとバラの茂みの中に埋められる（注3）。

西ヨーロッパでは、後産は埋めるか焼くかされる。そうすると後産の魔術的使用によって加えられるいかなる危害をも防ぐことができるだろうという産婆に対する教訓があった（注3）。

バルト海東岸に住むレット人が、胎盤を「他の半身」と呼んでいることは、ヨーロッパの中ではとくにユニークである（注3）。

なお西ヨーロッパのいくらかの地方では、約一世紀前までは、最初に生まれた子供の乾燥した胎盤を薬種屋で調剤していた。イタリアでは最近までそれによってたくさん母乳が出るようになると信じられており、食物に混ぜてその子の母親に与えられていた（注3）。

ユダヤ人の間には古く死んで生まれた子をよみがえらせる方法の一つに、後産でその子を覆う方法があった。また衰弱している子供に与えられている魔力を消失させるために後産を焼いてその灰をミルクに入れて子供に飲ませた。また魔法にかかるのを防ぐために、後産に花を添えて小さな包みを作り子供の首につるしたりした（注3）。

注1　フレーザー著　永橋卓介訳『金枝篇1』岩波文庫　昭和四十四年
2　J.G. Frazer The Golden Bough vol I.
3　Ghurye, 1937 "Disposal of Human Placenta" Journal of the University cf Bombay vol. II.
4　高山純「周辺地域の産屋・竹ベラ・胎盤の処置方法」どるめん三号　昭和四十九年
5　永尾龍蔵『支那民俗誌第六巻』支那民俗誌刊行会　昭和十七年
6　池田敏雄「福建系台湾人の出産習俗」民族学研究一九巻二号　昭和三十年
7　M.A. Czaplicka, Aboriginal Siberia. 1969.
8　インドにおける胎盤の処理に関する習俗については、前掲の Ghurye, 1937 "Disposal of Human Placenta" にことに詳細で、それによった。
9　清野謙次『インドネシアの民族医学』大平洋協会出版部　昭和十八年
10　B・マリノウスキー著　泉靖一・蒲生正男・島澄訳『未開人の性生活』河出書房　昭和三十二年

〔後記〕この稿をまとめるに当たって、高山純氏には、G. S. Ghurye, 1937. "Disposal of Human Placena" Journal of the University of Bombay vol. II のマイクロフィルムを御貸与いただくとか、M. A. Czaplicka, Aboriginal Siberia. 1969 の関係部分の資料を御提供いただくとかお世話になりました。また、東京国立博物館の本村豪章氏には、同館所蔵の J. G. Frazer. The Golden Bough vol. I の貸出について便宜をはかっていただきました。なお G. S. Ghurye, "Disposal of Human Placenta および J. G. Frazer The Golden Bougb vol. I の関係部分の翻訳にあたっては、本村英子氏の御協力をいただきました。このほか G. S. Ghurye の略歴・業績の調査については、広島大学の北川健次氏・アジア経済研究所の梅原弘光氏のお世話になりました。記して感謝いたします。

第八章　えなおさむる所

図49にかかげる絵は、『女芸文三才図絵』に画かれたもので、家の出入り口にあたる土間をすきで掘り、塩水をうち、地神をまつり、女が持参するえな桶をおさめようとする図である。

この図の前後には、あとにしるすような文章があり、えな桶に関する作法、臍の緒の切り方などについて、えなを納める作法が書かれている。敷居の下または人の往来しげき所、ないしは産したる居間の下などにえなを埋めることも記述されている。

『女芸文三才図絵』は、江戸時代の女性の手習鑑で、手習の手本であるが、女性の心得べき知識なども教えている。この資料は昭和四十九年十月に帝塚山大学の金関丈夫教授より関係個所について蔵本の複写を贈られたもので、筆者の名も刊行の年代も不明であるが、江戸末期に近いころの上方本ではないかとされる。

○ゑな桶《おけ》は小刀《かたな》一本苧《ほんを》すこし入《いれ》をしをけともいふ也　本式《ほんしき》ハ十二也　小刀《こがたな》も十二也　十二ケ月《げつ》を表《ひやう》したる也　しかれども当代《とうだい》ハ一つにて事《こと》すミ申ゆへ銭《ぜに》を十二文入《いれ》て十二ケ月をまねぶ也　又ある書《しよ》に苧《を》一そくわら五すじのし一すじ米《こめ》すこし入《いる》とあり　此小刀《このこがたな》ハ竹《たけ》にて作《つく》りたるがよし　土器《かわらけ》のうへに臍《ほぞ》の緒《お》をおしあて竹刀にてつぐがよし

臍《ほぞ》の緒《お》ハきるとハいはずつぐといふ也　さて此竹刀《このちくたう》ハ男子《なんし》ハめだけ女子《によし》ハおだけを用《もち》ゆべし　をし桶寸法《をけすんぽを》さしわたしも高《たか》さも同《おな》し事也　六寸七寸又ハ八九寸にも人《ひと》によりて定《さだ》まりなし　蓋《ふた》ハをしこみぶた也　松竹《まつたけ》つる亀《かめ》の絵《ゑ》をかくべし

○ゑなを納《おさむ》るハ方角《ほうがく》をくりて吉方《よきほう》におさむべし　先地《まづち》を一尺あまりほり塩水《しほみづ》をすこしうちて地神《ちしん》をまつるべし　其《その》

図49　えなおさむる所（『女芸文三才図絵』より）

後桶《のちをけ》をうづむべし　俗《ぞく》にいひつたへるうづミ所敷居《ところしきゐ》のした又ハ人の往来《ゆきゝ》しげき所《ところ》にうづミ又ハ産《さん》したる居間《ゐま》の下《した》にうづむともいへり　いづれも其人《そのひと》の心《こゝろ》にまかすべし　又此《この》ゑなのうつミ所の善悪《ぜんあく》によりうまれ子夜啼《ごよなき》あるひハさま〳〵の病気《びやうき》をうるなどいひて外《ほか》にうづミかゆれバ無病《むびやう》になる事有《ことあり》いづれ俗《ぞく》のならハしにておして是《これ》にかかハる事にもあらざる也　しかれどもその人々《ひと〳〵》心《こころ》にしたがひいか様《やう》ともくるしからざる事也　俗《ぞく》にしたがふべし

江戸時代の代表的な女性用教訓書とされている『女重宝記大成《おんなちようほうきたいせい》』（注1）は、元禄五年（一六九二）に草田寸木子が編纂したもので、江戸時代を通じて女子の懐本として活用された。その第三巻「懐妊の巻」「八、産前こしらえおくべき物」の項には、胞衣桶を埋むる図とともに次のような記載がある。

一、押桶《おしおけ》は、常にいう、胞衣桶《えなおけ》なり。本式には、十二いるものなり。されども一つにてもすむことなり。さしわたり七寸・九寸・六寸。高さ六寸・七寸、または八、九寸にもするなり。蓋《ふた》有り。鶴・亀・松・竹を描くなり。十二押桶の時は、小刀も十二いるなり。押桶一つなれば小刀も一つなり。右の押桶・小刀・苧《お》・かわらけ三枚、かねてこしらえおくべし。かわらけの上におしあて、小刀にて臍《ほぞ》の緒《お》をつぎ、跡を紙にてつつみ、苧《お》にて結《ゆわ》え付けておくなり。

さて、押桶には、銭十二文、米少し入るるもあり。また、苧一すじ・わら五すじ・熨斗《のし》一すじ入るるもあり。方角をくり、よき方へ、地を一尺あまり掘り、塩水を上へ少しずつうち、押桶を埋《うず》むなり。塩水をうつは、地神を礼《らい》するいわれなり。俗には「敷居の下、そのほか人の越《こ》ゆる処に埋むべし」とも、または、「産したる居間の下に埋む」ともいうなり。

下々《しもじも》の産には、胎衣《えな》を薦《こも》につつみ路道《ろとう》に捨つるを鳶《とび》・烏かけゆきて、宮社《みややしろ》の上、神木・鳥居にすておくはもったいなき事なり。胞衣は、子、胎内にて頭《かしら》に被《かず》ぎ、母の食物の毒気をふせぎ、その本は臍《ほぞ》よりつづき、生気これより通ず。よって、胎内にて十月が間子を養《やしな》い、生まれ出ると乳をのむゆえに、臍の緒断ちても飢《う》ゆることなし。

と、前記の『女芸文三才図絵』と記載内容や順序などよく似通っているところが多い。両書ともにえなを納めるのには、方角を見て良き方へ納めるべしとする一方で、俗にはとして世間一般に、「敷居の下、または人の往来《ゆきき》しげき所に埋める」また「産したる居間の下に埋む」としるし、江戸時代のころに、わが国の胎盤を埋納する習俗の大勢をつかんでいる点が注目される。

注1　山住正己・中江和恵編注『子育ての書1』平凡社東洋文庫　昭和五十一年

図50　押桶を埋める所（『女重宝記大成』平凡社　東洋文庫より）

第九章　胞衣埋め場と胞衣塚について

一　胞衣捨場と胞衣籔のおこり

各地における明治以後の胞衣を納める習俗の変遷は、伝承のうえで容易にたどることができる。それまでは床下に埋めていたものが、墓地に埋めるようになったり、胞衣を埋める一定の場所を共同で設けるようになる。家の戸口に埋めていたところでも、同様な推移をたどった場合が多い。

奈良盆地の村々では、胞衣捨場《えなすてば》がきめられている。それがヨナボウリといって環濠集落の濠の中であったりした例（大和郡山市白土）なども聞いたが、奈良市旧明治村や桜井町のように避地を選び外からうかがうことができない程度の壁をめぐらした所もある。それを胞衣捨場とか胞衣籔《えなやぶ》などといい、共同墓地の中に定めた所が多い。「奈良県風俗志料」（大正四年調査、奈良県立文化会館所蔵、未刊）の一部に、清潔法が行なわれてからそうなったのだという記載が二、三みられた。この清潔法については広吉寿彦氏に教えられたが、明治二十八年七月十六日付の奈良県令第四十三号で清潔法施行規則が知事によって定められ、同日付の奈良県報第九十四号に掲載されている。それは公衆衛生全般に関する規則であるが、中に「第八條胎盤、胞衣、汚血、産児及死者ヲ洗滌シタル汚水ヲ床下ニ埋却又ハ放流スヘカラス」とあり、第九条には「第八条ニ違背シタル者ハ一日ノ拘留又ハ十銭以上一円以下ノ科料ニ処ス」と罰則がしるされている。

奈良県において一般に胞衣捨場とか胞衣籔が設けられたのはこのころからであり、この「清潔法施行規則」が、悠久の昔から続いてきたと思われる胞衣を住居の中に埋める出産の習俗の改変のきっかけとなったものと推測される。

胞衣を床下に埋めることが盛んであった京都府では、明治二十年三月府告諭第二号で、「胞衣及出産汚穢物投棄禁止

図51　カリヤブタ（松下石人『三州奥郡産育風俗図絵』より）

ノ件」が定められ、「従来出産ノ節胞衣ヲ邸内或ハ床下ニ埋蔵シ、汚穢物ハ河溝或ハ山野ニ投棄スルノ習慣有之、衛生上極メテ有害ニ付自今其無害ノ地ヲ撰定シ焼却若クハ埋却候様致スヘシ」となった。住居内に胞衣を埋めることが、奈良県同様に規制されたものと推測される。

渥美半島の村々では、以前は後産はエナ土瓶にいれて床下に埋めていたが、今日では通称「馬捨場」とか「カリヤ畑」「カリヤブタ」などといっている村はずれの雑木林の中が不浄物を棄てる場所とされており、直径一、一間ばかり、深さ数尺の大穴が掘ってあってこの穴に産後の不浄物いっさい、湯も後産包みも産褥の汚れ物も皆捨てるという。

愛知県においては、明治三十二年四月十七日付県令第三十九号で「胞衣及産穢物取締規則」が定められ、第二条に「胞衣及其他ノ産穢物ハ人家若クハ井戸河泉溝渠等ヲ距ル五間以上ノ地ニシテ、穴ノ深サヲ三尺以上トスルニアラサレハ之ヲ埋納スルヲ得ス」として従わないものには科料が課せられることになった。この取締規則がやはり胞衣を住居の中に埋める習俗を改変する端緒となったことと思われる。

胞衣及産汚物に関する取締規則は、明治二十年ごろから以後全国各府県で漸次定められた模様である。これについては章末に各府県の規則・諭告などを掲げておいた。胞衣を人家を離れた一定の胞衣埋め場へ埋めるとか、墓地に埋める、胞衣取扱い営業者がとりにくるなどという習俗は、こうした府県の規則・諭告・行政指導などによって生じたものであることが容易に理解されるであろう。その規制がきびしく徹底された地域では、床下や戸口に胞衣を埋めたりした習俗は、今日伝承から汲みとることが不可能になっている。

二　胞衣塚について

常民の間では床下へ埋めたり、戸口に埋めたりする風が一般であったが、上流社会では中国などの影響を受けてか方角を選んだり、胞衣塚を築く風習がかなり早くから行なわれていたようである。

鹿児島県肝属郡高山町の神武天皇誕生伝説地には、鹿屋川の堤防の近くに神武天皇のイヤ塚（二間に六間の長方形の塚、イヤとは、この地方で胞衣をさす）というのがある。また福岡市筥崎宮の境内には、応神天皇の胞衣を筥に納め、白砂青松の浄地に埋め、標《しるし》に松を植えたという神木筥松がある。こうした伝説上のことは今はおくとして、江戸初期の有職故実の研究家である伊勢貞丈（一七一七―一七八四）の『貞丈雑記』（天保十四年刊）に、「天子の御胞衣は、稲荷山・賀茂山・吉田山、此三所へ納る也、人のふまぬ所に納めて三声笑て立帰るよし」とある。

愛知県岡崎公園の中には徳川家康の胞衣塚がある。岡崎城で生まれた家康の胞衣を埋めた塚とされている。高さ約三メートル。その形状は宝塔であるが、これは昭和十一年に現位置に建立されたもので、もとは本丸の南にわずかに土まんじゅうをなすにすぎなかったそうである（林正雄氏の調査による）。

徳川将軍家の胞衣塚で著名なものは、東京都文京区の根津神社境内にある六代将軍家宣（一六六二―一七一二）の胞衣塚である。ここは家宣が幼少時の住まいであった地といい、大きな割り石を積み重ねて二メートル四方ほどの塚が築かれ、いまはコンクリートの柵が結われている。

水戸藩主徳川光圀（一六二八―一七〇〇）の胞衣塚は、もと生誕之地であった水戸市柵町の三木仁兵衛の屋敷内に設けられたものであるが、水戸駅の構内となったため、明治三十四年に常陸大田市にある西山荘の御文庫のそばに移された。径一・七五m、高さ四〇cmほどの土盛の上に『大日本史』の編者である安積澹泊斎（あさかたんぱくさい）撰になる高さ七二cmの花崗岩の碑がある。つぎに碑文をしるす。

故権中納言従三位水戸源義公ハ寛永五年戊辰六月十日ヲ以テ降誕セラル。地方弐歩其ノ混沌衣ヲ蔵ムルノ処ナリ。嗣君権中納言従三位綱条《ツナエダ》卿資性孝敬ニ篤ク、之ヲ澁掃シ封ジテ画ス、石ヲ樹テ其ノ由ル所ヲ標ス。千万世ヲ経ルモ犯スコト勿レ、汚スコト勿レ。

宝永三年丙戌十一日安積覚撰

千万世を経るとも犯すことなかれ、汚すことなかれと祈念された胞衣塚を移建せざるを得なくなったとき、深さ数尺、広さ二歩にわたってその土石を一つも余さずとって運搬し、西山荘に移したとは明治三十四年の移建の碑にしるすところである。

地方の豪家などでも胞衣塚を築いて胞衣を埋めた家があった。東京都八王子市遣水の小泉隆造氏宅などがそれで、母屋の背後の裏山にエナ塚といって大小の河原石をお供え餅のように重ねた遺構が十か所近くある。

三　胞衣を埋める方法

胞衣を納めるのにあきの方に埋めるということは、かなり広くいわれている所である。これは易学の影響によるものと思われる。高島易断所本部篇の『神宮館家庭暦』には胞衣を納る方位について「胞衣を納めるにはその年の歳破《さいは》、暗剣殺《あんけんさつ》、五黄殺《ごおうさつ》、本命的殺《ほんめいてきさつ》を避け、生児の本命の相性の吉方、またはあきの方位に納めるがよい」としるされている。

床下に納める場合でも大黒柱を中心にしてあきの方に埋めるとか、屋敷の中のあきの方に埋めるなとはよくいわれることであった。

『後水尾院宸記』には「御ゑなは、御日がらしだいに御吉方へおさめ……」とある。慶長年間刊の『拾芥抄《しゅうがいしょう》』には、胞衣を蔵める吉日、忌日をあげた後に、方位については、「吉方天徳、月徳、天道之地吉、又云、月空方吉、巳上併方見レ暦」としるされている。谷川士清《たにがわことすが》（一七〇九―一七七六）の『倭訓栞《わくんのしおり》』に中国の『崔行功小児方』に「凡胞衣、宜レ蔵ニ于天徳月徳吉方一、深埋緊築、令ニ児長寿一」と見えるとしるされているように中国の思想の影響によるものであろう。

安永七年著の『産所記』には、「胞衣被レ納吉方諸事」として「正月三月五月七月九月十一月は丙壬の方にかくすべし。二月四月六月八月十月十二月は甲庚の方にかくすべし」と月によって埋める方位を違えることをしるしている。

屋代弘賢（一七七八―一八四一）の「諸国風俗問状」に対して、「伊勢国白子領風俗問状答」は、「胞衣の納方は、大てい暦によりて物する也」としるしており、また、「丹後国峯山領風俗問状答」には、「在方にては其年の明きの方、人の踏まざる所の土中へ埋申候旨大庄屋共申出候」と、「淡路国風俗問状答」には「胞衣の納様吉方を撰み、或は土用等を除て収む」と、「備後国沼隅郡浦崎村風俗問状答」には「胞衣は明方へ持行埋申」と、「肥後国天草郡風俗問状答」には「吉方の床の下に納置也」とあるように、江戸時代も後期には方位をみて胞衣を納めるという思想がかなり広く浸透していたことを知ることができる。

各都府県の胞衣産穢物取締規則

福島県

胞衣及産穢物取扱方福島県令第三十一号明治二十七年三月二十八日

胞衣及産穢物ハ住家ニ接近セル場処ニ埋納ス可ラス

磯村千歳著『現行福島縣衛生規則全書』福島竹内活版社　明治二十七年

栃木県

胞衣産穢物取締規則県令第四十二号三十七年五月

第一条　胞衣産穢物ハ道路、河川、人家及飲料水ヲ距ル十間以内ノ地ニ埋納シ、又ハ六十間以内ノ地ニ於テ焼却スルヲ得ス、但シ墓地ニ埋納シ又ハ火葬場ニ於テ焼却スルハ此限ニ在ラス

第二条　胞衣及産穢物ヲ埋納スル壙穴ハ深サ三尺以上タルヘシ

第三条　市町村ハ其住民ノ用ニ供ル胞衣及産穢物埋納場又ハ焼却場ヲ設置スヘシ

（中略）

第十条　第一条、第三条……ニ違背シタル者ハ拘留又ハ科料ニ処ス

阿部伝蔵編『現行衛生法令彙纂全』下野新聞株式会社　明治四十四年

東京都

胞衣及産穢物取扱方警察令第三号明治二十四年三月

胞衣及産穢物ハ家屋ニ近接セル場所ニ埋納スヘカラス、但胞衣産穢物取扱営業者ハ東京府庁ノ許可ヲ得タル一定ノ埋納焼却場ノ外埋納又ハ焼却スルヲ得ス

『現行日本衛生類典』明法堂　明治二十七年

胞衣及産穢物取扱方警視廳令第六号明治三十年二月

胞衣及産穢物ヲ投棄シ、又ハ人家若クハ井戸ヲ距ル五間以内ノ地ニ埋納スヘカラス、其五間以外ノ地ト雖モ穴ノ深サ三尺以上ト為スニアラサレハ之ヲ埋納スルコトヲ得ス

（中略）

本令ヲ犯シタル者ハ二日以上五日以下ノ拘留又ハ五十銭以上一円五十銭以下ノ科料ニ処ス

明治二十四年三月警察令第三号ハ本令施行ノ日ヨリ廃止ス

石田重道編『衛生法規』清華堂　明治三十三年

富山県

胞衣及産汚物取締規則 富山県令第十八号 大正元年十二月二十七日

第一条　胞衣及産汚物ハ公道、公園、社寺、官公署、学校、其ノ他人ノ居住スル建造物及飲料水ヲ距ル十間以内ノ地ニ埋納シ又ハ三十間以内ノ地ニ於テ焼却スルコトヲ得ス前項埋納ノ坑穴ハ其ノ深三尺以上ト為スヘシ

（中略）

第八条　第一条乃至第六条ニ違背シタル者ハ科料ニ処ス

付則

明治二十二年八月富山県令第八十八号及第八十九号ハ之ヲ廃止ス

石川県

訓令第拾壱号　明治二十年一月廿四日

従来民間中分娩汚穢物ヲ川底ヘ投棄スルノ弊有之哉ニ相聞ヘ候処、右ハ悪疫毒素萌芽ノ媒介トナリ衛生上殊ニ注意ヲ要スヘキ義ニ候条各町村ニ於テ墓地ノ一隅ヲ区劃スル歟又ハ火葬場ニ於テスルカ或ハ便宜ノ地ニ於テ埋却又ハ焼棄ノ方法差閊サル様場所取極来ル二月中限届出ヘシ

『現行石川県衛生規則』石川県第二部衛生課　明治二十二年

福井県

県令第百三十四号　明治二十一年十一月九日

明治十六年六月甲第四十四号布達本県違警罪第十五項ノ次ヘ左ノ一項ヲ追加ス

第十六　胎盤等産時ノ汚穢物ヲ河川堀池並溝渠下水ヘ投棄スルモノ

諭告第六号　明治二十一年十一月九日

胎盤等産時ノ汚穢物ヲ河川等ヘ投棄スルハ衛生上其害尠カラサル儀ニ付今般県令第百三十四号ヲ以テ本県違警罪目ヘ禁止ノ項ヲ追加シタル次第ニ候条、地方在来ノ習慣ニ狃レ不知不識之ニ違犯スル等ノ事有之候テハ不相儀ニ付篤ク注意ヲ加ヘ尚ホ該業取扱営業者無之地ニ於テハ隣保協議ヲ遂ケ一斉ニ衛生上無害ノ地ヘ埋納又ハ焼却スル様致スヘシ

酒井松三郎著『福井県現行衛生法規』福井濟世会　明治二十三年

山梨県

胞衣及産汚物取締規則 明治二十九年五月二十六日 県令第十九号

第一条　胞衣及産汚物ハ人家、飲用井戸飲用水路ヲ距ル二十間以内ノ地ニ於テ埋納又ハ焼却スヘカラス
第二条　胞衣及産汚物ノ埋穴ハ深サ三尺以上タルヘシ
（中略）
第五条　本則第一条乃至第三条ニ違背シタル者ハ三十日未満ノ拘留又ハ二十円未満ノ科料ニ処ス
堀口兼三郎編『山梨県例規類纂全』芳文堂商店　明治四十三年

長野県

胞衣埋場取締規則県令第百三十二号二十年十二月五日
第一条　胞衣及汚穢物ハ道河川人家飲料水ヲ距ル十間以上ノ地ニ埋ムヘカラス
但火葬場ニ於テ焼棄スルモ妨ケナシ
第二条　胞衣及汚穢物ノ埋穴ハ深サ三尺以上タルヘシ
第三条　共同ノ胞衣埋場ヲ設クル町村ハ第一条ノ場所及衛生上障害ナキ乾燥ノ地ヲ撰ヒ地種反別及四隣ノ地種ヲ詳記シタル図面相添郡役所ヲ経テ当庁ヘ願出許可ヲ受クヘシ
第四条　本則第一条第二条ニ違背シタルモノハ刑法第四百二十六条第四項ニ依リ罰セラルヘシ
西原三男平編『現行長野県衛生規則全書完』弘文舎　明治二十八年

岐阜県

岐阜県令第三十八号　明治三十二年六月七日
胞衣及産穢物ヲ投棄シ又ハ人家若クハ井戸ヲ距ル五間以内ノ地ニ埋納スヘカラス　其五間以外ノ地ト雖モ穴ノ深サヲ三尺以上トナスニアラサレハ之ヲ埋納スルコトヲ得ス
（中略）
本令ニ違背シタル者ハ二日以上五日以下ノ拘留又ハ五十銭以上一円五十銭以下ノ科料ニ処ス
片山克武『現行衛生法規大全完』明治三十四年

愛知県

胞衣及産時不潔物焼却或ハ埋却方県諭達明治廿年四月八日
胞衣並産時ノ汚穢物ハ従来床下等ニ専ラ埋棄セル慣習ニ有之処右ハ伝染病等発生ノ媒介ニ相成ニ付自今可成的飲用水ニ隔離セシ無害ノ場所ニテ焼却若クハ埋却スヘシ
鈴木恒次編『愛知県衛生医事法規全書』博文社　明治二十六年

胞衣及産穢物取締規則県令第三十九号明治三十二年四月十七日
第一条　胞衣及其他ノ産穢物ハ何レノ場所ニ拘ハラス之ヲ投棄スルヲ得ス
第三条　胞衣及其他ノ産穢物ハ人家若クハ井戸河泉溝渠等ヲ隔ル五間以上ノ地ニシテ穴ノ深サヲ三尺以上トスルニアラサレハ之ヲ埋納スルヲ得ス
（中略）
第七条　第一条第二条第三条及第五条ニ違背シ又ハ第六条ニ違ヒ

官吏ノ督促ニ従ハサル者ハ弐拾銭以上壱円弐拾五銭以下ノ科料ニ処ス

『愛知県令類集』愛知県　明治三十二年

京都府

胞衣及出産汚穢物投棄禁止ノ件府告諭第二号 明治二十年三月

従来出産ノ節胞衣ヲ邸内或ハ床下ニ埋蔵シ汚穢物ハ河溝或ハ山野ニ投棄スルノ習慣有之衛生上極メテ有害ニ付自今其無害ノ地ヲ撰定シ焼却若クハ埋却候様致スヘシ

平尾幾太郎編『京都府衛生法規全』明治四十年

大阪府

大阪府甲第百四号　明治十九年七月一日

妊娠分娩ノ節胞衣其他ノ汚穢物ハ邸宅内ニ埋没スルヲ禁ス

但本文ノ汚穢物ハ墓地火葬場又ハ人家隔絶ノ地ニ於テ埋没若クハ焼却スヘシ

加藤弥太郎著『現行衛生制度全』池田敏之刊　明治二十六年

胞衣汚物取締規則大阪府令第八三号 明治三十二年九月

第一条　胞衣及汚物ハ墓地(死体ノ埋葬ヲ禁シタル墓地ヲ除ク)火葬場若シクハ許可ヲ得タル場所ニアラサレハ埋没若シクハ焼却スルコトヲ得ス

第二条　胞衣及汚物ハ臭気及汗液ノ漏洩セサル容器ニ納メ二十四時間以内ニ埋没若シクハ焼却スヘシ

但当庁ノ許可ヲ得テ消毒方法ヲ行フトキハ本項ニ依ラサルコトヲ得

（中略）

第十七条　第一条ニ違背シタルモノハ二日以上五日以下ノ拘留ニ処シ又ハ五拾銭以上壱円五拾銭以下ノ科料ニ処ス

谷頭辰見『衛生法規類纂』衛生評論社　明治四十四年

奈良県

清潔法施行規則奈良県令第四十三号 明治二十八年七月十六日

第八条　胎盤・胞衣・汚血、産児及死者ヲ洗滌シタル汚水ヲ床下ニ埋却又ハ放流スヘカラス

第九条　……第八条ニ違背シタル者ハ一日ノ拘留又ハ十銭以上一円以下ノ科料ニ処ス……

『奈良県報第九十四号』明治二十八年七月十六日

広島県

胞衣産時ノ汚穢物埋没投棄禁止県甲第二一三号 明治二十一年三月

胞衣其他産時ノ汚穢物ハ河川溝渠ニ投棄シ又ハ人家若クハ飲用ニ供スル河水井泉ヨリ十間以内ノ地ニ埋没スルコトヲ禁ス　犯ス者ハ二日以上五日以下ノ拘留ニ処シ又ハ五十銭以上一円五十銭以下ノ科料ニ処ス

今井亥三松著『衛生宝典』衛生宝典発行所　明治三十五年

山口県

山口県訓令第弐拾九号達二十年七月二十六日 郡役所戸長役場

本年四月県令第六十二号汚物掃除規則第十三条胞衣汚血等埋却方之義ハ別紙手続書之旨趣ニ依リ各町村ニ於テ其施設ヲ為サシメ

其取締方ハ区戸長ニ於テ注意ス可シ

（別紙）

汚物埋却手続書

一、埋却地ハ汚物掃除規則第十三条ニ依リ一定ノ地ヲ設ケ一町村若クハ数町村ノ共有トナス可シ

二、汚物ヲ埋却スル土地ハ三尺以上掘鑿スベシ

（下略）

『衛生法規類纂』大日本私立衛生会山口支会　明治二十二年

〔後記〕各都府県の胞衣産穢物取締規則については、国会図書館所蔵図書を利用したものである。今日のところ同図書館においても、当時の全国各都府県の取締規則所収の図書が網羅的に収集されているわけではない。なお富山県の取締規則については漆間元三氏の、奈良県の清潔法施行規則については広吉寿彦氏の御教示によるものである。記して感謝します。

第十章　死産児・乳幼児の住居内埋葬について

一　縄文時代の死産児・乳幼児の住居内埋葬

千葉県松戸市殿平賀貝塚から発見された住居跡には、西壁に近く、小児を埋葬したとみられる縄文時代後期初頭（堀之内Ⅰ式期）の墓壙があった（注1）。

この墓壙についての発掘者の所見は、第四章にも引用したが、再度関係の個所を引用してみよう。

南西部の壁に近い床を長径五三cm、短径三九cmの小判形に切り、深さ三二cmの壙をつくり、口縁から底部まで三分の一あまり欠失した甕を外面を上にして壙底を掩うようにして伏せてあり、その下から小児の頭骨片と思われる直径二cmの骨片と歯が出土している。土壙を埋めていた土は、極めてローム質が強く、わずかに黒っぽい程度であり、住居址床面に黒色土が堆積する以前につくられ、埋められた灰層が、墓壙上にも散布していて、その事実を裏付けている。

殿平賀貝塚のこの事例は昭和四十五年に渡辺誠氏が「縄文時代における埋甕風習」（注2）の論文の中で、埋甕幼児埋葬説の論拠とされたものであるが、これは正位・逆位の住居内埋甕とは異なり、甕を割ってその破片で幼児の遺骸をおおったもので、埋甕のはんちゅうに属するものではなく、住居内埋甕の幼児埋葬施設の論拠とするには薄弱であるとは前章に述べたとおりである。

しかし、殿平賀貝塚のこの事例は、人が生活していた住居の中に幼児を埋葬したとすれば、それはまたそれなりに重要な意義をもつものである。

人の住まなくなった廃屋に人を葬った事例は「廃屋墓」ということばで坂詰秀一氏（注3）がとらえられ、渡辺誠氏が資料を追補しているが（注4）、人が生活した住居の中に埋葬した事例は前記殿平賀貝塚のほかには埼玉県黒谷貝塚の例が知られているにすぎない（注5）。縄文時代前期の黒浜式期の竪穴住居跡の一隅に約五〇cmの凹穴があり、その中からほとんど腐食した乳児の顎骨と肢骨の破片が検出されたとされる。

住居内の事例ではないが、縄文時代においては死産児がとくに甕に納められて成人と違った埋葬の仕方をとることが多かったとは、すでに昭和二年に長谷部言人氏が「石器時代の死産児甕葬」（注6）の中で指摘されている。すなわち、長谷部氏は現代日本人の早生児または死産児骨格と比較しながら、岩手県大船渡市大洞貝塚発掘の甕葬（縄文晩期初頭）の六例は、八か月または九か月の死産児一、九か月または十か月の死産児三、十か月の死産児一、初生児一であったとされた。また、長谷部氏は、宮城県牝鹿郡稲井町沼津貝塚、岩手県気仙郡広田村中沢浜貝塚などの例と合わせて、「十例中九例は早産または死産児で、他の一例も生後数日を出でない乳児である。案ずるに彼らは母胎を離れ一生を保ち得ず一個の人格として認むるに足らぬものなればこそ、甕葬される理由があったのではなかろうか」とされている。長谷部氏は、つづいて、古代ギリシア・ローマ・インドなどでは、まだ歯のはえぬ小児を火葬にせずに埋葬し、サモエードは大人を埋葬し、一歳以下の小児はトナカイの皮に包んで木にかけておく、などと諸外国の例をあげ、「死産児甕葬と同一思念に基づく風習を求めるならば臍帯、胞衣等の処置に関するものにこれを見出し得ぬであろうか。これらの点については民族学者の研究にゆだねて、予はただ石器時代の甕葬が専ら死産児に対して行なわれたことを特に注意したいのである」と結んでいる。

清野謙次氏は愛知県渥美郡田原町吉胡見塚を発掘し、三五例の甕棺（縄文後期後半—晩期）を得たが、そのうち約半数ぐらいは目測で胎児骨ぐらいかと思われた。しかし、中には三〜四歳から五〜六歳までの子供も葬られていたことを明らかにしている（注7）。

弥生時代の幼小児の埋葬については、金関丈夫氏らによって山口県豊浦郡豊北町土井が浜遺跡で（注8）、二〇七体の出土人骨中に幼小児骨が二六体あり、当歳、幼年一期に属する幼児骨は、ほとんど東トレンチの地区内に限られ出土地域が偏っている点が注意されている。金関氏は島根県八束郡鹿島町古浦遺跡でも、弥生時代前期初頭の遺物包含層の一部に、一歳未満の初生児から多くは四歳までの遺骨が、仰臥屈葬に近い姿勢で、やや密集的に埋葬されており、小児墓域が存在したことを明らかにし、諸民族の幼児埋葬の事例をひき、「魂の再生―子供墓考」（注9）という論文をまとめられている。

なお幼小児埋葬を含めて縄文時代の甕棺葬については、賀川光夫氏の「縄文時代のカメ棺」（注10）が詳細であり、長崎県南高来郡国見町筏遺跡の報告書は（注11）、縄文時代の小児甕棺葬に焦点をあわせて論述している。

二　子墓の習俗

民俗学の分野では幼児の墓制についての研究はどうであろうか。柳田国男氏は『先祖の話』（注12）の中で「沖縄諸島では童墓《わらべばか》と称して、六歳以下で死んだ児の為に、別に区劃をした埋葬地が出来て居た。近畿・中国に於ても児三昧《こざんまい》、または子墓といふ名があって、やはり成人とは遣る処を異にしていた例が多い。葬りの式も色々の点でちがって居た。必ずしもまだ小さいから簡略にするといふので無く、佐渡ではかはった形の花籠を飾り、阿波の祖谷《いや》山では舟形の石を立てる。対馬の北部などでも仏像を碑の上半に彫刻して、それを彩色したものが小児の墓であった。関東東北の田舎には、水子にはわざと墓を設けず、家の牀下に埋めるものがもとは多かった。若葉の魂といふことを巫女などは謂ったさうだが、それはたゞ穢れが無いといふだけで無しに、若葉の魂は貴重だから、早く再び此世の光に逢はせるやうに、成るべく近い処に休めて置いて、出て来やすいやうにしようといふ趣意が加はって居た。青森県の東部一帯では、小さな児の埋葬には魚を持たせた。家によっては紫色の着物を着せ、口にごまめを咬《くは》へさせたとさえ伝へられる。生臭物《なまぐさもの》によって仏道の支配を防がうとしたものらしく、七歳までは子供は神だといふ諺が、今もほゞ全国に行はれて居るのと何か関係の有ることのやうに思はれる。津軽の方では小児の墓の上を、若い女を頼んで踏んでもらふ風習もある。魚を持たせてやる南部の方の慣行と共に、何れも生れ替りを早くする為だといふことを、まだ土地の人たちは意識して居るのである。……是は一旦の宿り処によって、魂自らの生活力が若やぎ健やかになるものと考へていた結果と推測せられる。」と、魂の生まれ替り（再生する）を早くすることを意識して昔の人びとは幼児を埋葬していたものとされるのである。子供の葬法とその墓制の研究については、その後最上孝敬氏（注13）や、中田大造氏（注14）・田中久夫氏（注15）などによって進められている。この小論ではわが国の早産児・死産児・乳幼児などの住居内埋葬の事例に限って紹介し、若干の考察を加えてみよう。

三　住居内埋葬をする乳幼児の年齢と葬法

流産児・死産児や乳幼児を床下などのような住居の内に埋葬する習俗は、関東・東北に限らず、ほぼ全国的に行なわれていたものである。幼児の場合、その年齢の上限については、まちまちであるが、七歳というのがもっとも高い年齢である。青森県地方では、「七つ以下は神のうち」といって、七歳以下の子供が死ぬと家の床下に埋めるとか、屋敷のすみに葬る所が多かったという（注16）。福島市東湯野でも七歳以下の幼児は一人前の人間としての待遇がなされず、縁の下に埋められた（注17）。奈良県吉野郡十津川村那知合でも七歳以下の子供が死んだ場合は床の下に埋めた（注18）。

茨城県高萩市高岡では、二歳までの子供が死ぬと自家の縁の下へ埋めた（注19）。

生後百日前を限る所も多い。福島市茂庭では、百日前の赤子が死ぬとニワの隅に埋める（注17）。郡山市鍋山では、百日以内の嬰児が死亡したとき、その日のうちにかまばの隅の木置場に穴を掘って埋める（注20）。いわき市草野では、百日以内に死んだ子は墓所にやらず皆家の縁の下大黒柱のもとに埋めた（注21）。静岡県賀茂郡松崎町岩地では、百日以内に死亡した子供は納戸の床下に埋めた（注22）。愛知県新城市大海では、生まれてから百日ぐらいに死んだものは水子（泡子）といって家の床下に埋め、別に弔いなどしない（注23）。

生後三二、三三日の宮参り（イミアケ）までに死んだ子供については、岡山県和気郡吉永町八塔寺ではナンドの下に埋めていた（注24）。同県勝田郡奈義町でも宮参り以前に死んだ子供は馬屋に埋めた（注25）。一週間以内というのは、栃木県矢板市で、生まれた床下に埋めたとされている（注26）。このほかは、生まれたばかりで死んだ場合が多い。

その葬法については、青森県三戸郡地方では死んだ子供の口に干しいわしをくわえさせ紫の着物を着せて葬る（注16）。千葉県君津郡関豊村では間引した子は縁の下に埋め、必ず川の石をのせておく（注27）。福島県南会津郡下郷町大内では、死産の場合、甕に入れ寝床の下に埋める（注28）。岐阜県瑞浪市大湫町では、間引きされる子供は縁の下にびんに入れていけた（注29）。岡山県高梁市宇治町では、間引きした子供を布に包んで床下や、牛マヤ（牛小屋）の中に埋めた（注30）。同県川上郡備中町では、間引きした子をぼろ布に包んで床下やからうすの下にいけた（注31）。なお埋納した容器、深さなどは民俗調査の報告書の中にはほとんど記載されていない。

四　死産児・乳幼児の住居内埋葬の観念

このような流産児・死産児、乳幼児などの住居内埋葬は、どのような観念にもとづいて行なわれたのであろうか。青森県地方では、「七つ以下は神のうち」といって、七歳以下の子供が死ぬと一般には墓に葬らず家の床下などに埋めた（注16）。福島市東湯野でも七歳以下の幼児は一人前の人間としての待遇がなされず、死亡しても葬式は出してもらえず通常は縁の下に埋められた（注17）。山梨県南都留郡足和田町西の湖では、生まれたばかりの赤子は、台所のふみつきの下に後のものといっしょに埋めており、これらの赤ん坊は無縁さまにもならないから線香一本あげることもなかった（注32）。愛知県新城市大海では、生まれてから百日ぐらいは赤子の体に魂が入ったり離れたりしていると考え、この間に死んだ者は、水子（泡子）といって、生まれかわってこいよと家の床下に埋め、別に弔いなどはしないしきたりであった（注23）。

しかし、何故に平常家人の起居する住居の中に埋葬したのであろうか。栃木県芳賀郡茂木町牧野では、子供を家の中の台所の土間の土を掘って埋めたのは、外に埋めると狐や、笹熊などの野獣に掘って食べられるのでかわいそうだから家の中に埋めたのだという（注33）。千葉県君津郡関豊村では、間引きした子を縁の下に埋めて外に出さないのは、家から出すとかわいそうだからだという（注27）。長野県伊那市向島では、幼児を家の中に埋めるのは、生まれて大きくなることができなくてかわいそうだという親の思いがかかっているからそうするのだという（注34）。岡山県川上郡備中町では、乳飲み子は床下に埋めたこともある。山へ送るのはかわいそうだという気持からだろうとしている（注35）。

このように子供がかわいそうだからというような意識は、住居内に埋める理由が不明になって来てから生じたものではないか、疑ってみる必要がある。間引きされた子供などは何の罪悪心もなく、首をひねって殺され、ふとんなどで窒息死させられた。「日帰り」とかいわれ、「死ぬ子じゃあんめえか」などといって膝の下に敷かれたのである。

岡山県勝田郡奈義町では、子供ができては死に、できては死にする場合、七人目には親をとる（殺す）というので、その子の頭を割ってイリボシをふりかけ、「もうくるなよ」といって馬屋に埋めたという（注25）。そのようなしうちは、沖縄の宮古列島の流産児や嬰児の死に対するものに似ている。

源武雄氏は「宮古島の民俗」（注36）の中で、同島北端の狩俣で、流産児を荒縄でぐるぐるしばりつけてから海辺に埋めたこと、同島の北に接する池間島で、首を縄でしめくくり、薦にまいてその上からまた縄でしばりつけたうえ、海辺の岩窟に力一ぱい叩きつけて捨てた。中には五寸釘を頭にこめかみからこめかみへと打ちこんだような場合もあったようであるとしるしている。池間島については、岡本恵昭氏（注37）も、生後二、三か月に満たぬ子供の死をアクマと呼び、海岸べりの洞穴に投げ捨ててかえりみない。明治の末ごろまでは、アクマの頭に釘を打たせ、また、斧や刀で切りさくなど残酷なしうちをして「二度と生まれて来るな」といって、浜の洞穴に持って行ったと聞き書きしている。

源氏は、流産児には邪神がついていると一般に信じているので、このような手段が講ぜられるのだとしるしているが、このように流産児とか早死した幼児の死体を残虐に扱う行為は、邪神がついているからそうするのだという思想とともに、中国の習俗に相通ずるものがあることは注意すべきことである。永尾龍造氏の『支那民俗誌』（注38）は、これについてつぎのようにしるしている。

中国人がもっとも恐れる鬼は討債鬼である。討債鬼は債務者の妻に投胎して生まれ、その子を病気にかからせ、親に多額の治療費を費やさせ死に至らせる。家によっては生まれる子も生まれる子も皆早死にするが、それは討債鬼たちが次々ととりつきに来るためであるという。すなわち、一度投胎して生まれ出て、その子の生命を奪って死に致すと、さらに再びその婦人に投胎を企てる。これを回胎というが、その回胎を防ぐために、鬼にとりつかれて死んだ嬰児の死体にできるだけ残虐な処置を施して野外に棄て、死体についている鬼を威嚇して、二度と来てとりつこうとする気持を起こさないようにするのがもっとも有効な方法であるという。満州（中国の東北地方）でも、至るところに幼児の死体が土中に葬られもせず野外に放棄され、野犬のあさるままにさらされている。甚だしいのになると刃物の類で切りさいなみ、あるいは四肢を断ち、あるいは頭から顔面にかけて一寸刻みに刻んだものもある。また、焼け火ばしや焼きごてで体中を焼き、顔面がまっ黒焦げになっているものさえもある。死体をこのように残虐に取り扱うのは、ただその死体にとりついてその子を死に致した鬼がにくいので、死体そのものには愛着の念の絶ちがたいものがあるのだというのである。

五　死産児・乳幼児の住居内埋葬と後産のしまつ

岡山県新見市上市では（注39）、死産のときは家の外へ出すとイミがあってテントウサマの罰があたるというので、からうすの尻へ埋めていた。間引いたときはイミがあるといって家の中へ埋めていたという。このように大陽を忌むとは、後産を床下に埋める地域でいわれる考え方である。ちなみに上市村では後産は人の踏まぬ所がよいといって同様にからうすの尻へ埋めていたのである（注39）。

長谷部言人氏は、「石器時代の死産児甕葬」（注6）の結びに、死産児甕葬が臍帯・胞衣等の処置と同一思念に基づくのではないかとしるしている。

わが国において、死産児や乳幼児の死体を後産と同様に住居内の同じ場所に埋める所は多い。つぎにそれを埋葬個所別の地名表として示してみよう（表3）。

表3　死産児・乳幼児と後産を同じ場所に埋める

1床下（縁の下）に埋める
福島県伊達郡梁川町八幡（『福島県史民俗2』）
〃　須賀川市小倉（『宇津峯山麓の民俗』）
〃　いわき市草野（『磐城北神谷の話』）
〃　南会津郡桧枝岐村（『桧枝岐村民俗誌』）
〃　〃　下郷町大内（『大内宿』）
茨城県高萩市高岡（『常陸高岡村民俗誌』）
群馬県吾妻郡嬬恋村（『日本産育習俗資料集成』）
埼玉県秩父郡東秩父村（『東秩父坂本の民俗』）
新潟県十日町市水沢（『日本産育習俗資料集成』）
岐阜県瑞浪市大湫町（『民俗資料緊急調査票』）
静岡県賀茂郡松崎町岩地（『静岡県民俗資料緊急調査報告書』）
愛知県北設楽郡段嶺村田峯（『愛知県下妊娠出産育児に関する民俗資料』）
鳥取県八頭郡河原町（『日本産育習俗資料集成』）
〃　〃　国英村（同右）
岡山県高梁市宇治町（『宇治宇戸の民俗』）
〃　和気郡佐伯町本村（『岡山県下妊娠出産育児に関する民俗資料』）
〃　阿哲郡神郷町神代（同右）
〃　川上郡備中町（『新成羽川ダム水没地区の民俗』）
広島県神石郡豊松村（『油木豊松村民俗資料緊急調査報告書』）
高知県幡多郡大正町奥打井川（『民俗資料緊急調査票』）
鹿児島県揖宿郡開聞町脇浦（『民俗資料調査報告書』）
2土台の下に埋める
神奈川県足柄上郡山北村帚沢（『足柄地区民俗資料調査報告書』）
3台所の踏みつぎの下に埋める
山梨県南都留郡足和田町西の湖（『甲斐の無縁仏』）
4牛馬屋の隅に埋める
青森県三戸郡（『津軽の民俗』）
山形県西置賜郡小国町大宮（『大宮の産育習俗』）
兵庫県宍粟郡千種町西河内
岡山県勝田町梶並
5ニワの隅に埋める
山形県西置賜郡小国町大宮（『大宮の産育習俗』）
福島県福島市茂庭（『福島市の文化財　民俗資料』）
6からうすの踏み台の下、からうすの下に埋める
愛知県北設楽郡段嶺村田峯（『愛知県下妊娠出産育児に関する民俗資料』）
奈良県山辺郡山添村（『大和の民俗』）
〃　吉野郡十津川村内原（『民俗資料緊急調査票』）
〃　〃　大塔村（『大塔村史』）
岡山県新見市上市（『岡山県下妊娠出産育児に関する民俗資料』）

このようにかつてはわが国の多くの地方で、死産児と死亡した乳幼児を後産を埋める住居内の同じ場所に埋めていたものである。しかし、いっぽうでは、同じ住居内でも後産を埋める場所と死産児や死亡した乳幼児を埋める場所を違える所がある。次にそれを表4に示してみよう。

表4　死産児・乳幼児と後産を埋める場所を違える

1死産児や幼児の死体は床下に、後産はニワの入り口に埋める
群馬県利根郡水上町川上、寺間（『水上町の民俗』）
〃　桐生市桐生（『日本産育習俗資料集成』）
埼玉県比企郡小川町腰越（『埼玉の民俗』）
長野県下伊那郡阿南町新野（筆者調査）
岡山県和気郡吉永町八塔寺（『八塔寺周辺の民俗』）
〃　久米郡久米南町竜川（『岡山県下妊娠出産育児に関する民俗資料』）
〃　阿哲郡大佐町刑部（同右）
〃　新見市美穀（『美穀村史』）
2幼児の死体は牛小屋に、後産はニワの入り口に埋める
岡山県小田郡美星町（『宇治・宇戸の民俗』）
3死産児はニワの入り口に、後産は床下に埋める
岡山県笠岡市新山（『岡山県下妊娠出産児に関する民俗資料』）

表4に見られるように、関東地方西部と南信濃・吉備と異なった地域ではあるが、区別するのはすべて後産を戸口に埋める民俗領域である。しかも岡山県笠岡市の一例を除いては、管見では、死産児や乳幼児の死体を戸口に埋葬するような事例は、単独の場合を含めても他に全く見られない。

かつては比較的多くの地方で行なわれた死産児や乳幼児の死体を住居内に埋葬する習俗がどこまで遡るかということは、今後、住居跡の発掘調査においても注意すべき問題の一つであろう。

ここで埋甕に関連して推測をたくましくするならば、縄文種族文化においては一般に死産児や乳幼児の死体は住居の戸口に埋めなかったのではないか。これまでの発掘調査の事例が示すように、これらの死体は屋外に埋葬されたものと思われる。しかし、住居の奥側やいろりのそばの埋甕、とくに神村透氏が指摘する逆位底部穿孔の埋甕（注40）などについては、死産児や乳幼児の死体を収納しなかったかどうか、今後とも十分注意しなければならない。なお、住居跡に墓壙がある場合は、それが住居がそこに設けられる以前からあったのではないかどうか、また、住居が廃絶したのちに掘りこまれたものではないか、とくに慎重に発掘調査を進め、人がそこに起居した期間の住居内埋葬であったかどうかよくたしかめる必要がある。

ちなみに殿平賀貝塚の事例についても廃屋に埋めたという見方がある。堀越正行氏は、「殿平賀の抱甕葬」（注41）の中で、「(殿平賀の報告には) 住居廃絶後、黒色土が堆積する以前の埋葬であることが婉曲的に述べられている。……廃屋の床面を掘り込んだ墓壙に小児を埋葬し、遺体の上に堀之内Ⅰ式土器の大破片をかぶせ、更に掘り上げたローム等をか

ぶせたもの……」としている。注意すべき見解で、さらに発掘調査関係者の見解を知りたいと思う。

注1 村上俊嗣「松戸市殿平賀貝塚調査報告」考古学雑誌五二巻四号　昭和四十二年
2 渡辺誠「縄文時代における埋甕風習」月刊考古学ジャーナル四〇号　昭和四十五年
3 坂詰秀一「縄文文化における特殊葬法」歴史教育七巻三号　昭和三十四年
4 渡辺誠「縄文時代における原始農耕の展開と埋葬観念の変質」『山梨考古学論攷』山梨県考古学史資料室　昭和四十二年
5 藤沢宗平「埼玉県黒谷貝塚発掘概報」史観二四　昭和十五年
6 長谷部言人「石器時代の死産児甕葬」人類学雑誌四二巻八号　昭和二年
7 清野謙次『日本民族生成論』昭和二十一年
8 金関丈夫・坪井清足・金関恕「山口県土井浜遺跡」『日本農耕文化の生成』日本考古学協会　昭和三十六年
9 金関丈夫『発掘から推理する』朝日選書　昭和五十年
10 賀川光夫「縄文時代のカメ棺(1)(2)(3)」考古学ジャーナル三四・三五・三七号　昭和四十四年
11 古田正隆『筏遺跡―縄文後晩期の埋葬遺跡―』百人委員会　昭和五十年
12 柳田国男『先祖の話』筑摩書房　昭和二十一年
13 最上孝敬「子墓をめぐって―子供の葬法と墓制―」民俗四〇号　相模民俗学会　昭和三十五年
14 中田大造「子墓」『大和の民俗』大和タイムス社　昭和三十四年、中田大造「奈良県下の墓制の総合的研究―特に墓制に表われた年齢階層、社会階層について―」近畿民俗四一　昭和四十二年
15 田中久夫「子墓―その葬制に占める位置について―」民俗二九号　日本民家集落博物館　昭和四十年
16 森山泰太郎『津軽の民俗』陸奥日報社　昭和四十年
17 福島市教育委員会『福島市の文化財　民俗資料』昭和四十六年
18 成蹊大学地方文化研究会『十津川の民俗』
19 大間知篤三『常陸高岡村民俗誌』刀江書院　昭和二十六年
20 福島県教育委員会『安積地方の民俗』昭和四十二年
21 高木誠一『磐城北神谷の話』日本常民文化研究所　昭和三十年

22 民俗資料緊急調査票　調査員杉江勇『静岡県民俗資料緊急調査報告書』静岡県教育委員会　昭和四十一年
23 民俗資料緊急調査票　調査員夏目邦次郎　昭和三十八年
24 松山芳枝・本名晴美「出産と生育」『八塔寺周辺の民俗』岡山民俗学会　昭和二十三年
25 水野阿紀子・松山芳江「誕生」『那岐山麓の民俗』岡山民俗学会
26 相馬賢四郎調査　民俗資料緊急分布調査票　昭和四十六年
27 鎌田久子「村の女の人」女性と経験創刊号　昭和三十一年
28 大迫徳行「一生の儀礼」『大内宿』福島県教育委員会　昭和四十六年
29 民俗資料緊急調査票　調査員日置弥三郎・山田進　昭和三十七年
30 長谷川明「宇治の民俗―出生―」『宇治・宇戸の民俗』岡山県教育委員会　昭和四十七年
31 佐藤登美子「出生」『新成羽川ダム水没地区の民俗』岡山県教育委員会　昭和四十一年
32 大森義憲「甲斐の無縁仏」西郊民俗一三号　昭和三十五年
33 民俗資料緊急調査票　調査員佐藤行哉『栃木県の民俗』栃木県教育委員会　昭和四十六年所収
34 向山雅重氏の調査
35 土井卓治「葬制」『新成羽川ダム水没地区の民俗』岡山県教育委員会　昭和四十一年
36 源武雄「宮古島の民俗―産育と葬祭を中心として―」『南島論叢』沖縄日報社　昭和十二年
37 民俗資料緊急調査票　調査員岡本恵昭『沖縄の民俗資料第一集』琉球政府文化財保護委員会　昭和四十五年
38 永尾龍造『支那民俗誌第六巻』支那民俗誌刊行会　昭和十七年
39 桂又三郎『岡山県下妊娠出産育児に関する民俗資料』昭和十一年
40 神村透「埋甕と伏甕―そのちがい―」長野県考古学会誌一九・二〇号　昭和四十九年
41 堀越正行「殿平賀の抱甕葬」史館六号　昭和五十一年

第十一章　へその緒と毛髪に関する呪術

一　へその緒の取り扱い方

へその緒は、後産と同様に世界の多くの地方で、その持ち主であった人間との間に実質的な接触がなくなった後までも、共感的な結合を保つと信じられている。イギリスの社会人類学者フレーザーは、その著『金枝篇』の中で、「人間一生涯の運勢というものは、身体の一部分であるこれらのものによって左右されることが多く、へその緒や後産が保存されて適当な取り扱いを受けるときは栄達するのに引きかえ、もし、それが害なわれるか、失われるかすると災厄に見舞われると信じられている。」と指摘し、感染呪術の代表的な事例としてへその緒に関する呪術をあげている。

わが国のへその緒の取り扱いについては、大藤ゆき氏が『児やらい』の中で概説しているが、ここでは各地の調査報告書の中から抽出した資料を整理して、へその緒の取り扱いに関する古い形をさぐってみよう。

へその緒の呼び名については、一般的な呼び名であるへその緒のほか、福島県会津若松市でヘソナワ、長崎県平戸でイヤンオ、沖縄ではフスとかプス、カリフスという。

へその緒を切る場合には刃物を使わず、竹とか葦で切る地方が多い。次に竹で切る具体例をあげると、長崎県北松浦郡鷹島村では、生竹をへいでイヤ刀を作る。大分県直入郡久住町では竹のソベラで切った。このほか竹べらで切る例は、神奈川・富山・石川・福井・愛知・島根・岡山・愛媛・福岡・熊本の各県で知られている。葦で切るのは群馬・長野の両県に多い。群馬県邑楽郡板倉町石塚では、よしを斜めにそいだ鋭い部分で切った。茅で切るのは同県佐波郡境町黒坂石で茅を二つに割いて切る。沖縄県宮古郡大神島では、ススキをさいて作ったススキベラで切る。大分県北海部郡臼杵町では石と石でたたき切る。山口県見島と、長崎県平戸・北松浦郡宇久島ではアワビの殻で切る。

へその緒を切るのに竹べら・竹刀を用いる習俗は古く、木花開耶姫《このはなさくやひめ》が瓊瓊杵尊《ににぎのみこと》など彦火火出見尊《ひこほほでみのみこと》の三けしらの子を出産したとき、「竹刀《あをひえ》を以て其の児の臍《ほぞのを》を截る」という記事が『日本書紀巻第二』にみえている。『山槐記』によれば、安徳天皇の臍帯を切るのに使用したのも竹である。

へその緒を切ることをツグというところが日本の南北両端にある。岩手県南岩手地方と、鹿児島県大島郡、沖縄県宮古郡などである。これは古いことばの使い方で、『後水尾院宸記』にも「御ゐなのをつぐ」、『成氏年中行事』に「御臍ノ緒ヲツグ」とある。

次にへその緒の切り方と長さにかかわる俗信であるが、岡山県真庭郡湯原町二川では、へその緒を短く切りすぎると気の短い子になり、寝小便をするといっている。同県和気郡吉永町八塔寺では、あまり短く切ると小便が近くなったり出べそになったりするという。そのため同県勝田郡奈義町では、へその緒はスネボウズまでの長さに切るものとされている。へその緒を切るときの長さを手一束（ていっそく。大人の手で一にぎり分、二寸ぐらい）というのは、群馬・埼玉・千葉の各県で普通にいわれることである。群馬県吾妻郡沢田村では、手一束半、群馬県吾妻郡岩島村では、手に二握りという。奈良県橿原市今井町では、へその緒は長く切ると小便が遠いといって五、六寸のところから切る。愛知県額田郡龍谷村龍泉寺では、「へその緒は短く切るとその子寿命短しとか短気なり」とかいって長く切る。長さは嬰児の脚の長さ程度とした。九寸から八寸くらいつけて切ったとは、栃木県水橋村であるが、これなどはもっとも長いほうである。このようにへその緒を長く切ると小用が遠いとか、寿命が長いというのは、類似は類似をよぶという、フレーザーの類感呪術にかかわることである。

身体についたへその緒は一週間ぐらいすると自然に落ちるのであるが、落ちたへその緒は、一般には、その子の生年月日と名前をしるし、紙に包んでたんすの引き出しや仏壇などにたいせつにしまうところがかなり多い。筆者の郷里の静岡県田方郡韮山町では、昭和初年ごろ、出生届をするとへその緒を収めるために、「出世箱」と書いたきれいな紙箱をまっておく。

つぎにへその緒に関する感染呪術の例をあげてみよう。まずしまい方についてであるが、山口麻太郎氏の『壱岐島民俗誌』には、へその緒が冷いと当人が風邪を引くといって綿に包んでしまっておくとしるされている。沖縄本島久志村汀間では、落ち着きのない子にならないようにへその緒は着物の切れ端に巻いて保存する。広島県安佐郡高陽町中深川では、へその緒に針を立てておくと一生腹がにがらないとされている。

へその緒をなくした場合については各地でいろいろといわれている。沖縄県北中城郡熱田では、物覚えの悪い人になる。同県玉城村糸数では、精脱け、薄馬鹿になる。神奈川県川崎市では、病弱になる。福井県坂井郡・丹生郡では、ねずみにひかれるとあほうになるといっている。群馬県沼田市下川田では、へその緒を袋に入れて本人のお守りとしているが、この地方では、「人切り新吾が水泳中にへその緒をからすにとられたために気絶して捕えられ死んでいった。へその緒は命と同じようにそれほどたいせつなものである。」とたとえている。

へその緒が損傷した場合についてもいろいろと俗信がある。へその緒を虫が食うとその子が弱くなるとは、群馬県北橘村下箱田・同県吾妻郡六合村、茨城県勝田市長杉などでいわれることである。埼玉県毛呂町川角では、ねずみに食われるとその子が死ぬといい、石川県江沼郡塩屋村では大きくなってからきちがいになるとされている。

つぎにへその緒のかつての持ち主であった者に対する影響力のうち、その効用についての俗信であるが、へその緒はもう一度役に立てるために「命の綱」といってしまっておき、九死に一生の病気のとき煎じて飲めば一度は助かる、とは各地でいわれていることである。腹痛にきく、肺の病にきく、胃がんの薬になる。子供のひきつけによくきく。夜泣きするとのませる。てんかん病みにのませる。はしかのひどいときにのませる。あざをこするととれる。目が悪いときお湯をかけ、その水で洗うとよくなる。そのほか性病・子宮病・精神病の薬、風邪薬になるなどといわれている。しかし、病気のとき煎じてのむとよくきくが他人にあげるとその子（へその緒の持ち主）が、弱るから頼まれてもあげるもの村役場でくれるしきたりであった。岡山県川上郡備中町では、「へその緒荒神」といって、荒神様の下にへその緒をしではないと戒められている。

なお人が生死不明とか行方不明のとき、へその緒を水に漬けて占い、沈むとこの世にいないとは、兵庫県加東郡社町上鴨川などでいわれていることであり、愛知県碧海郡桜井町印内では水死体が不明のとき、へその緒を水死場所へ流すと死体の所在を指示する。福井県遠敷郡では行方不明のとき、これを焦して煙のたなびく方向をさがすとわかるといっている。

へその緒を本人のお守りにすることは先にも述べたが、香川県高松市では、むつかしい談判に出かけるのに、へその緒をへそにあてて行くと勝つといっている。鳥取県西伯郡では、へその緒を持って勝負事に出ると勝つといわれている。なお戦争に出るとき腹に巻きつけて出ると手柄を立てることができるとは、群馬県吾妻郡岩島村でいわれることであり、長野県南佐久郡穂積では、弾丸よけに持って行かせる慣習があった。

二　へその緒を埋める

このようにへその緒については、いろいろな感染呪術が行なわれたことがわかるのであるが、それをたいせつに保存したことについて、犬塚流水の「紀伊国和歌山風俗問状答」に「産髪と臍帯を一つに紙に包み、年号月日、今日付し名とを書付納め置」とある。また、『婦人養草』に「臍の緒は年号月日時刻を包紙に記して虫ばまぬやうにしておくべし」としるされており、古くから行なわれた習慣のようにも見えるが、他方では福岡県田川郡のように「一部の人たちはこれを保存し、生年月日、両親名などを記入するが、一般には埋めるものが多い」という所もあり、奈良県の『大和下市史』にも、へその緒は埋める家が多いが、一部ではへその緒を保存する家もあった、としるされている。したがって、常民の間のへその緒の取り扱いに関する習俗は、元来はとり出して保存したものではなく、後産同様へその緒を埋めていたのではないかと推測されるのである。

へその緒は本人が死ねば不要になるので、死体とともに棺に入れるとは、岩手・宮城・秋田・福島・栃木・群馬・埼

表5　へその緒と後産を同じ所に埋める場合

1　家の出入り口に埋める
栃木県河内郡豊郷村、群馬県佐波郡境町木島、埼玉県川越市古谷本郷下組・北埼玉郡騎西町正能、福井県大野郡、長野県北佐久郡北大井、奈良県大和下市、島根県能義郡赤屋村、岡山県新見市美穀

2　風呂や便所の踏み台の下に埋める
奈良県大和下市

3　あがりだんの下にいける
神奈川県横須賀市子安、長野県西筑摩郡山口

4　土間に埋める
山形県西置賜郡小国町大宮、長野県南佐久郡北牧・西筑摩郡福島、島根県能義郡赤屋村

5　馬小屋に埋める
秋田県山本郡琴丘町羽立・南秋田郡琴浜村石田川原、山形県西置賜郡小国町大宮、新潟県刈羽郡北条町東長鳥、福井県大野郡

6　産んだ床下に埋める
岩手県盛岡市、茨城県勝田市高場、群馬県吾妻郡六合村日影・品木、新潟県中魚沼郡水沢村・新潟市山の下・西蒲原郡国上村、長野県南佐久郡北牧・南安曇郡・北安曇郡、三重県南部地方、島根県仁多郡三沢村、岡山県英田郡西粟倉村、山口県熊毛郡、福岡県福岡地方

7　土台の下に埋める
埼玉県越谷市平方

8　軒下に埋める
鹿児島県西之表市深川、沖縄県八重山群島

9　屋敷内に埋める
鹿児島県大島郡南部地方

10　ごみ捨て場に埋める
福井県大野郡

11　南天の木かげに埋める
奈良県大和下市

12　桑の木の下に埋める
福島県丹生郡、岡山県勝田郡勝田町梶並

13　木の根に埋める
神奈川県横須賀市子安、奈良県吉野郡賀名生村

14　明きの方の地中に埋める
石川県江沼郡西谷村金沢、長野県西筑摩郡山口・王滝、三重県桑名郡、岡山県勝田郡勝田町梶並

15　墓地に埋める
茨城県勝田市上高場(以前は床下)、栃木県河内郡豊郷村、群馬県六合村日影(以前は床下)、千葉県印旛郡印旛村瀬戸・佐倉市臼井田・君津郡・安房郡、長野県南安曇郡・北安曇郡、南佐久郡畑八・北佐久郡北大井・西筑摩郡山口(以前は上がり段の下)・王滝(以前は吉方の土中)、岐阜県武儀郡板取村・可児郡広見町、奈良県吉野郡下市町・東吉野村高見・大塔村、島根県仁多郡三沢村

16　ネコザンマイに埋める
石川県江沼郡南郷村

17　ツクライバに埋める
群馬県佐波郡境町神戸

18　畑に埋める
石川県江沼郡東谷奥村杉水、福井県足羽郡

19　藪に埋める
石川県江沼郡南郷村

20　山に埋める
石川県江沼郡西谷村九谷、福井県足羽郡、島根県仁多郡三沢村、岡山県英田郡西粟倉村、山口県玖賀郡余田村

21　日かげに埋める
石川県江沼郡那谷村菩提、福井県足羽郡・坂井郡、三重県桑名郡・員弁郡

22　地中に埋める
群馬県多野郡平井、石川県鹿島郡

23　浜の砂に埋める
青森県北津軽郡小泊村小泊・下前、富山県新川郡朝日村宮崎

表6　へその緒と後産の埋め場所が違う場合

地　名	へその緒	後　産
秋田県南秋田郡琴浜村石田川原	奥へ上がるシキミチ（敷居）の下	マヤ（馬屋）
福島県会津若松市東山町二幣地	馬屋の柱のもと	戸口
茨城県鹿島郡神栖村息栖	人通りの多いよく踏む場所	墓地
〃　久慈郡大子町	畑	墓地
栃木県安蘇郡田沼町作原	戸口の敷居の下	墓地
群馬県佐波郡境町下渕谷	戸口	焼き場で焼く
〃　邑楽郡千代田村木崎	屋敷鎮守の縁の下	戸口
〃　新田郡新田町下江田	氏神の下	戸袋の下
〃　高崎市上小塙	屋敷神様のそば	玄関の戸尻
〃　館林市足次	稲荷様のうしろ	墓地
〃　桐生市桐生	土台の下、大木の下、墓地	戸口
〃　山田郡広沢村	屋敷稲荷のそば	戸口
埼玉県秩父郡大滝村滝之沢	戸口	屋敷内のふさぎ
〃　越谷市大泊	吉方	敷居の下
富山県氷見市	明きの方	戸口
東西礪波郡南部	大戸の土台の下、墓地	便所の近辺、焼く
氷見郡	入り口の土台の下	便所の近辺
石川県江沼郡塩屋村	地中	サンマイ
福井県坂井郡	山、松の木の下、南天の根元、墓地	竹林
〃　大野郡	山	竹林
〃　丹生郡	入り口の敷居の下	山、畑、桑の木の根元
〃　三方郡	梅の木の下	馬小屋、焼く
山梨県東山梨郡	敷居の所	軒下
〃　東八代郡芦川村上芦川	戸口	墓地
〃　甲府市上積翠寺町	戸口、ニワ	馬屋、土台、墓地、畑
長野県上田市下郷	本殿の縁の下	墓地
島根県簸川郡久多美村	南天の木の下	十字路の中央
岡山県阿哲郡上市村	四つ辻	からうすの尻
岡山県上房郡賀陽町吹屋	ニワの入り口	墓地
〃　和気郡古永町八塔寺	ナンドの床下	ニワロ、明き方
福岡県八女郡	墓地	床下
〃　京都郡	墓地	軒下
〃　筑上郡	墓地	便所の前

玉・東京・神奈川・長野・岐阜・静岡・愛知・三重・奈良・鳥取・島根・岡山・広島・山口・徳島・香川・愛媛・高知・佐賀・長崎・大分・宮崎・鹿児島・沖縄などの諸都県がある。また、母親が死んだとき、生んだ子供たちのへその緒を棺の中にいっしょに入れるとは、三重・滋賀・大阪・奈良などでよくいわれることで、群馬や鳥取・岡山などにもそうする所がある。その理由について、奈良県吉野郡賀名生村では、生前子供を生んだ証拠として、えんまさんに見せる

ために棺の中に入れたとされる。西吉野村では、へその緒を多く持って行くと極楽へいけるといっている。そのため、もし紛失したときは芋のずいきを結んで代用にするとは、同県賀名生村や室生村多田・山辺郡山添村などでいわれることである。

岐阜県下と三重県河芸郡などでは、へその緒はしまっておいて、家や蔵を建てるとき、柱の下や土台の下へいれると、その家の運が開くとされている。

へその緒を埋めるといっても、このような事例は、生涯保存するとか、母親の存命中保存するものであるので、つぎに出産後まもなく埋めるという事例をできるだけ集めてみることにしよう。

表5にあげたように、へその緒と後産をいっしょに埋めるところは、全国的にかなり多い。そして第一章で述べたように、古い埋め方と考えられる家の出入り口、土間、産んだ床下などに埋める。または軒下に埋めるところも相当にある。いっぽう明治以後の規制によって埋め場所を変えたと推測される墓地その他の場所の場合でも、後産とへその緒が、かつては同様な取り扱いを受けて同じ場所に埋められていたことの証拠となると思われるので、表5には一通りあげてみた。埋める期日については、石川県江沼郡では、七日目に埋めることが明らかである。これはへその緒の落ちた時点と推定される。

表6にはへその緒と後産と埋め場所が違う場合について示したが、この表を見ると、後産が明治以後の規制によって墓地などに埋め場所を変更することをよぎなくさせられた後も、へその緒のみは、なお戸口や庭に埋められたのではないかと思われる事例がかなり多いことがわかる。このような場合のへその緒の埋納については、茨城県鹿島郡神栖村息栖や栃木県安蘇郡田沼町作原、埼玉県秩父郡大滝村滝之沢、山梨県東八代郡芦川村上芦川などのように、人に多く踏まれるとよい。そうすると親の意にかなうようになるなど、後産と同様な感染呪術がいわれているのである。

以上にあげたような民俗資料を基として推測すると、古くはへその緒は後産と同様に取り扱われ埋められたと考えられるので、縄文時代の埋甕には、あるいはへその緒も納められたのではないかと推測されるのである。

三　産毛を踏む

フレーザーはまた、毛髪についても感染呪術の一般的な例の一つとしてあげており、「切られた毛髪に加えられる危害は、ともすれば彼自身に降りかかって来る。」「人はその毛髪の断片とか爪の切り屑とか、身体から切断されたその他の部分を通して魔法をかけられることがあるという考えは全世界にあり、もはやここで分析して見る必要がないほど一様性が大きくて熟知された多数の例によって証明されるところである。」としるしている。

わが国の産毛、ことに〝産毛そり〟の儀礼については、大藤ゆき氏の前掲著書『児やらい』にくわしいが、ここでは産毛がどのようにしまつされるか、切り放された後の産毛との間に持続する関係について感染呪術と関連づけて資料を集めてみよう。

産毛のしまつについてとくに注目されることは、よく人に踏まれる所に埋めたり、捨てたりすることが多いことである。安間清氏は「足で踏む」（信濃二三巻一一号　昭和四十六年）の中で、産毛や毛髪を足で踏むことの呪術的な意味について考究されている。つぎに産毛のしまつについて事例をあげてみよう。

表7　産毛のしまつと俗信

1	家の出入り口に埋める、捨てる	
	秋田県南秋田郡琴浜村石田川原	千人にまがたせるとよい
	山形県西置賜郡小国町大宮	あいきょうがよくなる
	群馬県吾妻郡草津町	
	〃　邑楽郡板倉町石塚	人のまたぐ所に埋める
	新潟県中魚沼郡水沢村	百人の人に踏ませるとその子は頑健に成育する
	石川県江沼郡那谷村菩提	子が泣かない
	福井県大野郡	夜泣きしない
	山梨県西山梨郡千代田村	人に踏まれるほどよい
	山梨県甲府市上積翠寺町	踏んでもらったほうが毛が黒くじょうぶになる
	長野県南佐久郡畑八村	人に見つかると出世をしないのでここに埋める
	福岡県田川郡	
2	軒下に埋める	
	千葉県印西町発作	皆に踏まれるとじょうぶになる
3	人の踏む所へ捨てる	
	群馬県吾妻郡六合村	
	〃　吾妻郡東村	人に踏まれるとよい

長野県南安曇郡	頭が堅くなるよう
〃 北安曇郡	頭が堅くなるよう
鳥取県岩美郡岩美町	たくさん踏まれると頭がかたくなる
福岡県福岡市	踏まれると偉人になる
4 馬の踏む所に埋める、捨てる	
栃木県足利郡	頭の病がおこらない
〃 河内郡豊郷村	
福岡県早良郡	髪がたくさんに、長くなるよう
〃 福岡市	
5 人通りの多い四つ辻や道路に埋める捨てる	
群馬県吾妻郡草津町	
〃 藪塚本町大久保	人通りの多い所に捨てるとよい
埼玉県越ヶ谷市向畑	頭をいじられることを嫌わない子供になる
東京都小金井市貫井南町	馬に踏まれるとかみそりが嫌いにならない
新潟県西蒲原郡国上村	子供の成育がよい
東頸城郡牧村	多数の人に踏ませるとよい毛になる
山梨県中巨摩郡西条村	
〃 〃 大鎌田村	
〃 〃 二川村	
〃 南巨摩郡	
〃 東山梨郡	
長野県笠賀村	
〃 宗賀村	
〃 北佐久郡北大井村	人に踏んでもらうと毛が堅くてよくなる
〃 〃 北牧村	〃

〃 小県郡豊里村	人に多く踏まれるほうがよい
岐阜県可児郡広見町	
愛知県額田郡幸田村	成長して気が低くなる
三重県鈴鹿郡	はげや薄毛や若白毛が出ない
京都府竹野郡木津村	踏まれて頭が固くなるように
大阪府泉北郡南横山村	
奈良県奈良市大安寺(旧明治村)	人に踏まれると頭が固くなる
〃 北葛城郡東北部 箸尾町・高田町・陵西村	
〃 〃 東南部 浮穴村・磐園村	繁く踏まれるとその子の頭が堅くなり賢くなる
〃 生駒郡平城郡	そるのに痛くならないよう頭を固くする
〃 〃 伏見村	頭が固くなるように四つ辻に捨てる
〃 磯城郡西北部 桜井町・多武峯村	踏ませると頭がかたくなる
〃 山辺郡波多野村	人馬に踏ませると子が健やかになる
〃 〃 丹波市村	
〃 宇陀郡伊那佐村	人に踏まれると頭が固くなる
〃 添上郡田原村	
〃 宇智郡	馬に踏ませると毛が馬のようにこくなってよい
〃 吉野郡国樔村	踏まれると髪が黒くなり頭の地が固くなる
〃 〃 吉野村	人に踏まれると頭が堅くなる、毛が濃くなる
〃 〃 小川村	〃
〃 〃 上龍門村	踏まれると頭が固く毛が黒くな

	り、その後のさかやきの時に痛まず子が泣かない
〃 〃 大淀町	〃
〃 〃 丹生村	〃
〃 〃 下市村	
和歌山県中部	剃髪をきらわない、また毛が黒くなる
鳥取県東伯郡赤碕町	
〃 西伯郡和田村	
〃 〃 賀野村	
〃 日野郡二部村	
広島県庄原市	人馬に踏ませると堅い毛が柔らかい毛に代わる
山口県阿武郡	毛髪が濃くなる
香川県丸亀地方	

表7に見られるように、産毛は後産やへその緒と同様に足で踏まれることによって、その子に呪力が作用し、じょうぶに育つとか、夜泣きをしなくなる、頭が固く賢くなるなどと各地で信じられていたことを知ることができる。足で踏むことが呪術的に大きな力をもっていたことを証するものといえよう。

注　へその緒と毛髪のしまつに関する民俗の事例については、恩賜財団母子愛育会編『日本産育習俗資料集成』（第一法規刊昭和五十年）そのほか各地の調査報告書などによった。

「胎盤処理の民俗分布図」作製に際して引用した文献

各都道府県・市町村教育委員会刊行の民俗文化財調査報告書、各都道府県教育委員会調査の民俗資料緊急調査表・民俗文化財分布調査表、同上刊行の民俗地図、『旅と伝説 誕生と葬礼号』昭和八年、日本愛育会「妊娠出産児に関する民俗資料調査カード」、『日本産育習俗資料集成』昭和五十年、「風俗問状」、「奈良県風俗志料」・「民間伝承」・「西郊民俗」・「日本民俗学」・「日本民俗学会報」・「女性と経験」・「伝承文化」・「下野民俗」・「埼玉民俗」・「高志路」・「民族と歴史」・「郷土研究」・「旅と伝説」・「民俗」・「近畿民俗」・「山陰民俗」・「岡山民俗」・「四国民俗」・「香川の民俗」・「土佐民俗」・「対馬風土記」・「大分県地方史」・「日向民俗第九号誕生資料」・「種子島研究」・「民族学研究」・「沖縄民俗」

『国学院大学民俗学研究会民俗採訪報告書』・『中央大学民俗研究会調査報告書』・『東洋大学民俗研究会調査報告書』・『東京女子大学民俗調査団調査報告書』・『明治大学社会学関係ゼミナール報告』・『東京学芸大学民俗学研究会調査報告書』・『東京教育大民俗学研究会調査報告書』・『二松学舎高校調査報告書』・『愛媛大農学部付属高校郷土研究部調査報告書』・『大谷女子大学民俗研究会調査報告書』・『岡山民俗学会調査報告書』・『福島県史民俗編』・『いわき市史民俗編』・『勝田市史民俗編』・『大宮市史民俗編』・『越谷市民俗資料』・『川越市史民俗編』・『小金井市誌編さん資料』・『神奈川県立博物館調査報告書』・『神奈川県史民俗資料調査報告』・『新発田の民俗』・奈良県下市町村史誌・『備中町史民俗編』・大分県史料刊行会刊『民俗資料』・『鹿児島県明治百年記念民俗資料調査報告』

『日本の民俗』第一法規刊、『炉辺叢書』、『全国民俗誌叢書』刀江書院刊、『離島生活の研究』・『三州奥郡産育風俗図絵』・『兵庫探検』・水流郁朗著『南九州の通過儀礼』その他

この分布図作製のために抜粋した資料は、二百字詰用紙二千余枚に達し、二、七〇〇地点余を印すことができた。大勢はほぼつかめていると思うが、民俗調査の進展に応じて将来さらに増補したい。

埋甕の資料

凡例

一、住居内埋甕に関する資料は昭和五十六年一月末日現在で収録した。

一、埋甕を出土した住居跡の名称については、報告書記載の名称を掲げることにした。「住居跡」も「住居址」も統一しなかったのはそのためである。

一、時代・時期についても、報告書の記述をしるした。

一、埋甕の機能に関する調査者の見解もできるだけ収録した。

一、引用した調査報告書等の文献を遺跡ごとにしるした。

一、※印は住居内の埋甕の数を示す。

一、挿図は、住居跡の実測図に埋甕の記載がめいりょうなもの、埋甕の実測図を伴うものの中から選択した。

一、文化庁文化財保護部記念物課所蔵の報告書類を利用することができたが、なお管見から漏れている資料もあるものと思われる。

青森県

近野遺跡　青森市安田字近野

※第八号住居跡　縄文時代中期(円筒上層b式期)。一九・五×七mの小判形のプラン、東壁の近くに埋設土器一あり。

三浦圭介・古市豊司・相馬信吉「青森県近野遺跡」日本考古学年報三〇　昭和五十四年

岩手県

卯遠坂遺跡　紫波郡都南村

※第二竪穴住居跡　縄文時代後期(堀之内I式土器併行)。三・八五×四mの円形プラン。北西の壁ぎわ柱穴の内側に土器が直立した形で埋設されていた。土器の周辺は約一五cm高くなっており、口縁は約五cm出ていた。口径二三cm、器高二〇cmの甕形土器で、胴下半の一部に穴があいている。

『東北縦貫自動車道関係埋蔵文化財調査報告書I』岩手県教育委員会　昭和五十四年

湯沢遺跡　紫波郡都南村

※EⅡ―二四住居址　縄文時代中期末〜後期初頭。一辺四mの多角形プラン。東南壁よりに埋甕があった。

※GⅡ―三住居址　縄文時代中期末〜後期初頭。五・八×五・四mの八角形プラン。西北部壁ぎわに埋甕があった。

※GⅡ―五住居址　縄文時代中期末〜後期初頭。径五・五mの六角形プラン。炉からして南東部壁よりに埋甕があった。

※GⅡ―一二住居址　縄文時代中期末〜後期初頭。径五・五mの六角形プラン。北壁ぎわに埋甕があった。

※GⅡ―一五住居址　縄文時代中期末〜後期初頭。円形プラン。北壁ぎわに埋甕があった。

『都南村湯沢遺跡』岩手県埋蔵文化センター　昭和五十二年

坊主峠遺跡　北上市更木町臥牛

※二号a住居址　縄文時代中期(大木8b式―9式初頭)。七・二×六・三mのゆがんだ円形プラン。西壁寄りの床下に底部穿孔の逆さ埋甕が発見された。

本堂壽一「坊主峠遺跡だんご状炭化物」どるめん一三号　昭和五十二年

長谷堂貝塚　大船渡市猪川町字長谷堂

※敷石住居址　縄文時代後期初頭(堀之内Ⅱ式期)。四・二×二・六mのプランの敷石住居址の南西寄りに直径三〇cmの頸部を欠く甕が直立して埋められていた。

玉川一郎「敷石住居址」『長谷堂貝塚』岩手県教育委員会
昭和四十七年

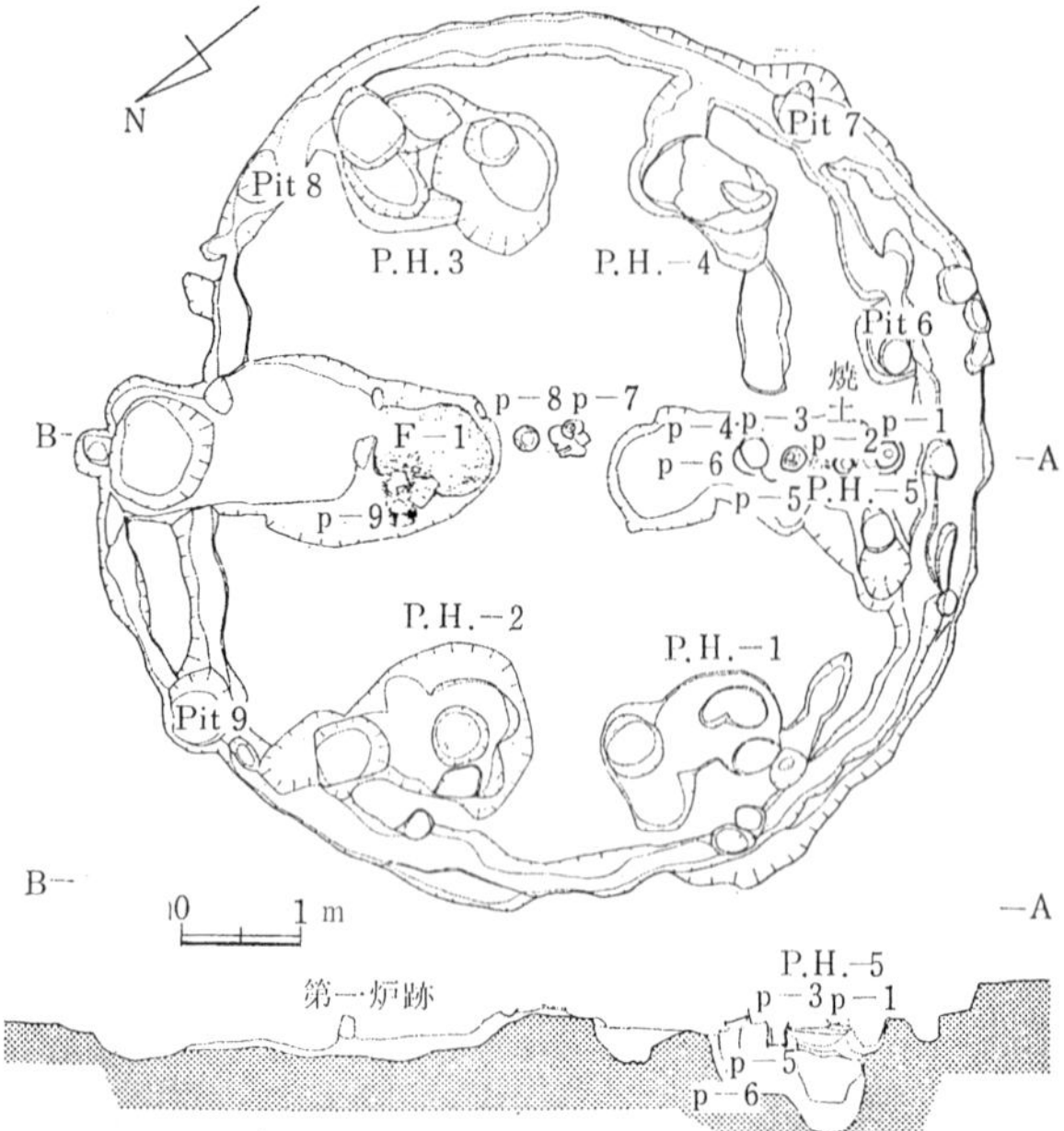

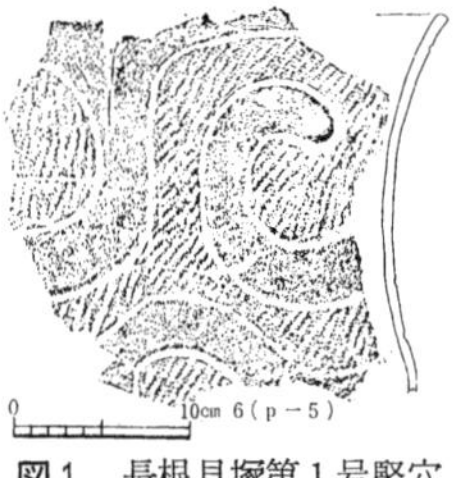

図1　長根貝塚第1号竪穴住居跡と埋甕（『埋蔵文化財緊急発掘調査概報―長根貝塚―』より）

宮城県

長根貝塚　遠田郡涌谷町小里

❋❋❋❋❋❋第一号竪穴住居跡　縄文時代中期（大木10式期）。直径七mのほぼ円形プラン。南西壁寄りに六個の土器が口縁部を上にして直立した状態で埋められていた。この土器列の下には長径一・二mほどのかなり大きな掘りこみがある。

須藤隆「第一号竪穴住居跡」『埋蔵文化財緊急発掘調査概報―長根貝塚―』宮城県教育委員会　昭和四十四年

菅生田遺跡　白石市福岡字蔵本

❋第四住居跡　縄文時代中期末〜後期初頭、敷石住居跡で、北端に近く敷石の下に胴上部を欠く埋設土器を二個重ねた中に胴部破片一が重なって発見された。

❋第一〇住居跡　縄文時代中期末〜後期初頭。敷石住居跡で、住居中央北端に底部と口縁部を欠いた土器が埋設されていた。

丹羽茂ほか「発見された遺構と遺物」『菅生田遺跡調査概報』宮城県教育委員会　昭和四十八年

山形県

高瀬山遺跡　寒河江市高瀬山

❋住居跡　縄文時代中期末葉（大木10式期）。四・五×四mの隅丸方形プラン。西隅近くにほぼ完全な粗製の深鉢（高さ六〇cm）が2/3ほどを床面下に埋めて固定してあった。おそらく貯蔵用であろう。

柏倉亮吉『寒河江市高瀬山縄文時代遺跡調査報告』寒河江市教育委員会　昭和四十一年

福島県

浦尻貝塚　相馬郡小高町浦尻南台

❋第一号住居跡　縄文時代中期（大木10式期）。直径八・五mの円形プラン、南東隅に径一mほどのピットがあり、高さ六一cmの深鉢形土器が横位に埋納されていた。胴下部には直径一〇cmの孔が穿たれていた。

日下部喜己・渡辺幸子「浦尻貝塚第一号住居跡」『浦尻貝塚』福島大学考古学研究会　昭和四十六年

三斗蒔遺跡　石川郡平田村上蓬田字三斗蒔

❋❋第五号住居址　縄文時代中期後葉（大木9a式期）。五・四×四・八mの楕円形プラン。炉の北側・西側に埋設土器遺構がある。前者は底部のみ三個体逆に重ねた上に、底部を欠く深鉢を埋設している。下層から木炭粒と骨粉が検出された。後者は上半を欠く小型深鉢で上部に他の土器（胴部のみ、現高一六・六cm、口径二五cmをこわして使用）を重ね蓋のようにしてあった。

❋第六号住居址　縄文時代後期前葉（堀之内I式期）。五・四×四・八mの楕円形プラン。東側から埋設土器遺構が検出された。横位で胴下半を欠く深鉢形土器（口径四六・二cm、現高二七cm）である。

❋第一〇号住居址　縄文時代中期後葉（大木9a〜10a式期）。炉の東側に埋設土器遺構があった。六九×六二cm、深さ三三cmの掘り方に底部穿孔の深鉢形土器（径二五・五cm、高さ三二cm）が斜めに埋設されていた。

田中正能・星邦恵・嵯峨修平ほか『三斗蒔遺跡』平田村教育委員会　昭和五十三年

大畑貝塚　いわき市泉町下川字大畑

※C地点第一号住居址　縄文時代中期(大木8b式期)。五・八×四・七mの楕円形プラン。東南の隅に大型の深鉢の埋甕が埋置されていた。高さ四六cm、底が抜かれている。

※C地点第二号住居址　縄文時代中期(大木8b式期)。八・二×五・九五mの長楕円形プラン。北東の隅に近く埋甕が納置される。高さ三二・八cmの深鉢で底が抜かれている。

松本友之「調査の成果―C地点―」『大畑貝塚調査報告』福島県　昭和五十年

月崎遺跡　福島市飯坂町中野字月崎

縄文時代中期前葉〜後葉（大木7b式期〜大木10式期）

※※第五号住居跡　敷石遺構をもつ住居跡。径三・三m以上。炉跡の北側に敷石に囲まれて埋設土器遺構があり、炉跡の南側には床面から掘りこんだ斜位の埋設土器遺構がある。前者の土器は直立で口縁と底部を欠く。

※第六号住居跡　プラン不明。炉跡の北側に埋設土器遺構がある。斜位に埋設され、底面に石があった。

柴田俊彰『月崎遺跡発掘調査概報』福島市教育委員会　昭和五十二年

上原遺跡　二本松市原瀬

※※第一号住居跡　縄文時代中期(大木10式期)。直径五・四mの円形プラン・北々西側壁面の下に底部を欠失した甕形土器が横倒しになっており、口縁近くに一個の石があった。またそのそばに直立した状態の深鉢形土器一つが発見された。

※第八号住居跡　縄文時代中期(大木10式期)。直径六・三mの円形プラン。東壁に近く口縁を欠く深鉢が直立して床面下に埋設されていた。径二二cm、高さ二四・五cm。

丹羽茂「第一号住居跡」、真室公一「第八号住居跡」『上原遺跡概報』、昭和四十四年

壇ノ岡遺跡　東白川郡鮫川村赤坂中野字巡ヶ作

※※六号竪穴　縄文時代中期（大木10式期)。六・三×六・一mの円形プラン、東壁と西壁に近くそれぞれ各一個の大型の甕形土器が南向きに斜めに傾いて埋設してあった。前者は底部穿孔をしてあり、後者も底部を欠く。

梅宮茂「壇ノ岡遺跡資料集」しのぶ考古二　昭和四十六年

栃木県

上の台遺跡　那須郡那須町寄居台

※第二住居跡　縄文時代中期(加曾利E式期)。径四・五×三・七mの楕円形プラン。北側入り口付近のポケット状のピットから加曾利E式期の新しい時期の完形土器や、堀之内式の古型式の破片を出した。

渡辺竜瑞・辰巳四郎「栃木県那須郡脇沢・上の台遺跡」日本考古学年報一六　昭和四十三年

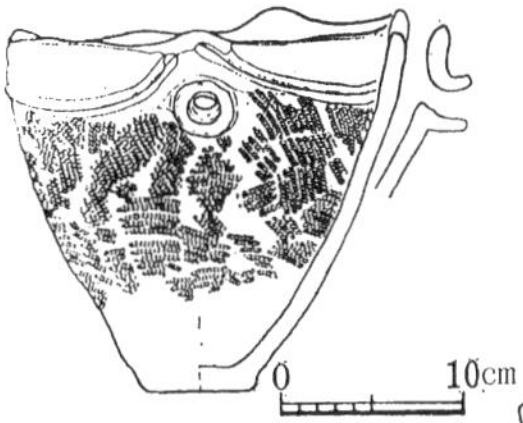

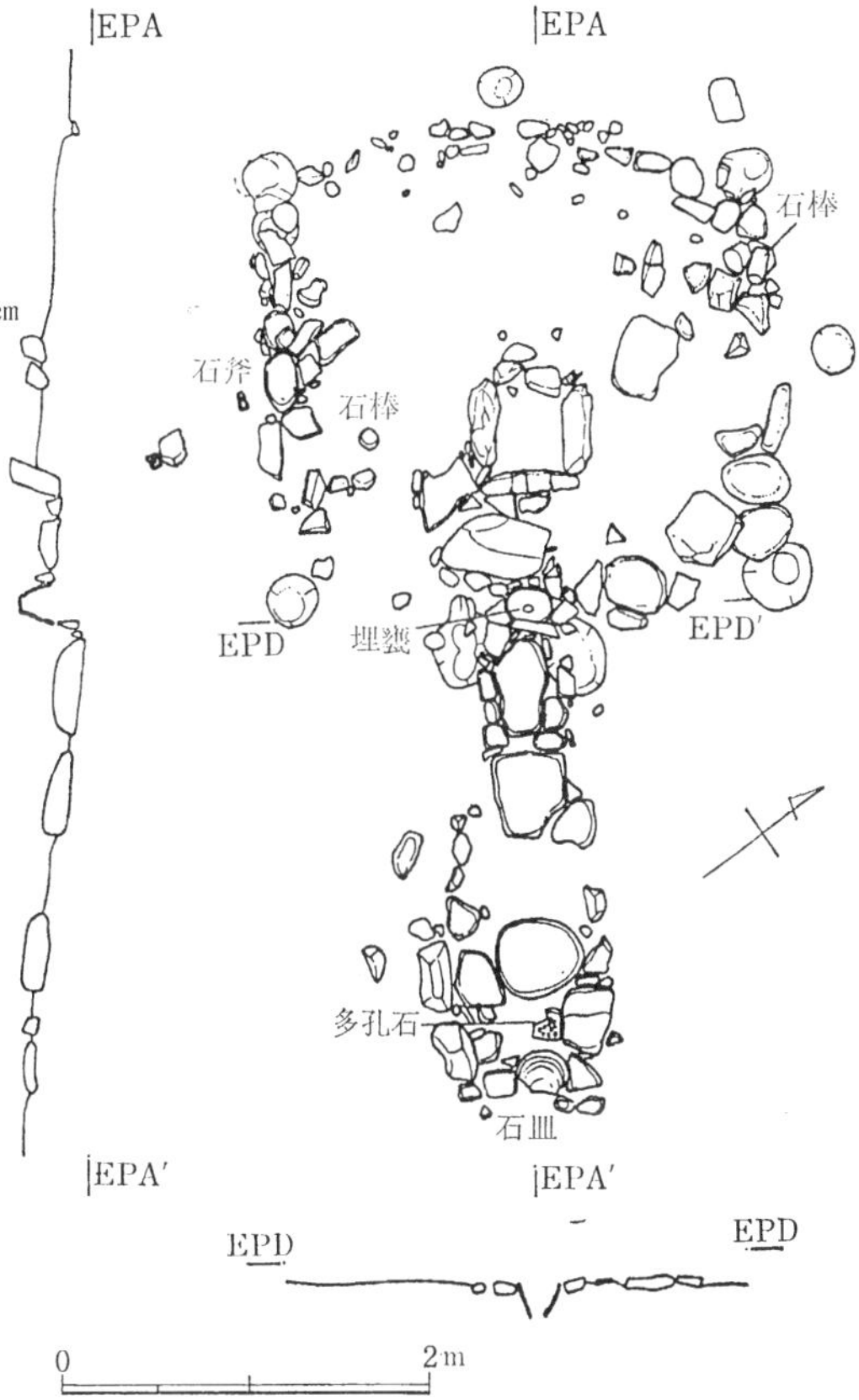

図２　空沢遺跡 JH-1号敷石住居跡と埋甕
（『空沢遺跡』より）

上欠団地遺跡　宇都宮市上欠町

※住居内埋甕三基あり。縄文時代中期。

八巻一夫・初山孝行「栃木県上欠団地遺跡」日本考古学年報三一　昭和五十五年

群馬県

空沢遺跡　渋川市空沢

※JH―1号敷石住居跡　縄文時代中期（加曽利EⅣ式期）。主軸五・二m、主体部径二・八mの柄鏡状プラン。張り出し部と主体部の接続部分に埋甕がある。完形の注口土器が用いられていた。口径二二cm、高さ約二〇cm、火を受け、内外に炭化物が付着。上端は主体部の敷石と同レベルで、張り出し部は一五cm高くなる。

原雅信・大塚昌彦「JH―1号敷石住居址」『空沢遺跡』渋川市教育委員会　昭和五十三年

※JH―2号住居址　縄文時代中期（加曽利E式期）。柄鏡状プランの敷石住居跡、出入り口部を南西に向ける。出入り口部と住居部の接点に板状の割り石が配置され、その住居側に接して深鉢の完形品が埋められていた。埋甕の底部には別個体の底部が入れられ、二重底のようになっていた。

大塚昌彦「空沢遺跡第二次・諏訪ノ木遺跡発掘調査概報」

大穴遺跡　利根郡水上町大穴字坂上

※一号敷石住居址　縄文時代後期。一・一×二mの楕円形の敷

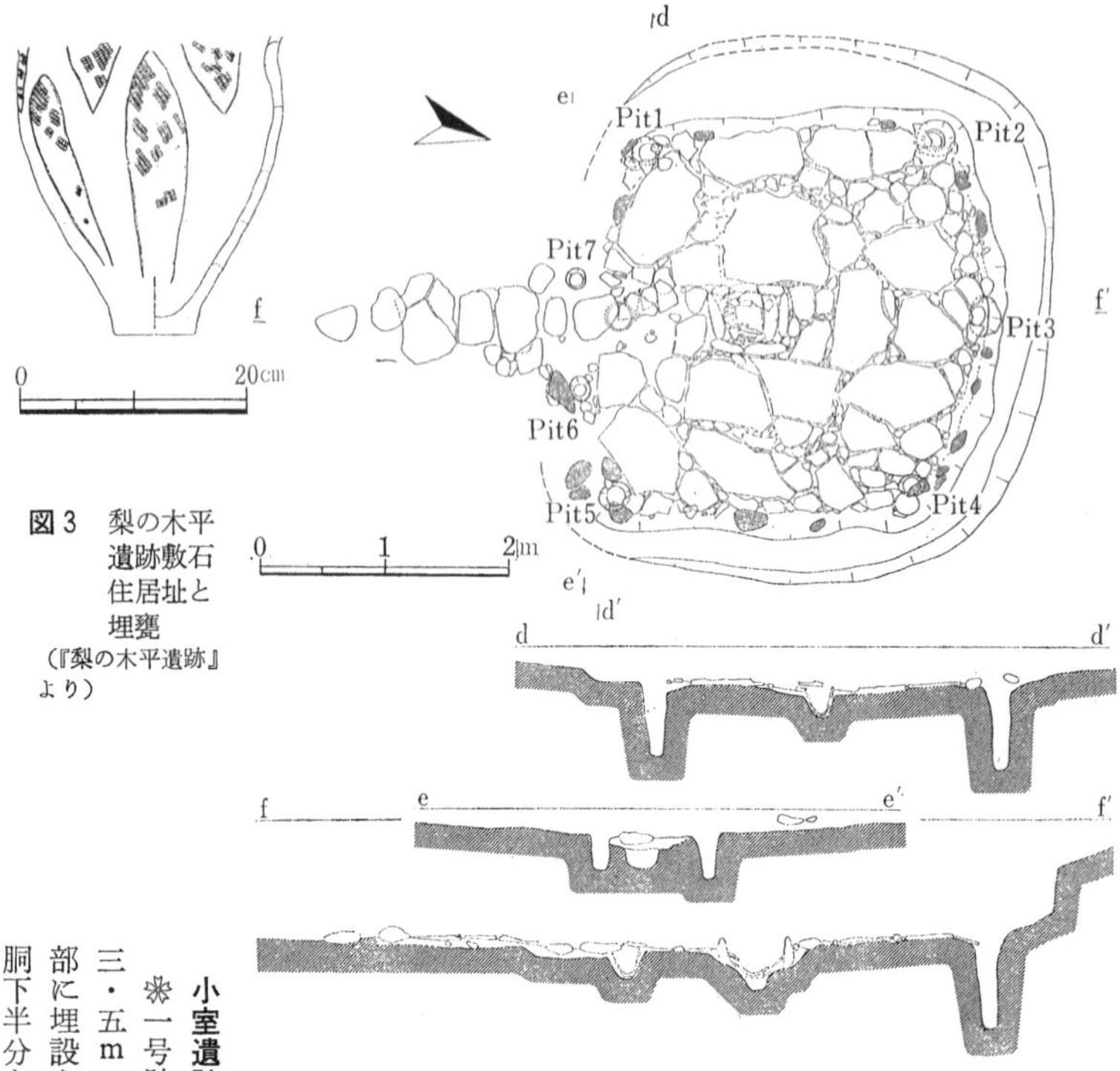

図3　梨の木平遺跡敷石住居址と埋甕
（『梨の木平遺跡』より）

石遺構で炉から約七〇cm離れた入り口の所に甕形の埋設土器がある。

群馬県教育委員会『群馬の文化財』昭和五十四年

梨の木平遺跡　利根郡月夜野町月夜野字藪田

※敷石住居址　縄文時代中期末葉（加曽利Ｅ４式期）。四・一×四・四ｍの隅丸方形プランの南側に張り出し部が付加されている。この張り出し部に近く入り口に設けられた二つの支柱穴ピットの間をわずかに入った所に埋甕がある。深鉢形土器の下半部を利用しており、口径二二cm、深さ二三cm。河原石と板石がせり出したその下に隠れていた。

能登健「縄文時代の遺構と遺物」『梨の木平遺跡』群馬県教育委員会　昭和五十二年

乾田遺跡　利根郡水上町小仁田乾田

※敷石住居址　縄文時代(堀之内式期)。一辺三ｍの隅丸方形プラン。敷石住居址東北の周辺部に土器が埋められていた。

尾崎喜左雄「群馬県利根郡乾田住居址」日本考古学年報一二　昭和三十九年

小室遺跡　勢多郡北橘村小室

※一号跡―敷石遺構　縄文時代後期初頭(称名寺I式期)。三×三・五ｍの円形の敷石遺構。敷石本体の南辺張り出し部との接合部に埋設された深鉢がある。直径三〇cm、深さ二八cm、口縁部と胴下半分を欠く。底には一個の石を敷く。

尾崎喜左雄『小室遺跡』北橘村教育委員会　昭和四十三年

三原田遺跡　勢多郡赤城村三原田字西畑

※一―七住居　四・七×五mの楕円形プラン。南西壁寄りに完形浅鉢の埋設土器（正位）がある。

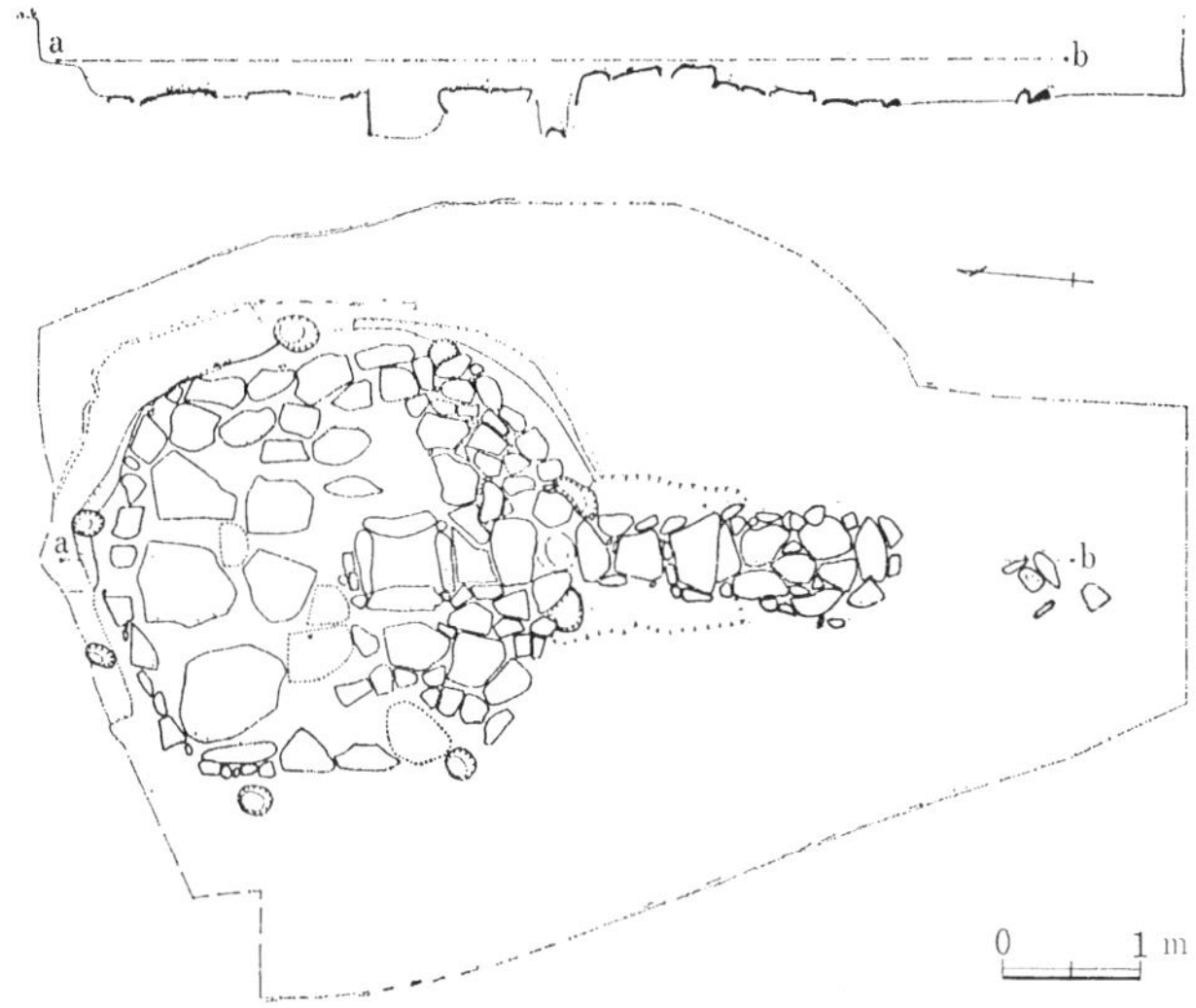

図4　小室遺跡1号跡敷石遺構と埋甕
（『小室遺跡』より）

※一―三四住居　プラン不明。石組炉の南に一・五m離れて石蓋付き埋甕がある。口頸部と底部を欠いた深鉢である。

※一―三六住居　プラン不明。石組炉の南に一・四m離れて口頸部を欠く深鉢の石蓋付き埋甕がある。

※一―三八住居　プラン不明。径推定六m前後。南西壁ぎわに埋甕（胴下半部を欠く深鉢）がある。

※一―四五住居　隅丸方形柄鏡形プラン。床面に川原石と板状石を敷きつめる。本体二・九×三m。本体の南端に胴上半部を欠く深鉢一を埋設する。

※一―四八住居　縄文時代後期（称名寺式期）。プラン不明。石敷床の外縁を示す玉砂利あり。石組炉の北に接して、石敷の間に口縁部と底部を欠く深鉢が、板状の石敷で囲われていた。

※一―四九住居　プラン不明。径六m以上。南部柱間に口頸部と底部を欠く大型深鉢の埋甕あり。

※一―五二住居　五×六・一mの隅丸長方形プラン。南周溝ぎわに胴部深鉢の埋甕あり。

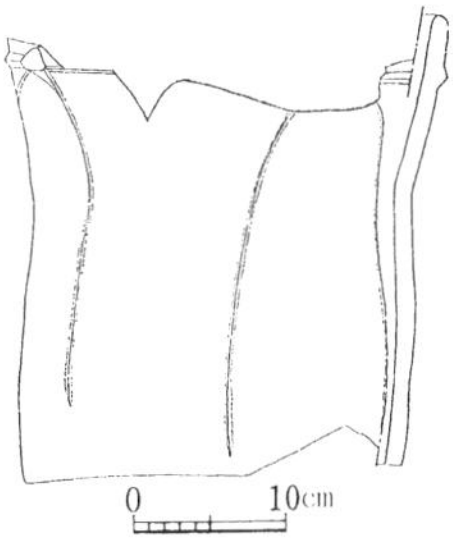

※一―五六住居　プラン不明。炉の南東一・二mに胴部の深鉢の埋甕あり。

※一―五八住居　プラン不明。一辺推定四・七m。南側に胴部の深鉢一を埋設する。

※※一―六六住居　プラン不明。石組炉から一・二m南西に円礫で石蓋を施した深鉢口縁部一と、その直下に板石で石

蓋を施す深鉢底部一の埋甕あり。
※一―七三住居　プラン不明。石組炉の南一・六mに胴下半部を欠く深鉢の埋甕あり。
※一―七七住居　プラン不明。径推定七m以上。炉の南西三・五mに胴部の大型深鉢の埋甕あり。
※一―八五住居　プラン不明。石組炉の南一・二mに口縁部を欠く大型深鉢の埋甕あり。
※二―二住居　縄文時代後期(称名寺式期)。プラン不明。炉の南二mに口縁部と胴下半部を欠く深鉢の埋甕あり。
※二―九住居　プラン不明。石組炉の南一・一mに深鉢の胴部を埋設する。
※※二―一〇住居　柄鏡形プランと推定。炉心と柄部の真ん中を結ぶ中軸線上に二個の埋甕がある。石組炉から南一・一mに深鉢胴部、その南二・六m柄部南端石敷下に深鉢胴部あり。
※二―一一住居　プラン不明。石組炉の南西一・二mに口縁を欠いた深鉢が板石で囲まれ埋設される。
※二―一五住居　プラン不明。石敷あり。本体の西ぎわに深鉢の胴部が埋設される。
※二―一六住居　プラン不明、炉の南一・二mに口頸部を欠いた深鉢の埋甕あり。
※二―一七住居　プラン不明。南壁ぎわに底部を欠く深鉢形土器が埋設される。
※二―一九住居　プラン不明。川原石と板状山石を混ぜて方形の石敷床を作る。石組炉から一・二m西、本体の西ぎわに、口頸部を欠く深鉢を埋設する。
※二―三五住居　縄文時代中期(加曾利E式期)。プラン不明、石組炉の西側一・二mに口頸部を欠く大型深鉢の埋甕あり。
※二―四六住居　五・三×六・五mの卵形プラン。炉の北西床面に口頸部を欠く深鉢が埋設される。
※三―一住居　プラン不明。石敷床あり。石組炉の南一mに胴下半部を欠く深鉢あり。
※三―三住居　プラン不明。石組炉の南一・二mに大型深鉢の頸部の埋甕あり。
※三―五住居　プラン不明。炉の南一・二mに口頸部と底部を欠く深鉢の埋甕あり。
※三―一一住居　縄文時代中期(加曾利E式期)。八・四×八・五mの楕円形プラン。南部柱間に胴上半部の深鉢の埋甕あり。
※三―三一住居　プラン不明。南側床面に胴部深鉢の埋甕あり。
※三―三三住居　推定六・五×六・七mの楕円形プラン。南部柱間に深鉢の底部埋甕あり。
※三―三四住居　プラン不明。石敷床の痕跡あり、炉の南西一・二mに口頸部を欠いた深鉢の埋甕あり。
※※四―六住居　本体楕円形。石敷床あり。本体南部に炉から一・二m離れて土器を埋設、さらに二・三m離れて、推定柄部先端に土器を埋設する。
※四―九住居　推定五・五×五・六mの不整楕円形プラン。南西部床面に胴部深鉢の埋甕あり。

※四―一五住居　プラン不明。石組炉の南一・三mに胴部深鉢の埋甕あり。

※五―八住居　八・七×八・九mの楕円形プラン。南部柱間に底部を欠く深鉢あり。

※五―一〇A住居　五・九×六・八mの隅丸長方形プラン。南部柱間に底部を欠く胴上半部の深鉢の埋甕あり。

※五―一一住居　プラン不明。石組炉の南一・五mに埋甕あり。

※五―一三住居　プラン不明。南部柱間に埋甕あり。

※五―一九住居　プラン不明。炉の東側に胴上半部を欠く深鉢の中に小型深鉢底部を重ねて埋設する。

※六―八住居　六・八×七mの楕円形プラン。南西柱穴列内に胴下半部を欠く深鉢の埋甕あり。

※六―一六住居　推定四・三×四・五mのプラン。東南に深鉢を埋設する。

※六―一八住居　プラン不明。南部周溝ぎわに底部を欠く深鉢の埋甕あり。

※※※六―二六住居　プラン不明。炉の北二mに口縁と底部を欠く深鉢一、北東一・五mに底部を欠く大型深鉢一、東南一mに底部を欠き石蓋を施した胴長の深鉢一と、埋甕三あり。石蓋には石皿を用いている。

※六―二七住居　五・一×五・三mの隅丸長方形プラン。南部周溝ぎわに深鉢胴部の埋甕あり。

※六―二八住居　八・三×八・五mの楕円形プラン。南部柱間床面に底部を欠く深鉢の埋甕あり。

※六―三一A住居　五・八×六mの不整五角形プラン。南東周溝内に深鉢胴部の埋甕あり。

※六―三八A・B住居　六・五×七mの楕円形プラン。東部柱間に口縁と底部を欠く深鉢の埋甕あり。

※七―二九住居　プラン不明。石組炉の南西一mに胴上半部を欠く深鉢の埋甕あり。

※※七―R二住居　プラン不明。炉の南東一mに口縁部を欠く深鉢一、さらに南東三・八mに胴部深鉢一と埋甕二あり。

※七―R三住居　プラン不明。炉の南東一・二mに埋甕一あり。

※※七―R四住居　プラン不明。石敷床の一部を検出。炉の南東一・二mにほぼ完形の深鉢一、さらに南東四mに胴上半部を欠く深鉢一と、埋甕二あり。

※※七―三六（R五）住居　プラン不明。炉の南一・一mとさらに南二・九mに口辺部を欠く深鉢各一あり。

※八―七住居　縄文時代後期（称名寺式期）。柄鏡形と推定、石敷床あり。本体一辺三・五m。炉の南の石囲い内に底部を欠く深鉢の埋甕あり。

※八―一六住居　二・五×三mの不整方形プラン。南東床面に大型深鉢の底部が埋設される。

赤山容造・能登健『三原田遺跡』群馬県企業局　昭和五十一年

赤山容造編『三原田遺跡第一巻　住居篇』群馬県企業局　昭

和五十五年（時代未記入の住居のほとんどは加曽利E式期）

大平台遺跡　高崎市乗付町

❋❋A区一四号住居跡　縄文時代中期(加曽利EⅡ式期)。五・六×五・二mの円形プラン・埋甕二あり。

❋A区二五号住居跡　縄文時代中期(加曽利EⅡ式期)。不整円形プラン。埋甕一あり。

❋❋A区二八号住居跡　縄文時代中期(加曽利EⅡ式期)。五・一×五・六mの不整円形プラン。埋甕二あり。

❋A区三五号住居跡　縄文時代中期(加曽利EⅡ式期)。径六mの円形プラン。埋甕あり。

群馬県教育委員会『大平台遺跡発掘調査概報』昭和四十九年

千網皆戸遺跡　桐生市川内町須永

❋住居址　縄文時代後期(堀之内式期)。炉跡の南方一・三mのところに貯蔵に使用したと考えられるキャリパー形の土器を埋めてあった。

青柳五十雄『桐生市千網皆戸遺跡概報』群馬県立桐生商校地歴部　昭和三十八年

❋五号住居址　縄文時代後期(堀之内Ⅱ式期)。三・四×二・四五mの不整長方形プランの南壁側に、幅一m、長さ一・六mの舌状の張り出し部がある。北東隅に粗製の深鉢が埋めこまれていた。口縁部を欠く。

『千網谷戸遺跡発掘調査概報』桐生市教育委員会　昭和五十二年

阿佐美駅構内遺跡　新田郡笠懸村阿佐美

❋二号住居址　縄文時代後期(堀之内式期)。敷石住居址で、炉より約七〇cmのところに正位の埋甕（口径二cm、高さ四〇cmの深鉢形土器）あり。

尾崎喜左雄「桐生線阿佐美駅構内縄文遺跡」『落穂集』昭和四十四年

天ケ堤遺跡　伊勢崎市三和町

❋四号住居址　縄文時代中期。直径九・四mの円形プラン。中央部東寄りに埋設土器があった。口縁と底部を欠く深鉢の胴部で、高さ一五cm。

『大正用水東部土地改良事業に伴う昭和五十二年度発掘調査報告書』伊勢崎市教育委員会　昭和五十二年

中大塚遺跡　藤岡市中大塚字鎌倉

❋❋敷石遺跡　縄文時代中・後期。偏平な自然石を敷きつめ、南方に造り出しを設ける。造り出し寄りの踏みこみの所と、造り出し部先端に壺を埋めている。

塚越甲子郎「中大塚縄文式敷石遺跡」日本考古学年報二七　昭和五十一年

埼玉県

西原遺跡　岩槻市西原

❋第一〇号住居址　縄文時代中期(加曽利EⅠ式期)。一辺四mの隅丸方形プラン。南壁ぎわに周溝に接して径五〇cm、深さ三〇cmのピットを掘り、胴下半部以下を欠いた深鉢形土器（正位）を埋設してあった。

❋第二五号住居址　縄文時代中期(加曾利EⅡ式期)。一辺三・六mの不整方形プラン。炉の東側の床面に口縁を欠失した深鉢形

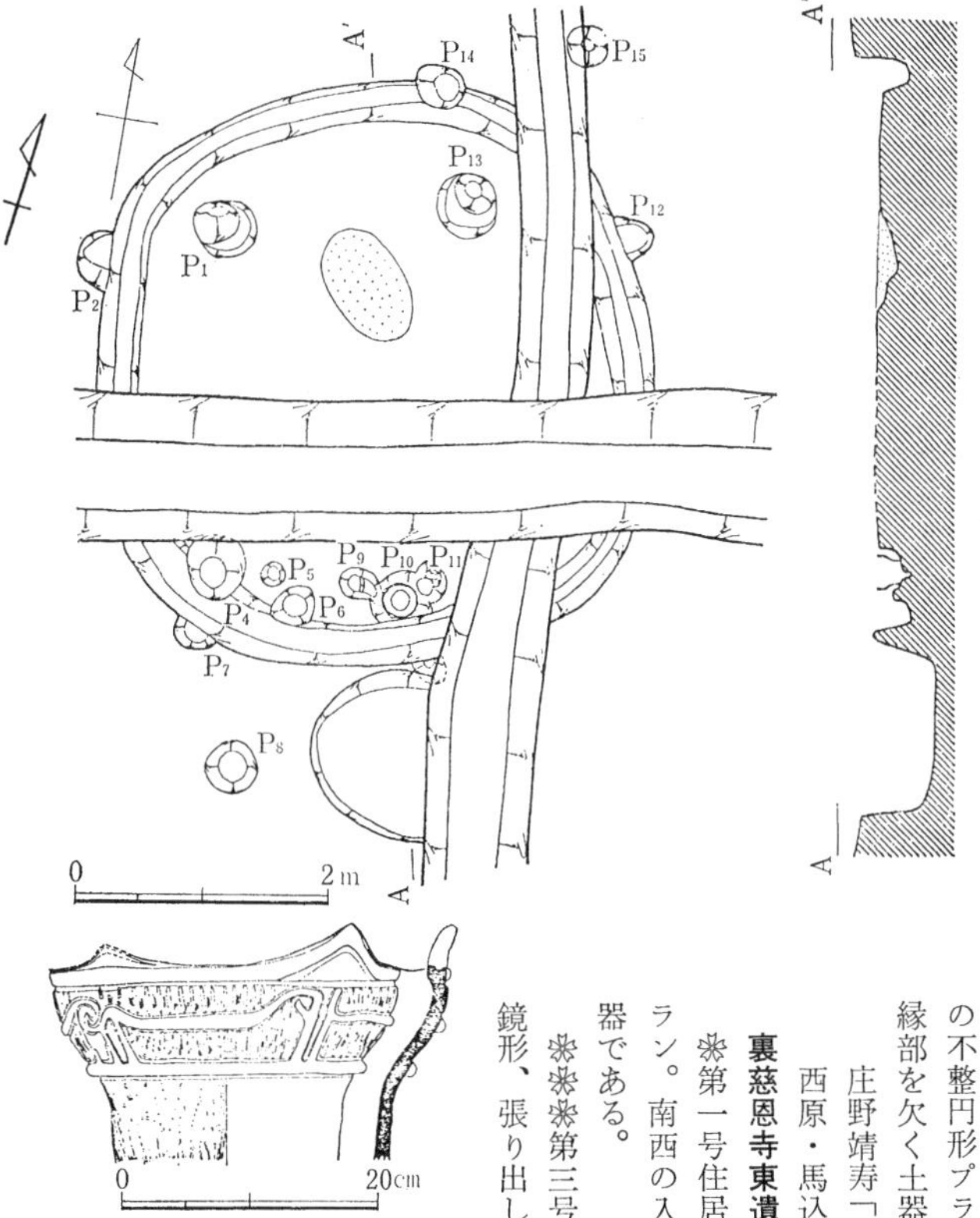

図5　西原遺跡第一〇号住居址と埋甕
（『加倉・西原・馬込・平林寺』より）

土器（正位）が埋設されていた。

増田正博ほか「西原遺跡発掘調査報告―縄文時代の住居址」『加倉・西原・馬込・平林寺』日本道路公団　昭和四十七年

馬込遺跡　岩槻市馬込

❋第一〇号住居址　縄文時代後期(称名寺式期)。三・八×三mの不整円形プラン、北壁に接して深さ一六cmのピットがあり、口縁部を欠く土器が埋められていた。貯蔵穴に使われたと思われる。

庄野靖寿「馬込遺跡の縄文時代の住居址と出土遺物」『加倉・西原・馬込・平林寺』

裏慈恩寺東遺跡　岩槻市裏慈恩寺字貝塚

❋第一号住居址　縄文時代中期(加曾利EⅢ式期)。隅丸方形プラン。南西の入り口部に埋甕がある。胴下半部を欠いた深鉢形土器である。

❋❋❋第三号住居址　縄文時代中期(称名寺Ⅱ式期)。プラン柄鏡形、張り出し部と主体部の連結部に対ピットにはさまれて三つの埋設土器があった。六〇×三一cmの掘り方に、二個の土器が正立（底部＝径八・八cm）、斜立（深鉢形土器で口縁部を欠く、胴径二〇cm）で、また、上部から胴上半を欠いた深鉢形土器（口径三六cm）が倒立の状態で出土した。

並木隆ほか『裏慈恩寺東遺跡』埼玉県遺跡調査会　昭和五十二年

黒谷田端前遺跡　岩槻市黒谷

❋五号住居址　縄文時代中期（加曾利EⅣ式

期)。柄鏡式プラン。主体部は直径約四・五m前後の円形と推定される。南西方向に突出する張り出し部は幅一・一五m、長さ一・七mの長方形。特殊対ピットのある連結部から主体部の中心に約一m入った位置に橋状把手を欠いた土器を正位に埋設してあった。

❋七号住居址　縄文時代中期(加曽利EⅡ式期)。五×四・五mの楕円形プラン。南壁から八〇cm内側入り口部に埋甕があった。口縁部を上にして埋設されていた。キャリパー形土器で底部を欠く。

❋❋一〇号住居址　縄文時代中期(加曽利EⅡ式期)。五×五mの隅丸方形プラン。南壁には長楕円形の掘りこみが壁に沿って存在し、両脇に埋甕があった。いずれも胴下半部を欠く。キャリパー形土器と、弧線文系の土器である。

❋一五号住居址　縄文時代中期(加曽利EⅠ式期)。径四五mの円形プランと推定。南壁の二重の周溝間にキャリパー形の深鉢の胴部上半が口縁を上にして埋設されていた。

井上肇「住居址」『黒谷田端前遺跡』岩槻市教育委員会　昭和五十一年

足利遺跡　久喜市本町七丁目

❋住居跡　縄文時代後期(称名寺式期)。柄鏡形プラン。称名寺式土器の埋甕がある。

『埼玉県史資料編Ⅰ』埼玉県　昭和五十五年

皿沼遺跡　南埼玉郡白岡町下大崎

❋七号住居跡　縄文時代後期(称名寺式期)。プラン不明。住居の南よりに埋甕があり、その上に緑泥片岩の石棒が横にのせてあった。

『埼玉県史資料編Ⅰ』埼玉県　昭和五十五年

上手（うわて）遺跡　北本市古市場字上手

❋❋第一号住居跡　縄文時代中期(加曽利EⅣ式期)。柄鏡形住居と称される張り出し部をもつプラン。埋甕は張り出し部先端と連結部にあり、前者では、大型の深鉢形土器二個体が重なって、炉跡方向に傾いていた。連結部の埋甕は両耳壺を利用したもので、底部下に石皿を置き、石鏃および黒曜石剝片が埋められていた。

『埼玉県史資料編Ⅰ』埼玉県　昭和五十五年

志久遺跡　北足立郡伊奈町小室字志久

❋第二号住居址　縄文時代中期（加曽利EⅡ式期）。六・九×六・五mの楕円形プラン。南側の壁ぎわに埋設土器（正位の深鉢）があった。口縁部と底部を打ち欠き、胴部のみの土器（直径二五cm、現存する高さ一七cm）で、いわゆる曽利系の土器である。掘り方は、土器の大きさより二cmほど大きいだけである。

❋❋第八号住居址　縄文時代中期(加曽利E式期最末期)。いわゆる張り出し部がある住居址。直径五・三mの円形部分の南西方向に、幅一・六m、長さ一・九mの長方形の張り出し部を設けて手鏡状のプランをなしている。張り出し部は先端に五度傾斜している。壁高は円形部分の周囲は二五cm、張り出し部は三五cmほどで、非常に明瞭に立ち上がっている。埋設土器（正位の深鉢）は二個見出された。張り出し部の先端と、円形部分の炉址との中間にあたる個所で、直線で結ばれる。先端の埋設土器は、床面から八cmほど突出している。口縁部は欠落していた。口径三三cm、高さ三五cm。円形部分の埋設土器は、二つのピットにはさまれるように設置され(対ピット)、床面から口縁部を二cmほど突出していた。ピットとの間隙は二〜三cmほどであった。口径二八cm、高さ三四cm。

※第九号住居址　縄文時代中期（加曾利EⅡ式期）。四×三・六mの楕円形プラン。炉の南東側床面を〇・五×　mの楕円形に掘りくぼめた中に埋設土器（正位の深鉢）がある。口唇部を欠損する、直径三〇cm、深さ二一cm。

※第一〇号住居址　縄文時代中期（加曾利EⅡ式期）。径六・五mの円形プラン。南壁に近く埋甕（正位、深鉢）がある。口径二〇cm、高さ一四cmの大きさに合わせるようにピットを穿った中にある。口縁は三cmほど突出していた。下半部を欠損している。

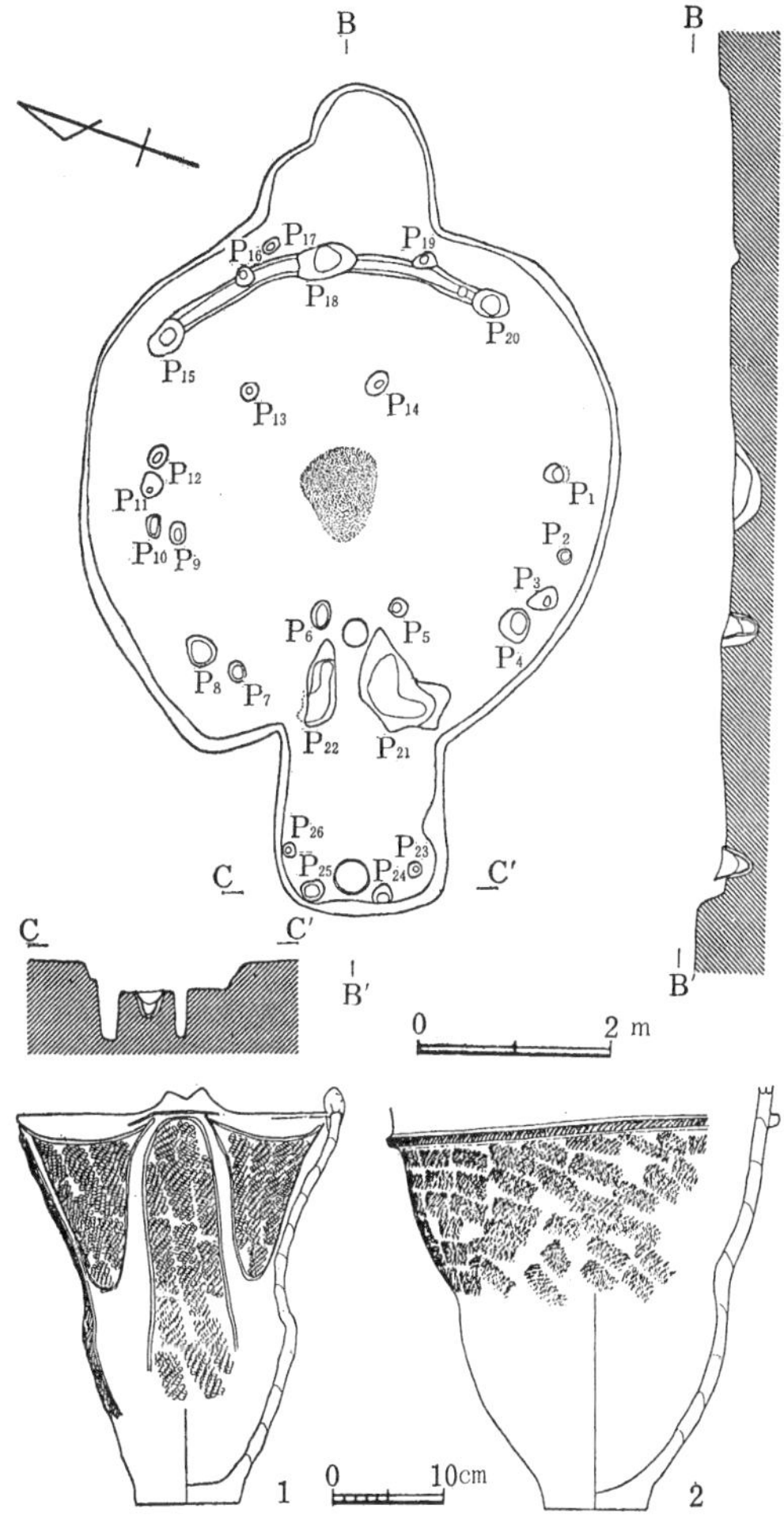

図6　志久遺跡第8号住居址と埋甕（『志久遺跡』より）

※第一一A号住居址　縄文時代中期（加曾利EⅢ式期）。プラン不明、炉址の南東一mほどの所に埋設土器（正位の壺）があった。いわゆる両耳壺で、ピット径四〇cmにちょうどおさまっている。口縁部を欠損している。直径二六cm、高さ二七cm。

※第一一B号住居址　縄文時代中期（加曾利E式期末期）。径五・五mの円形プランと推定。炉址の西側から埋設土器（正位の深鉢）が出土した。

掘り方に密接していた。口径二七cm、高さ三三cm。

※第一二号住居址　縄文時代後期（称名寺式期から堀之内式期にかかる時期）。六・五×五・七mの楕円形プラン。西側壁に近く埋設土器（正位の深鉢）がある。胴部より上を欠損する。径一三cm、高さ一〇cm。

笹森健一・城近憲市「調査の遺構と遺物」、笹森健一「住居址の構造について」『志久遺跡』埼玉県遺跡調査会　昭和五十一年

島之上遺跡　深谷市柏合字島之上

※一号住居址　縄文時代中期（加曾利EⅡ式期）。六・五八×六・九八mの不整円形プラン。南側の壁ぎわに胴部下半を欠いた大型の深鉢形土器が埋設されていた。

※二号住居址　縄文時代中期(加曾利EⅡ式期)。径推定五・七mの不整円形プラン。南側壁ぎわに口縁部と胴部下半を欠いた深鉢形土器が埋設されていた。

「島之上遺跡の発掘調査」『上越新幹線埋蔵文化財発掘調査報告I』埼玉県教育委員会　昭和五十二年

出口遺跡　深谷市柏合字拾三墳

※二号住居址　縄文時代中期（加曾利EⅣ式期）。四・六一×四・四三mの不整隅丸方形プラン。西側壁ぎわに底部を欠いた埋甕が東側に傾いた状態で埋設されていた。

※九号住居址　縄文時代中期(加曾利EⅣ式期)。五・九×四・六mの柄鏡形プラン。張り出し部には埋甕が中央部壁寄りに存在する。器高三〇cm、口径二〇・五cm。

「出口遺跡の発掘調査」『上越新幹線埋蔵文化財発掘調査報告I』昭和五十二年

高井遺跡　桶川市下日出谷字高井

※五号住居跡　縄文時代中期(加曾利E式期)。四・八×五mの円形プラン。貯蔵穴は南東壁に近く設けられ、深さ一〇cm前後の浅いピットにキャリパー形土器の口縁部(正位)を埋設していた。

※七号住居跡　縄文時代中期（加曾利E式期前半）。五・九×六・二mの隅丸方形プラン。南壁中央部に接して七二×五五cm、深さ一五cmの貯蔵穴があり、中から小型の鉢を出土した。

※一五号住居跡　縄文時代中期(加曾利EⅠ式期)。四・五×五・二mの楕円形の住居跡、南壁近くに埋設土器（正位）があった。キャリパー形土器で胴下半を欠く。

本間信昭「七号住居跡」、佐原和久「一五号住居跡」『高井遺跡』桶川町教育委員会　昭和四十四年

秩父山遺跡　上尾市瓦葺

※※第二二号住居跡　縄文時代中期(加曾利EⅢ式期)。三・一三×二・七m以上の不整円形プラン。中央部やや北寄りに深鉢形の埋甕が二個体隣あって検出された。いずれも底部を故意に欠く。

※※※第二三号住居跡　縄文時代中期(加曾利EⅢ式期)。三・一三×四・四八m以上の不整楕円形プラン。東西の長軸線上に三か所四個体の埋甕が検出された。東側のものは胴下半を故意に打ち欠く。中央のものは口縁部を欠く。西側のものは、胴上半を打ち欠く深鉢形土器である。

※第二四号住居跡　三・九×四・五mの楕円形プラン。中央か

ら深鉢形土器の胴部が埋甕として検出された。

金子智江・赤石光資「縄文時代の住居跡」『秩父山遺跡』上尾市教育委員会　昭和五十三年

木曾呂表遺跡　川口市木曾呂字表
※住居跡　縄文時代中期(加曾利EⅠ式期)。入り口部に埋設土器を伴っていた。
川口市教育委員会『木曾呂表遺跡』昭和五十三年

領家貝塚　川口市安行領家字中道東
※A住居跡　縄文時代中期(加曾利E式期前半)。直径約七mの不整円形プラン。南側に埋甕が存在した。
『埼玉県史資料編Ⅰ』昭和五十五年

ト伝遺跡　川口市ト伝
※住居跡　縄文時代後期(称名寺式期)。柄鏡形プラン。南側に張り出す一対のピットの中央に埋設土器がある。口縁部を欠損する。
宮崎朝雄・鈴木秀雄「ト伝遺跡の調査」『第一二回遺跡発掘調査報告会発表要旨』埼玉県教育委員会　昭和五十四年
埼玉県教育委員会『ト伝』昭和五十五年

登戸遺跡　川越市下小坂字登戸(のぼっと)
※六号住居址　縄文時代中期(加曾利E式期)。一辺四mの方形プラン。南壁近くに埋甕があった。
『埼玉県川越市下小坂登戸遺跡概要』昭和四十四年

関沢遺跡　富士見市関沢
※第二地点一号住居址　縄文時代中期(加曾利EⅢ式期)。隅丸方形状のコーナーをもつ円形プラン。西壁寄りに埋甕がある。キャリパー形深鉢形土器で胴下半を欠く。円礫二つか埋甕内にあった。
荒井幹夫「関沢遺跡第二地点」『富士見市文化財報告Ⅸ』富士見市教育委員会　昭和五十年

唐沢遺跡　富士見市水子
※六号住居址　縄文時代中期(加曾利EⅠ式期)。五・四×四・五mの円形プラン。南壁ぎわに埋甕があった。キャリパー形土器で、胴下半を欠く。
田中英司ほか『唐沢遺跡』富士見市遺跡調査会　昭和五十四年

西原大塚遺跡　志木市幸町三丁目
※第三号住居址　縄文時代(加曾利EⅡ式期)。四・三×四・一mの不整円形プラン。南西側の壁に接して埋甕が発見された。胴半部を欠き、浅いピットに埋めこまれていた。
宮野和明・井上国夫「住居址」『西原・大塚遺跡発掘調 査報告』志木市教育委員会　昭和五十年

池田遺跡　新座市池田三丁目
※※※住居跡　縄文時代中期(加曾利EⅠ式期)。加曾利EⅠ式期の住居跡四軒に埋甕が認められた。
飯田充晴・佐々木保俊「新座市池田遺跡の調査」『第九回遺跡発掘調査報告会発表要旨』埼玉県遺跡調査会　昭和五十一年

泉水山遺跡　朝霞市溝沼字泉水山
※※※※※※※縄文時代中期の住居址（加曾利E式期）

が二三軒あり、その時期は、加曽利EⅠ～Ⅳ期であり、加曽利EⅡ期のものが大半を占める。うち七軒に屋内埋甕があった。一軒が西壁に近いほかは、いずれも南壁下に接して施設され、そのうちの一軒には三個の甕が埋設されていた。住居址のプランは円形であるが、加曽利EⅣ式期の住居址の一軒は、南側に張り出し部が付いており、先端と連接部にそれぞれ埋甕を持っている。

宮野和明ほか「朝霞市泉水山遺跡の調査」『第七回遺跡発掘調査報告会発表要旨』埼玉県教育委員会　昭和四十九年

露梨子遺跡　大里郡寄居町鉢形字露梨子（つゆなし）

※住居跡　縄文時代中期（加曽利EⅣ式期）。住居跡は入り口部に埋設土器をもつ。胴上半から口縁を欠損する橋状把手をもつ土器である。

埼玉県遺跡調査会『甘粕原・ゴシン・露梨子遺跡』昭和五十三年

水窪遺跡　大里郡岡部町水窪

※第一号住居址　縄文時代中期（加曽利EⅡ式期）。七・五五×五・七七mの楕円形プラン。東側の造り出し部に近く埋甕が認められた。

栗原文蔵・佐藤忠雄『水窪・新井遺跡の調査』岡部町教育委員会　昭和五十一年

台耕地遺跡　大里郡花園村黒田

※住居跡　縄文時代中期（加曽利EⅡ式期）。住居内埋甕から石鏃六、スクレイパー一、剝片類九〇〇余りが検出された。

『埼玉県史資料編1』埼玉県　昭和五十五年

舟山遺跡　大里郡川本町本田字高岡

※住居跡　縄文時代中期（加曽利EⅠ式期）。出入り口部と思われるところに埋甕の施設がみられた。キャリパー形土器の三分の一ほどの破片を用いていた。

埼玉県遺跡調査会『舟山遺跡』昭和五十五年

前山遺跡　東松山市市の川字前山

※第一住居址　縄文時代中期（加曽利E式期）。三・九×四・四mの楕円形プラン。西南の隅にはおそらく貯蔵用と思われる穴が掘られ、底から土器の底部が出ている。北西の隅には大型の甕形土器が口縁部を下にして埋められてあった。

金井塚良一「埼玉県東松山市前山遺跡」日本考古学年報一一　昭和五十七年

岩の上遺跡　東松山市岩の上

※J四号住居址　縄文時代中期（加曽利EⅡ式期）。円形プラン。南側の壁に接して胴下半部を欠いた深鉢形土器（正位）が埋設されていた。

※J七号住居址　縄文時代中期（加曽利EⅡ式期）。径六・一四mの円形プラン。北西壁に接して径八〇cm、深さ二二cmのピットがあり、胴下半部を欠いた土器が口縁を下にして埋設されていた。

※J九号住居址　縄文時代中期（加曽利EⅡ式期）。径約四・七五mの円形プラン。南西壁に接して胴下半部を欠いた土器（正位）が埋設されていた。

※J一〇号住居址　縄文時代中期（加曽利EⅢ式期）。炉の南西

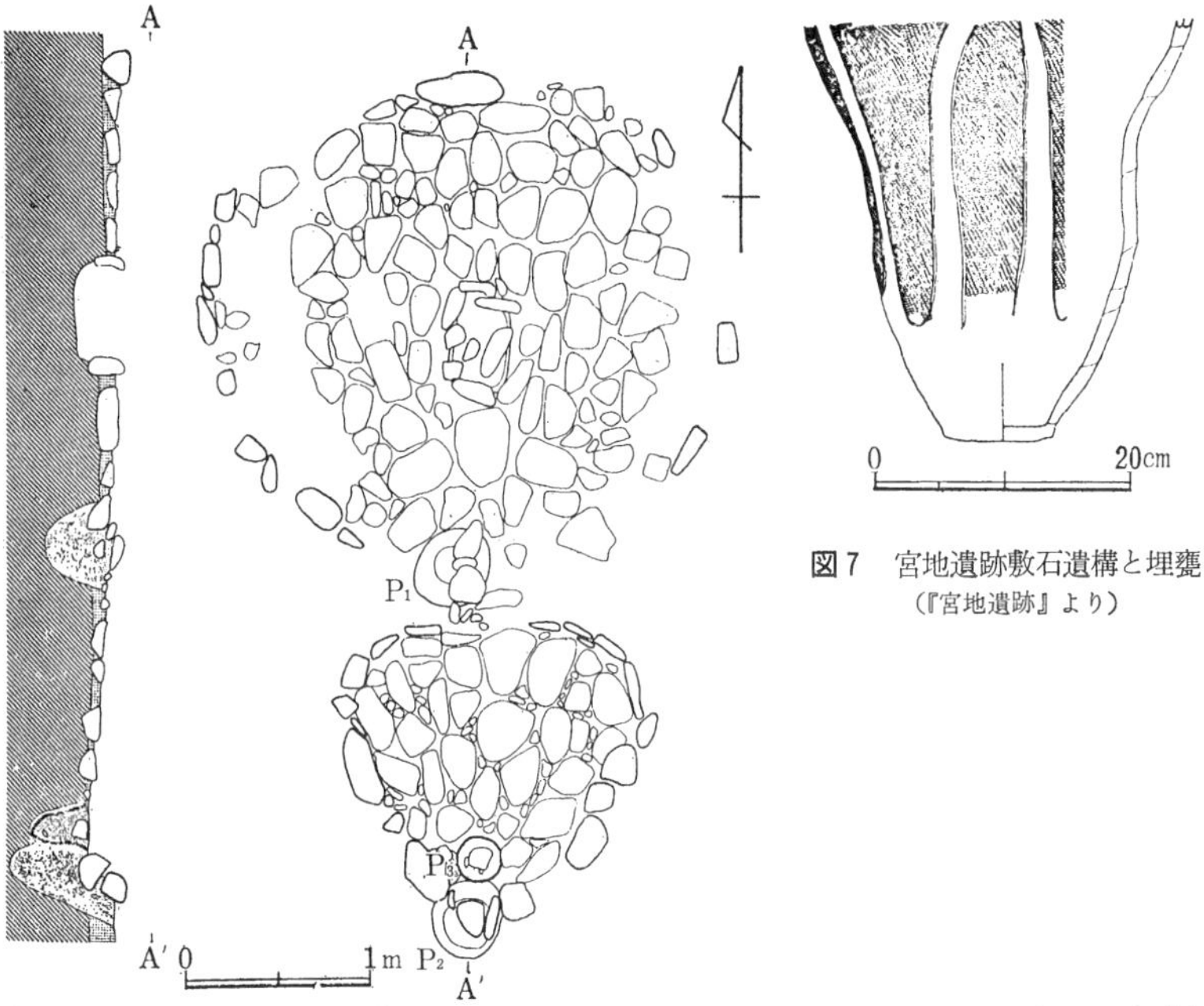

図7　宮地遺跡敷石遺構と埋甕
（『宮地遺跡』より）

側一mほどの所に土器の胴部破片を用いた埋甕が認められた。

✽J一三号住居址　縄文時代中期（加曽利EⅡ式期）。径四・五mの円形プラン。南側壁に接して径五〇cm、深さ二〇cmのピットが掘られ、その中に胴下半部が打ち欠かれた土器（正位）が埋設されていた。

✽J一四号住居址　縄文時代中期（加曽利EⅢ式期）。円形プラン。南側壁に接して径五〇cm、深さ二〇cmのピットが掘られ、中に胴下半部を欠いた土器が埋設されていた。

栗原文蔵・今泉泰之「縄文時代の遺構と遺物」『岩の上・雉子山』埼玉県教育委員会　昭和四十八年

花影遺跡　坂戸市花影町

✽J第一号住居址　縄文時代中期（加曽利EⅡ式期）。七・一×七・三五mの卵形に近いプラン。南壁下に胴下半分を欠失したキャリパー形系統の埋甕があった。

✽J第一〇号住居址　縄文時代中期（加曽利EⅢ式期）。推定八・五×七・五mの円形プラン。埋甕は二個あった。一つは、南壁下と思われる部分のもので、橋状の把手のつく鉢形土器で、他はこれと炉との中間にあった。胴下半のみのキャリパー形土器である。

谷井彪・今泉泰之「花影遺跡の発掘調査」『関越自動車道関係埋蔵文化財発掘調査報告I』昭和四十九年

宮地遺跡　狭山市笹井字宮地

✽二号住居址　縄文時代中期（加曽利EⅢ式期）。径三・七mの円形のプラン。南壁内側にピットを掘り土器を埋設している。胴下部を欠いた土器で、内には黒褐色土が充満し、半欠のすり石が出土した。

❋敷石遺構　縄文時代中期(加曽利E式期)。径三mの円形の敷石遺構の南に一辺三・七mの三角形の敷石遺構が接する。前者の南端の敷石の下に径四〇cm、深さ三八cmの円形のピットがあった。また後者の南端にも敷石の下に径三八cm、深さ五八cmの円形のピットがあり、その北側に接して径二七cm、深さ三二cmのピットを掘り、中に口縁部が打ち欠かれた土器(正位)を埋設していた。その内部にはこぶし大の礫と石製品一、底部穿孔土器などがあった。なお埋設土器の西側に接して径二二cm、深さ三五cmのピットがあった。

増田正博「二号住居址」、笹森健一「敷石遺構」『宮地遺跡』狭山市教育委員会　昭和四十七年

坂東山遺跡　入間市小谷田字坂東山

〔集落の概要〕　A地点の住居址は三一、その内訳は加曽利EⅠ式期五、同Ⅱ式期二六である。住居址内に埋甕のある住居址は一一、時期は加曽利EⅠ式期末からⅡ式期末まで及んでいる。B地点の住居址は三、その内訳は、縄文中期終末期の敷石住居址三、竪穴住居址（中期）一である。

❋A地点第一号住居址　縄文時代中期（加曽利E式期）。一辺六・二mの方形プラン。南西隅に埋甕がある。逆位に埋設され、底部に穿孔したキャリパー形の深鉢形土器である。胴部の欠損部分を口縁部破片で補修してあり、底部に接して細長い河原石がそえられていた。

❋A地点第五号住居址　縄文時代中期(加曽利E式期)。径五・五mの円形プラン。南側壁下に弧線文を施した埋甕があった。

❋A地点第八号住居址　縄文時代中期(加曽利E式期)。径五・二mの円形プラン。南壁下の中央部に胴部以下を欠くキャリパー形の深鉢形土器の埋甕があった。

❋A地点第九号住居址　縄文時代中期(加曽利EⅠ式期末)。六×五・七mの円形プラン。南側の壁溝に接して胴下半を欠く深鉢形土器の埋甕があり、両側に径一mの半円形の壇状のテラスが構築されていた。

❋A地点第一九号住居址　縄文時代中期(加曽利EⅢ式期)。一辺二・九mの方形プラン。南壁下には胴下半を欠いたキャリパー形土器の埋甕がある。

❋A地点第二〇号住居址　縄文時代中期(加曽利E式期)。一辺五・八mの方形プラン。東壁下の中央には胴下半を欠くキャリパー形土器の埋甕がある。

❋A地点第二一号住居址　縄文時代中期(加曽利E式期)。一辺四・六mの方形プラン。底部を欠いた埋甕が内側の壁溝の南の切れる部分に埋設されていた。

❋A地点第二四号住居址　縄文時代中期(加曽利E式期)。五・八×五・五mの円形プラン。南西壁の内側に口縁部と底部を欠く埋甕があるが、ピットで半分ほど破壊されている。

❋A地点第二六号住居址　縄文時代中期(加曽利E式期)。プラン不明。南壁下と思われる部分に掘りこみがあり、埋甕と思われるキャリパー形土器の胴部が残っていた。

❀❀A地点第二七号住居址　縄文時代中期(加曽利EⅡ式期)。六・八×五・五mの楕円形プラン。南壁が若干張り出し、浅いピットがあり、底部を欠く埋甕が中に二個並んで埋設されていた。

❀A地点第三〇号住居址　縄文時代中期（加曽利EⅡ式期後半）。径七mの不整円形プラン。南壁下には頸部だけを埋設した弧線文を施した埋甕があったが、小ピットで一部破壊されていた。

❀B地点第一号敷石住居址　縄文時代中期末。径三・六mの円形の主体部の南に一・七×一・五mの楕円形の張り出し部が付いている。連結部には〇・九×一mの隅丸方形のピットがある。張り出し側の西部には口縁と底を欠く深鉢形土器が埋設されていた。

❀B地点第二号敷石住居址　縄文時代中期末。径三・八mの円形の主体部の南に一・八×一・九mの楕円形の張り出し部が付いている。連結部には橋状把手をもつ土器が埋設され、両側に小ピットが二個配されている。

❀B地点第三号敷石住居址　縄文時代中期末。径三・五mの円形の主体部の西方に一・三×一・五mの楕円形の張り出し部がつく。その先端に埋設土器があったがほとんど破壊されていた。

谷井彪・並木隆「A地点住居址と出土遺物」「B地点敷石住居址と出土遺物」『坂東山』埼玉県教育委員会　昭和四十八年

水窪遺跡　入間市扇町屋字水窪

❀住居跡　縄文時代中期(加曽利EⅢ式期)。加曽利EⅢ式土器が埋甕として使われている。

『埼玉県史資料編Ⅰ』埼玉県　昭和五十五年

上台山（じょうだいさん）**遺跡**　入間郡越生町上野

❀三号住居址　縄文時代中期（加曽利E式期）。径九mの住居址で、貯蔵用埋甕がある。底部を欠く。

❀四号住居址　縄文時代中期(加曽利E式期)。貯蔵用埋甕があり、底部を欠く。

貞末堯司「上台山遺跡発掘概報」『第一回遺跡発掘調査報告会発表要旨』埼玉考古学会　昭和四十四年

俣埜（またの）**遺跡**　入間郡三芳町藤久保

❀❀敷石住居跡　縄文時代中期(加曽利EⅣ式期)。柄鏡状プラン。中央の土器囲い炉から張り出し部の方向に埋甕（橋状把手をもつ土器）と石棒を組み込んだ石組みが存在した。張り出し部にもその先端付近に埋甕が存在した。

『埼玉県史資料編Ⅰ』埼玉県　昭和五十五年

膳棚遺跡　所沢市山口字膳棚

❀第二八号住居址　縄文時代中期(加曽利EⅠ式期)。四・八六×五・〇四mの円形プラン。南側の壁溝に接して土器が埋置されていた。

❀第三二号住居址　縄文時代中期(加曽利EⅡ式期)。南側の壁に近く口縁をわずかに床面上に出した完形の鉢形土器が埋置されていた。

❀第三三号住居址　縄文時代中期（加曽利EⅠ・Ⅱ式期）。径三・九四mの円形プラン。南西壁に接してピットがあり、胴下半を欠いた土器を埋設してあった。

❋第三五号住居址　縄文時代中期(加曽利EⅠ式期)。一辺五・二八mの隅丸方形プラン。南壁中央の壁ぎわに胴部下半を欠く埋設土器（正位）があった。

❋第四〇号住居址　縄文時代中期(加曽利EⅠ式期)。径五・〇五mの五角形のプラン。南壁中央わずかに張り出した部分にピットを設け、胴部上半だけの半欠した深鉢形土器（正位）を埋置してあった。

❋第四一号住居址　縄文時代中期(加曽利EⅡ・Ⅲ式期)。プランは不明。南壁に近く深鉢のくびれ部(正位)が埋置されていた。下方は打ち欠いてすってあった。

❋第四三号住居址　縄文時代中期(加曽利EⅠ式期)。四・六×四・二六mの隅丸方形プラン。南東隅に近く深さ六二cmのピットがあり、中に底部のすみを穿孔し、口縁部を打ち欠いた土器（正位）を埋置してあった。

　埼玉大学考古学研究会『膳棚』昭和四十五年

北野第二遺跡　所沢市北野字宮東

❋住居址　縄文時代中期(加曽利E式期)。円形プランを呈するが、角があり六角形にみえる。壁ぎわに深鉢が埋設されていた。

　所沢市教育委員会『所沢市北野第二遺跡発掘調査概要』昭和四十六年

千葉県

貝の花貝塚　松戸市八が崎字栗が沢

❋二三号住居跡　縄文時代後期(称名寺式期)。住居北側近くに床面を若干掘りこんで底部を欠失した大甕を伏せ、その口縁部を埋めこんだ状態で発見された。口径三六cm。

❋二四号住居跡　縄文時代後期(称名寺式期)。五×四・六mの楕円形プラン。南西の壁に近く埋甕があり、口縁部が一〇数cm床面上より突出し、上部を焼土がおおっていた。埋甕の両側にはピットがあり、関連した遺構と考えられる。口径三一cm、高さ四二cmの完形品。

❋二七号住居跡　縄文時代後期(称名寺式期)。南西の隅に五個の配石があり、中央に埋甕を設け両側に大きめのピットがある。埋甕は胴部のみの破片。

　西野元ほか「竪穴住居跡とその遺物」、関根孝夫「住居跡にみられる特徴」『貝の花貝塚』松戸市教育委員会　昭和四十八年

栗が沢遺跡　松戸市栗が沢

❋住居跡　縄文時代後期(称名寺式期)。南壁直下に、埋甕がある。

　藤井功・前田潮「松戸市栗ヶ沢遺跡調査報告」史潮九四　昭和四十一年

陣ケ前貝塚　松戸市松戸字貝台

❋二号住居址　縄文時代後期初頭(称名寺式期)。五・五×五

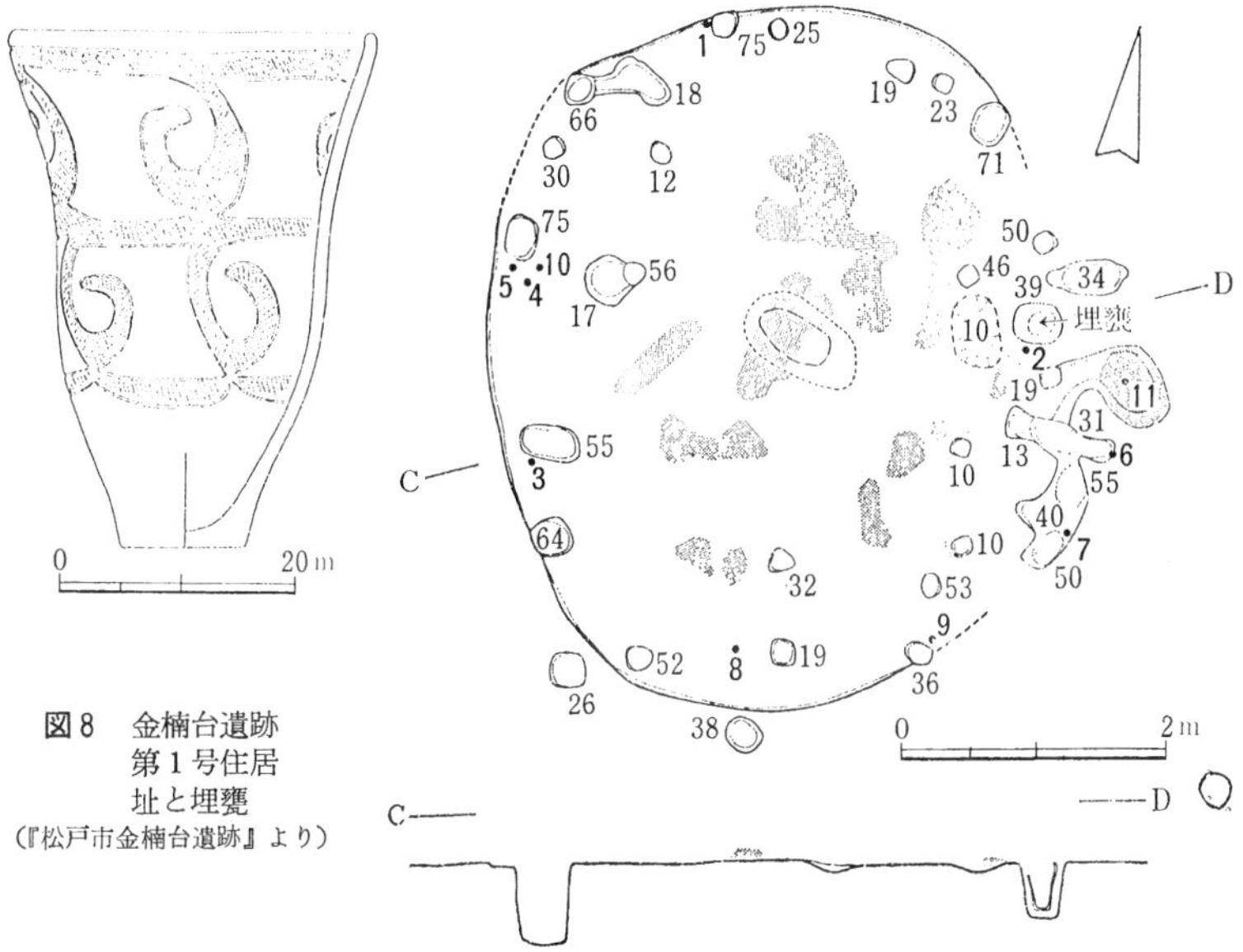

図8　金楠台遺跡
第1号住居
址と埋甕
（『松戸市金楠台遺跡』より）

mの隅丸台形プラン。南壁中央に接して二か所がとくに深いくぼみ（深さ二〇㎝）となっており、そこに大型土器（一例は口縁部を欠く）がそれぞれ埋置されていた。

「陣ヶ前貝塚」『松戸市文化財調査報告第一集』松戸市教育委員会　昭和三十八年

大橋内山遺跡　松戸市大橋

＊住居跡　縄文時代後期（称名寺式期）。西側に埋甕がある。

関根孝夫「大橋」松戸市文化財調査報告三　昭和四十六年

金楠台遺跡　松戸市紙敷字西金楠台

＊第一号住居址　縄文時代後期（称名寺式期）。五・一×四・三mの長円形プラン。東側の壁下に完形に近い正位の埋甕があり、周囲に小塊の石積みがあった。

沼沢豊『松戸市金楠台遺跡』千葉県都市公社　昭和四十九年

子和清水貝塚　松戸市日暮

＊一五号住居跡　縄文時代中期（加曽利EⅡ式期）。一辺四・六mの隅丸方形プラン。加曽利EⅡ式土器が炉の東北に埋設されていた。

清藤一順ほか「竪穴住居跡」『子和清水貝塚』子和清水貝塚発掘調査団　昭和四十八年

姥山貝塚　市川市柏井町一丁目

＊B地点第一号竪穴　縄文時代中期（加曽利EⅠ式期）。五・三×五mの隅丸方形プラン。南壁周溝に近く中央に胴部以下を欠く甕（高さ二三㎝）を水平（正位）に埋設してあった。また付近周溝に近く径約二〇㎝、深さ二八㎝の穴があった。

※B地点第二号竪穴　縄文時代中期（加曾利EⅠ式期）。四・七×四mの隅丸方形プラン。南壁中央に近く径八二cm、深さ三三cmの穴があり、中に底部のみを欠いた甕形土器（正位）と獣類の頭骨などがあった。

松村瞭・八幡一郎・小金井良精『下総姥山ニ於ケル石器時代遺跡貝塚ト其貝塚下発見ノ住居址』東京帝国大学理学部人類学教室研究報告第五編　昭和七年

曾谷貝塚　市川市曾谷二丁目

※D二号住居　縄文時代後期(称名寺式期)。埋甕あり。

堀越正行「千葉県曾谷貝塚」日本考古学年報三一　昭和五十五年

西深井一ノ割遺跡　流山市西深井

※住居跡　縄文時代後期(称名寺式期)。直径五mの不整円形プラン。埋甕を出土した。

千葉県教育庁文化課『千葉県埋蔵文化財発掘調査抄報　昭和五十三年度』昭和五十五年

中野僧御堂遺跡　千葉市中野町

※第五号住居址　縄文時代中期(加曾利EⅢ式期)。径四・一mの不整円形プラン。南西壁に近く横位の埋甕があった。深鉢形で胴径二二cm、口縁部を欠く。

※第七号住居址　縄文時代後期(堀之内式期)。六×四・八mの楕円形プラン。南壁の外に近く埋甕施設がある。底部を欠く。口径二九cm。

※第八号―C住居址　縄文時代後期(加曾利EⅢ式期)。六・九五×五mの不整円形プラン。南壁に接して正位の埋甕施設がある。口径三〇・五cm、高さ三九・五cm。

斉木勝「第五号住居址遺構」、折原繁「第七号住居址遺構」、瀬戸久夫「第八号住居址遺構」『千葉市 中野僧御堂遺跡』千葉県文化財センター　昭和五十二年

加曾利南貝塚　千葉市桜木町

※第五号住居址　縄文時代中期（加曾利EⅢ―Ⅳ式期）。直径四・五m以上の円形プラン。口縁部が床面レベルとほぼ同一になるまで、胴部をローム層中に埋めこんだ埋甕が発見されている。口径約四〇cm、高さ五〇cmの大型の深鉢である。

※第二一号住居址　縄文時代後期(堀之内Ⅰ式期)。長径六m以上の楕円形プラン。口縁部が住居床面と同じレベルになるまで、ローム層中に埋めこまれた深鉢形土器が伴出している。底部が欠損している。中からは幼児骨もその他の遺物もなんら検出されなかった。甕棺とは断定しがたい。

※第二九号住居址　縄文時代後期(称名寺式期)。直径五・五m以上の円形プラン。床面の中央部に口縁部が床面と同じレベルになるように、ローム層中に埋めこまれた完形の深鉢形土器が発見された。いわゆる「埋め甕」であるが、中にはロームまじりの黄褐色土がつまっているのみで、骨片その他の遺物はなんら検出されなかった。

後藤和民「加曾利南貝塚の住居址」『加曾利南貝塚』中央公論美術出版　昭和五十一年

西広貝塚　市原市西広字上ノ原

※五号住居址　縄文時代中期末（加曽利EⅢ式期）。四・二×三・七ｍの不整隅丸方形プラン。南側に埋甕あり。

　滝口宏ほか『西広貝塚』昭和五十二年

千代田遺跡　印旛郡四街道町物井

※Ⅳ区三号住居址　縄文時代後期初頭（称名寺式期）。五・五×五・二ｍのほぼ円形プラン。東側には溝状のピットが二個並行して張り出して穿たれている。その北側のピットのさらに内側に径三〇㎝、深さ三〇㎝のピットが穿たれ、中に深鉢形土器がほぼ直立した状態で、床面より五㎝ほど口縁を高く出して埋められていた。

　四街道千代田遺跡調査会『千代田遺跡』昭和四十七年

小池麻生遺跡　山武郡芝山町小池

※住居跡　縄文時代中期（加曽利EⅡ式期）。円形プランで、大型の埋甕があった。

　千葉県教育庁文化課『千葉県埋蔵文化財発掘調査抄報　昭和五十三年度』昭和五十五年

伊丹山遺跡　君津郡袖浦町蔵波

※〇〇六号住居跡　縄文時代後期（称名寺式期）。柄鏡形プラン。北側の柱穴に接し主体部から埋甕が検出された。

　三森俊彦『袖ケ浦町伊丹山遺跡』袖ケ浦町教育委員会　昭和五十四年

東京都

扇山遺跡　練馬区上石神井

※※第一遺阯（敷石あるもの）　縄文時代後期（堀ノ内式期）。径約四ｍの円形プラン。炉の東一ｍに埋設された土器がある。甕形土器の下部を欠いたものを据えつけたもので、頸部と腹部の高さ二一㎝をローム土床面下に埋設し、口頸部は土床面の上に出ていたと推定される。しかし、床上の部分は口縁部の破片三個を留めただけであとは発見されなかった。土器の底は四個の割り石で敷き詰めたようになっており、木炭末や灰等を発見せず、また、焼熱の形跡もない事よりして、貯蔵用の目的から設けたものと想像される。主部の西南に底部を上にして埋もれた土器がある。ローム土中にまったく埋設していたのであるが、土器内は黒土で充されていた。これにやや類するものとして武蔵国船田向例がある。

　矢島清作・村主誠二郎「東京市上石神井扇山の平地住居遺蹟」考古学雑誌三〇巻二号　昭和十五年

谷戸遺跡　杉並区西田町

※第三号竪穴住居址　縄文時代中期（加曽利EⅡ式期）。五・五×五・六ｍの方形プラン。南西側の床面に、径三〇㎝、高さ四〇㎝の完形土器が一七㎝ほど床上から出して、埋めて立てられていた。

　都立豊多摩高校地歴研究部「杉並区西田町谷戸遺跡調査報告」西郊文化第五集　昭和二十八年

玉川野毛町公園内遺跡　世田谷区野毛町

※竪穴住居跡　縄文時代中期(加曽利EⅢ式期)。一辺約六ｍの隅丸方形プラン。南壁の中央部に一二〇×三五㎝の張り出しがあり、その中央の床面には胴部以下を欠損した土器（甕形、口径四〇㎝、現高一九㎝）がいけてあった。貯蔵用のためと思われるが、内部からはなにも発見されなかった。

吉田格「玉川野毛町公園内遺跡」武蔵野三五巻一号　昭和三十一年

松原遺跡　世田谷区松原四丁目

※住居址　縄文時代中期(加曽利E式期)。柄鏡形プラン。張り出し部北西の隅に近く底を抜いた大型の甕を埋めたものがあった。

樋口清之「松原遺跡」『世田谷区史料第八集考古編』世田谷区　昭和五十年

御殿山遺跡　武蔵野市井之頭

※第一号住居跡　縄文時代後期(称名寺式期)。五・一×四・八ｍの円形プラン。南西壁の部分は柱穴Ｐ４・Ｐ８の間約二ｍにわたり自然に床面に落ちこみ壁が見た当らないので、ここが竪穴の出入り口であろうかと推測される。Ｐ７の内側には、ほぼ完形の深鉢形土器が直立の状態で埋めてあった。土器に接して三三×二七㎝、厚さ八㎝の偏平な大きな自然石が、あたかも蓋石のように置かれてあったのが注意される。なおこの土器の中から打製石斧二個と小型磨製石斧片一個を検出した。

※敷石住居址　縄文時代後期(称名寺式期)。三・二×二・六ｍの小判形のプラン。西側の一部、一・四ｍの間は周壁がなく、そこには、口縁の一部を欠いた深鉢形土器が底部を下にして埋められていた。口唇部が三㎝ほど床より上に出ているだけであった。

吉田格・寺村光晴「武蔵野市御殿山遺跡調査報告」『武蔵野市史資料編』武蔵野市役所　昭和四十年

北野遺跡　三鷹市北野四丁目

※第二号住居跡　縄文時代中期(加曽利EⅡ式期)。隅丸方形プラン。南壁中央に接して周溝内にピットがあり、土器を埋設していた。

※第三号住居跡　縄文時代中期。径六・九ｍの円形プラン。壁溝の切れる南側の縁に接してピットがあり、土器を埋設していた。

『中央高速道路三鷹・世田谷地区遺跡発掘調査報告書』同遺跡調査会

中山谷遺跡　小金井市中町

※九号住居址　縄文時代中期(加曽利EⅠ式期)。三・九×四・二五ｍの楕円形プラン。南壁中央部に近く、キャリパー形深鉢の頸部から胴上半部の埋甕（正位）があり、上部に焼土がつまっていた。

※一一号住居址　縄文時代中期(加曽利EⅠ式期)。一辺四・四五ｍの隅丸方形プラン。南壁に近く中央よりやや東寄りにピットを掘り、正位に埋甕（キャリパー形の深鉢で底部を欠く）を埋設していた。

土井義夫「住居址」『中山谷』小金井市教育委員会　昭和四十

七年

貫井遺跡　小金井市貫井南町

※竪穴住居跡　縄文時代中期(加曾利E式期)。径九〇cmほどの小ピットの中から完形土器が発見され、その近くから長さ六・五cmのかつおぶし形の硬玉製垂玉を出土した。墓壙であったかもしれない。

※C竪穴住居址　縄文時代中期(加曾利EⅡ式期)。径七m前後の円形プラン。炉址の北西側に深鉢が倒立して埋めてあった。

　大場磐雄ほか「北多摩南部地区における考古学調査」『北多摩文化財総合調査報告第二分冊』東京都教育委員会　昭和四十一年

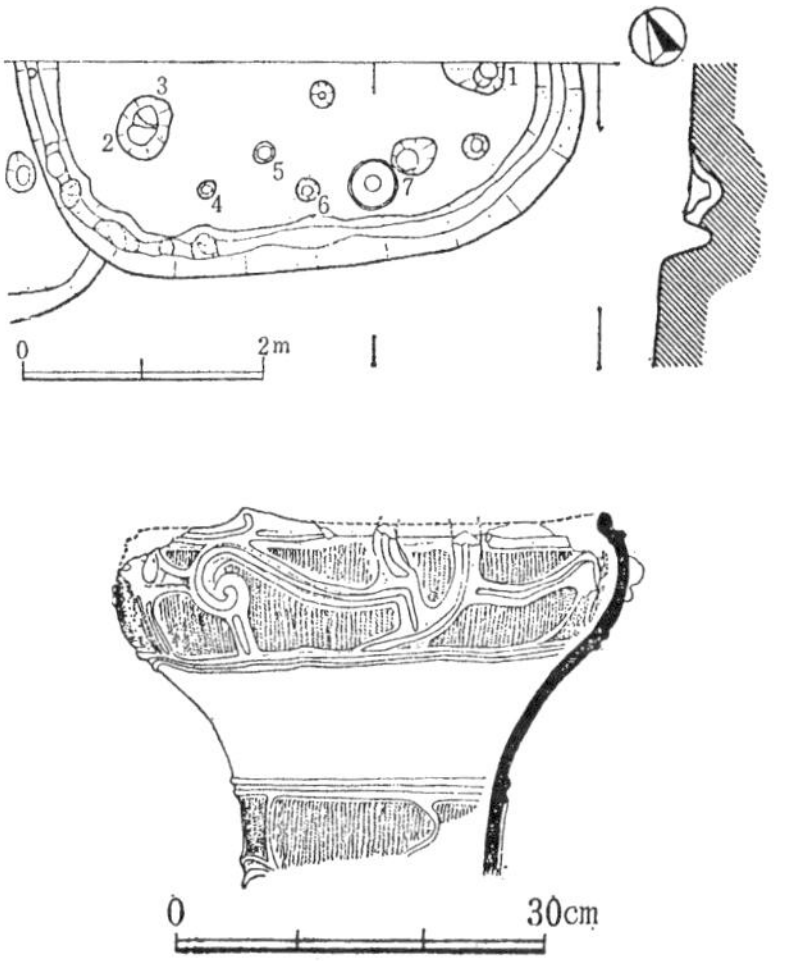

図9　中山谷遺跡11号住居址と埋甕
(『中山谷』より)

『小金井市誌Ⅲ資料編』小金井市役所　昭和四十二年

前原遺跡　小金井市前原町

※一号住居址　縄文時代中期(加曾利E式期末)。埋甕一あり。

※※※四号住居址　縄文時代中期(加曾利E式期)。隅丸方形状の主体部と楕円形状の張り出し部からなる。入り口の張り出し部先端と、主体部との連結部分に土器(正位)の埋設があり、南東の隅に底部を欠く埋設土器と直立した土器があった。また北東の隅にも埋設土器があった。

※六号住居址　縄文時代中期(勝坂式期)。中央北寄りに埋甕一あり。

※九号住居址　縄文時代中期(勝坂式期)。北寄りに埋甕一あり。

　前原遺跡調査団『前原遺跡』昭和五十年

小山台遺跡　東久留米市小山一丁目

※※第Ⅰ号住居址　縄文時代中期(加曾利EⅡ式期)。五・八×五・九mの円形プラン。南東壁に近くピットを穿ち、底を欠いた一個の浅鉢形土器と深鉢形土器の口頸部を正位に埋設していた。

※第Ⅳ号住居址　縄文時代中期(加曾利EⅢ式期)。五・八×五・九mの円形プラン。南東壁に近くピットを穿ち、底部を欠いた浅鉢形土器を正位に埋設していた。

　一山典「住居址」『小山台遺跡』東久留米市立久留米中学校　昭和四十六年

新山第一遺跡　東久留米市下里

※住居跡　縄文時代中期(加曾利E式期)。円形プラン、南壁に

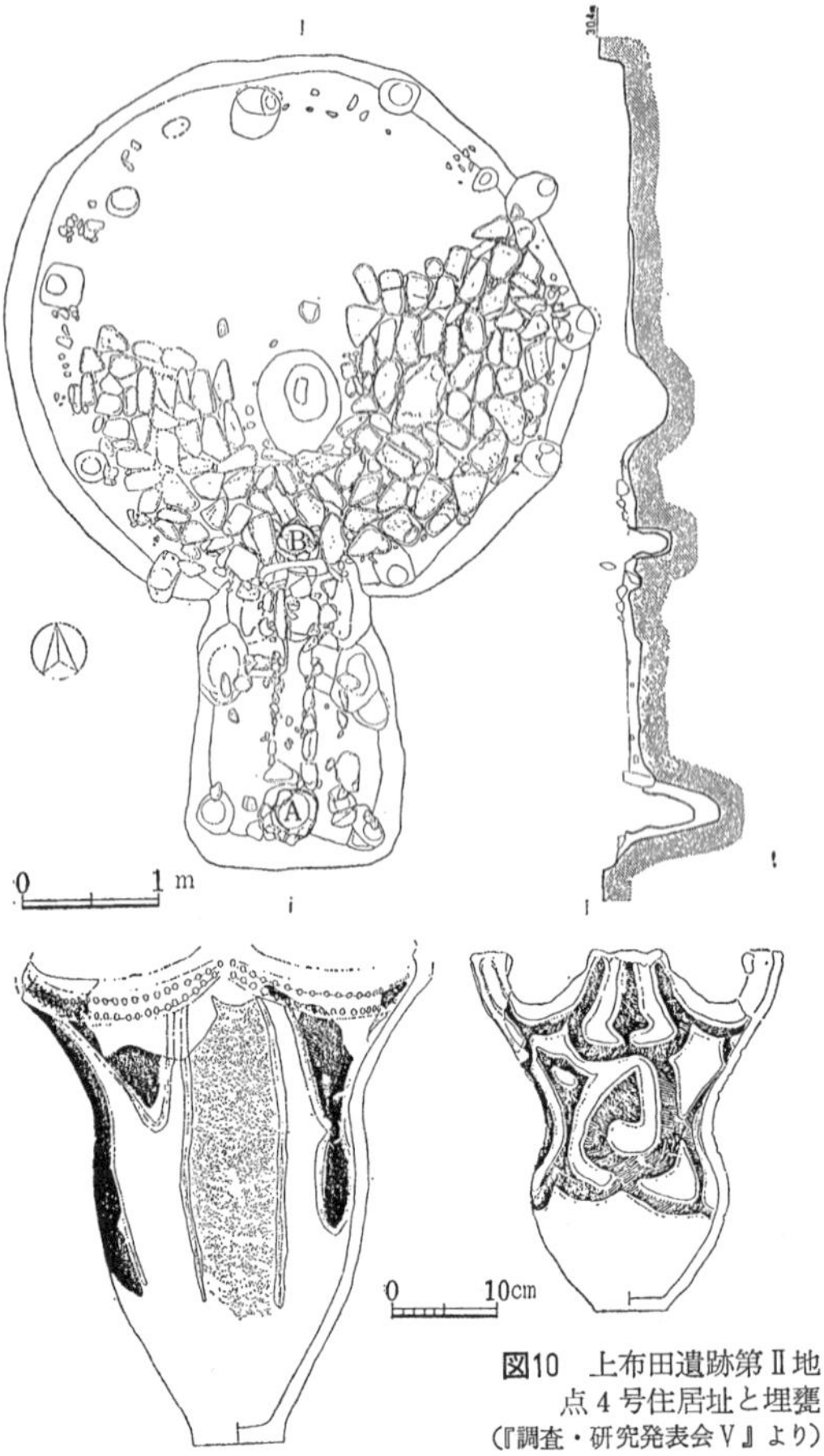

図10　上布田遺跡第Ⅱ地点４号住居址と埋甕（『調査・研究発表会Ｖ』より）

近く埋甕がある。

昭和五十一年、東久留米市新山第一遺跡調査会で発掘調査を実施

六仙遺跡　東久留米市中央町三丁目

※第一二号住居址　縄文時代中期（加曾利E式期後半）。プラン不明、炉址の西約一・五mの所に正位の埋甕があった。ほぼ完形の深鉢形土器である。

新津茂「縄文時代の遺構と遺物」『六仙遺跡』東久留米市教育委員会　昭和五十五年

東原遺跡　調布市深大寺町東原

※B―六号住居址　縄文時代中期（加曾利EⅡ式期）。六・三×五・八mの円形プラン。南壁中央に近くピットがあり、胴部以下欠損の甕形土器が、口縁部を床面とほぼ同レベルで埋まっていた。なお欠損部はきれいに整形されている。

石川和明「調布市深大寺町東原遺跡調査報告」多摩考古9　昭和四十三年

上布田遺跡　調布市上布田町

※第Ⅱ地点三号住居址　縄文時代後期初頭。南壁に張り出し部をもつ柄鏡形住居址、径四・二mの円形の主体部に一・五×二・三mの方形の張り出し部をもつ。張り出し部先端に底部のみの埋甕がある。

※※第Ⅱ地点四号住居址　縄文時代中期、後期初頭（加曾利E式最終末期、称名寺式期）。柄鏡形敷石住居址、主体部は径四・二m、張り出し部は南を指し、二・一×一・五m、張り出し部と

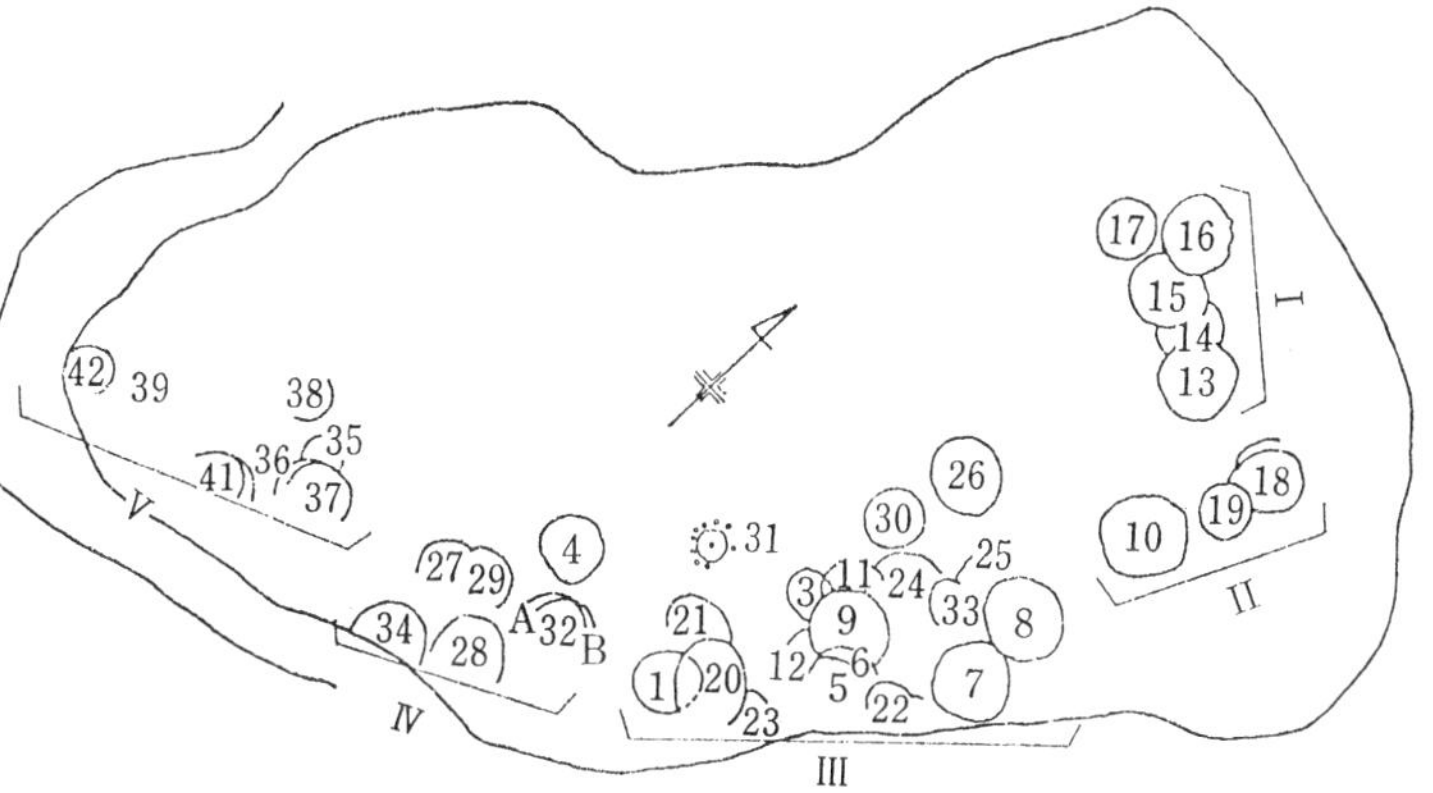

図11　鶴川遺跡J地点住居址位置関係図（『鶴川遺跡群』より）

の境に穴のあいた石皿をたて、その北側に正位の埋甕（加曾利E式最終末、図10左）があった。先端部にまた正位の埋甕（称名寺式期、図10右）があった。

赤城高志「調布市上布田遺跡第Ⅱ地点の調査」『調査・研究発表会Ⅴ』東京都教育委員会　昭和五十四年

恋ケ窪遺跡　国分寺市西恋ケ窪

※三号住居址　縄文時代中期（阿玉台式期）。径四mの不整円形プラン。炉の南四〇cmのところに、胴上半部を欠失する埋甕があった。

『恋ケ窪遺跡調査報告Ⅰ』国分寺市教育委員会　昭和五十四年

多摩ニュータウンNo.20遺跡　南多摩郡多摩町馬引沢

※住居跡　縄文時代中期（加曾利EⅡ式期）。住居跡に埋甕があり、さらにピット一がある。

多摩ニュータウン調査会発掘、小林達雄氏による。

鶴川遺跡群J地点　町田市大蔵町

〔集落の概要〕住居址は四二。その内わけは、勝坂式期末六、加曾利EⅠ式期一一、EⅡ式期一八、E式期末三、不明四である。

※一号住居址　縄文時代中期（加曾利EⅡ式期）。四・七×四・八mの円形プラン。南西部の壁下に中型の深鉢形土器が口縁部を上にして、床面とほぼ同一面に口縁部をおいて埋設されていた。

※三号住居址　縄文時代中期（加曾利EⅡ式期）。四・三×三・九mの円形プラン。南西部に床面を穿って埋設土器があった。

※八号住居址　縄文時代中期（加曾利EⅡ式期）。直径六mの円

形プラン。埋設土器（口の大きく開く甕形土器）が東側から発見されている。

❋一〇号住居址　縄文時代中期（加曾利EⅠ式期）。六・三×五・八ｍの円形プラン。南東の壁直下に床面を約九㎝穿って口縁部を上にした埋設土器があった。

❋❋一三号住居址　縄文時代中期(加曾利EⅡ式期)。六・二×五・七ｍの円形プラン。南側中央部の二本の周溝の中からそれぞれ埋設土器（正位）が発見された。いずれも口縁部と底部を欠失した深鉢形土器で、上にブロック状の粘土が二、三個確認され、内側の埋設土器の上からは石が発見されている。

❋一四号住居址　縄文時代中期(加曾利EⅠ式期)。北側の床面にピットがあり、土器（正位）が埋設されていた。

❋一五号住居址　縄文時代中期(加曾利EⅡ式期)。六×五・四ｍの円形プラン。西側の周溝がとぎれた部分に底部を欠いた深鉢形土器（正位）が埋設されていた。

❋一七号住居址　縄文時代中期(加曾利EⅡ式期)。五×四・五ｍの楕円形プラン。西側の壁寄りに底部を欠いたキャリパー状の器形の深鉢（正位）が埋設してあった。

❋二一号住居址　縄文時代中期(加曾利EⅡ式期)。五×四・二ｍの円形プラン。南西壁に接して底部と口縁を欠いた甕（正位）が埋設されていた。

❋二八号住居址　縄文時代中期(加曾利EⅠ式期)。径五・八ｍの不整円形プラン。南西部の周溝がとぎれた部分に埋設土器（正位）があった。

❋三〇号住居址　縄文時代中期（加曾利EⅡ式期）。五・三×四・八ｍの不整円形プラン。南東側の壁寄りに深鉢形の土器（正位）が埋設されていた。

❋三五号住居址　縄文時代中期(加曾利EⅡ式期)。径三・二ｍの円形プラン。南西側の壁に近く口縁部と胴下半を欠失した深鉢形土器（正位）が埋設されていた。

❋三七号住居址　縄文時代中期（加曾利EⅡ式期）。五・四×五・二ｍの不整円形プラン。南側に底部を欠失した大型の深鉢（正位）が埋設されていた。

❋三九号住居址　縄文時代中期(勝坂式期末)。床面の一部を残すのみであるが、埋設土器（正位）一がある。大型の鉢で底部をカットする。

河野実「J地点」『鶴川遺跡群』町田市教育委員会　昭和四十七年

清水台遺跡　町田市玉川学園

❋一号住居址　縄文時代中期(加曾利EⅢ式期)。四・二六×三・九ｍの楕円形プラン。南壁下に底部を欠いた埋甕がみられた。

「清水台遺跡緊急発掘調査略報」『文化財の保護』第三集　東京都教育委員会　昭和四十六年

吹上遺跡　日野市豊田

❋❋❋一号住居跡　縄文時代中期(加曾利E式期)。直径五・五ｍの円形プラン。南東の壁に幅六〇㎝、奥行二〇㎝の張り出しがあり、その内側に三個の埋甕がある。一は溝の中に逆さに埋まっていた胴下半を欠く土器（深鉢）で、現高一三㎝、二は床に頸部まで埋めてあった土器（深鉢）で底を欠く、三は床に埋めてあり、口縁と底部を欠く径二七cmの土器（深鉢）である。この張り出し部は入り口とも思われるが、ちょうど埋甕が通路のじゃまになる、そこで貯蔵庫に用いたと考える。

❋二号住居跡　縄文時代中期(加曽利EⅠ式期)。六・一四×五mの隅丸方形プラン。南側の拡張された壁溝の中から埋設土器(正位)が発見されている。

❋四号住居跡　縄文時代中期(加曽利E式期)。径五・五mの円形プラン。南壁に八〇×三〇cm、深さ一〇cmの貯蔵庫が掘りこまれ、中心部に胴のみの土器（深鉢、正位）が埋められていた。

❋三一号住居址　縄文時代中期(勝坂式期)。中央やや北西寄りのピットの内に正位の浅鉢が埋設されていた。底部穿孔し、口縁の一部を欠く。

❋敷石住居跡　縄文時代後期(称名寺式期)。南側のピットの中に底部を欠失した埋設土器があった。

持田友宏「日野市吹上遺跡発掘調査略報」史海一四号　昭和四十二年

早川泉「日野市豊田吹上遺跡の調査」考古学ジャーナル二九号　昭和四十四年

川崎義雄「敷石住居跡」『日野吹上遺跡』日野吹上遺跡調査会　昭和四十五年

平山橋遺跡　日野市平山橋

❋第三号住居址　縄文時代中期(加曽利EⅡ式期)。七・二×七mの五角形に近いプラン。南壁中央に近く埋甕があった。口縁と底部を欠く。

❋❋第五号住居址　縄文時代中期(加曽利EⅡ式期)。四・八×四・四八mのやや楕円形のプラン。西壁に近く一個の埋甕（正位・深鉢）が並んで埋設されていた。一つは口縁と底部を欠き、他の一つは底部を欠く。

❋第六号住居址　縄文時代中期(加曽利EⅡ式期)。隅丸方形プランと思われる。西南の壁寄りに埋甕が一個あった。底部を欠く深鉢形土器（正位）である。

❋二〇号住居址　縄文時代中期。南壁ぎわに埋甕があった。底部を欠く深鉢である。

❋二四号住居址　縄文時代中期。南壁ぎわに埋甕があり、その南側に半円形の張り出しがあった。底部を欠く深鉢である。

❋二五号住居址　縄文時代中期。南壁ぎわに埋甕があった。有孔鍔付土器である。

小田静夫「縄文時代―遺構」『平山橋遺跡』東京西線及び北八王子変電所遺跡調査会　昭和四十九年

持田友宏・池上悟「日野市平山橋遺跡第2・4・9次調査」『調査・研究発表会Ⅳ』東京都教育委員会　昭和五十三年

多摩ニュータウンNo.三〇〇遺跡　八王子市南大沢

❋三号住居址　縄文時代中期(加曽利E式期の中頃)。方形プラン。南壁寄りに埋甕がある。

❋四号住居址　縄文時代中期(加曽利E式期の中頃)。円形プラン。南壁寄りに埋甕がある。

❋一一号住居址　縄文時代中期(加曽利F式期の中頃)。隅丸方形プラン。南壁寄りに埋甕がある。
※一三号住居址　縄文時代中期(加曾利E式期の中頃)。円形プラン。南壁寄りに埋甕がある。
※一五号A住居址　縄文時代中期(加曾利E式期の中頃)。円形プラン。西の壁ぎわに埋甕がある。
※一八号住居址　縄文時代中期(加曾利E式期の中頃)。円形プラン。南壁寄りに埋甕がある。
※一九号住居址　縄文時代中期(加曾利E式期の中頃)。楕円形プラン。南壁寄りに埋甕がある。
雪田隆子「No.三〇〇遺跡」『多摩ニュータウン遺跡調査概報』多摩ニュータウン遺跡調査会　昭和四十七年

宇津木遺跡　八王子市宇津木町

〔集落の概要〕縄文時代の住居跡は総数二〇基、その内訳は勝坂式期五、加曾利E式期一五である。
※※第七号住居址　縄文時代中期(加曾利E式期)。経約四mの円形プラン。東側周溝に底部を欠いた大型の甕形土器が三個周溝の底面に口縁をのぞかすほどに埋められていた。
※三区七号住居址　縄文時代中期(加曾利E式期)。七×七・三五mの楕円形プラン。南側に張り出し部がある。この個所は周溝を内側に五〇㎝ほど延ばして一・二×〇・九mの区画を設けており、中に底部を欠いた甕形土器を正位に埋めこんでいた。
※※五区五号住居址　縄文時代中期(加曾利E式期)。径五・二二mの楕円形または円形プラン。南壁にくいこむような状態で正位の埋設土器が二個並んで発見された。
※八区二号住居址　縄文時代中期(加曾利E式期)。楕円形プラン。東南隅に埋設土器あり。
※※八区一六号住居址　縄文時代中期(加曾利E式期)。七・二五×六・八mの楕円形プラン。正位の埋甕が北側に一個、南側に二個ある。
学習院大学輔仁会史学部「八王子市小比企町縄文中期住居址発掘調査概報」多摩考古一号　昭和三十五年
大場磐雄・椚国男・佐々木蔵之助・渡辺忠胤『宇津木遺跡とその周辺』中央高速道八王子地区遺跡調査団　昭和四十八年

大久保遺跡　八王子市下恩方町

※住居SB3　縄文時代中期後半(曾利Ⅱ式期)。プランは円形と思われる。南側の部分から埋甕が検出された。埋甕は、下半部を打ち欠く。口径二七・五㎝、現存する高さ一八㎝。
中西充ほか大久保遺跡調査研究会「八王子市下恩方町大久保遺跡の調査」考古学ノート八号　武蔵野文化協会考古部会　昭和五十五年

北野遺跡　八王子市北野町

※住居跡　縄文時代。敷石住居跡の張り出し部先端に甕を埋設してある。
佐々木蔵之助・渡辺忠胤「縄文時代」『宇都木遺跡とその周辺』

楢原遺跡　八王子市楢原町

※住居址　縄文時代中期。張り出し部床面に埋甕がある。
佐々木蔵之助・渡辺忠胤「縄文時代」『宇津木遺跡とその周

辺』

中田遺跡　八王子市中野町中田

※E地区三四号住居址　縄文時代中期（加曾利E式期）。三×二・四m×一・一mの六角形のプラン。西壁に接して、床面を一五cm掘り下げて口縁部を欠失した甕が出土している。

阿久津久「E地区三四号住居址と出土遺物」『八王子中田遺跡、資料編Ⅲ』八王子市中田遺跡調査会　昭和四十三年

中原遺跡　八王子市犬目町

※B号竪穴住居跡　縄文時代中期（勝坂Ⅱ式期）。径七mの円形プラン。一か所の柱穴に完形の甕形土器が埋まっていた。柱穴を貯蔵庫に利用した例であろう。

※一号住居跡　縄文時代中期（勝坂式期）。五・五×五・八mの円形プラン。中央やや北寄りに埋設土器が認められる。

※S地区一号住居跡　縄文時代中期（勝坂式期）。五・三×五mの円形プラン。住居跡の中央東寄りに八五×一三〇cm、深さ約六〇cmの貯蔵穴と思われる大きな穴が発見され、中から小型の完形土器一個が出土した。

都立第二高等学校考古学部「昭和二十六年度第一回遺跡発掘経過報告」

吉田格・竹内俊文「八王子市中原遺跡調査概報」武蔵野四一巻三・四号　昭和三十七年

渡辺忠胤「八王子市中原遺跡調査報告」多摩考古五号

渡辺忠胤「八王子市犬目町中原遺跡の縄文遺跡と遺物」社会文化史学一号

宮田遺跡　八王子市宮田台

※六号住居跡　縄文時代中期（勝坂Ⅱ式期）。円形プラン。炉の北側に近く床面中央に胴部以下を欠く甕が埋設されていた。貯蔵用と思われる。

林和男「東京都八王子市宮田遺跡」考古学ジャーナル二五　昭和四十三年

十内入遺跡　八王子市川口町

※敷石住居跡　縄文時代。張り出し部先端の敷石の下に埋甕施設を確認。

渡辺忠胤・佐々木蔵之助「縄文時代」『宇津木遺跡とその周辺』

船田向遺跡　八王子市長房町

※敷石住居跡　縄文時代後期（堀之内式期）。径四・八×四・九五m内外の円形プランの敷石住居跡の東南隅に大型の甕（高さ五四cm、口径三九cm）を（正位）埋設してあった。土器は底に径八cmの円孔が穿たれ、それに土器片を円盤形に整形し、蓋としていた。

柴田常恵「新に発見したる多摩陵付近石器時代住居阯」史跡名勝天然記念物二集六号　昭和二年

後藤守一「船田向石器時代住居遺跡」東京府史蹟保存物調査報告書第一〇冊　昭和八年

狭間遺跡　八王子市狭間町

※※※F号址　縄文時代中期（加曾利EⅠ式期）。径六mの円形プラン。南壁の周溝ぞいに土器が四個体ほど埋められており、

いずれも口縁部付近1/3ほどが残っているのみで、下半部は欠損していた。

玉口時雄「東京都八王子市狭間遺跡」日本考古学年報一六　昭和四十三年

椚田第Ⅲ遺跡　八王子市椚田町

※※※ＳＢ08住居址　縄文時代中期（加曾利ＥⅠ式期〈新〉）。七×五・八ｍの楕円形プラン。埋甕が炉のすぐ南側、床面南側中央部、南壁に近い中央部および南西壁に接して各一個発見された。四つのうち二つは逆位で、うち一個は炉の南側のものであった。

※※ＳＢ22住居址　縄文時代中期（加曾利ＥⅡ式期）。六×五・五ｍの円形プラン。南壁中央に近く二個の埋甕がある。

※ＳＢ53号住居址　縄文時代中期（加曾利Ｅ式期末）。柄鏡形の敷石住居址で、長軸四・四ｍ、短軸三・四ｍ。礫の敷かれた長大な張り出し部をもち、その先端に埋甕が発見された。

※ＳＢ54号住居址　縄文時代中期(加曾利Ｅ式期末)。柄鏡形の敷石住居址で長軸五・一ｍ、短軸三・五ｍ、南端入り口部の下に埋甕がある。

椚田遺跡調査会刊『椚田遺跡群』昭和五十一年

椚田遺跡　八王子市椚田町

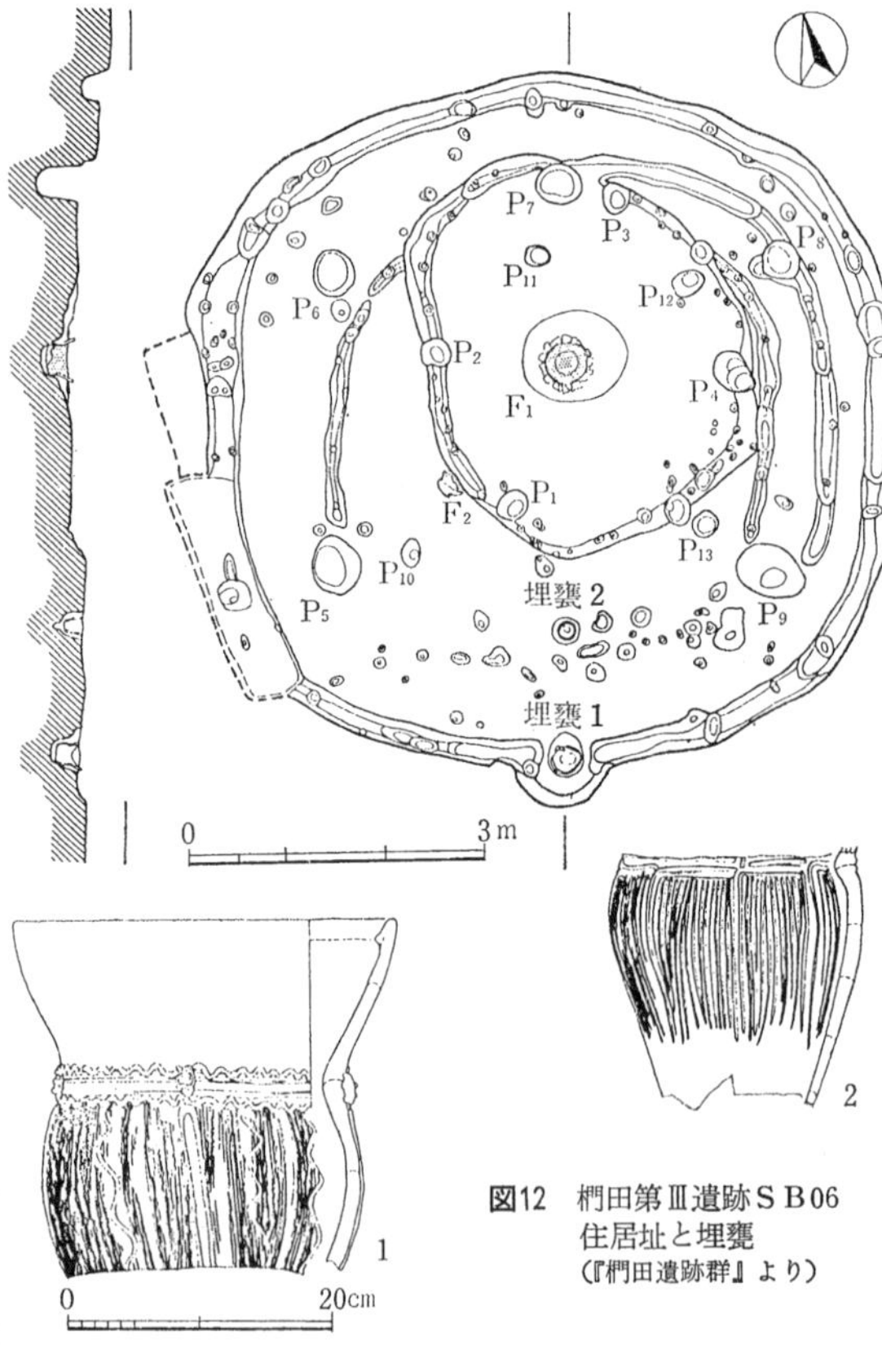

図12　椚田第Ⅲ遺跡ＳＢ06住居址と埋甕
（『椚田遺跡群』より）

※※住居ＳＢ06　縄文時代中期(加曾利ＥⅡ式期)。七・一×七ｍの隅丸方形プラン。南壁埋甕部分が張り出している。埋甕1は胴下半部を欠く、口径二九㎝、現存高二六㎝。埋甕2は北に一ｍ離れた貼り床下から発見、深鉢の胴部のみで、拡張前のものと考えられる。いずれも口縁部が上になるように埋設されていた。

※住居ＳＢ11　(加曾利ＥⅡ式期)。六・二×五・九ｍの五角形

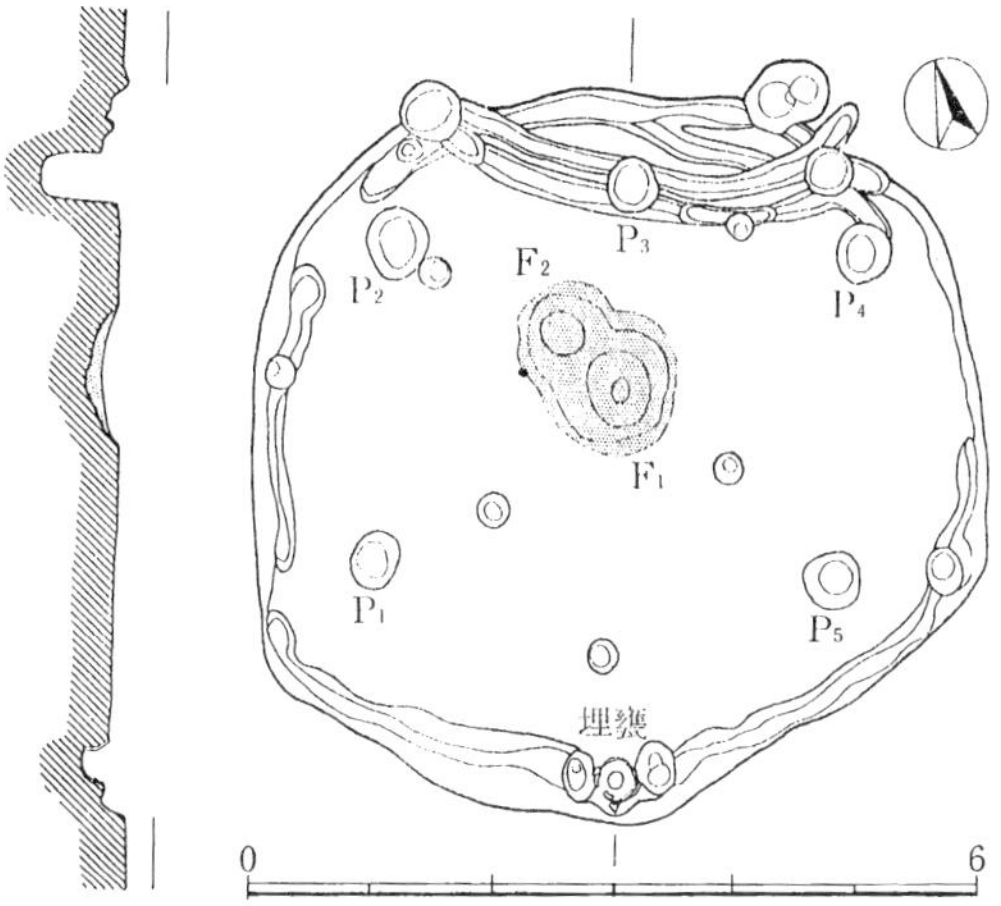

図13　椚田遺跡
住居ＳＢ11と埋甕
（『椚田遺跡群』より）

のプラン。南に突出した角（入り口部）に埋甕があった。胴下半部を打ち欠き、割れ口をよく磨っている。口径三六・五㎝・現存高二八㎝。

❋住居ＳＢ13　縄文時代中期（五領ヶ台式期）。直径約五ｍの円形プラン。西側壁寄りに埋甕がある。

『椚田遺跡群』八王子市椚田遺跡調査会　昭和五十三年
戸井晴夫「八王子市椚田第Ⅳ遺跡の調査」『調査・研究発表会Ⅳ』東京都教育委員会　昭和五十三年

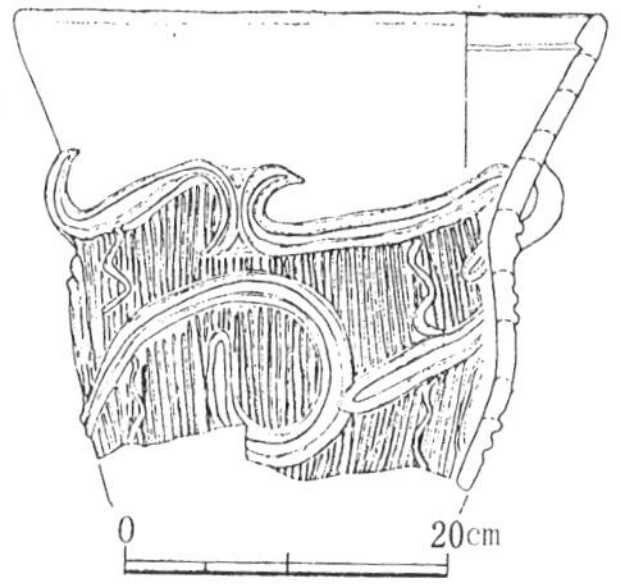

野久保遺跡　八王子市丹木町二丁目

❋住居跡　縄文時代中期（加曽利Ｅ式期）。六・七×四・二ｍの楕円形プラン。住居跡内の一つのピットに土器が埋められていた。

渡辺忠胤『八王子市丹木町二丁目野久保縄文中期遺跡概報』昭和三十四年

狭山遺跡　西多摩郡瑞穂町狭山

❋Ａ地点一号住居址　縄文時代中期（加曽利ＥⅡ式期）。径五ｍの円形住居址、南側の周溝に接して土器を埋設したピットがある。浅鉢形土器の口縁部と底部を欠失するもので、いわゆる埋甕とされるものである。土器の縁は床面下五㎝にある。

肥留間博「遺跡と遺構」『狭山・六道山・浅間谷遺跡』瑞穂町役場　昭和四十五年

山根坂上遺跡　西多摩郡羽村町羽坂上

❋第一号住居址　縄文時代中期（加曽利ＥⅠ式期）。隅丸方形プランで、南壁張り出し部に二つの重複するピットがあった。古いピットは深さ三七㎝、新しいピットには、胴下半部を欠損したキャリパー形深鉢が埋設してあった。

小杉博『山根坂上遺跡第一次発掘調査概報』羽村町教育委員会　昭和四十七年

羽ケ田遺跡　秋川市草花字羽ケ田

❋第一号遺阯　縄文時代中期。二・九×二・五五ｍの円形プランの敷石住居の南々東側に長さ一・六五m、幅〇・七mの長方形の張り出しを有する。この張り出し部の末端に北方に口縁を傾けて一個の大型土器を埋設してあり、その口縁部を小型の石塊で囲んであった。

後藤守一「武蔵国羽ヶ田の敷石住居遺阯」考古学雑誌二七巻七号　昭和三年

二宮遺跡　秋川市二宮

❋敷石住居址　縄文時代中期。柄鏡形のプラン。住居址の東側の張り出し部の先端に近く、口縁を欠いた正位の埋甕が発見された。

河野重義「二宮敷石住居址発掘経過」秋川市教育委員会　昭和四十九年

前田耕地遺跡　秋川市前田耕地

❋❋住居址　径約五・四mの円形プラン。埋甕二基があった。

松井和浩「秋川市前田耕地遺跡の調査Ⅱ」『調査・研究発表会Ⅴ』東京都教育委員会　昭和五十四年

市立一中校庭遺跡　青梅市青梅

❋敷石住居跡　縄文時代中期(加曾利E式期)。口縁部を敷石面とほぼ水平にして土器が埋置され、中に黒曜石の破片が二個はいっていた。

大場磐雄ほか「西多摩北東部地区における考古学上の調査」『西多摩文化財総合調査報告第一分冊』東京都教育委員会　昭和四十二年

丘の上遺跡　西多摩郡日の出町本宿

❋住居SB6　縄文時代後期(堀之内Ⅰ式期)。六×五mの楕円形プラン。石囲炉の南側の床面から埋甕が発見された。小型の深鉢形土器の上に、大形の甕形土器をかぶせたものである。

服部敬史『岳の上遺跡』日の出村文化財保護委員会　昭和四十七年

大石山遺跡　利島村西山

❋敷石住居址　縄文時代後期(称名寺式期)。径四mの円形プラン。敷石の西端に接して口縁をわずかに床面上にのぞかせて底部を欠失した土器を埋めてあった。

戸沢充則「北伊豆五島における考古学的調査〈利島大石山遺跡の第二次調査〉」『伊豆諸島文化財総合調査報告第二分冊』東京都教育委員会　昭和三十四年

神奈川県

神庭遺跡　川崎市中原区井田伊勢台

〔集落の概要〕縄文時代の住居跡は四一、内訳は加曾利EⅠ式期四、EⅡ式期三七である。

❋第二五号住居址　縄文時代中期(加曾利EⅡ式期)。五・二×四・九mの楕円形プラン。南壁に接して周溝を若干張り出して埋甕を埋設してあった。

❋❋第二九号住居址　縄文時代中期(加曾利EⅡ式期)。六・七×五・四mの楕円形プラン。埋甕が西床面に一つと、南床面に二つあった。

✽七二号住居址　縄文時代中期(加曽利EⅡ式期)。四・七五×四・六mの五角形のプラン。炉の南西に埋甕がある。正位で胴下半を欠損する。

✽七九号住居址　縄文時代中期(加曽利EⅡ式期)。径約五・八mの円形プラン。南東側壁溝の中に埋甕がある。正位で胴下半を欠く。

✽✽八四号住居址　縄文時代中期(加曽利EⅡ式期)。四・九×四・六mの隅丸方形プラン。南西側に埋甕が二個並存した。正位で胴下半を欠く。

✽九二号住居址　縄文時代中期(加曽利EⅡ式期)。五・四五×五・三mの円形プラン。南壁中央に近く埋甕がある。正位で胴下半を欠く。

✽一〇四号住居址　縄文時代中期(加曽利EⅡ式期)。五・四×五・三mの隅丸方形プラン。炉の南西に埋甕がある。正位で胴下半を欠く。

✽一〇六号住居址　縄文時代中期(加曽利EⅡ式期)。五・九×五・八mの隅丸方形プラン。炉の南に埋甕がある。正位で胴下半を欠く。

✽一一〇号住居址　縄文時代中期(加曽利EⅡ式期)。五×四・五mの隅丸方形プラン。南西の壁溝中に埋甕がある。正位で胴下半を欠く。

✽一三五号住居址　縄文時代中期(加曽利EⅡ式期)。四・七五×四・六五mの隅丸方形プラン。南東側に埋甕がある。正位で胴下半を欠く。

✽一三七号住居址　縄文時代中期(加曽利EⅡ式期)。五・三五×四・七mの円形プラン。南側周溝を若干張り出して埋甕を埋設している。正位で胴下半部を欠く。

✽一四四号住居址　縄文時代中期(加曽利EⅡ式期)。五・八×五・五mの隅丸方形プラン。東側に埋甕がある。正位で胴下半を欠く。

✽一四八号住居址　縄文時代中期(加曽利EⅡ式期)。プラン不明。正位で胴下半を欠く埋甕がある。

✽一五二号住居址　縄文時代中期(加曽利EⅡ式期)。五・一×四・九mの隅丸方形プラン。南西壁に近く埋甕がある。正位で胴下半を欠く。

✽✽一五四号住居址　縄文時代中期（加曽利EⅡ式期）。プラン不明。南壁を若干張り出して埋甕を二個埋設する。正位で胴下半を欠く。

✽✽一七五号住居址　縄文時代中期（加曽利EⅡ式期）。プラン不明。南壁付近に一つと他に一つの埋甕がある。正位で胴下半を欠く。

関俊彦・大三輪龍彦「住居跡一覧表」『東神庭遺跡』東出版株式会社　昭和四十八年

松村恵司・加藤緑「縄文時代の神庭ムラ」『神庭遺跡』東出版株式会社　昭和四十九年

西耕地遺跡　川崎市野川西耕地

✽第一号住居址　縄文時代中期(加曽利EⅠ式期)。径約六・五mの円形プラン。炉址の北東寄りに底部を欠失した埋甕土器（正位）が発見された。

❋二号住居址　縄文時代中期（加曾利ＥⅠ式期）。六×五・五ｍの隅丸方形プラン。南の隅に張り出して直径六〇㎝、深さ九〇㎝の貯蔵穴がある。また南東側の壁溝に接して口縁の一部を欠いた埋甕（底を欠く）がある。

樋口清之・川崎義雄・小田静夫「神奈川県川崎市野川西耕地遺跡発掘報告」上代文化三七集　昭和四十二年

樋口清之・麻生優「西耕地遺跡」埋蔵文化財発掘調査報告二　神奈川県教育委員会　昭和四十六年

大野遺跡　川崎市宮崎字大野

❋❋竪穴住居跡　縄文時代中期（加曾利ＥⅥ式期）。三・八×三・七ｍの隅丸方形プランの西側に長方形の張り出し部がある。その接する部分には河原石が密集し、下面中央から縦½を残し、しかも底部を欠損した耳付壺の破片が発見された。張り出し部の西側からは、胴上半を欠いた朱塗土器が底部を上にして発見された。いずれも埋甕埋葬施設と相通ずるところがある。

高山純・村田文夫「川崎市宮崎字大野遺跡発掘調査報告」川崎市文化財調査集録五集　昭和四十五年

第六天遺跡　川崎市土橋字下谷

❋Ａ地点第一号住居跡　縄文時代中期（勝坂式期）。三・八五×四・一ｍの円形プラン。北西壁をうかがって三五×二五㎝、深さ二〇㎝のピットを掘り、底部を欠いた甕形土器を正位に埋めていた。

久保常晴・関俊彦「川崎市土橋第六天遺跡発掘調査報告」川崎市文化財調査集録五集　昭和四十五年

初山遺跡　川崎市向ヶ丘字南平および字菅生

〔集落の概要〕住居跡は二四、その内訳は勝坂Ⅱ式期五、加曾利ＥⅠ式期九、Ⅱ式期九、Ⅲ式期一である。

❋❋❋第二号Ｂ住居址　縄文時代中期（加曾利ＥⅠ式期〜Ⅱ式期）。径約六×五・七ｍの円形プラン。西壁側中央の周溝にかかって九〇×五五㎝、深さ三〇㎝の土壙があり、中に三個の直立した深鉢土器が相接して埋納されていた。中央の一つには器内くびれ部に薄い焼土層が認められ、一つは底部を欠いていた。三例中、一例は、明らかに加曾利ＥⅠ式期であり、他は加曾利ＥⅡ式期の土器である。

❋第八号住居址　縄文時代中期（加曾利ＥⅡ式期）。隅丸方形プラン。南壁中央に近く埋甕一個あり。

❋第九Ａ号住居址　縄文時代中期（加曾利ＥⅡ式期）。円形プラン。西壁中央に近く埋甕一個あり。

❋第一〇号住居址　縄文時代中期（加曾利ＥⅠ式期）。隅丸方形プランか。南壁中央に近く埋甕一個あり。

❋第一五Ｂ号住居址　縄文時代中期（加曾利ＥⅠ式期）。円形プランか。南壁中央に近く埋甕一個あり。

❋第一六号住居址　縄文時代中期（加曾利ＥⅡ式期）。隅丸方形プランか。南壁中央に近く埋甕一個あり。

❋❋西一号住居址　縄文時代中期（加曾利ＥⅢ式期）。径二ｍの柄鏡形敷石住居址。張り出し部との接合部に入れ子になった埋甕があり、また、先端部にも埋甕があった。

伊東秀吉「遺跡の概要」、渡辺誠・村田文夫「遺跡について

の二、三の考察』『川崎市初山天台遺跡調査概要』 川崎市教育委員会　昭和四十年

渡辺誠「川崎市初山遺跡第三次調査概報」『川崎市文化財調査集録七』 川崎市教育委員会　昭和四十七年

潮見台遺跡　川崎市菅生字潮見台

〔集落の概要〕住居跡は合計一三、内訳は茅山式期二、加曾利EI式期一、II式期一〇である。

❋第三号住居跡　縄文時代中期(加曾利EII式期)。径五・六m以上の円形プラン。炉の南西方の壁に接して二個の埋甕(正位)がある。壁溝内と壁溝上部である。胴下半と口縁を欠いた深鉢で、中には暗褐色の土が入っていたのみ、壁溝は南側で内側に大きく湾曲し、この部分に二つのピットがある。

❋第四号住居跡　縄文時代中期（加曾利EII式期）。四・五×四・八mの隅丸方形プラン。西側壁に近く径三二cm、深さ三〇cmのピットを掘り、埋甕をいける。床面から口縁部を二〜五cmほど出し、胴下半部を欠く。現高一六・五cm、口径二一cmの深鉢である。

❋第五号住居跡A住居　縄文時代中期（加曾利EII式期）。五・八×五・五mの隅丸方形プラン。埋甕（正位）が南西側中央部の壁溝上に一個存在した。

❋第五号住居跡B住居　縄文時代中期（加曾利EII式期）。五・五×五・八mの隅丸方形プラン。南西壁中央に近く、径二五cm、深さ一五cmのピットを掘り、中に埋甕をいける。胴部下半を欠いた深鉢で、現高二一cm、口径一五・五cm、口縁部は床面より五cm突出し、内部には、暗褐色の土が充

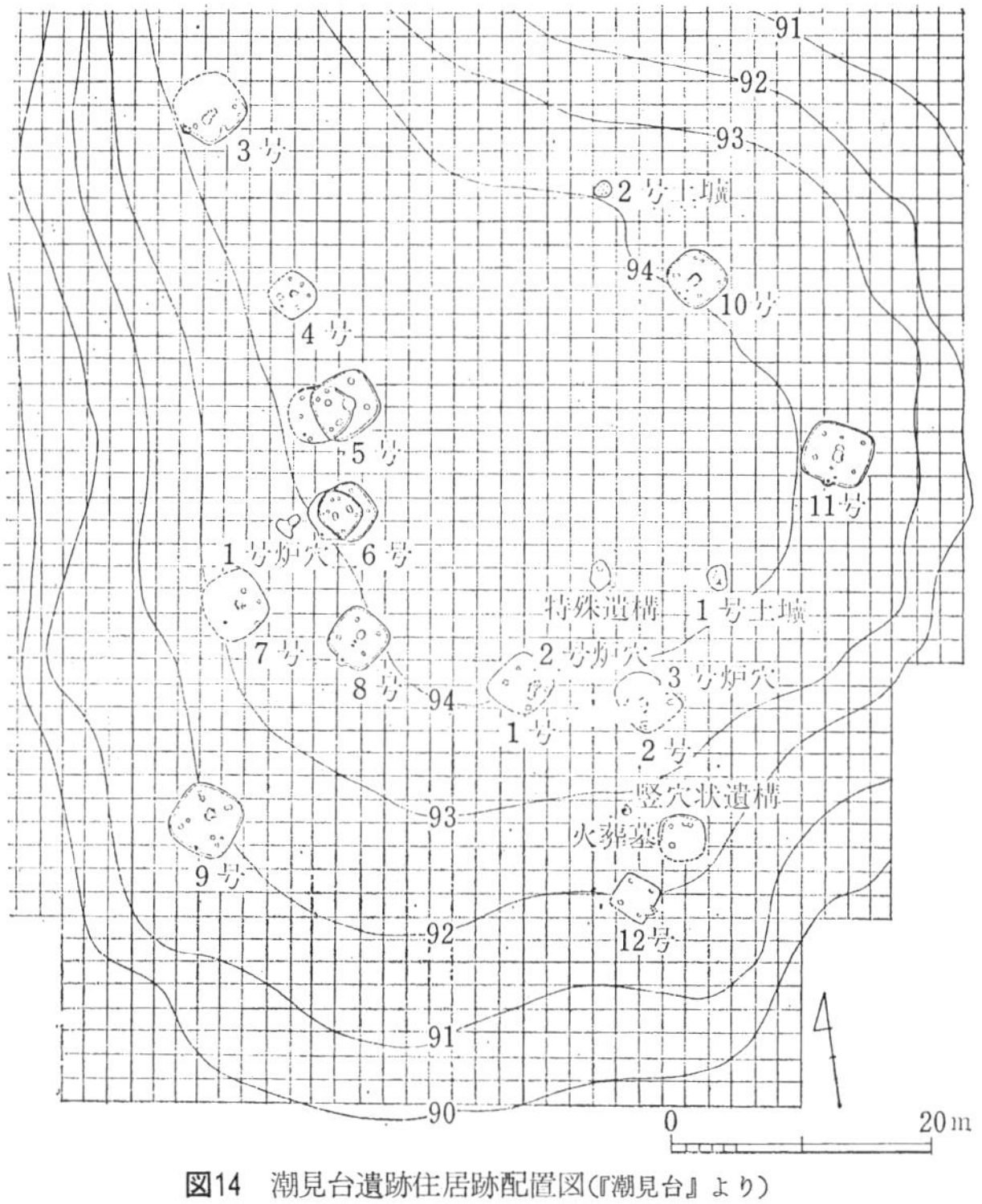

図14　潮見台遺跡住居跡配置図(『潮見台』より)

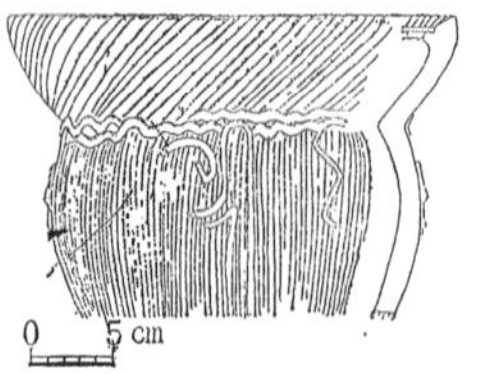

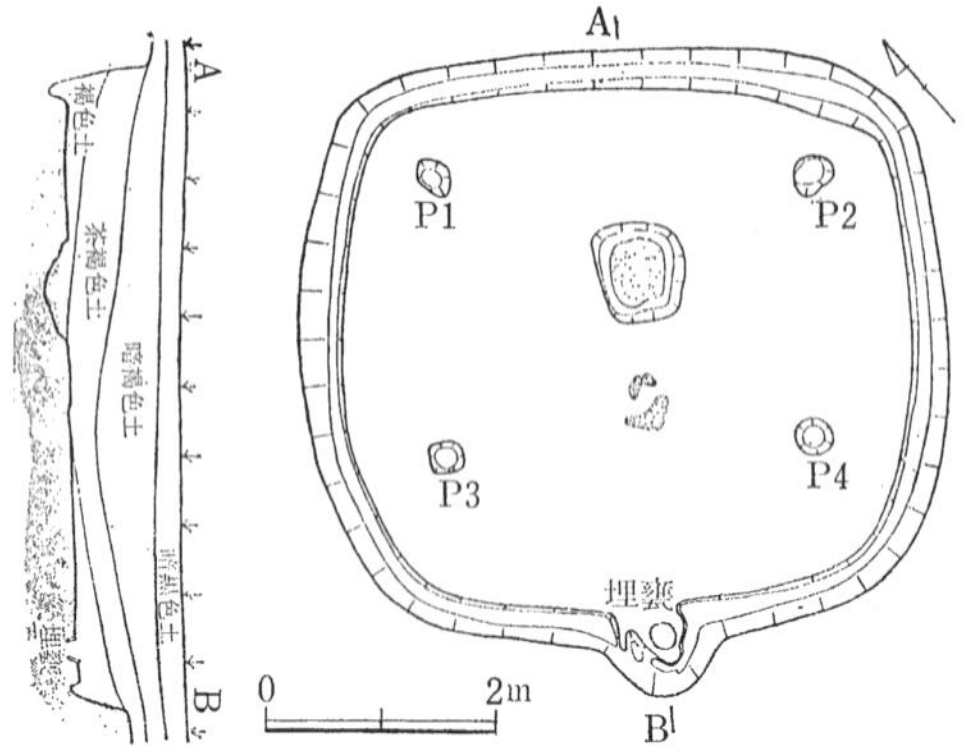

↑ **図15**　潮見台遺跡第８号住居跡と埋甕出土状態

↓ **図16**　潮見台遺跡第10号住居跡と埋甕出土状態

（『潮見台』より）

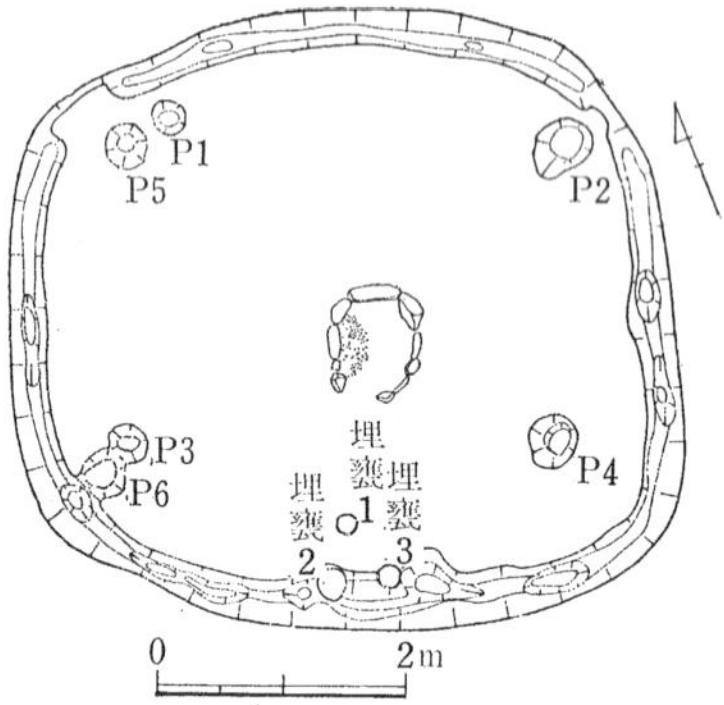

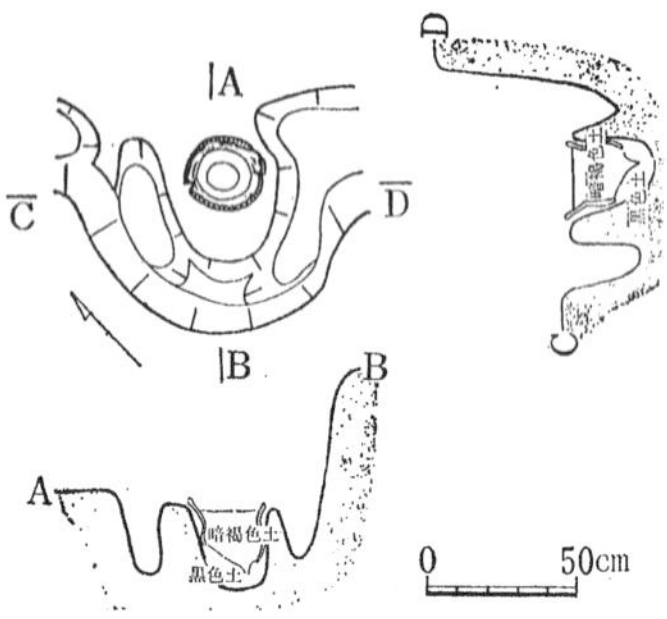

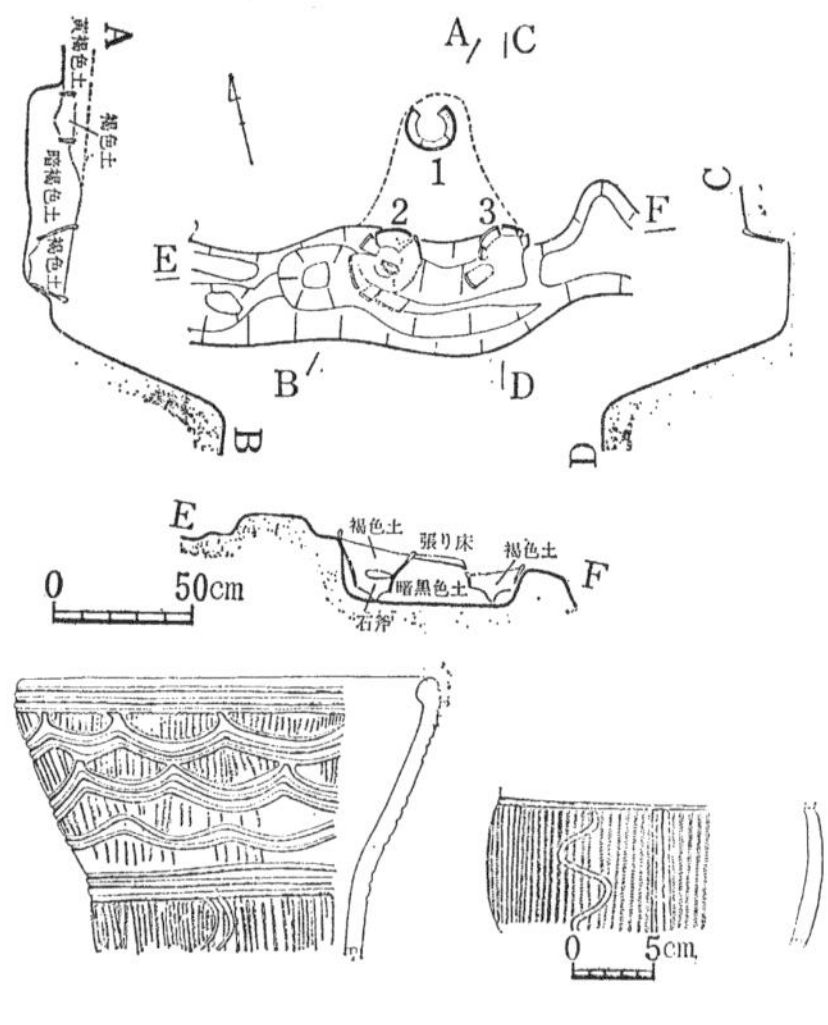

満していた。ほかに炉の南西方に一〇〇×九二cm、深さ九〇cmの大型のピットがある。

※第六号住居跡A住居　縄文時代中期（加曾利EⅡ式期）。四・四×四・六mの隅丸方形プラン。埋甕（正位、底を欠く）は南西壁の下にあり、暗褐色の土が充満していた。

※第七号住居跡　縄文時代中期(加曾利EⅡ式期)。五・五×四・五mの隅丸方形プラン。炉の南西一・五mに埋甕があり、床面を径一五cm、深さ一二cmほど掘りくぼめて口縁と底部を欠損した現高一八・五cmの深鉢をい

ける。土器の縁は床面より三cmほど出ている。内部には暗褐色の土が底の黒色土に漏斗状に落ちこんでいた。

※第八号住居跡　縄文時代中期(加曾利EⅡ式期)。五・六三×五・五五mの隅丸方形プラン。埋甕は炉の南々西の壁下で、これを埋設するために住居跡にはじめから張り出し部を設けている。径二五cm、深さ二五cmのピットを掘り、底の欠損したキャリパー形の深鉢（現高一九cm、口径一八cm、正位）を埋めこむ。

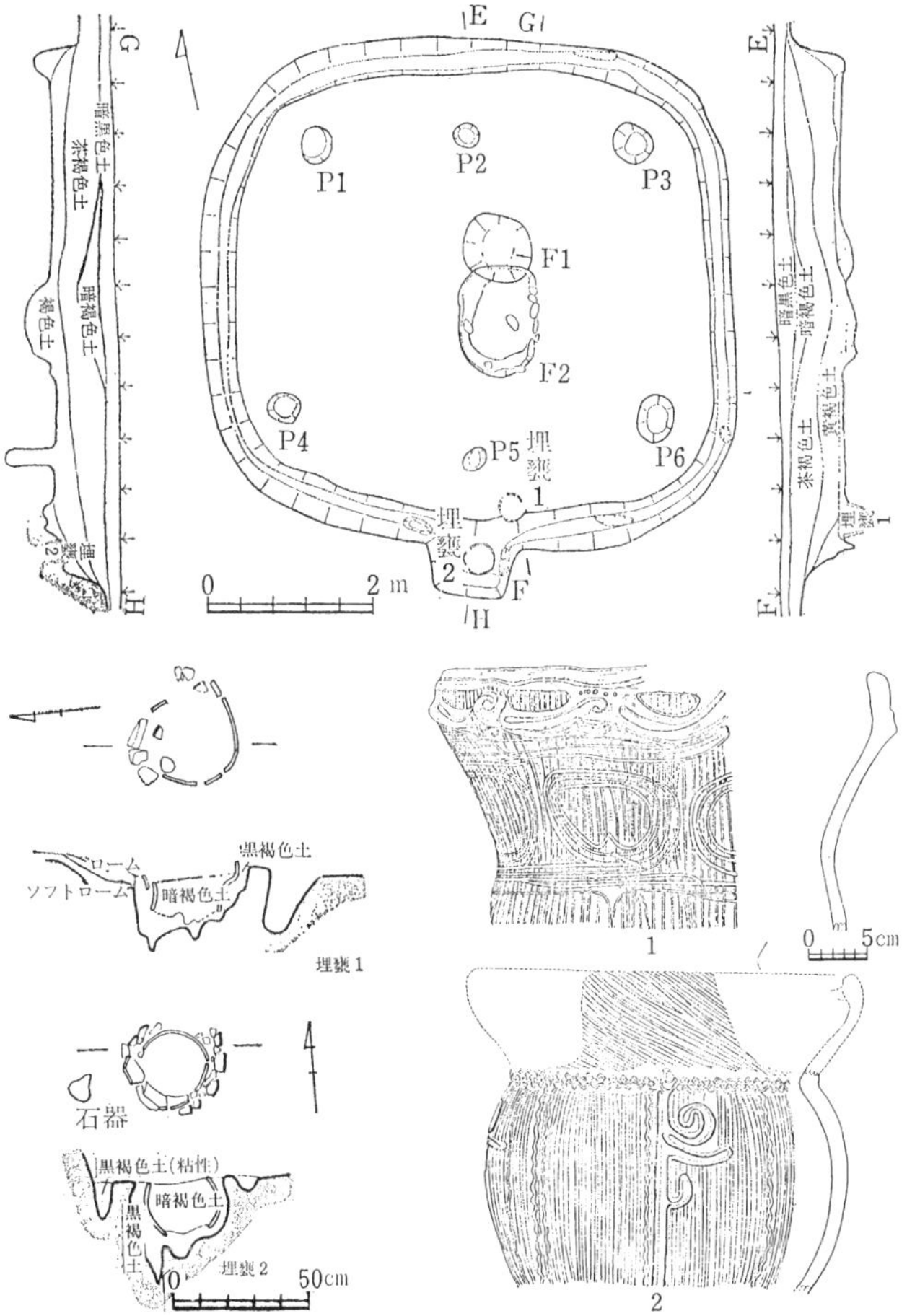

図17　潮見台遺跡第11号住居跡と埋甕出土状態（『潮見台』より）

※第九号住居跡　縄文時代中期(加曾利EⅡ式期)。四・五×四・八mの隅丸方形プラン。東南壁中央部の壁溝の中に埋甕（正位）がある。口縁と底を欠いた深鉢で、現高一八・五cm。

※第一〇号住居跡　縄文時代中期(加曾利EⅡ式期)。五・三×五mの隅丸方形プラン。南壁溝内に二つ、南側床面下に一つの埋甕がある。後者は踏み固められた床面下にあり、浅いピットを掘り、口縁部を五cm残した底部を欠いた土器を埋めていた。前二者のうち左側の一つは、壁溝に八五×三〇cm、深さ二五cmのピットを掘り、そこに胴下半を欠いた深鉢（現高一七cm、口径二八cm）をいけたもの

で、褐色土が充満した中に、打製石斧を一個水平に意識的に埋めていた。右側の一つは、浅いピットを掘った中に口縁と底を欠いた深鉢をすえている。これらの埋甕の存在する南壁面は、いけるときに下部を弧状にえぐっている。

※※第一一号住居跡　縄文時代中期(加曽利EⅠ・Ⅱ式期)。六×五・二mの隅丸方形プラン。埋甕は南壁寄りに二個（正位）ある。1は壁溝に接した床面下に胴下半を欠いた現高二二cm、口径三六cmの深鉢を埋設していた。2は南壁の一部を切りひろげて設けた一×〇・六mの張り出し部にある。胴部下を欠いた深鉢（現高二七cm、口径三二・五cm）が径三五cmのピットの中に埋められ、西外側に打製石斧一本を意図的においていた。

この遺跡の加曽利E式期の集落には各住居跡に必ず埋甕がある。すべて胴下半を欠き、断面を磨いている。埋甕に使用された土器は日常煮沸に使っていたものを転用したらしく火熱で内面が剝がれたものがある。

関俊彦「遺跡各説」、「縄文時代中期の集落」『潮見台』潮見台遺跡調査会　昭和四十六年

西菅遺跡　川崎市多摩区菅字北浦谷

※第三地点第一号住居址　縄文時代中期（加曽利EⅡ式期後半)。三・五×三mの円形プラン。炉の南西側、壁との中間の床面に配石があり、その下の大きな浅い掘りこみに甕形土器が埋設されていた。径六〇cm、深さ四〇cmのピット中に褐色土でおさえられるようにがっちりと固定してあった。口縁部はなく胴部だけで、現存部の高さ二二・六cm、径一九・七cm。

東原信行「遺構」『西菅遺跡第三地点発掘調査報告』高津図書館友の会郷土史研究部　昭和五十一年

宮添遺跡　川崎市多摩区黒川字宮添

※二号住居址　縄文時代中期中葉。四・四×二・五mの隅丸方形プラン。炉の南西七〇cmに埋甕（深鉢形）がある。

※三号住居址　縄文時代中期。一辺三m以上の方形のプラン。南西側の周溝から埋甕(口縁と胴下半を欠く深鉢形)を発見した。

※七号住居址　縄文時代中期(加曽利E式期)。一辺六・五mの隅丸方形プラン。南壁中央から張り出して埋甕あり、下半を欠く。

※一〇号住居址　縄文時代中期(加曽利E式期)。六×四mの長方形プラン。南壁に接して埋甕(口縁と底部を欠く)があった。

※※一四号住居址　縄文時代中期(加曽利E式期)。四×四・三mの隅丸方形プラン。南西壁に近く二個の埋甕(胴部のみ)がある。

岡部利和・後藤健・土屋積「宮添遺跡〈遺跡〉」『多摩』多摩線沿線地区埋蔵文化財発掘調査委員会　昭和五十二年

第六天B地点遺跡　川崎市土橋字下谷

※※二号C住居址　縄文時代中期(加曽利E式期)。南壁寄りに底を欠いた正位の埋甕が、また南西側に埋甕が一つあった。

※※五号住居址　縄文時代中期(加曽利E式期)。東側に底を欠いた埋甕が二個あった。

伊東秀吉・増子章二『川崎市土橋第六天遺跡B地点調査概要』昭和四十五年

梶山遺跡　横浜市鶴見区上末吉町

※八号住居址　縄文時代中期(加曽利EⅡ式期)。四・九×四・

五ｍの隅丸方形プラン。南西側壁中央部に接して底を欠失した土器(正位の深鉢)を埋設していた。それから五五㎝内側の床面に、六〇×三五㎝、深さ二七㎝の穴があった。

❋一二号住居址　縄文時代中期（加曽利EⅢ式期、大木８Ｂ式期)。北東側の壁に近く、口縁の一部を欠いた鉢形土器(深鉢、正位）を埋設していた。

❋一六号住居址　縄文時代中期(加曽利EⅠ式期)。南西隅の壁に接して、鉢形土器の胴部が埋設されていた。埋甕であったと考えられる。

神沢勇一「梶山遺跡(３)」神奈川県立博物館発掘調査報告書第四号　昭和四十五年

歳勝土遺跡　横浜市港北区大棚町

❋Ｊ二Ｃ号住居址　縄文時代中期(加曽利EⅡ式期)。プラン不明。南側に一個の埋設土器がある。

❋Ｊ三ｄ号住居址　縄文時代中期(加曽利EⅡ式期)。六・二×六ｍの六角形のプラン。南壁溝内に一個の埋設土器がある。

❋Ｊ六ａ号住居址　縄文時代中期(加曽利EⅡ式期)。五・七×五・四ｍの円形プラン。南壁溝内に一個の埋設土器がある。

❋Ｊ七ａ号住居址　縄文時代中期(加曽利EⅡ式期)。六・一×六ｍの隅丸方形プラン。北壁溝内に一個の埋設土器がある。

❋Ｊ七ｂ号住居址　縄文時代中期(加曽利EⅡ式期)。六・五×五・九ｍの隅丸方形プラン。南壁溝内に一個の埋設土器がある。

❋Ｊ七Ｃ号住居址　縄文時代中期(加曽利EⅡ式期)。七・二×七・一ｍの不整円形プラン。北西壁溝内に一個の埋設土器がある。

❋Ｊ一〇号住居址　縄文時代中期(加曽利E式期)。五・一×四・六ｍの隅丸方形プラン。北西壁溝に一個の埋設土器がある。

❋Ｊ一一号住居址　縄文時代中期(加曽利EⅠ式期)。一辺五・五ｍの隅丸方形プラン。北側床面に一個の埋設土器がある。

❋Ｊ一六ｂ号住居址　縄文時代中期（加曽利EⅡ式期)。(五・二)×(四・五) ｍの隅丸方形プラン。北壁溝内に一個の埋設土器がある。〈( )内は現在の数字〉

❋Ｊ一七ｂ号住居址　縄文時代中期(加曽利EⅡ式期)。一辺六ｍの隅丸方形プラン。南西壁溝内に一個の埋設土器がある。

❋Ｊ一七Ｃ号住居址　縄文時代中期(加曽利EⅡ式期)。六・四×六ｍの隅丸方形プラン。南西壁ぎわに一個の埋設土器がある。

❋Ｊ二二号住居址　縄文時代中期（加曽利EⅡ式期)。(五)×(四・二) ｍの隅丸方形プラン。南西床面に一個の埋設土器がある。

❋Ｊ二四ａ号住居址　縄文時代中期(加曽利EⅠ式期)。四・九×四・二ｍの隅丸方形プラン。北壁溝内に一個の埋設土器がある。

❋Ｊ二四ｂ号住居址　縄文時代中期(加曽利EⅠ式期)。五・四×四・七ｍの隅丸長方形プラン。西壁溝内に一個の埋設土器がある。

❋Ｊ二五号住居址　縄文時代中期(加曽利EⅠ式期)。四・三×三・八ｍの楕円形プラン。西壁溝内に一個の埋設土器がある。

❋Ｊ三三号住居址　縄文時代中期(加曽利EⅡ式期)。五・一×(四・三)ｍの隅丸方形プラン。南壁側に一個の埋設土器がある。

❋J三五a号住居址　縄文時代中期(加曾利EⅠ式期)。四・二×(三・六)mの不整円形プラン。北東壁溝内に一個の埋設土器がある。

❋J三五b号住居址　縄文時代中期（加曾利EⅠ式期)。(五・七)×(五・八)m の隅丸方形プラン。西壁ぎわに一個の埋設土器がある。

横浜市埋蔵文化財調査委員会『歳勝土遺跡』昭和五十年

新羽・大熊土地改良区遺跡　横浜市港北区新羽町

❋❋第七地点一号住居跡　縄文時代中期(加曾利E式期)。隅丸方形プラン。南壁中央近くに二個の埋設された甕が発見された。一つは口径二八・三五cm。高さ一九・五cm、他は口径三四cm、高さ一八・八cmである。

❋❋第一四地点三号住居跡　縄文時代中期（加曾利EⅡ式期)。五・四×五・一七mの隅丸方形プラン。西側中央で壁溝が途中で切れており、壁を削り取って張り出したような感じの床面に完形土器(正位)が埋設されていた。

釜口幸一ほか「新羽・大熊土地改良区埋蔵文化財調査報告」『昭和四五年度横浜市埋蔵文化財調査報告』昭和四十六年

榎戸第一遺跡　横浜市港南区日野町榎戸

〔集落の概要〕住居跡の合計一八、内訳は加曾利EⅠ式期七、Ⅱ式期五、不明六。

❋五地点一号住居址　縄文時代中期(加曾利EⅠ式期)。四・七×五・二mの円形に近いプラン。南壁に近く正位の埋甕があった。底部を欠く。

❋五地点四―一号住居址　縄文時代中期(加曾利EⅡ式期)。径五・三mの円形に近いプラン。東南壁側溝に接して埋甕（正位)がある。深鉢形土器の上半部である。

❋五地点四―二号住居址　縄文時代中期(加曾利EⅠ式期)。径六mほどの円形プラン。南壁に接して埋甕（正位）がある。深鉢形土器の上半を欠くものである。

❋　五地点四―三号住居址　縄文時代中期(加曾利EⅠ式期)。プラン不明。東南壁側溝に接して深鉢形土器の半欠が埋甕とされていた。

❋五地点七号住居址　縄文時代中期(加曾利EⅡ式期)。プラン不明。南壁近くに口縁と胴部を欠損する埋甕を発見した。

❋❋五地点八号住居址　縄文時代中期(加曾利EⅡ式期)。円形プラン。南側壁に近く正位の埋甕二があった。ともに深鉢形土器の上半分を用いる。

❋五地点九―二号住居址　縄文時代中期(加曾利EⅠ式期)。プラン不明。東壁に接して正位の埋甕があった。胴下半を欠く。深鉢形土器の上半分を用いる。

❋❋五地点一一号住居址または一二号住居址　縄文時代中期(加曾利EⅠ式期)。南西側に近く、二個の深鉢形土器が埋設されている。

❋一六N地点一号住居址　縄文時代中期(加曾利EⅡ式期)。プラン不明。南西部にある径五〇cmほどの張り出し部に深鉢形土器を埋設していた。口辺部と胴下部を欠損する。

❋一六S地点一号住居址　縄文時代中期（加曾利EⅠ式期)。

四・三×四・五mの円形プラン。西側壁溝に接して正位の埋甕が発見された。胴部下半を欠く。

塚田順正「遺構」『港南台』港南台遺跡群調査団　昭和五十一年

池辺第三遺跡　横浜市緑区池辺町

※四号住居址　縄文時代（加曽利EⅡ〜Ⅲ式期）。胴下半部を欠いた埋設土器が一個直立の状態で発見されている。

『港北ニュータウン地域内文化財調査報告Ⅰ』昭和五十一年

朝光寺原A地区遺跡　横浜市緑区市が尾町下市が尾

※一一〇A住居址　縄文時代中期（加曽利EⅡ式期）。埋設した甕一がある。

※一一〇E住居址　縄文時代中期（加曽利EⅠ式期）。住居址の大きさは七・六×七・八m、埋設した甕一がある。

※二三〇C住居址　縄文時代中期。埋設した甕一がある。

朝光寺原調査団「朝光寺原A地区遺跡第一次発掘調査略報」『昭和四二年度横浜市域埋蔵文化財調査報告書』横浜市域北部埋蔵文化財調査委員会　昭和四十三年

荏田（えた）**第二遺跡**　横浜市緑区荏田町

※第一五号住居跡　縄文時代後期（称名寺式期）。張り出し部を有する住居跡で、東側先端部に埋設土器がある。

坂上克弘・石井寛「縄文時代後期の長方形柱穴列」『調査研究集録Ⅰ』港北ニュータウン埋蔵文化財調査団　昭和五十一年

荏田第一七遺跡　横浜市緑区荏田町

※※一号住居址　縄文時代中期。張り出し部を有し、張り出し先端と基部に埋甕を有する。

※※二号住居址　縄文時代中期。張り出し部を有し、張り出し先端と基部に埋甕を有する。

石井寛「荏田一七遺跡」日本考古学年報二七　昭和五十一年

宮沢遺跡　横浜市旭区二俣川町

※※一号住居址　縄文時代中期（加曽利EⅠ式期）。径約五mの不整円形プラン。南側床面に三つの土器（正位）が埋めこまれていた。壁に近い一つは胴下半部を欠き、その東にある一つは開いた口縁部のみ、他の一つも口縁部のみを埋めこまれていた。後の二者は床面から一五cm突出していた。

※第二次第一号住居跡　縄文時代中期（加曽利EⅠ式期）。五・五×五・七mの不整円形プラン。南壁中央壁溝に完形に近い正位の埋甕（底を欠く）があった。

鬼頭隆ほか「横浜市旭区宮沢遺跡調査報告＜一号住居址＞」『昭和四四年度横浜市埋蔵文化財調査報告書』横浜市埋蔵文化財調査委員会　昭和四十五年

釜口幸一・井上義弘・佐藤安平「横浜市旭区宮沢遺跡第二次調査報告『横浜市埋蔵文化財調査報告書』昭和四十六年

三殿台遺跡　横浜市磯子区岡村町

※一一〇号住居址　縄文時代中期（加曽利EⅡ式期）。大半を破壊された住居址である。南壁に近く底の抜けた大型のキャリパー形土器が埋めこまれていた。口縁は床面と水平であった。

※二三〇―A号住居址　縄文時代中期（加曽利E式期）。円形プラン。西側の壁溝には底部を欠く深鉢（正位）が埋置されていた。

近藤正巳「一一〇号住居址」、長井廸子「二三〇—A号住居址」『三殿台』横浜市教育委員会　昭和四十年

左藤内遺跡　横浜市磯子区

※二号住居址　縄文時代中期(加曾利EⅡ式期)。プラン不明。中央よりやや北寄りに正位の埋甕あり。底を欠く。

神沢勇一『左藤内遺跡』神奈川県立博物館発掘調査報告書五号　昭和四十六年

そとごう遺跡　横浜市戸塚区上柏尾町字ソトゴウ

※※JI号住居址　縄文時代(加曾利EⅡ式期)。六・六×六mの円形プラン。西方の周溝に接して口縁部を欠く深鉢形土器(高さ二一・五cm、正位)が埋設されていた。また、その北西側の住居址の外一mの個所に四五×四〇cmのすりばち状のピットがあり、中に高さ二九cm、口径二五cmの深鉢形土器が埋設されていた。この住居址に伴うものと思われる。

藤塚明「JI号住居址」「埋設土器」『そとごう』考古学資料刊行会　昭和四十六年

猿田遺跡　横浜市南区洋光台

※第三号址　縄文時代中期(加曾利E式期)。六・四×五・一五mの六角形のプラン。壁ぎわに埋甕(正位、底を欠く)がある。

※第一〇号住居址　縄文時代中期(加曾利E式期)。五・二×四・〇五mの突出部をもつ柄鏡形のプラン。東側張り出し部の接合部に埋甕(正位、底を欠く)がある。

※第一二号址　縄文時代中期(加曾利E式期)。五・七×五mの楕円形のプラン。南壁ぎわに埋甕がある。

※第一四号址　縄文時代中期(加曾利E式期)。六・三×五・四五mの楕円形プラン。南壁ぎわに埋甕がある。

桜井清彦「神奈川県横浜市猿田遺跡」日本考古学年報二〇　昭和四十二年度　昭和四十七年

上ノ入B遺跡　平塚市岡崎上ノ入

※四次一六号住居址　縄文時代中期。南東壁に接して埋甕が出土した。

小島弘義「上ノ入B遺跡三次・四次調査」『平塚市発掘調査の回顧と展望』平塚市博物館　昭和五十三年

勝坂遺跡　相模原市磯部字勝坂

※A地点住居跡　縄文時代中期(加曾利EⅡ式期)。径六・五mの円形プラン。南壁近くの床に口縁と底部を欠いた埋甕が検出された。

※D地点三号住居跡　縄文時代中期(加曾利EⅡ式期)。円形プランか。南壁に近く埋設土器があった。

※※D地点一六号住居跡　縄文時代中期(加曾利E式期)。円形プラン。西壁近くに一個、中央南壁寄りに一個の埋設土器があった。

※D地点二一号住居跡　縄文時代中期(加曾利E式期)。埋設土器が検出された。

※D地点二五号住居跡　縄文時代中期(加曾利E式期)。円形プラン。南西壁に接して埋設土器が検出された。

※第一号住居跡　縄文時代中期(加曾利EⅡ式期)。径約六・六mの不整円形プラン。南壁近くの床に口縁部と底部を欠いた深鉢

を使用した埋甕があった。現存高二六cm、径三二cm。

大川清・大島秀俊『勝坂遺跡D地点調査概報』相模原市教育委員会　昭和五十年

樋口清之『勝坂遺跡発掘調査報告書』勝坂遺跡発掘調査団　昭和五十年

『勝坂』相模原市教育委員会　昭和五十四年

当麻遺跡　相模原市当麻谷ヶ原

〔集落の概要〕住居址は合計八六、内訳は阿玉台・勝坂期一三、加曾利ＥⅠ式期一八、Ⅱ式期三二、Ⅲ式期一五、称名寺式期一、不明八である。

❋❋第一〇号竪穴住居址　縄文時代中期（加曾利ＥⅡ式前半期）。径六ｍの円形プラン。南西壁が若干張り出し、そこに正位に埋められた二個の埋甕（No.1、No.2）があった。No.1は外壁から三〇cm内側にある。深鉢形土器（口径二七×器高三一cm）で底部を欠損する。その内側に接してNo.2がある。深鉢形土器の胴部破片（四〇×三〇）である。このほうがNo.1より古いとみなされる。No.2の内側約四一cmのところにピット30と31が対になっていた。埋甕に付属する出入り口部施設のピットとみなされよう。

❋第一一号竪穴住居址　縄文時代中期(加曾利ＥⅡ式期)。径約四ｍ。南壁寄りに上面に河原石をのせた埋甕があった。正位に埋設された橋状把手をもつ深鉢形土器（三〇×四〇）で、口縁を欠く。

❋❋❋❋❋第一六号竪穴住居址　縄文時代中期（加曾利ＥⅡ式期）。六×五・六ｍの楕円形プラン。埋甕は六つ発見された。南西壁ぎわにNo.1(深鉢形土器一八×一九cmで胴部上半を欠く)、その内側にNo.2(口縁部と底部を欠く深鉢形土器、一三×二六)、No.9(円筒形状の胴部破片、一二×一一)、南壁内側にNo.10（口縁を欠く深鉢形土器、一七×二二)、炉址内側にNo.12か出土した。このうちNo.10は住居拡張前に、No.1、No.2、No.9は拡張後のプランに伴うものと思われる。No.1はもっとも新しく、埋甕に対して壁がわずかに張り出している。No.12（深鉢形十器二五×三三・五）は底部を欠き逆位に埋設される点、中部山地の該期住居址の「伏甕」に類似する。その他は正位に埋設される。

❋第二〇号竪穴住居址　縄文時代中期(加曾利ＥⅢ式期)。径約三・五ｍの小型の円形プラン。南西壁側に正位の埋甕（二八×二九）がある。深鉢形土器で口縁を欠く。

❋第二一号竪穴住居址　縄文時代中期(加曾利ＥⅡ式期)。五・七×四・八ｍの楕円形プラン。西壁寄りに正位の埋甕があった。深鉢形土器（一八×二一）で口縁と底部を欠く。

❋第二二号竪穴住居址　縄文時代中期(加曾利ＥⅠ式期後半)。四・六×四・五ｍの隅丸方形プラン。南側のほぼ中央に正位に埋設された埋甕があった。深鉢形土器（二四×二三）で口縁部と底部を欠く。埋甕の内側に対状のピットがあった。出入り口部に伴う柱穴であろう。

❋第二七号炉址　縄文時代中期(加曾利ＥⅡ式期)。炉址の西側八〇cmのところに深鉢形土器（一六×一五）の胴下半部を正位に埋設してあった。

❋第二八号竪穴住居址　縄文時代中期（加曾利ＥⅡ式期＝曾利

Ⅳ式期)。五・八五×五・五mの隅丸方形プラン。南壁ぎわほぼ中央に石蓋をした正位の埋甕(二六×二七)があった。埋甕を中心に対ピットがあった。深鉢形土器で口縁を欠く。

※※第二九号竪穴住居址　縄文時代中期(加曽利EⅡ式期後半)。六・二×五・二mの楕円形プラン。正位の埋甕が南壁ぎわに二個(No.1・No.2)並んで発見された。No.1(二七×二五・五)は胴下半部を、No.2(一七×一三)は胴上半と底部を欠く。深鉢形土器である。やや西寄りの壁外に張り出し部がある。

※第三一号炉址　縄文時代中期(加曽利EⅢ式期＝曽利Ⅴ式期)。炉址の南西一・七mのところに配石を伴う正位の埋甕があった。口縁を欠損する深鉢形土器(二〇・五×二〇)である。

※第三二号炉址　縄文時代中期(加曽利EⅠ式期)。炉址の南西一mのところに底部を欠く深鉢形土器(二五・五×二五)を逆位に埋設してあった。

※第三四号炉址　縄文時代中期(加曽利EⅡ式期)。炉の南約一・五mのところに埋甕があった。埋設ピットのふちに土器にかかるように河原石一個があった。石蓋と思われる。埋甕は深鉢形土器(二五×三三・四)で、別個体の深鉢形土器の底部を中から出土した。

※第三七号炉址　縄文時代中期末(加曽利EⅢ式期＝曽利Ⅴ式期)。炉址の南西約二・三mのところに、口縁部を欠いた正位の埋甕(深鉢形土器、二二・五×二七)があった。

※※第三九号炉址　縄文時代中期(加曽利EⅡ式期)。炉址の北約二・四mのところに、径三〇cmの扁平な河原石を石蓋とした埋甕が入れ子で検出された。

※第四五号炉址　縄文時代中期(加曽利EⅢ式期)。炉址の南約一・五mのところに径約五〇cmのピットがあり、中に逆位の埋甕が検出された。完形の深鉢形土器(二六・四×一八)である。

※第四六号炉址　縄文時代中期(加曽利EⅡ式期後半＝曽利Ⅳ式期)。炉址の南西約一・三mのところに、口縁の大半を欠いた正位の埋甕(深鉢形土器、一七・五×二八・六)を検出した。

※第四九号竪穴住居址　縄文時代中期(加曽利EⅡ式期)。径約四・五mの円形プラン。南西壁ぎわに底部のみの深鉢形土器、南東壁ピット17の中に底部を欠いた逆位の埋甕が検出された。

※※第五〇号竪穴住居址　縄文時代中期(加曽利EⅡ式期後半)。径六・二mの六角形プラン。南西壁ぎわに胴上半部を欠いた正位の埋甕No.2(一九×一三・六)、西壁ぎわに底部を欠いた正位の埋甕No.1(二一・八×二四)が検出された。深鉢形土器である。

※第五四号竪穴住居址　縄文時代中期(加曽利EⅠ式期後半)。七・一六×七mの円形プラン。北東側に底部・口縁部を欠いた甕形土器(四〇×三七)の大破片が正位におかれた埋甕があった。

※第五七号炉址　縄文時代中期(加曽利EⅠ式期)。炉の東二・一mのところに正位の埋甕があった。深鉢形土器(二五・五×二六・四)で、胴下半を輪づみの所で打ち欠く。

※第五八号竪穴住居址　縄文時代中期(加曽利EⅡ式期)。四・七×四・三mの五角形プラン。南壁ぎわに底部を欠いた逆位の埋甕(鉢形土器、三六・六×二八)があった。

❋第六三号竪穴住居址　縄文時代中期(加曾利EⅠ式期)。径約五・九ｍの円形プラン。北西壁ぎわに正位におかれた埋甕があった。深鉢形土器（四三・六×二九）で胴下半部を欠く。

❋第六九号竪穴住居址　縄文時代中期（加曾利EⅡ式期の新しいころ)。四・八×四・六ｍの五角形のプラン。南西壁ぎわに正位の埋甕二があった。№1（三三×二一・五）は口縁と底部を欠き、№2（二六×一三）は口縁と胴下半を欠く。深鉢形土器で、№2には石蓋をする。

❋第七一号竪穴住居址　縄文時代中期(加曾利EⅡ式期)。径五ｍの円形プラン。南西壁ぎわに口縁と底部を欠いた埋甕二(二三×一七、二〇×一二)がある。いずれも深鉢形土器で、口縁部と胴下半を欠く。張り出しピットと対状ピットをともなう。

❋第七二号竪穴住居址　縄文時代中期（加曾利EⅡ式期)。六・七×五・七ｍの五角形プラン。南西壁下から正位の埋甕があった。深鉢形土器（二七×二三）で胴下半部を欠く。

❋第七八号竪穴住居址　縄文時代中期（加曾利EⅡ式期の新しいころ)。炉址の南寄りに口縁を欠損した埋甕（二三×二八）が正位に配されていた。

❋第一号敷石住居址　縄文時代中期（加曾利EⅣ式期)。長軸四・九ｍ、主体部径三ｍの柄鏡形。張り出し部の先端近く敷石の下に埋甕が二個入れ子状になって正位に置かれていた。深鉢形土器(二三・六×三二)で、入れ子の土器(二〇×二二)は口縁と底部を欠く。

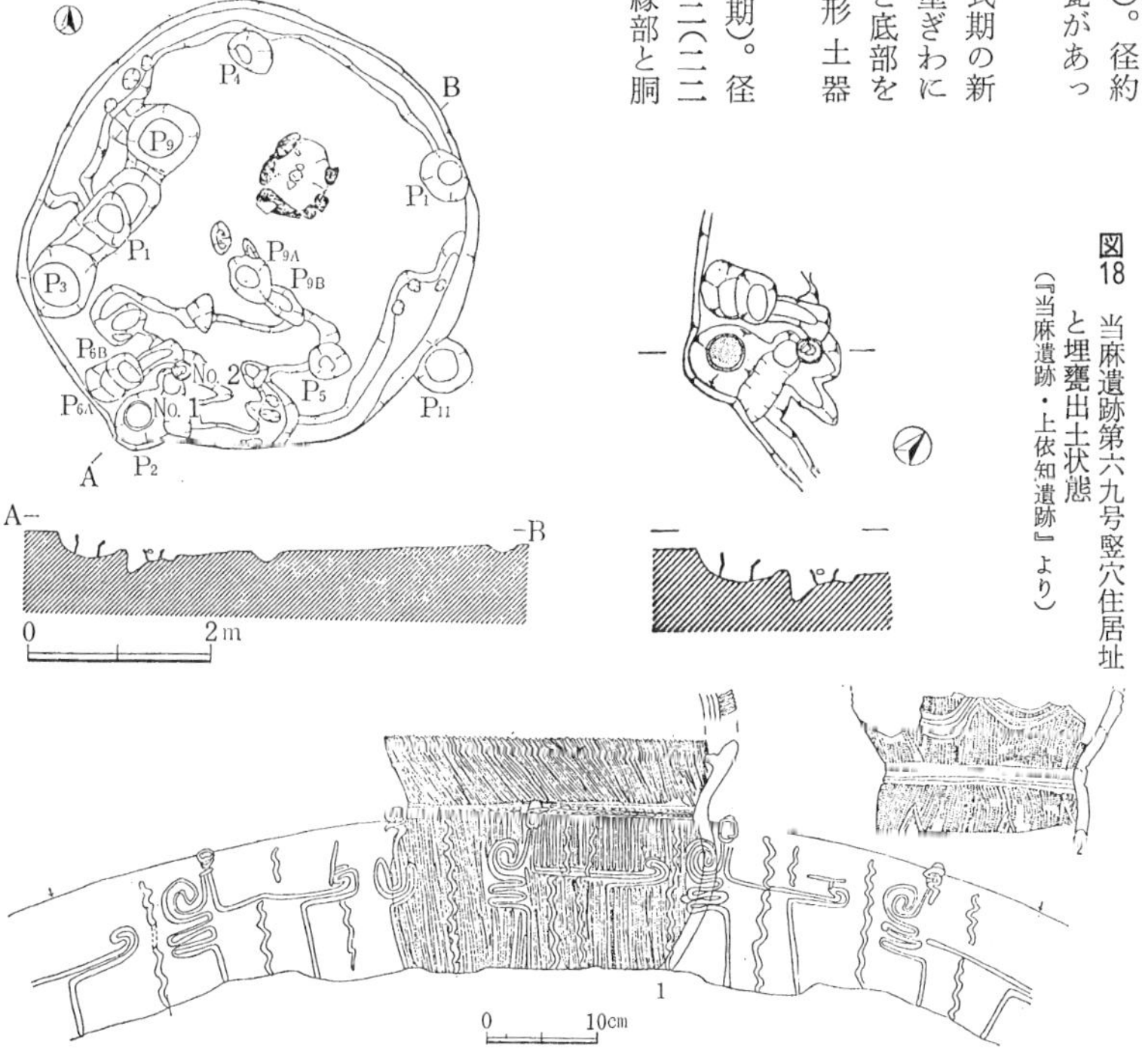

図18　当麻遺跡第六九号竪穴住居址と埋甕出土状態
（『当麻遺跡・上依知遺跡』より）

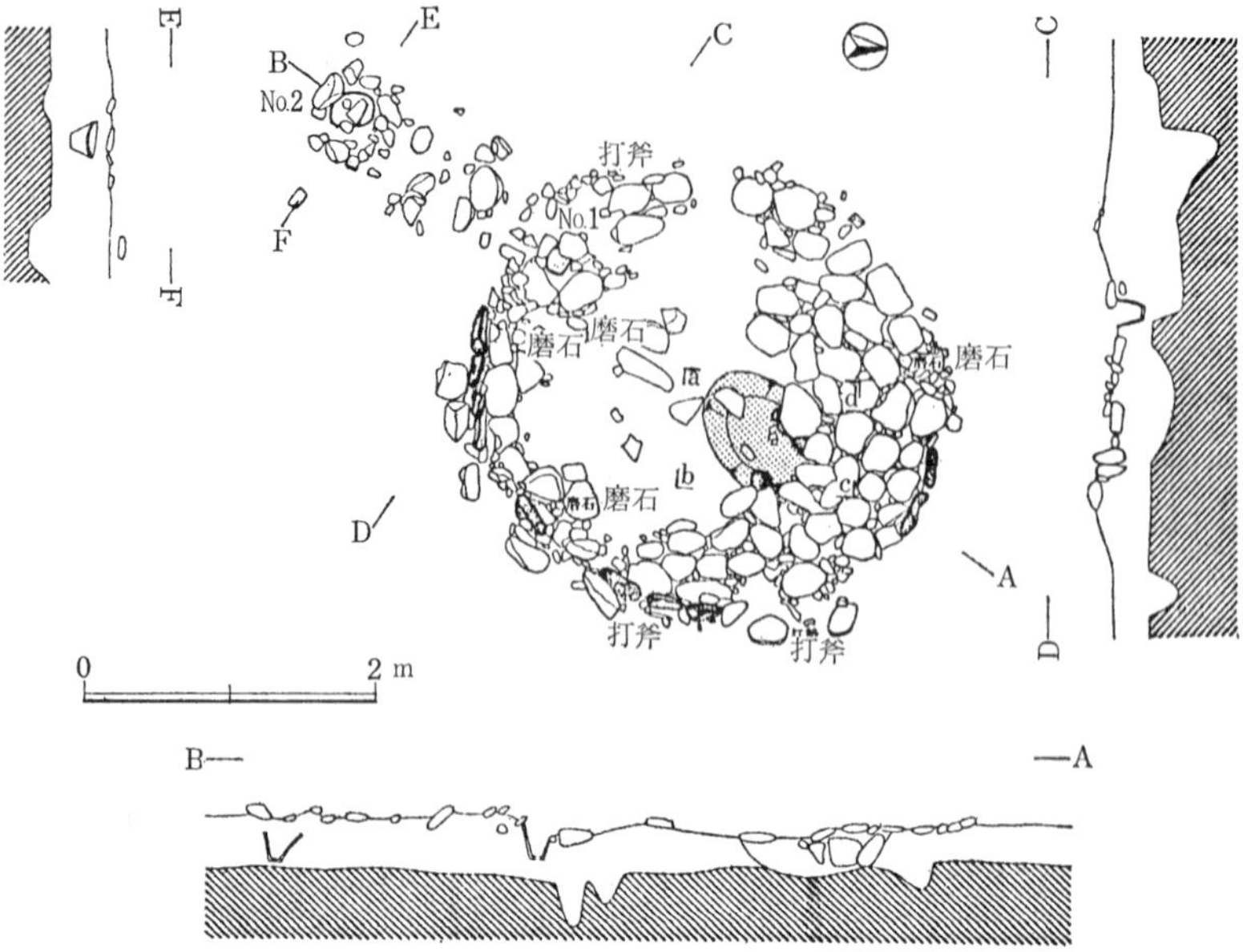

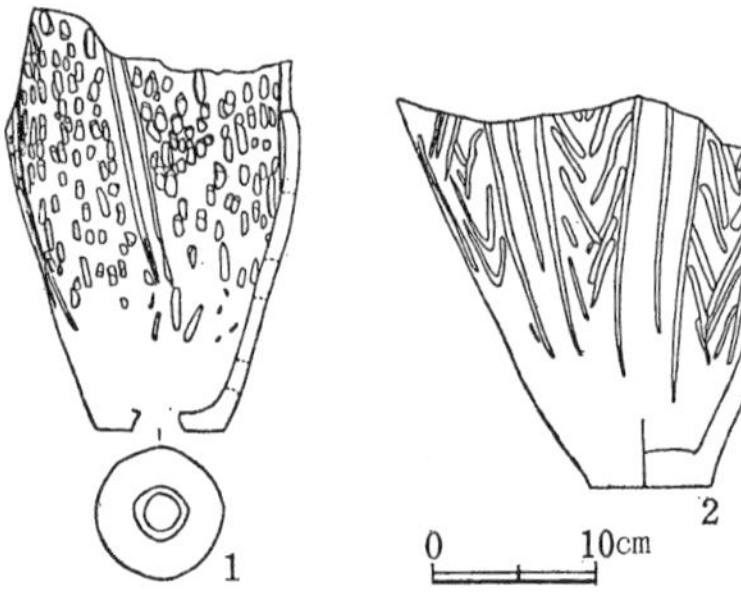

図19　当麻遺跡第5号敷石住居址と埋甕

※※第二号敷石住居址　縄文時代中期(加曾利EⅢ式期)。主体部は長さ一・七m、幅一・二m。柄鏡形プラン。張り出し部先端の敷石の下に二個の埋甕が、まん中に打製石斧をはさんで隣合って発見された。No.1は台付の小型深鉢(一四・四×一四)、No.2は深鉢(三三×四三)で、ともに口縁部を欠き正位に埋設されていた。

※第三号敷石住居址　縄文時代中期(加曾利EⅢ式期)。長軸五・五m、主体部径三・五m、張り出し部長さ一・六五m、幅一・二五mの柄鏡形、張り出し部の敷石の下に胴上半部を欠く正位の埋甕が出土した。深鉢形土器(三四×二一・四)で破砕状態であった。

※※第四号敷石住居址　縄文時代中期(加曾利EⅢ式期=曾利Ⅴ式期)。長軸五・五m、主体部径三・八m、張り出し部長さ二m、幅〇・八mの柄鏡形。張り出し部先端には、正位の埋甕が入れ子状になっており、口縁を欠き、底部穿孔した深鉢(No.3、二三・六×二〇)に、底部を欠く深鉢(No.1)が入っていた。近接して口縁部を欠く深鉢形土器(No.3、二八×三三)が

正位に埋設されていた。

❀❀第五号敷石住居址　縄文時代中期(加曽利EⅢ式期)。長軸五m、主体部径三・一m、張り出し部長さ一・六m、幅〇・六五mの柄鏡形。主体部の南端、張り出し部との接続部近くと、張り出し部先端に正位の埋甕があった。前者は口縁部を欠き、底部に径二・八㎝の穿孔をした深鉢形土器(一八×二二)、後者は胴上半部を欠いた深鉢形土器(二五×二三)である。

❀第六号敷石住居址　縄文時代後期(称名寺式期)。径約二mの円形部分を残す。張り出し部と主体部との接合部と思われる所に正位の埋甕があった。口縁を欠損する深鉢形土器(二六・六×三七)である。

❀❀第八号敷石住居址　縄文時代中期(加曽利EⅢ式期)。長軸四・五m、主体部径三・五m、張り出し部長さ約二m、幅約〇・四mの柄鏡形、正位の埋甕が張り出し部の末端に一、及び主体部との接続部に一検出された。前者(二九×二七)は胴上半を欠き、後者(二七×三四)は底部を欠く深鉢形土器であった。

❀❀第九号敷石住居址　縄文時代中期末(加曽利EⅢ式期)。主体部の径約三mの柄鏡形プランか。張り出し部との接続部あたりと思われる所に埋甕が一あり、その東約六〇㎝の所にも埋甕があった。いずれも正位の深鉢形土器で、前者(二三×一一・四)は底部のみで、後者は(一八×二三)口縁部を欠く。

白石浩之・山本暉久「縄文時代の竪穴住居址及び炉址・敷石住居址」、山本暉久「第三地点発見の縄文時代埋甕について」『当麻遺跡・上依知遺跡』神奈川県教育委員会　昭和五十二年

御伊勢森遺跡　伊勢原市御伊勢森

❀❀❀第四号住居址　縄文時代中期(加曽利EⅠ式期)。南壁より七〇㎝入った所に埋甕が二個ならんでおり、また、それから六〇㎝内側に入った所に一個が発見された。

❀第五号住居址　縄文時代中期(加曽利EⅠ式期)。四・五×五・二mの不整円形プラン。南東部に壁からはみ出したような状態で、胴下半部を欠く埋甕があった。

❀第六号住居址　縄文時代中期(加曽利EⅠ式期)。五・七×七mの不整円形プラン。炉の南方に四・六mへだてて、口縁部と胴下半部を欠く埋甕があった。

産業能率大学『御伊勢森遺跡の調査』昭和五十四年

蟹が沢遺跡　高座郡座間町蟹が沢

❀❀第一号住居址　縄文時代(加曽利E式期後半)。六×五・五mの不整円形をなす住居址、南側壁に近く小型で口縁部を欠く深鉢形土器(正位)が埋設してあった。さらに南壁に接して周溝内に深鉢形の土器(正位)が埋めてあった。

寺村光晴「蟹ケ沢遺跡」『蟹ケ沢鈴鹿遺跡』座間町教育委員会　昭和四十一年

川尻遺跡　津久井郡城山町川尻

❀第1地区北東部の竪穴住居跡　縄文時代中期(加曽利E式期)。四・二×四・七mの円形プラン。南壁に近く埋甕が出土している。

❀第1地区北隅の竪穴住居跡　縄文時代中期(加曽利E式期)。

円形プラン。南壁に近く埋甕が出土している。

三上次男・吉田章一郎・田村晃一『史跡川尻石器時代遺跡調査概報』神奈川県教育委員会　昭和四十七年

寺原遺跡　津久井町寺原

※二号住居　縄文時代中期(加曾利E式期)。住居跡の出入り口部に埋甕と小張り出しと対ピットがある。

明星大学考古学研究部『寺の原遺跡見学会資料』　昭和五十四年

尾崎遺跡　足柄上郡山北町神尾田

〔集落の概要〕縄文時代の住居跡は六五、内訳は勝坂式期七、曾利Ⅰ式期一〇、Ⅱ式期一二、Ⅲ式期一五、Ⅳ式期一二、Ⅴ式期九である。

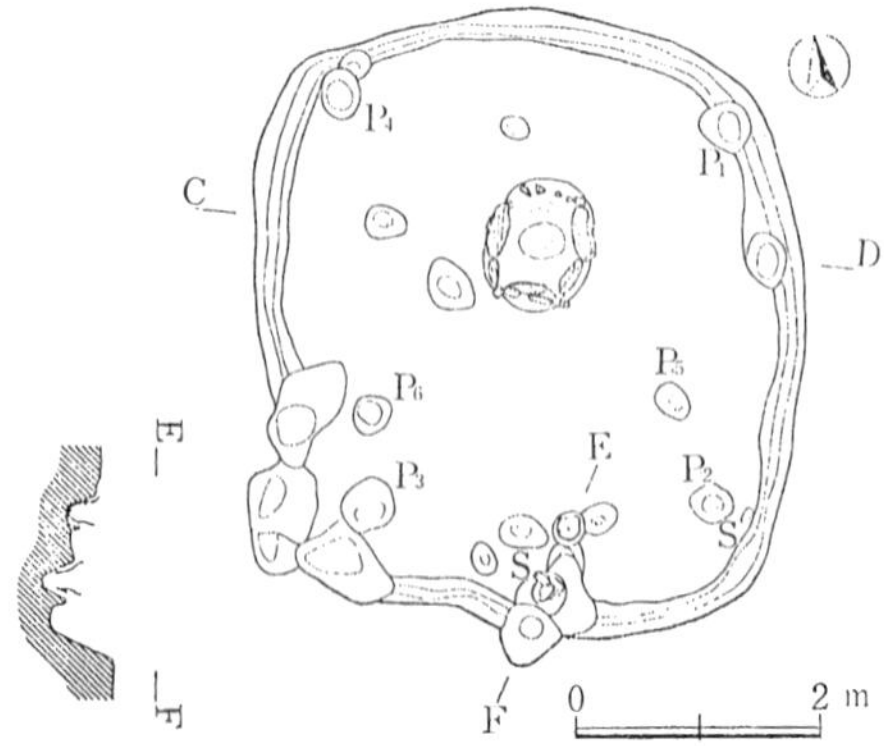

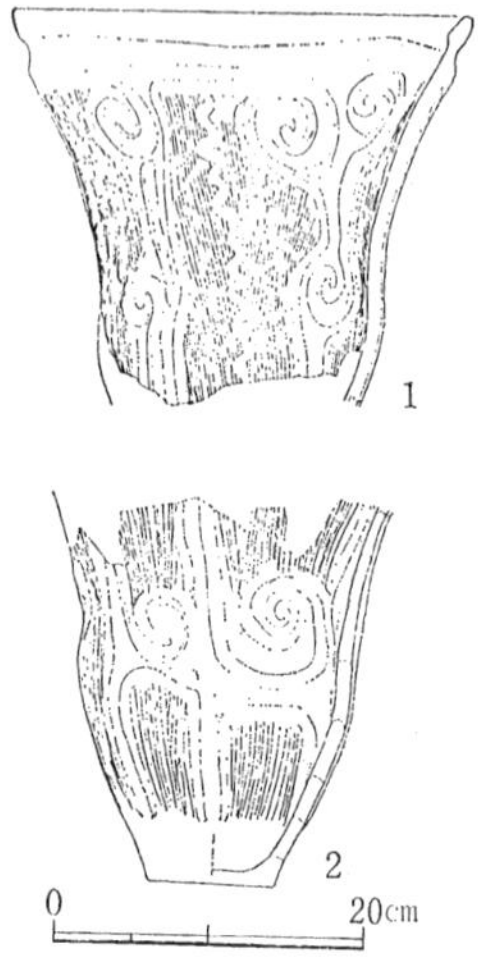

図20　尾崎遺跡第6号住居址と埋甕
(『尾崎遺跡』より)

※第二号住居址　縄文時代中期(曾利Ⅳ式期)。一辺五・五mの不整な長方形プラン。南壁に近く埋甕があった。口径二三cm、高さ二八cmの深鉢を正位に埋めていた。

※第四号住居址　縄文時代中期(曾利Ⅳ式期)。三・八×三・五mの隅丸方形プラン。南の端と思われる部分に埋甕があった。小さなピットの底に偏平な石をおき、その上に下半部を欠いた深鉢を正位に埋設する。口径二九cm、現高二五cm。

※第五号住居址　縄文時代中期(曾利Ⅲ式期)。四・七×四mの隅丸方形プラン。西壁に近く埋甕が正位に埋設されている。口径二〇cm、高さ三三cm。

※※※第六号住居址(1)(2)　縄文時代中期(曾利Ⅳ式期)。五・三×四・六mの胴長の方形プラン。南壁中央に接して第一号埋甕(六号(1)住)、そのやや内側に第二号埋甕(六号(1)住)が発見された。前者は底部を欠損して正位に埋められ、上面に自然石一個があった。口径三〇cm、現高二五cm。後者は、口縁部を欠き正位に埋設されていた。口径二一cm、現高二二cm。後者のさらに内側で貼床面下から第三号埋甕(拡張前の住居址、南北長四m。六号(2)住)が発見された。口縁部と底部を欠く小型の深鉢で正位に埋設されていた。

❋第七号住居址　縄文時代中期(曽利Ⅳ式期)。径四・五mの円形プラン。南西側周溝の内側に接して深鉢を正位に埋めていた。口径二〇cm、高さ二六cm。

❋第八号住居址　縄文時代中期(曽利Ⅳ式期)。三・四×三・九mの不整円形プラン。南側張り出し部の周溝内壁に口縁部と底部を欠いた深鉢を正位に埋めていた。現口径一六cm、現高一四cm。

❋❋❋第一三号住居址(1)(2)　縄文時代中期（曽利Ⅱ式期、Ⅲ式期）。六・二×五・六mの方形プラン。埋甕は南壁中央の小突出部とそのさらに内側に二個ずつ四個発見された。第一号埋甕（一三号(1)住）は最も外側小突出部に正位に埋められる。口縁と底部を欠く。現口径一六cm、現高一六cm。第二号埋甕（一三号(1)住）は、その内側にあり、正位で口縁と底部を欠く。現口径二六cm、現高二一cm。第三号埋甕（一三号(2)住）は、さらに内側に離れ、底部を欠いて逆位に埋設される。現口径三八cm、現高二九cm。第四号埋甕（一三号(2)住）は、その内側に接し、三号の埋設時に口縁の一部をこわされた。底部を欠き、逆位に埋設された。現口径三〇cm、現高二四cm、後二者は、前二者の埋甕より古い。拡張前の住居（一三号(2)住、径四・五m）の南側にすえられたものらしい。

❋第一六号住居址(1)〜(4)　縄文時代中期(曽利Ⅱ式期)。六・八×六mの楕円形プラン。南壁中央のやや内側に埋甕(一六号(1)住)がある。底部を欠いた大型の深鉢で、逆位に埋設される。口径四〇cm、現高四〇cm、上面は貼床している。

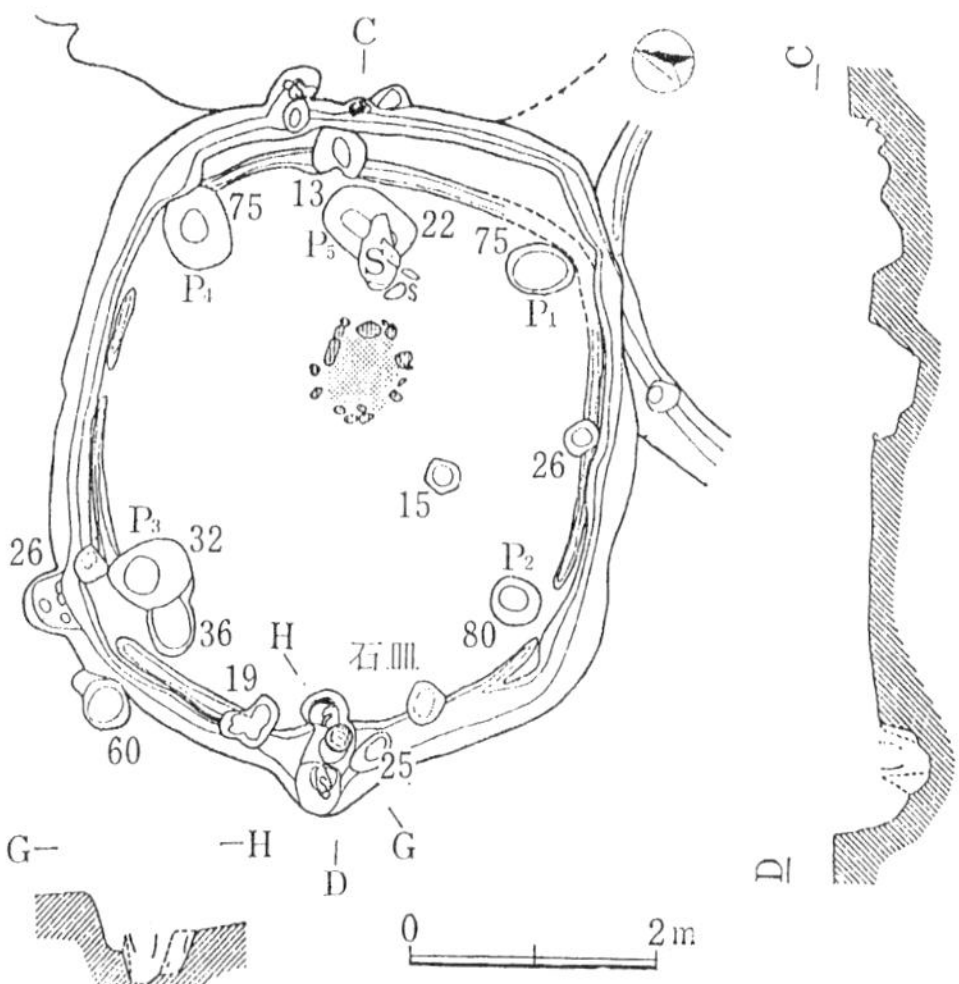

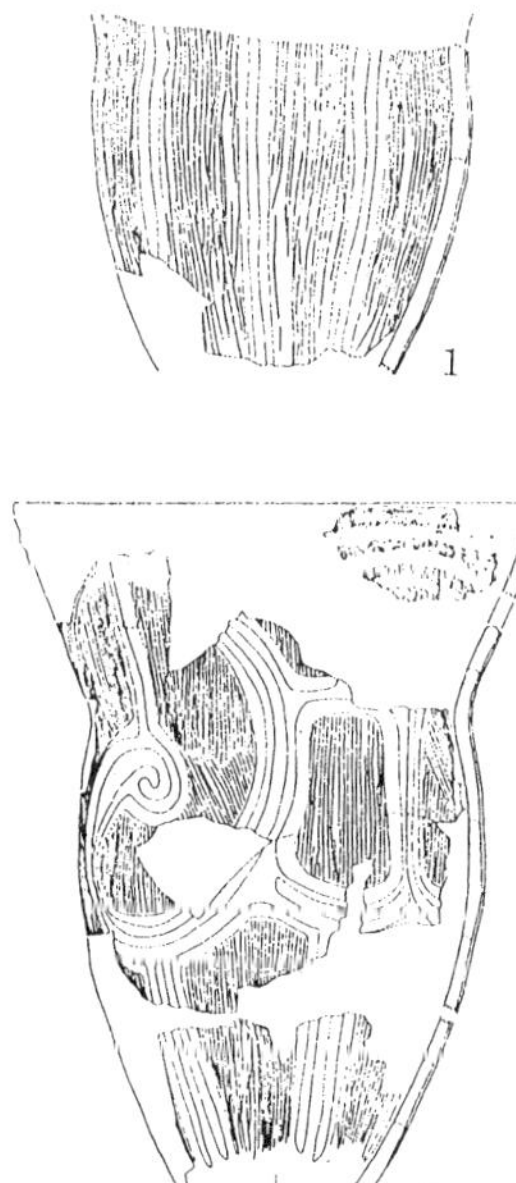

図21　尾崎遺跡第23号住居址と埋甕
（『尾崎遺跡』より）

※※第二〇号住居址(1)〜(3)　縄文時代中期（曾利Ⅱ式期、Ⅲ式期）。五・一×五ｍの隅丸方形プラン。東南壁中央に新しい埋甕（二〇号(1)住）がある。西壁中央に古い埋甕（二〇号(2)住）をもつことから入り口方向の変更があったと推定される。前者は底部を欠いて正位に埋められていた。口径二九㎝、現高二八㎝。後者は、口縁部と底部を欠いて正位に埋められていた。現口径二四㎝、現高二三㎝。

※第二三号住居址(1)(2)　縄文時代中期(曾利Ⅳ式期)。五・七×四・七ｍの隅丸方形プラン。西壁中央の小突出部の内側に二個の埋甕があった。外側の埋甕（二三号(1)住）は、口縁部と底部を欠いて正位に埋められていた。現口径二五㎝、現高二三㎝。内側の埋甕（二三号(2)住）は、前者の埋設に際して欠損され、½程度を残すのみ、正位に埋設されていた。

※第二六号住居址(1)(2)　縄文時代中期(曾利Ⅲ式期)。五・五×五ｍの楕円形に近い隅丸方形プラン。北西壁の周溝に接して、深鉢を正位（二六号(1)住）に埋設している。口径二七㎝、高さ三三㎝。

※※第二七号住居址(1)(2)　縄文時代中期(曾利Ⅱ式期、Ⅲ式期)。五・二×五ｍの隅丸方形プラン。西壁の内側五〇㎝のところに深鉢を逆位（二七号(2)住）に埋設する。底部を欠く。口径二六㎝、現高二一㎝。西壁ぎわの周溝内に正位の埋甕がある（二七号(1)住）。二三号住居址に切られ、一部を残すのみ、底部を欠く。

※第二九号住居址　縄文時代中期(曾利Ⅳ式期)。約四・三×四ｍの隅丸方形プラン。炉の西方二ｍに底部を欠いて正位に埋設された埋甕があった。口径二五㎝、現高三〇㎝。

※※第三二号住居址(1)(2)　縄文時代中期(曾利Ⅲ式期、Ⅳ式期)。五・一×四・二ｍの六角形プラン。南側と西側に埋甕がある。前者は新しく、底部を欠き正位に埋設される深鉢（三二号(1)住）である。口径二四㎝、現高二七㎝。後者は胴下半を欠き、正位に埋設（三二号(2)住）される深鉢である。口径二八㎝、現高二一㎝。周溝により口縁部が一部欠かれている。

※第三四号住居址　縄文時代中期(曾利Ⅲ式期)。五・三×四・八ｍの楕円形プラン。西壁ぎわに深鉢が正位に埋設されていた。壁側半分は口縁までであるが、内側半分は口縁を打ち欠き、上に半ば蓋をするように偏平な石がのせてあった。口径二九㎝、高さ三九㎝。

※第一号埋甕　縄文時代中期(曾利Ⅴ式期)。第一一号炉址に伴うと考えられる。炉址と三ｍ離れる。胴部下半を欠き、逆位に出土。口径二〇㎝、現高一〇㎝。

※第二号埋甕　縄文時代中期(曾利Ⅵ式期)。第二号炉址または第四号炉址にともなうものと思われる。口縁部を欠いた小型の埋甕で、正位、現口径二二㎝、現高二三㎝。

岡本孝之・鈴木保彦・河野喜映「住居址」、岡本孝之「埋甕」『尾崎遺跡』神奈川県教育委員会　昭和五十二年

新潟県

上ン原（いわんぱら）遺跡　西蒲原郡巻町大字竹野町山畑

※※二号住居址　縄文時代後期初頭(三十稲場式期)。径六・五mの円形プラン。北壁中央と、南壁中央に接して深鉢形土器の埋甕が一個ずつ発見された。

『上ン原遺跡緊急調査事業調査報告書』巻町　昭和四十六年

湯ノ沢A遺跡　中頸城郡妙高村関山

※AT住居址　縄文時代中期末。六・四×四・八mの方形プラン。住居址の南壁中央部から一・八m外側に、高さ二九cm、幅一四cmの立石があり、その西側四〇cmのところに口縁を切りとった土器（現高一八cm）を埋設してあった。

室岡博「松ケ峯並に湯の沢遺跡について—発掘—」『頸南』新潟県教育委員会　昭和四十一年

寺地遺跡　西頸城郡青海町寺地

※第一号工房址　縄文時代中期初頭。五・二二×四・九四mの円形プラン。南壁に近く六四×五二cm、深さ二七・五cmの楕円形

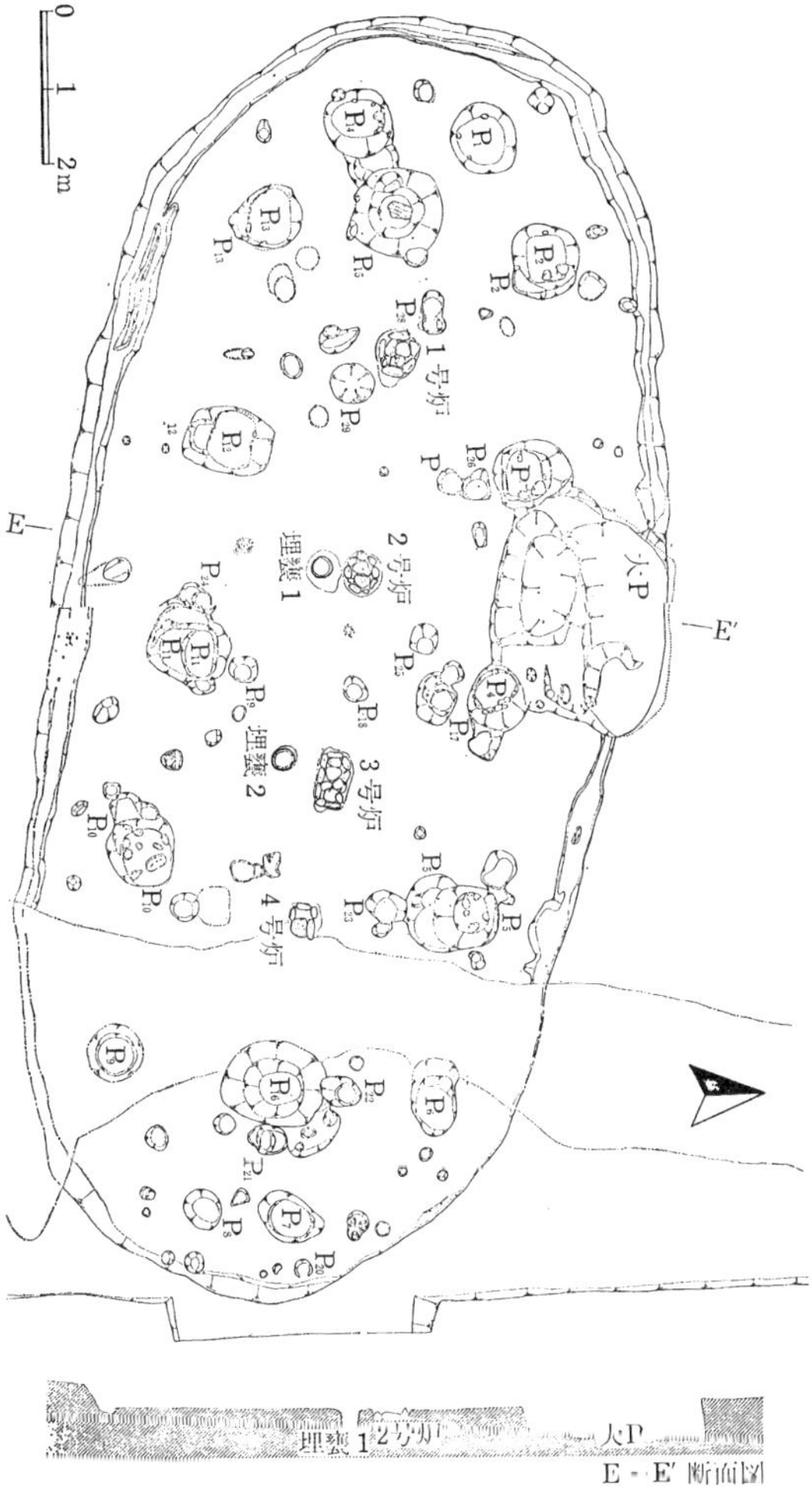

図22　不動堂遺跡第?号住居址
（『不動堂遺跡』より）

の浅いピットがあり、浅鉢形土器の大片を含む土器片五が転落していた。一種の貯蔵穴であろう。北東壁に近く埋甕一があった。

寺村光晴「第一号工房址」『寺地硬玉遺跡第二次調査概要』青海町役場　昭和四十六年

富山県

不動堂遺跡　下新川郡朝日町不動堂

※※第二号住居址　縄文時代中期前葉（新崎式期）。長径一七m、短径八mの小判形プラン。長軸中央に並ぶ二号炉と三号炉の南側に、それぞれ一個の埋甕がある。いずれも胴の半ば以下を切り捨てた土器で、口縁が床面と同じ高さになるよう設置し、内部には半ばまで赤土を充塡してあった。

『不動堂遺跡』富山県教育委員会　昭和四十九年

下山新遺跡　下新川郡朝日町下山新字馬坂

※一号住居跡　縄文時代中期(串田新式)。一辺約五mの方形プラン。南東壁中央部に近く深さ四〇cmの楕円形のピットがある。底に釣手土器を埋置し、東・西・北の三方と上部を円礫で囲っていた。

『下山新遺跡第一次発掘調査概報』富山県教育委員会　昭和四十八年

前沢遺跡　黒部市前沢字大黒

※第一号住居跡　縄文時代中期後葉(古串田新式期)。一辺三・三mの隅丸方形プラン。西側の壁ぎわに埋甕がある。口縁部と胴下半を欠き、土器よりひと回り大きいピットの中に正位に埋置されていた。

山本正敏「遺構」『前沢遺跡緊急発掘調査報告書』黒部市教育委員会　昭和五十年

直坂（すぐさか）**遺跡**　上新川郡大沢野町直坂

※第一号住居跡　縄文時代中期。隅丸方形プラン。西壁周溝がとぎれる住居の入り口部と考えられる所に埋甕があった。甕は穿孔された底部を上にして埋められ、板状の石がかぶせてあった。

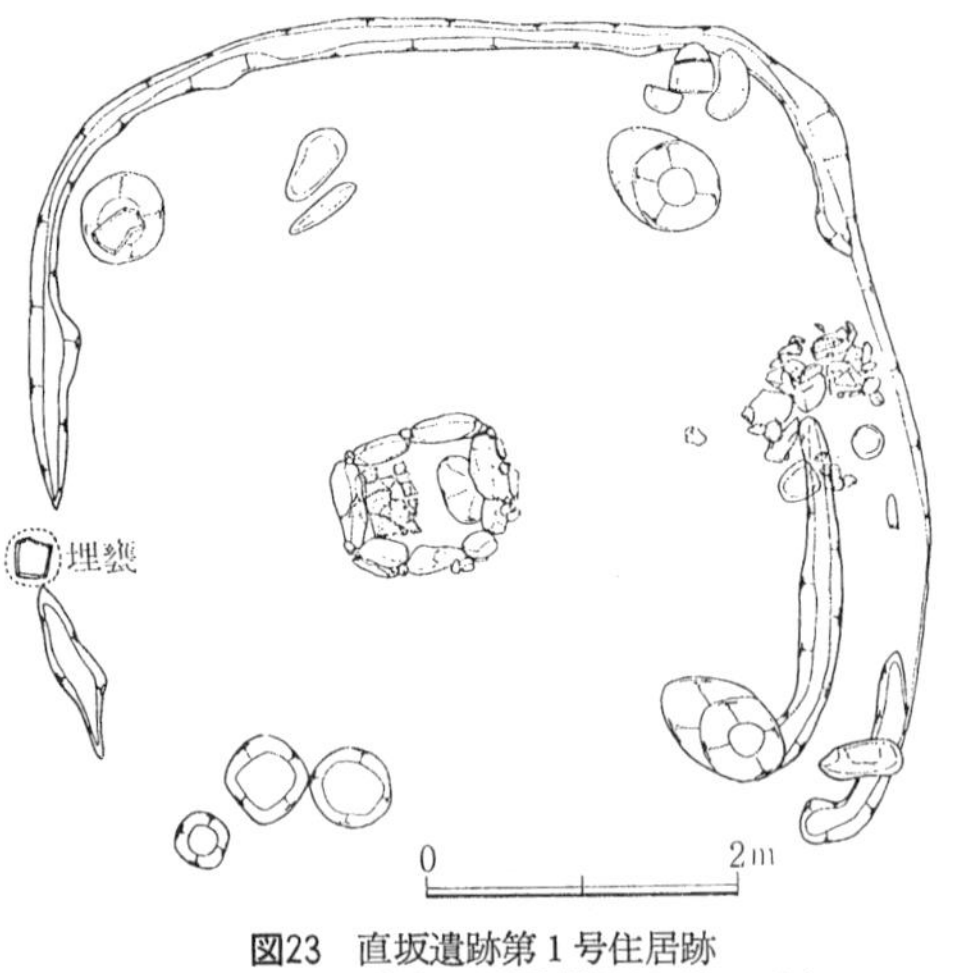

図23　直坂遺跡第1号住居跡
（『直坂遺跡発掘調査概要』より）

※第二号住居跡　縄文時代中期。隅丸方形プラン。南壁に近く石蓋をかぶせた埋甕が発見された。これは口縁部を上にしており、底部に穿孔されている。

※第三号住居跡　縄文時代中期。方形プラン。南壁に近く入り口と考えられる周溝がとぎれた内側の所に底をぬいた埋甕があった。

橋本正『直坂遺跡発掘調査概要』富山県教育委員会　昭和四十八年

杉谷遺跡　富山市杉谷

※第一号住居址　縄文時代中期中葉。三・五×三・六mの円形プラン。南壁中央に接して埋甕が検出された。胴部の半ばだけを利用したものである。

小島幸雄『富山市杉谷遺跡発掘調査報告書』富山市教育委員会　昭和五十一年

串田新遺跡　射水郡大門町串田新

※第一号住居跡　縄文時代中期後葉。径六×八mの円形プラン。南辺がわの床面を二〇cm掘って土器を埋置してあった。

神保孝造「縄文地区」『串田新遺跡』富山県教育委員会　昭和四十八年

水上谷遺跡　射水郡小杉町野手字水上谷

※第六号住居址　縄文時代中期中葉。楕円形のプラン。第二号石組炉の南東側に埋甕がある。

橋本正「遺構」『水上谷遺跡緊急発掘調査概要』富山県教育委員会　昭和四十九年

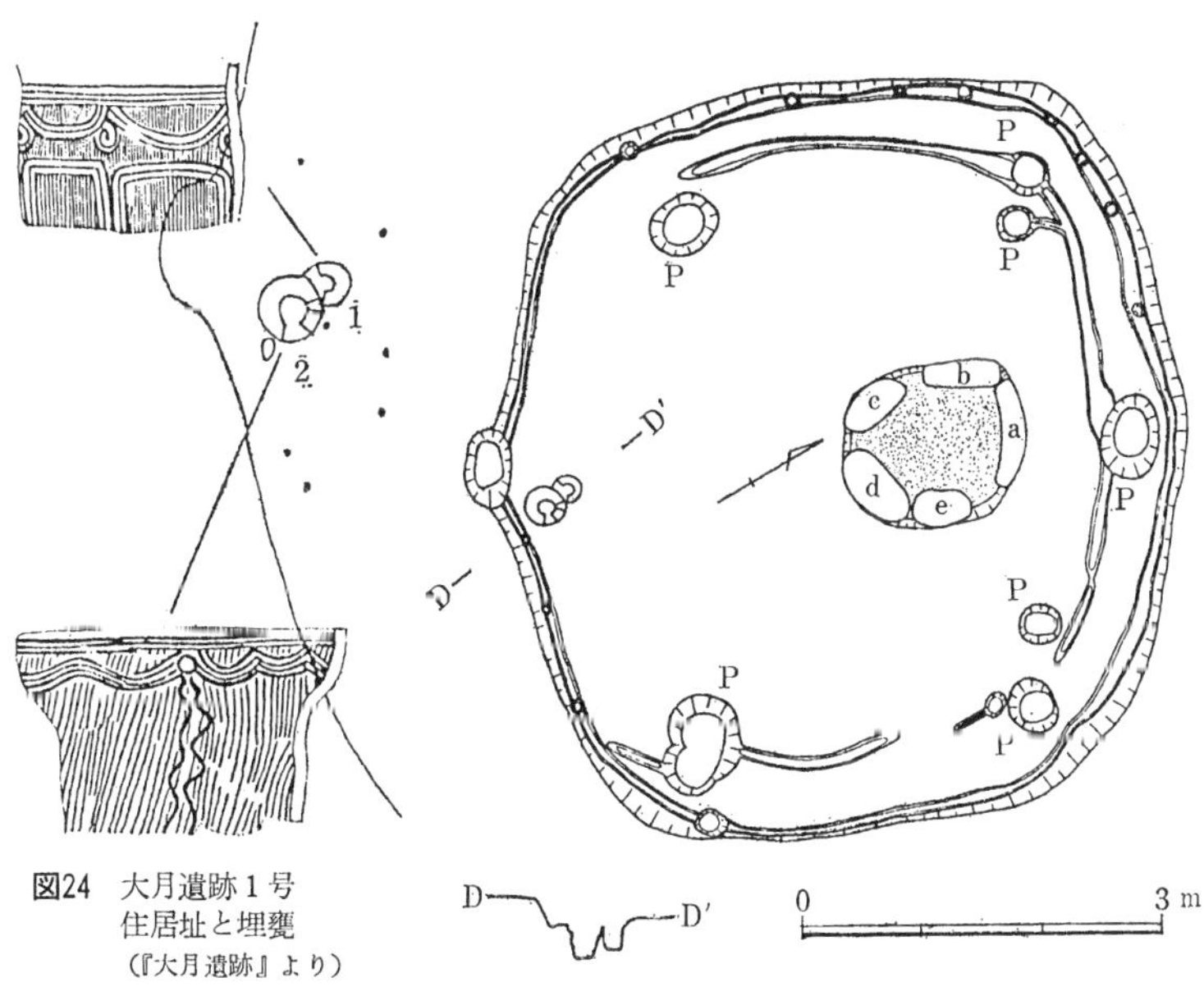

図24　大月遺跡1号住居址と埋甕
（『大月遺跡』より）

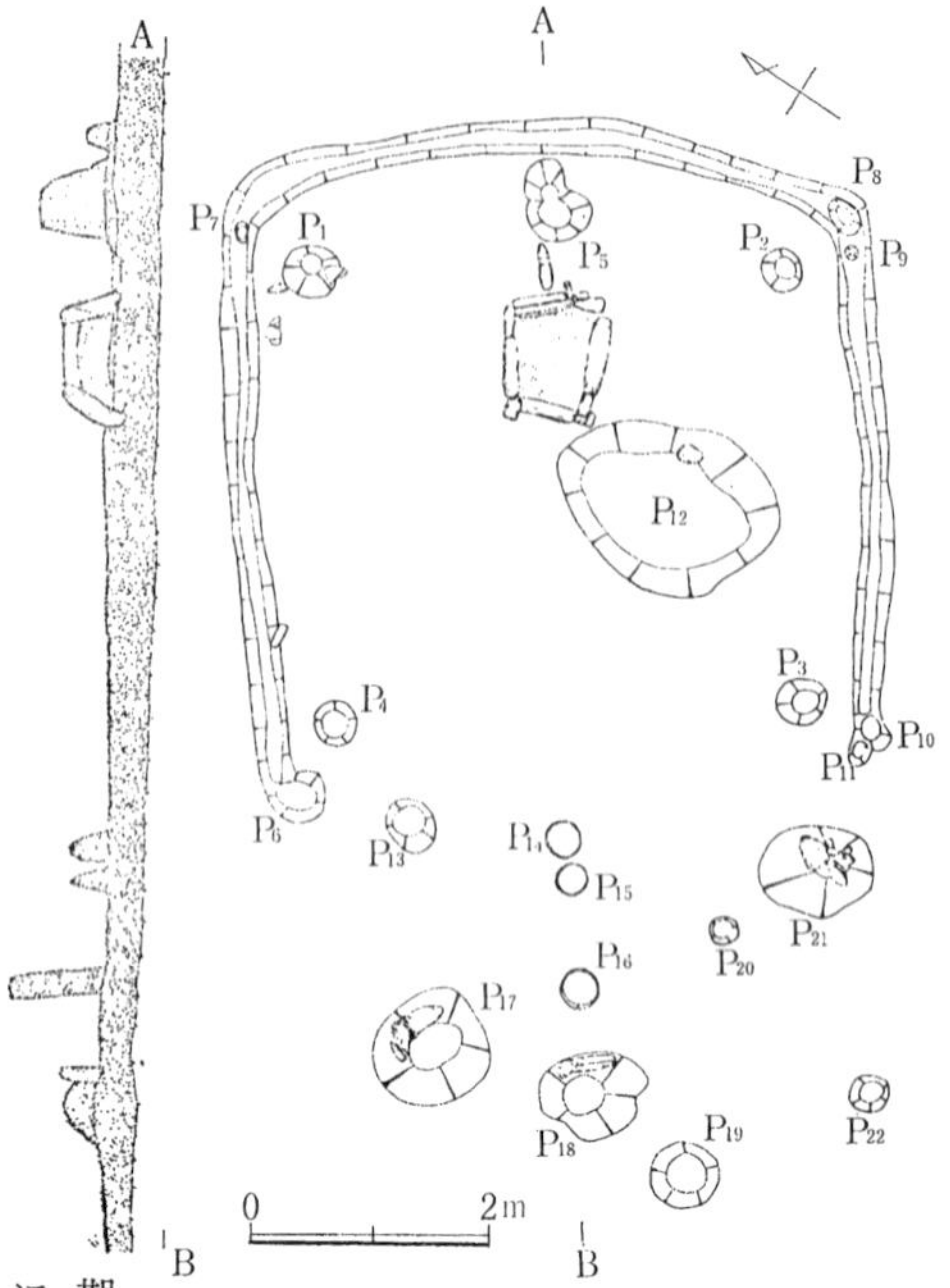

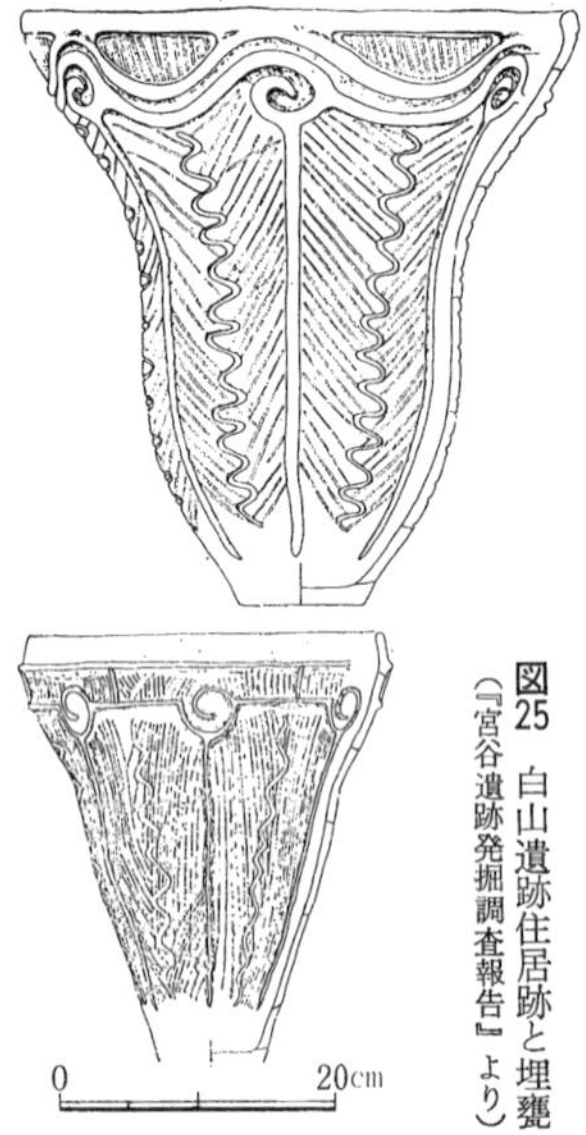

図25　白山遺跡住居跡と埋甕
（『宮谷遺跡発掘調査報告』より）

山梨県

大月遺跡　大月市大月町大月字中道
※※一号住居址　縄文時代中期。隅丸方形プラン。南壁張り出し部に近く、二個の正位の埋甕が発見された。埋甕(1)は内周の溝に伴って埋設されていた。口縁部と底部を欠く。埋甕(2)〈新〉は胴下半を欠く。埋甕(1)〈古〉の片側半分をこわして設置される。
平松康毅・奈良泰史ほか『大月遺跡』山梨県教育委員会　昭和五十二年

白山遺跡　大月市富浜町宮谷
※※住居跡　縄文時代中期（曽利Ⅲ式期または加曽利EⅡ式期）。隅丸方形プラン。南西側は壁溝を欠いており、南西辺中央に二個の土器が並んで埋設されていた。内側の埋設土器は高さ四二cm、口径四一cm、外側の埋設土器は高さ三一cm、口径二六cm、いずれもキャリパー状深鉢形土器である。
川崎義雄「住居跡」『宮谷遺跡発掘調査報告』大月市教育委員会　昭和四十八年

住吉遺跡　都留市法能
※第一号住居址　縄文時代中期(曽利Ⅱ式期)。径五・二mの円形プラン。出入り口は南側に階段状のステップがあり、ここに二つの埋甕用の穴があり、一方には、口縁と底部を欠損する土器が埋められていた。

※二号住居址　縄文時代中期(曽利Ⅲ式期)。径約五m余の円形プラン。南側に出入り口があり、階段状のステップを配し、そばに埋甕用の穴と思われる小穴と、底部を上にし、床に伏せた状態で埋められたほぼ完形の甕を発見した。この埋甕の底部には片すみに小孔がある。

『住吉遺跡』都留市教育委員会　昭和四十七年

寺平遺跡　東山梨郡勝沼町藤井

※二号住居　縄文時代中期(加曽利E式期)。二・五m×一・三m以上の円形プラン。南側に口辺部を欠くほぼ完形の土器が正位におかれ、外側にさらに胴部の大破片がそえてあった。

末木健『寺平遺跡発掘調査報告書』寺平遺跡調査会　昭和五十二年

上ノ原遺跡　東八代郡中道町右左口

※七号A住居　縄文時代(加曽利EⅡ式期)。円形プラン。南西側の壁近く底部に小孔をあけた深鉢（高さ五〇cm）を倒置して埋設してあった。

※二号住居　縄文時代(加曽利EⅡ式期)。円形プラン。南西側の壁近く底部に小孔をあけた深鉢（高さ七〇cm）を倒置して埋設してあった。

田村晃一氏の御教示による。

柳坪遺跡　北巨摩郡長坂町大八田字柳坪

〔集落の概要〕A地区縄文時代の住居跡は七、内訳は曽利Ⅰ式期一、Ⅱ式期一、Ⅲ式期四、Ⅳ式期一である。B地区の縄文時代の住居址は一四、内訳は曽利Ⅱ式期一、Ⅲ式期二、Ⅳ式期七、Ⅴ式期二、不明二である。

※A地区一号住居址　縄文時代中期(曽利Ⅲ式期)。三・二五×三・一五mの円形プラン。南壁に接して埋甕がある。正位の状態で埋設されており、胴下半を欠損している。埋甕の周囲には四本の小柱穴が発見されている。入り口の階段施設と思われる。

※A地区二号住居址　縄文時代中期(曽利Ⅱ式期)。径約六・五mの円形プラン。南側周溝の中に埋甕がある。口縁と底部を欠損

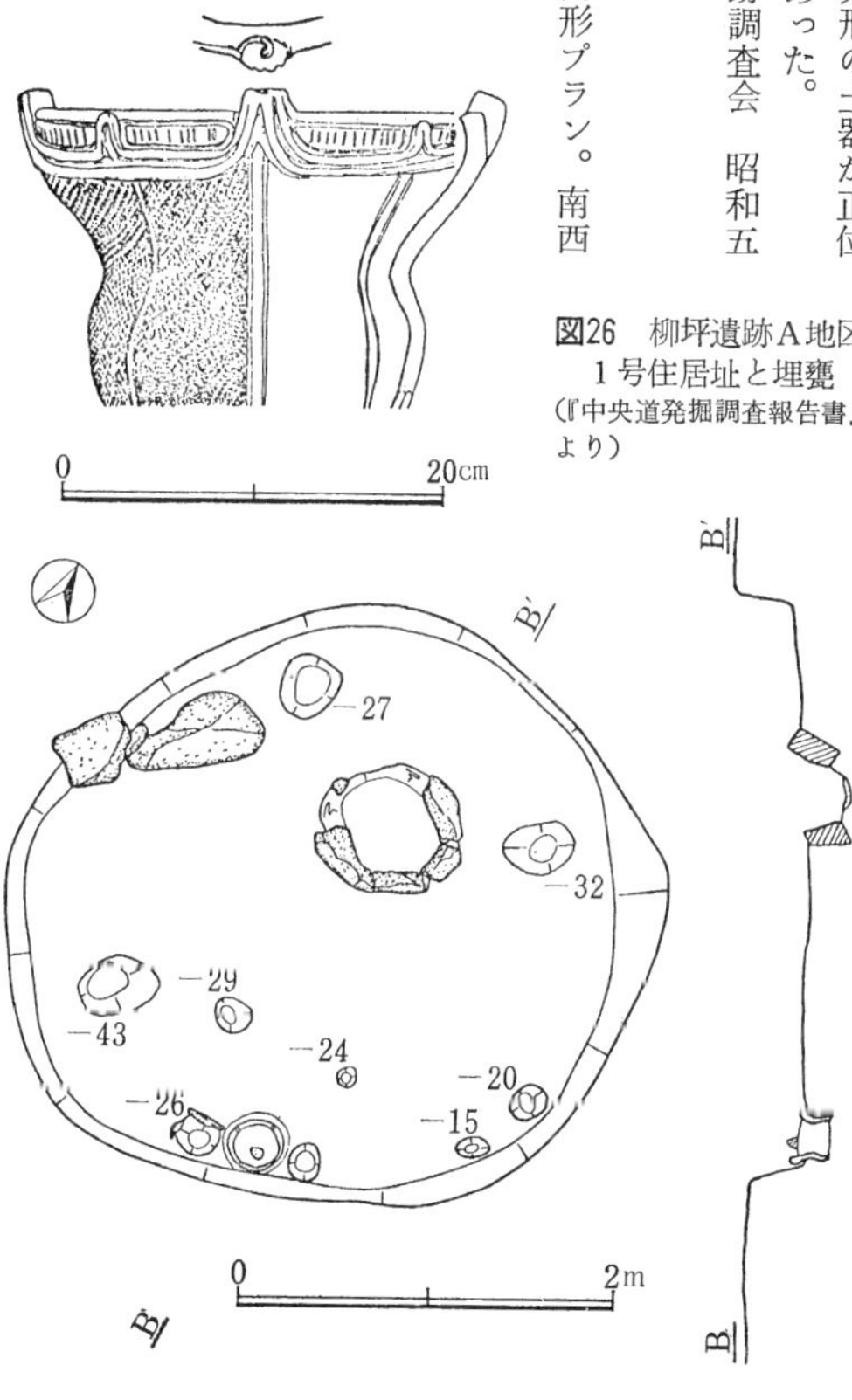

図26　柳坪遺跡A地区1号住居址と埋甕（『中央道発掘調査報告書』より）

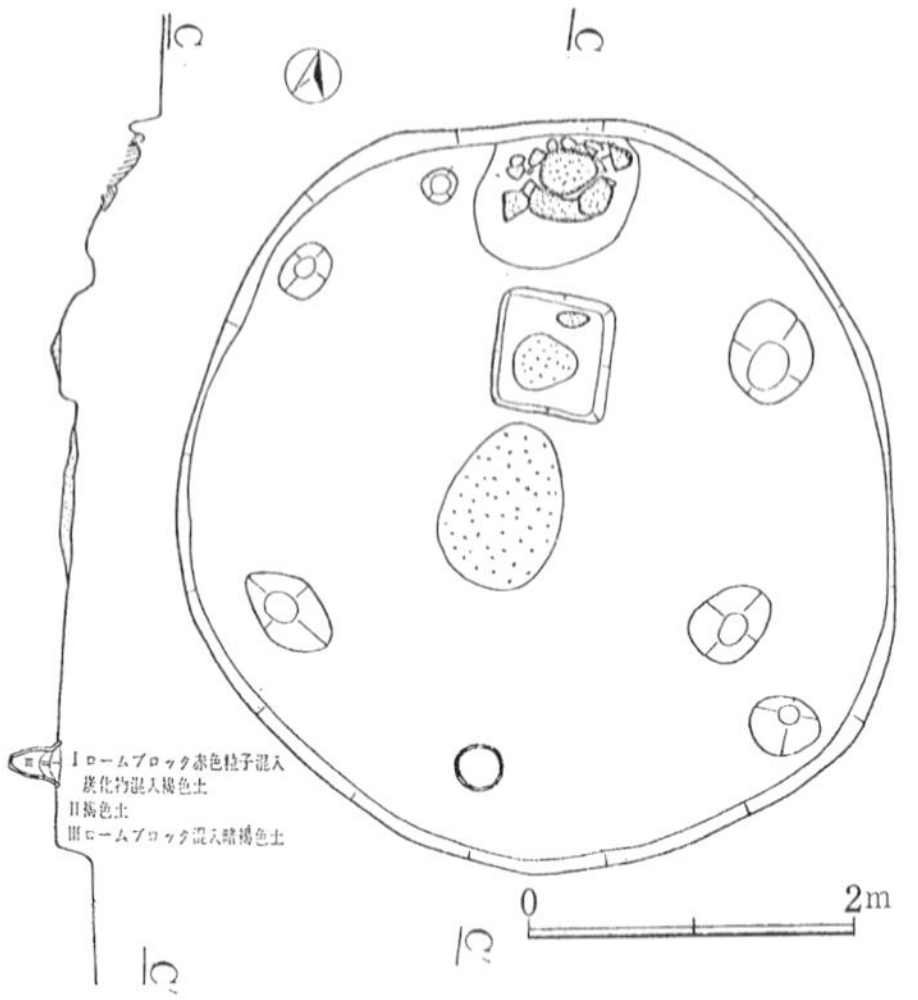

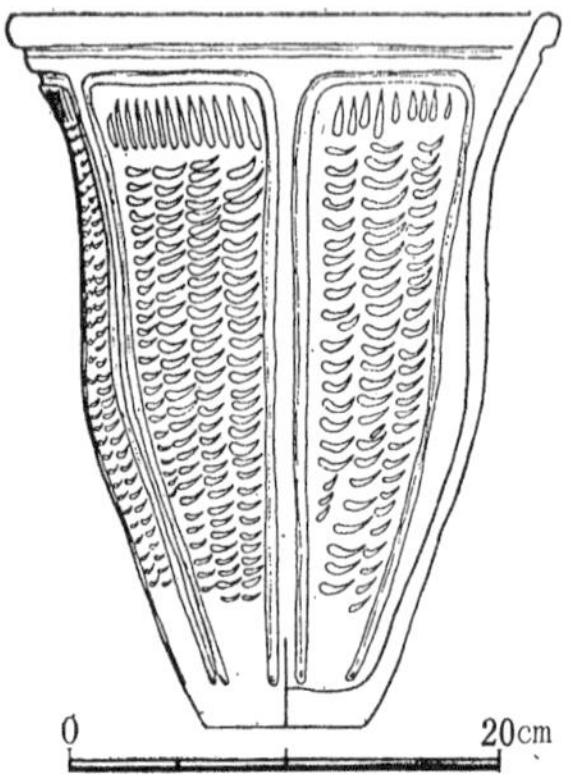

図27　柳坪遺跡B地区16号住居址と埋甕
（『中央道発掘調査報告書』より）

する。

❋A地区一〇号住居址　縄文時代中期(曾利Ⅲ式期)。五・三×五・三五mの円形プラン。南西壁に近く埋甕があった。口縁部を床より上に出して埋められていたもので底部を欠損する。

❋A地区一五号住居址　縄文時代中期(曾利Ⅳ式期)。六・〇七×五・六mの円形プラン。南壁に近く埋甕がある。口縁部と底部を欠損する。

❋B地区三号住居址　縄文時代中期(曾利Ⅳ式期)。六×五・七mの円形プラン。南側の入り口部に正位の埋甕がある。底部を欠失する。

❋B地区七号住居址　縄文時代中期(曾利Ⅳ式期)。六・〇八×五・〇四mの円形プラン。住居の入り口部と推定される南壁に近く埋甕がある。逆位で底部は切り取られている。

❋B地区一〇号住居址　縄文時代中期(曾利Ⅲ式期)。五・三×五・四mの円形プラン。南壁の中央に板石が立てられており、その右側に接して埋甕が正位で埋められていた。底部を欠損する。

❋B地区一二号住居址　縄文時代中期(曾利Ⅴ式期)。三・七×三・四mの楕円形プラン。南壁中央入り口部と思われる所に埋甕がある。底部を欠損する。

❋B地区一四号住居址　縄文時代中期(曾利Ⅳ式期)。径五・五mの円形プラン。南壁に近く住居入り口部に正位の埋甕がある。底部を欠く。

❋B地区一五号住居址　縄文時代中期(曾利Ⅳ式期)。径七・二mの円形プラン。南壁中央に近く埋甕がある。口縁と底部を欠く。

❋B地区一六号住居址　縄文時代中期(曾利Ⅴ式期)。四・五×四・四四mの円形プラン。南壁中央に近く埋甕がある。正位で底部の一部を欠く。

❋❋B地区二三号住居址　縄文時代中期(曾利Ⅲ式期)。四・七×四・四mの円形プラン。南壁中央に近く二個の埋甕が、南北に並んで発見された。いずれも口縁部と底部を欠く。

❋B地区二四号住居址　縄文時代中期。四・六×五mの円形プラン。東側に埋甕をもつ。

香月利文「柳坪遺跡A地区一号住居址」「同一〇号住居址」、浦野保範「同二号住居址」「B地区一四号住居址」、堀内伸浩「A地区一五号住居址」、斉藤悟朗「B地区三号住居址」、野口行雄「同七号住居址」、野中和夫「同一〇号住居址」、河合章司「同一二号住居址」、米田明訓「同一五号住居址」「同一六号住居址」、伊藤恒彦「同二三号住居址」「同二四号住居址」『山梨県中央道埋蔵文化財包蔵地発掘調査報告書　北巨摩郡長坂・明野・韮崎地内』山梨県教育委員会　昭和五十年

頭無遺跡　北巨摩郡長坂町塚川字頭無

〔集落の概要〕頭無遺跡の縄文時代の住居跡は一六、内訳は曾利Ⅰ式期一、Ⅱ式期四、Ⅲ式期五、Ⅳ式期二、Ⅴ式期三、不明一である。

❋二号住居址　縄文時代中期末葉(曾利Ⅴ式期)。五・五×五・四mの円形プラン。住居南側に埋甕が正位の状態で埋設されていた。

❋三号住居址　縄文時代中期(曾利Ⅳ式期)。径五・七mの円形プラン。住居南壁に近く埋甕が正位に埋設されていた。

❋四号住居址　縄文時代中期(曾利Ⅲ式期)。径九mの円形プラン。南壁に近く埋甕が正位に埋設されていた。底部を欠く。

❋五号住居址　縄文時代中期(曾利Ⅲ式期)。五・八六×五・三mの隅丸方形プラン。南壁に近く埋甕が正位に埋設されていた。

❋六号住居址　縄文時代中期(曾利Ⅳ式期)。六・七二×六・四mの円形プラン。南壁入り口部に正位の埋甕があった。底部を欠く。

❋❋七号住居址　縄文時代中期(曾利Ⅱ式期)。径八mの円形プラン。九・五×八mの長円形プラン(拡張後)、拡張前も後も南壁に接して一個ずつの埋甕があった。前者は口縁と底部を欠く。後者は底部を欠く。正位に埋められていた。

❋❋一〇号住居址　縄文時代中期(曾利Ⅱ式期)。八・七六×九・三八mの円形プラン。埋甕は南壁に接して一個、炉西側から一個発見された。いずれも正位で、底部を欠く。

❋一二号住居址　縄文時代中期(曾利Ⅱ式期)。七・四×五・五mの不整円形プラン。南壁に近く正位に埋設された埋甕がある。

❋一八号住居址　縄文時代中期(曾利Ⅲ式期)。プラン不明。埋甕があり。底部を欠く。

米田明訓「頭無遺跡二号住居址」「同三号住居址」「同六号住居址」、伊藤恒彦「同四号住居址」、蛭間真一「同五号住居址」、山路恭之助「同七号住居址」、宮崎隆博「同一〇号住居址」、斉藤悟郎「同一二号住居址」『山梨県中央道埋蔵文化財包蔵地発掘調査報告書』昭和五十年

中原遺跡　北巨摩郡小淵沢町中原

❋八J住居址　縄文時代中期(曾利Ⅳ式期)。径約四・六mの胴張隅丸方形プラン。南側中央入り口部に正位の埋甕があった。口

辺を欠損する。

浦野保範「中原遺跡八J住居址」『山梨県中央道埋蔵文化財包蔵地発掘調査報告』山梨県教育委員会　昭和四十九年

長野県

巾田遺跡　埴科郡戸倉町巾田

※※第二号住居址　縄文時代中期(加曾利E式期)。径四・二mの円形プラン。東南側の床面中央には貯蔵用と思われる埋設土器二個がある。いずれも胴下半以下を欠いた甕形土器で片方は口縁を上にし、他方は、下にしていた。

※第一号配石址　縄文時代中期(加曾利E式期)。石囲いの炉の南東方に向かって二等辺三角形状に敷石をしき、その頂点に直径五〇cm、深さ五cmのピットを掘り、底に無文厚手の土器片を敷きつめ、その上に口縁部と底部を欠いた胴部のみの土器を倒立させて伏せ、何ものかを内蔵し、その上に焼けた石皿の破片を伏せ、さらに一〇cm内外の円礫四個をつめ、焼けた猪やかもしかの歯や骨片をばらまき敷石をこの上までのばして置いている。

※第二号配石址　縄文時代中期(加曾利E式期)。中央に石囲い炉をもつ一辺約二mの配石址、炉の南西方の敷石の間に立石(径一〇cm、長さ四〇cm)があり、その下部に径六〇cm、深さ二五cmのピットを掘り、内部に口縁を下にした埋設土器をおく。その中から大型獣の小骨片一が発見された。なお、底から五cm浮いて扁平な沢石が一枚認められた。

長野県屋代高校地歴班「巾田遺跡」地歴班研究彙報八号　昭和三十九年

金子浩昌・米山一政・森島稔「長野県埴科郡戸倉町巾田遺跡調査報告」長野県考古学会誌第二号　昭和四十年

開戸遺跡　小県郡丸子町中丸子

※※住居址　縄文時代中期(加曾利E式期)。径四・七mの円形プラン。南側の粘土をはった床面から、三個の埋甕が発見された。その一は口径三六・五cm、高さ二六cmで胴部下半をかきとっている。その二はやや東側にあり、口径三〇cm、高さ二一・五cmで胴部下半を欠損している。その三はそれらのやや北方にある。口径三三cm、高さ三一・五cm、口縁と底部を欠損する土器を伏せて埋めている。

中村直人「小県郡丸子町開戸遺跡出土の埋甕」長野県考古学会誌第九号　昭和四十年

和下平遺跡　小県郡東部町栗林区

※第一号住居址　縄文時代中期。三・七×四mの隅丸方形プランで、南西側に半径約一mの半円形の張り出し部を有する。南西側のピットは径五〇cm、深さ二〇cm、正位の埋甕があり、三〇×四〇cmの平たい蓋石をのせていた。下半部を欠失したキャリパー状の深鉢で、中には黒色土がぎっしりと充満していたが、遺物はみられなかった。

児玉卓文「和下平地籍C地点の遺構」『広域農道建設工事にともなう埋蔵文化財緊急発掘調査報告書』東部町教育委員会　昭和五十年

中原遺跡　小県郡東部町中原

※住居跡　縄文時代中期。埋甕があった。

中村直人「小県郡丸子町開戸遺跡出土の埋甕」

祢津小学校敷地遺跡　小県郡東部町新田

※第一号住居址　縄文時代中期(加曾利EⅡ式期)。五・五×六mの隅丸方形プラン。南西壁に近く埋甕があった。逆位で上に鉄平石の平石をのせていた。径九〇cm、深さ三〇cmの擂鉢状ピットをうがち、埋甕を埋設してあった。甕は上部と底部を打ち欠き、ピットの底に二〇cmほどの礫を甕の辺部に置き、くい込みを防いでいる。甕内には遺物は発見されなかった。

※第二号住居址　縄文時代中期(加曾利EⅡ式期)。径三・五mの円形プラン。埋甕は二個ある。一つは西壁に接して埋設された上部を打ち欠いた正位のものである。径五〇cmの円形ピット内に甕をちょうど上部が床面に平らになるように埋め、上に鉄平石の平石をのせ、さらに小型の土器（上部を打ち欠き、欠き口をきれいにすり磨いている）が入っていた。内部からは遺物は検出できなかった。もう一個の埋甕は南西側の床の内に土器がちょうど埋まるようなピットをあけて埋設したもので、土器は底部をきれいに打ち欠いている。

岩佐今朝人「長野県小県郡東部町祢津小学校敷地遺跡の調査」長野県考古学会誌二三・二四号　昭和五十一年

桜井戸遺跡　小県郡東部町大石

※第三号住居跡　縄文時代中期末。敷石住居跡で二つの埋甕を出土した。一つは口縁部を打ち欠き、上に扁平な蓋石をする。他の一つは胴部以下を欠損し、前者のわきに倒立して埋められていた。

※第四号住居跡　縄文時代中期末（加曾利E式期）。三・八×三・一mの円形プランの敷石住居址。南西隅にピットがあり、そばに埋設甕があった。胴下半を欠失した土器が逆立ちした形で二重になって二個発見された。

土屋長久「桜井戸遺跡・住居址」『信越本線滋野・大屋間複線化工事事業地内埋蔵文化財緊急発掘調査報告書』長野県教育委員会　昭和四十五年

下吹上遺跡　北佐久郡望月町協和字高呂

※第一号敷石住居址　縄文時代中期末葉(曾利Ⅵ式期)。円形プラン。炉址より南西側に正位の埋甕があった。高さ三七cm、口縁の直径二八・五cm。

※第二号住居址　縄文時代中期末葉(曾利Ⅴ式期)。直径約五・五mの円形プラン。東側の壁ぎわに近く埋甕があるが、これを埋設した直径五〇cm、深さ七八cmの土壙の下から深さ二〇cmほどの所に小円礫が周囲の壁に押しこまれて構築してあり、すり鉢状の落ち込みをおおう形になっている。その中央に、直径二〇×二五cmの楕円形の石が、石蓋をなしている。埋甕はその上におかれたものである。胴部下半を欠き、口縁の直径四三×四八cm、現存部の高さ三四・三cm、蓋石は内部に落ちこんでいた。

福島邦男・森嶋稔『下吹上』望月町教育委員会　昭和五十三年

大深山遺跡　南佐久郡川上村大深山西原

※第三号竪穴　縄文時代中期(加曽利EⅠ式期)。四・八×三・六mの隅丸方形プラン。南壁中央に接して埋甕があった。近くにあたかも壁にでも立てかけたかの状態で、不整方形の板石（長さ三五cm、幅二九cm、厚さ五cm）が、斜めに立っていた。あるいは蓋としたものかもしれぬ。埋甕は底部を欠くが、この破砕部は真横に一直線に截られた形跡がある。口径二〇cm弱、現在高一九・五cm。

※第六号竪穴　縄文時代中期(加曽利E式期)。径四・八mの不整円形プラン。炉の南々西、南壁に近く埋甕があった。長胴の甕で、口径一六・五cm、高さ二四・三cm。

※第一六号竪穴　縄文時代中期（加曽利EⅡ式期)。四・四×三・七五mの隅丸方形プラン。南壁近くに埋甕があった。埋甕は口縁の大部分と底部を欠く深い鉢で、口径約二八cm、現在高二八cm。

※第二二号竪穴　縄文時代中期(加曽利E式期)。四×四・七五mの円形プラン。南側壁に近く埋甕があった。大部分の口縁を欠く甕で、頸部径二〇cm、現在高二八cm。

※第三六号竪穴　縄文時代中期(加曽利E式期)。径三mの円形プラン。北西側に花崗岩の板石で蓋された埋甕があった。口縁部だけで、径三〇cm。

※第四九号竪穴　縄文時代中期(加曽利E式期)。六・七×五・七mの楕円形プラン。埋甕が南壁に近い周溝の東端近くにある。

八幡一郎『信濃大深山遺跡』川上村教育委員会　昭和五十一年

荒海渡遺跡　南安曇郡梓川村梓字田屋

※第一号住居址　縄文時代中期(加曽利EⅡ式期)。倒立した埋甕が南側にあった。底部を欠く。

※※第一八号住居址　縄文時代中期(加曽利E式期)。床面よりやや浮いた位置に大型深鉢（口径五二cm、現在高三八cm、胴下半を欠く）が埋設されていた。その南西側五〇cm余に浅鉢でおおった状態で深鉢が埋められていた。深鉢は口径二二cm、胴が張り、橋状把手が付く。口縁を欠く。浅鉢は底径四・六cm、胴下半のみ。

※※第五号住居址　縄文時代中期(加曽利E式期並行)。六・一×四・八mの隅丸方形プラン。東壁近くに東西に並んだ形で埋甕が二個出土した。壁側の埋甕には平石の石蓋が付いていた。中にはさらさらした土が八分目ほどつまっていた。口の直径二五cm。口唇と底部を欠く。

※第一六号住居址　縄文時代中期後葉(曽利Ⅱ式期)。四・五×四・四mの隅丸方形プラン。南東側張り出し部分の六〇cm内側に、逆位に埋設された甕形土器がある。胴部以下を欠く。

※第九号住居址　縄文時代中期末葉(加曽利EⅢ式期)。埋甕は炉の東方二・一mの位置に正位で発見された。キャリパー型の深鉢で、口縁をわずかに欠く。

直井雅尚・竹内稔ほか『荒海渡遺跡発掘調査報告書』梓川村教育委員会　昭和五十四年

深沢遺跡　松本市中山南中島

※第一号住居址　縄文時代中期(加曽利E式期)。円形プラン。

南壁寄りに石蓋をした埋甕がある。土器は底部を欠く。

❋第二号住居址　縄文時代中期（加曽利E式期）。隅丸方形プラン。南壁寄りに石蓋をした埋甕がある。土器は口縁を欠く。

小松虔「長野県松本市中山深沢遺跡」日本考古学年報一八　昭和四十五年

牛ノ川遺跡　松本市笹賀区小俣東耕地
❋A地点住居址　縄文時代中期（加曽利E式期）。炉址から約二m離れて甕形土器が縦に埋められた状態で発見された。
藤沢宗平「長野県松本市牛ノ川遺跡」日本考古学年報四　昭和三十年

中原遺跡　塩尻市片丘
❋第三号住居址　縄文時代中期（加曽利E式期）。四・〇四×四・九〇mの楕円形プラン。側壁の一方に石蓋をした埋甕があった。
藤沢宗平・小松虔「長野県塩尻市片丘中原遺跡」日本考古学年報一八　昭和四十五年

小丸山遺跡　塩尻市片丘字南内田
❋第二号住居址　縄文時代中期（加曽利E式期）。径五mの楕円形プラン。南壁寄りの床面に埋甕があり、内部からすり石の破片が発見された。
❋第七号住居址　縄文時代中期（加曽利E式期）。五・三×五mの円形プラン。南東壁に近接して埋甕があった。口径三四cm、高さ四三cm、キャリパー状の口縁部を床面と同一面上に埋設されていた。内部から石棒状石器一、黒曜石破片一を検出した。
❋第九号住居址　縄文時代中期（加曽利E式期）。一辺六・三mの楕円形プラン。南壁中央部に接して埋甕が埋設されていた。その口縁部は床面上にあった。
樋口昇一ほか「遺構」『長野県塩尻市小丸山遺跡緊急発掘調査概報』塩尻市教育委員会　昭和四十四年

平出遺跡　塩尻市宗賀
❋ロ号住居址　縄文時代中期（加曽利E式期）。五・一×四・八mの円形プラン。南壁に近く、高さ六八cm、口径三五cmという大型の甕が逆位に埋設されていた。黒味を帯びた砂混じりの細かい土が充満していたにすぎなかった。
❋八号住居址　縄文時代中期（加曽利E式期）。径三・四mの円形プラン。西側のピットの中に逆位に甕が埋設されていた。
❋❋二号住居址　縄文時代中期（加曽利E式期）。口を下に埋められた土器と口縁部を床面と水平にして埋設した土器の二個が発見された。
永峯光一「縄文式住居址」『平出』朝日新聞社　昭和三十年

葦原遺跡　東筑摩郡波田村森口
❋第三号敷石住居址　縄文時代中期末〜後期初頭。プラン不明。炉址の北八〇cmの敷石間に埋甕があり、口縁部を上にして扁平な石の蓋がしてあった。充満した黒色土をとり出すと底から約五cm上がったところに小型土器がはいっていた。
❋❋第四号敷石住居址　縄文時代中期。プラン不明。敷石部の中心から口縁をやや西に向けて横倒しになった埋甕が出土した。その西側にもう一つの埋甕が二つの大きな河原石の下から発見された。

小松虔「波田村葦原遺跡第一・第二次調査概報」信濃一八巻四号　昭和四十一年

麻神遺跡　東筑摩郡波田村

※第一号住居址　縄文時代中期(加曾利E式期)。径六・七mの円形プラン。北壁に近く、口縁と底部を打ち欠き、逆さに伏せた埋甕（高さ四〇cm）があった。

※第二号住居址　縄文時代中期(加曾利E式期)。径約五mの円形プラン。南壁に近く、底部を欠いた埋甕（高さ四〇cm）があった。

※第三号住居址　縄文時代中期(加曾利EⅡ式期)。径五・二mの円形プラン。北西側の壁に近く埋甕があった。口径三六cm、現高三七cmの底部を欠いた土器が逆位で埋められていた。内部には黒色土が充満していただけであった。

※第四号住居址　縄文時代中期(勝坂式期)。径五mの円形プラン。床面やや南寄りに埋甕がある。壺の底部に穿孔したものを逆位にして埋めた伏せ壺といったほうが適切である。中には黒色土が充満し、微量の炭、ドングリらしい皮の炭化物一と不明の小骨粉が検出された。

※第五号住居址　縄文時代中期(加曾利EⅡ式期)。径約五mの円形プラン。西壁に近く正位の埋甕があった。内部には黒色土が充満していただけであった。

『波田村麻神遺跡緊急発掘調査報告書』波田村教育委員会　昭和四十七年

山田瑞穂「縄文時代住居址」『波田村麻神遺跡第二次緊急発掘調査報告書』波田村教育委員会　昭和四十八年

こや城遺跡　東筑摩郡明科町

※第一号住居址　縄文時代中期後半～末。プラン不明。敷石住居址。敷石東端に埋甕がある。埋甕設置にあたって、敷石の第三紀層砂岩を埋甕の口縁に合わせて削り取り、胴の張った形の埋甕がすっぽりと納まるようにしていた。両耳の甕形土器で、口径約三五cm、最大径約五〇cm、高さ約三〇cm。

※※第三号住居址　縄文時代中期後半～末。プラン不明。敷石住居址。敷石東側に二個の埋甕があり、うち一つは、砂岩を埋甕に合わすように削り取って胴のやや張った形の埋甕を納めていた。両耳の甕形土器であるが、把手と口縁部底部を欠く。口径二二cm、高さ三〇cm、他の一つは深鉢形土器の口縁部で、口径約三三cm。

神沢昌二郎「第一号住居址」、大沢哲「第三号住居址」『長野県東筑摩郡明科町こや城遺跡発掘調査報告書』明科町教育委員会　昭和五十四年

洞遺跡　東筑摩郡山形村洞

※※J第二号住居址　縄文時代中期(加曾利E式期前半)。四・九×五・三mの隅丸方形プラン。東壁中央がやや突出し、この部分に接して平盤な蓋石をし、口縁部と底部を意識的に切断した埋甕が伏せてあった。また、東壁に接して、前記埋甕よりやや北側に径三〇cm、深さ二四cmのピットがあり、中から土偶の破片一と小型の壺が出土した。

※J第三号住居址　縄文時代中期(加曽利E式期)。径六mの円形プラン。北東側の壁に接して、六五×七〇cm、深さ八〇cmのピットがあり、小型有孔壺が底から出土している。その外側住居址外部に口縁と底部を欠失した埋甕があった。

※※J第六号住居址　縄文時代中期(加曽利EⅡ式期)。五・八×六mの円形プラン。南東の壁近くに埋甕が二個並んで発見された。東側のほうは口径二八cm、高さ二四cm、キャリパー状口縁の深鉢形土器で、口縁部を床面と同一面にし、胴部下半を欠いていた。西側のほうも深鉢形土器で胴部下半を欠いている。

※J第七号住居址　縄文時代中期(加曽利E式期前半)。六×五・八mの円形プラン。南西側の床面に胴下半を欠いた土器が埋設されていた。

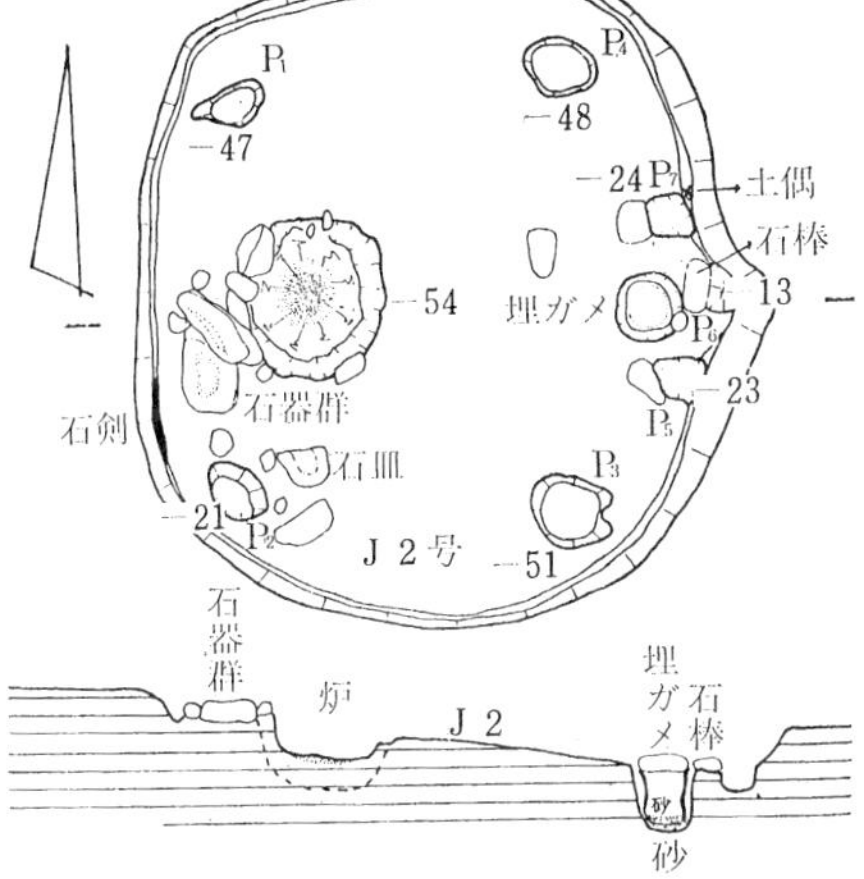

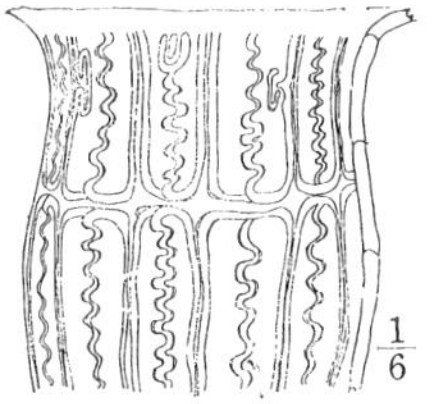

図28　洞遺跡J第2号住居址と埋甕(1：120)
（『唐沢・洞』より）

※J第一三号住居址　縄文時代中期(加曽利E式期)。四・五×五・五mの円形プラン。東壁に近く埋甕があった。口径二四cm、高さ一三・五cmのキャリパー状口縁の土器の上半部で、口縁と床面とを同一面においていた。

※J第一四号住居址　縄文時代中期(加曽利E式期)。五×六mの円形プラン。南東の壁近くに埋甕があった。口径二五・五cm、高さ二〇cmの胴下半を欠いた深鉢で、口縁と床面を水平にしていた。

倉科明正「J第二号住居址」、神沢昌二郎「J第三号住居址」「J第七号住居址」、土屋長久「J第六号住居址」「J第一三号住居址」「J第一四号住居址」『唐沢・洞』長野県考古学会　昭和四十六年

熊久保遺跡　東筑摩郡朝日村小野沢熊久保

※第一号住居址　縄文時代中期(加曽利E式期)。五・六×四・九mの隅丸方形プラン。炉址の南一・一mの所に平板な河原石を箱形に組んだ一辺約四〇cmの石囲いがあり、内部に口縁を欠いた甕を入れ、上に平板な石で蓋をしてあった。

※※第二号住居址　縄文時代中期(加曽利E式期)。四・六×四mの隅丸方形プラン。東壁中央南側のピットは形状からみて該期住居址に類例の多い貯蔵穴としてよいであろう。深さ二九cm、このピットの北側に近く二個の埋設土器がある。甕の口縁部を上にし、床面に接して

埋め、二個とも底部がない。内部に何ら特別のものはなかったが、一種の貯蔵穴であろう。

樋口昇一・横山正・小松虔「長野県東筑摩郡朝日村熊久保遺跡調査概報」信濃一六巻第四号・第七号　昭和三十九年

若宮遺跡　木曾郡三岳村若宮

※第一号住居址　縄文時代中期(加曾利E式期)。径五・三mの円形プラン。南東側の壁に近接して口縁を床面と同一レベルにして埋めた甕形土器があった。口径三〇cm、高さ三〇cm、内部は表土と異なる柔らかな黒色腐蝕土で、遺物を期待したが何も得られなかった。

※第二号住居址　縄文時代中期(加曾利E式期)。五・八×五・三mの円形プラン。北西隅の側壁の一部を掘りくぼめたピットは八五×四五cm、深さ五〇cm、内部に口縁と底部を欠く大甕が埋設されていた。貯水穴あるいは単なる貯蔵庫としての機能を与えてよいであろう。

大場磐雄・樋口昇一ほか「長野県西筑摩郡三岳村若宮遺跡調査概報」信濃九巻三号　昭和三十二年

大田垣外遺跡　木曾郡南木曾町田立字元組

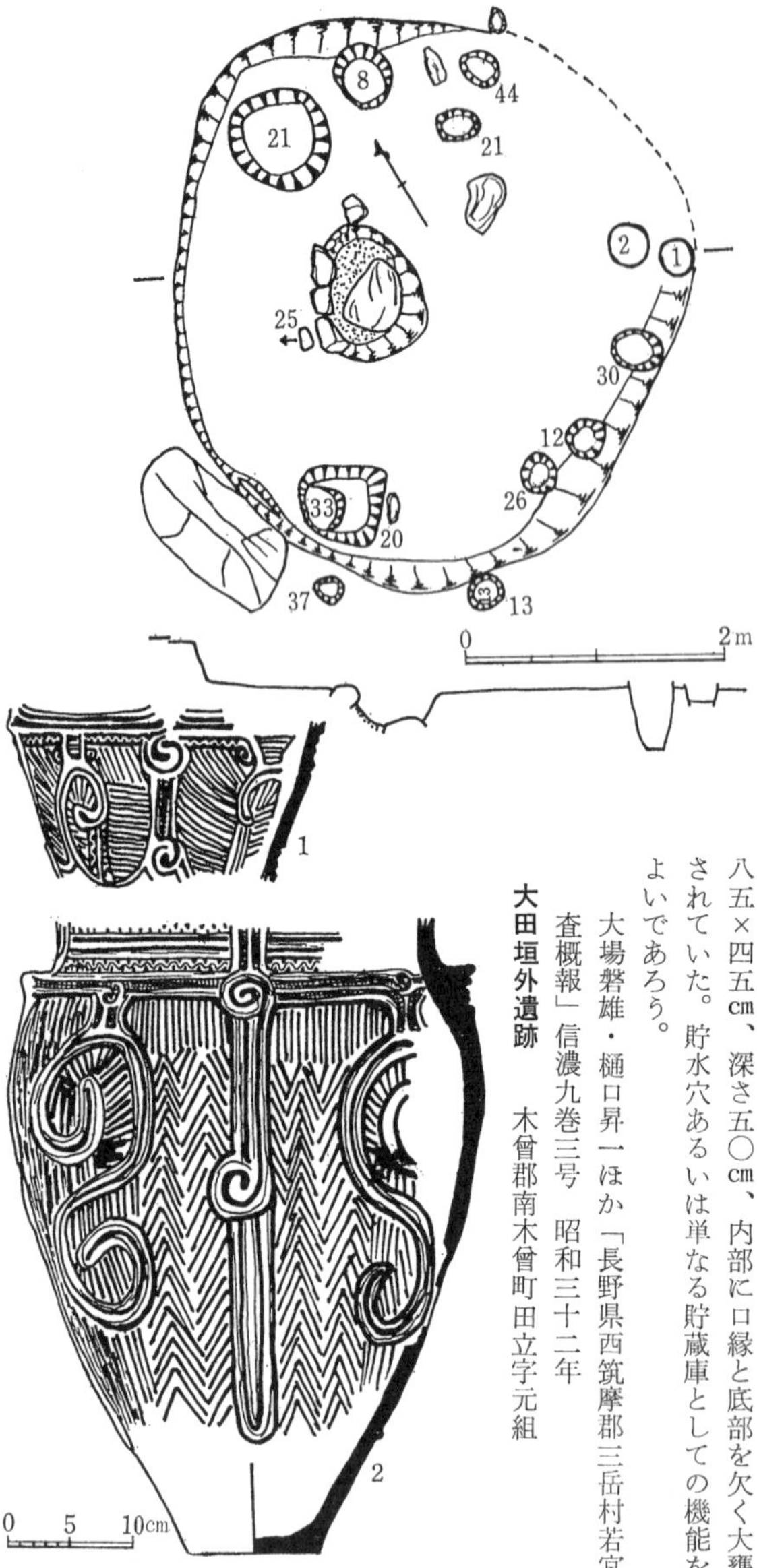

図29　御嶽神社里宮遺跡1号住居址と埋甕
(『御嶽神社里宮遺跡発掘調査報告書』より)

※※住居址　縄文時代中期(勝坂式期)。長径五・二五mの楕円形プラン。東壁に近く近接して二個の埋設土器があった。その一つには花崗岩の丸石が蓋のようにのせてあった。

藤沢宗平「長野県西筑摩郡大田垣外遺跡」日本考古学年報一　昭和二十六年

青野原遺跡　木曽郡南木曽町神坂字馬籠

※竪穴住居址　縄文時代。三・五×三・一mの方形プラン。炉址と北壁の中間の床面下に口縁部および底部を欠いた土器（縄文式土器、径二五cm）を発見した。

藤沢宗平「長野県西筑摩郡青野原遺跡」日本考古学年報二　昭和二十九年

御岳神社里宮遺跡　木曽郡王滝村野口

※※一号住居址　縄文時代中期後半(加曽利E式土器の前半)。四・四五×四・二mの不整円形プラン。東壁ぎわに二個の埋甕があった。内側のは口縁を欠く正位の埋甕で細長い甕形土器であった。外側のは口縁と胴下半を欠く正位の埋甕である。深鉢形土器で、このほうが古く、床面を改築した際上部をけずっている。

『御嶽神社里宮遺跡発掘調査報告書』王滝村教育委員会　昭和五十三年

海戸遺跡　岡谷市天龍町小尾口

※四号址　縄文時代中期(曽利Ⅱ式期)。径五mの円形プラン。南壁に近く直立した

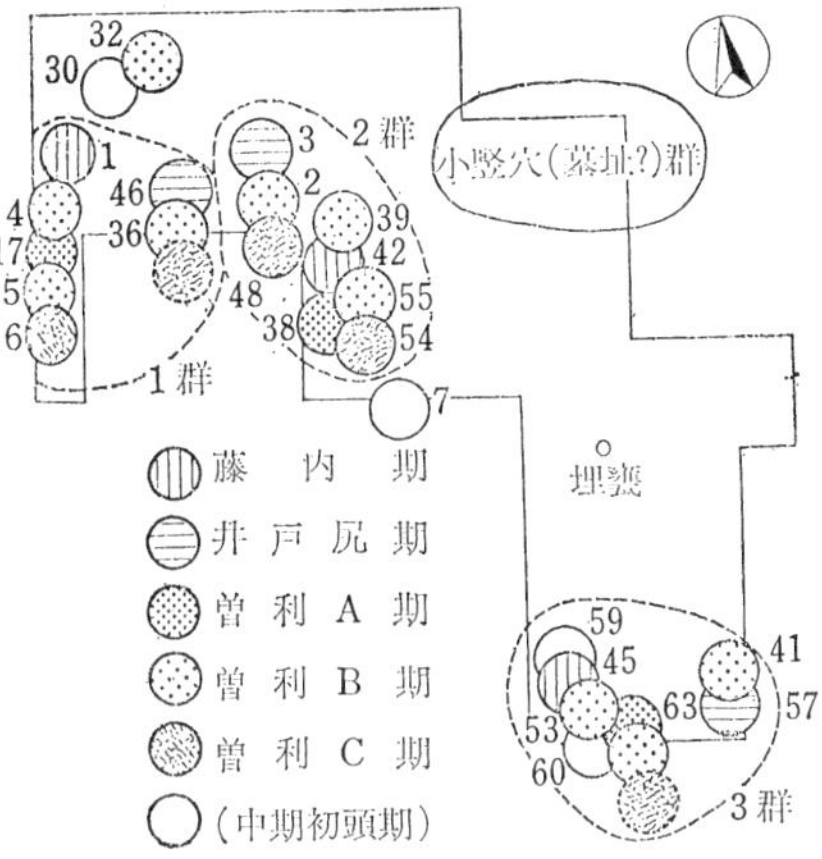

図30　海戸遺跡縄文時代住居址の分布

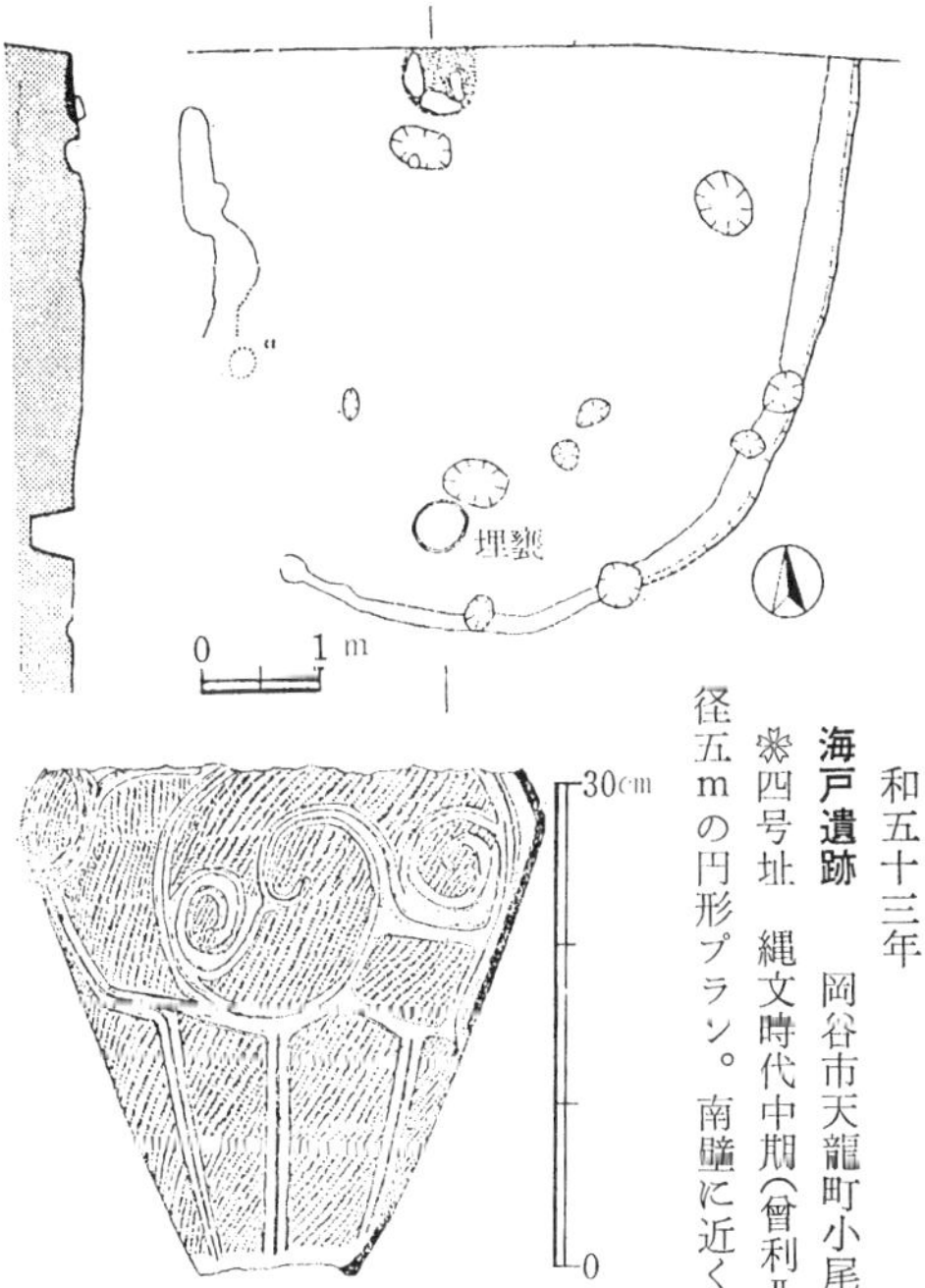

図31　海戸遺跡32号住居址と埋甕
(『海戸』より)

埋甕があった。

※三二号住居址　縄文時代中期(曾利Ⅱ式期)。六・五×五・五mの楕円形プラン。南端に近く埋甕があった。口径四〇cm、高さ六〇cm。口縁部と底部を欠く深鉢である。

※※三八号住居址　縄文時代中期(曾利Ⅱ式期)。四・五×五mの円形プラン。南東壁に接して一つ、壁に近くその北方に一・三mの間をおいて一つの埋甕があった。前者は胴下半を欠く無頸の甕形土器である。後者は底部と口縁部を欠く。上径三〇cm、深さ四〇cmある。

※四一号住居址　縄文時代中期(曾利Ⅱ式期)。四・六×五mの円形プラン。南壁に近く胴下半を欠損する無頸の甕が正位に埋めこまれていた。

※四五号住居址　縄文時代中期(曾利Ⅱ式期)。五・六×五mの円形プランの南東壁に近く袋状竪穴がある。口径七〇cm、深さ六〇cm、口に近く、穴の蓋をするように大きな平石と支える礫があった。しかし、ピットの用途を明らかにするような発見はなかった。また、炉址の北側床面下に口縁を欠き、底部に穿孔した深鉢が倒立する形で埋められていた。

「海戸遺跡発見住居址一覧表」『岡谷市海戸遺跡緊急発掘調査報告　昭和四十一年』岡谷市教育委員会　昭和四十二年

殿井皓也「第三二号住居址」、増田泰重「第三八号住居址」、殿井皓也「第四一号住居址」、佐々木藤雄「第四五号住居址」『海戸』岡谷市教育委員会　昭和四十三年

堂山遺跡　岡谷市川岸字駒沢

※※住居址　縄文時代中期(曾利Ⅰ式期)。六・四×五・六mの円形プラン。東壁中央に近く大きい埋甕が一個、それから若干西側寄りの床面に一個の埋甕があった。後者は底部を欠き、前者も口縁と底部を欠き板状の石の蓋がしてあった。

中村龍雄「長野県岡谷市堂山遺跡」日本考古学年報一九　昭和四十六年

戸沢充則「原始・古代」『岡谷市史上巻』昭和四十八年

広畑遺跡　岡谷市川岸字三沢

※第一号址　縄文時代中期(加曾利E式期)。径約六mの不整円形プラン。南壁に接して石蓋をした埋甕が発見された。高さ六〇cmの正位におかれた完形土器である。

藤森栄一氏調査『長野県埋蔵文化財発掘調査要覧その一』長野県教育委員会　昭和四十六年

長塚遺跡　岡谷市川岸字新倉塩坪

※※第三号住居址　縄文時代中期後半(曾利式期)。円形プラン。南西壁に接して三個の埋甕があった。最も内側の埋甕CはBとほとんど接し、ひどく破壊されている。埋甕BはAによって真二つに半分切りとられてしまっている。C・Bは貼床におおわれていたので、この住居址でも古い時期の第三A住居が営まれていた当時埋められたものである。これに対して、埋甕Aはほぼ完全で、第三B住居址の床面に口縁をそろえて埋めてあった。

戸沢充則「原始・古代」『岡谷市史上巻』

平山遺跡　岡谷市湊字小坂

※住居址二　縄文時代中期末(曾利Ⅳ式期)。径五・五mの円形

プラン。東側の床面中央には、高さ四四cmの大型の甕が平石の蓋をして床面下に埋めてあった。口縁部はこまかく打ち欠いて平らにしてあり、底部には径二cmほどの孔があけられていた。

戸沢充則「原始・古代」『岡谷市史上巻』

六地在家遺跡　岡谷市駒沢新田

❋二号住居址　縄文時代中期後葉。四・五×四・八mの円形プラン。東南の出入り口と思われる壁内四〇cmの個所に、平板石を蓋石とした、口縁部と胴下半分を欠く胴張りの埋甕が直立の状態で埋設されていた。

器内には黒色土と木炭片が充満しており、鋭利な縁をもつ黒曜石片二点が検出された。

福沢幸一「六地在家遺跡二号住居址」『長野県中央道埋蔵文化財発掘調査報告書　岡谷市』長野県教育委員会　昭和五十年

諏訪湖西岸遺跡　諏訪市豊田有賀宮垣外

❋竪穴住居址　縄文時代中期(曽利Ⅲ式期)。五×四mの円形プラン。東側に埋甕（口径四〇cm、高さ四五cm）が施設されていた。

宮坂光昭「諏訪湖西岸遺跡」日本考古学年報二〇　昭和四十七年

大熊城址遺跡　諏訪市湖南

❋一号住居址　縄文時代中期(曽利Ⅲ式期)。円形プラン。南側未発掘部から口縁を欠く正位の埋甕が発見された。

宮坂光昭・鵜飼幸雄「一区」『諏訪市大熊城址遺跡』諏訪市教育委員会　昭和四十九年

荒神山遺跡　諏訪市湖南字南大熊小字荒神山

〔集落の概要〕荒神山遺跡の縄文時代の住居址は合計四六、その内訳は前期末の諸磯C式期一、中期の狢沢式期一、新道式期三、藤内Ⅰ式期一〇、Ⅱ式期一、勝坂式期一、曽利Ⅰ式期一、Ⅱ式期二二、Ⅲ式期五、不明一である。

❋三号住居址　縄文時代中期後葉（曽利Ⅲ式期、Ⅱ式的要素も残る）。四・二五×四mの円形プラン。北東壁ぎわに正位の埋甕が埋設されている。底部を欠いた深鉢で、平板な蓋石をしている。内部に充満する黒土中には微量の骨片と炭化物が認められた。

❋八号住居址　縄文時代中期後葉（曽利Ⅲ式期、Ⅱ式的要素強く残る）。五・六五×五・八五mの楕円形プラン。東南壁に近く正位に埋設された埋甕があった。底は欠かれ、底部に平石が敷かれ、蓋石はやや北側にずれていた。

❋一〇号新住居址　縄文時代中期後葉(曽利Ⅱ式期)。五・三五×五・一mの不整円形プラン。南西壁に近く、正位の埋甕(a)が埋設されていた。口縁と底部を欠いた深鉢であった。

❋一〇号旧住居址　縄文時代中期後葉(曽利Ⅱ式期)。四×三・六mの楕円形プラン。南壁下のロームの貼床下に口縁部を削られた網代底の深鉢(b)が正位に埋設されていた。

❋一二号住居址　縄文時代中期後葉(曽利Ⅱ式期)。径四・八mの円形プラン。東壁ぎわと推定される位置に底を欠いた埋甕（深鉢）が正位に埋設されていた。

❋一六号住居址　縄文時代中期後葉（曽利Ⅲ式期、Ⅱ式の要素

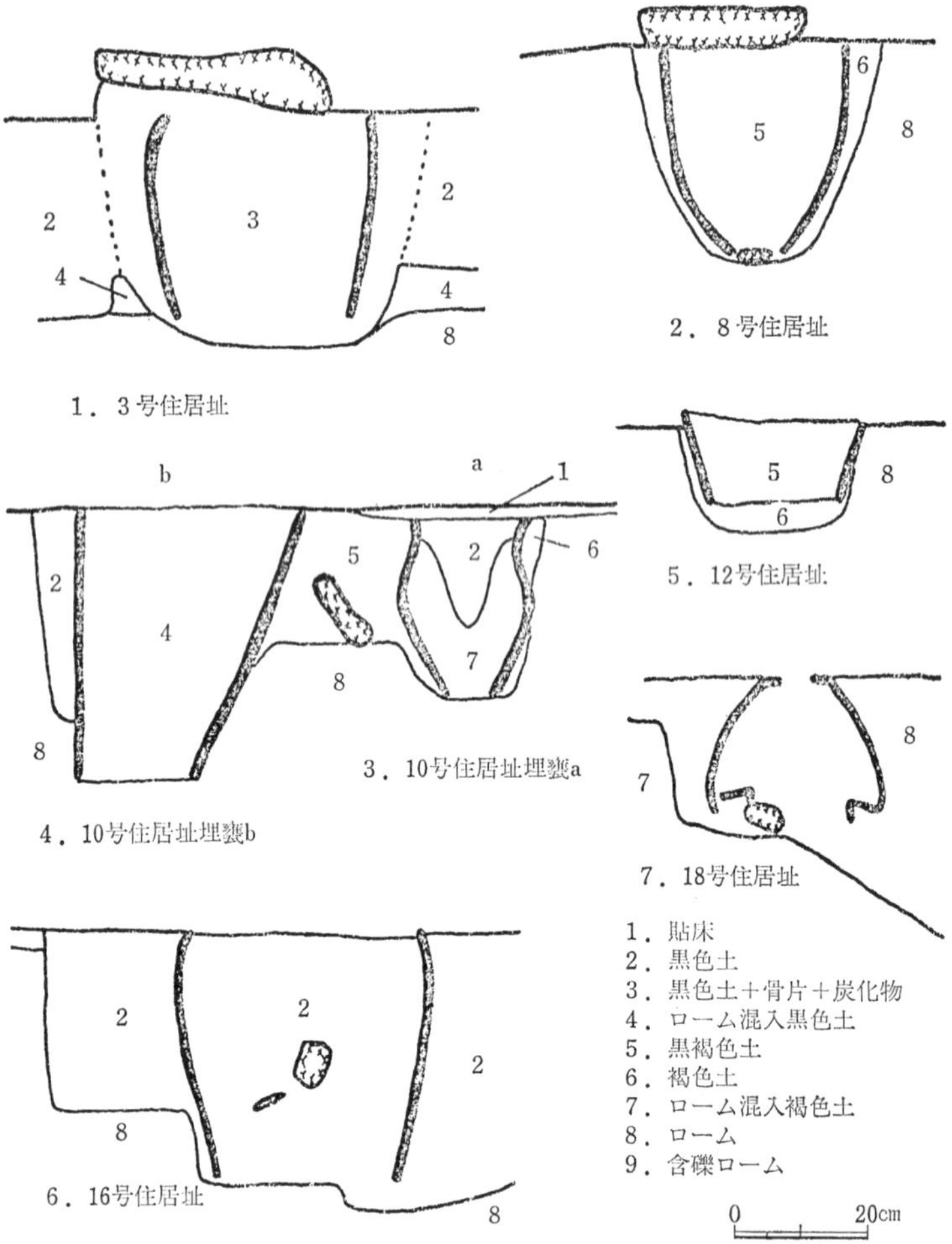

図32　荒神山遺跡埋甕出土状況断面図（『中央道発掘調査報告書』より）

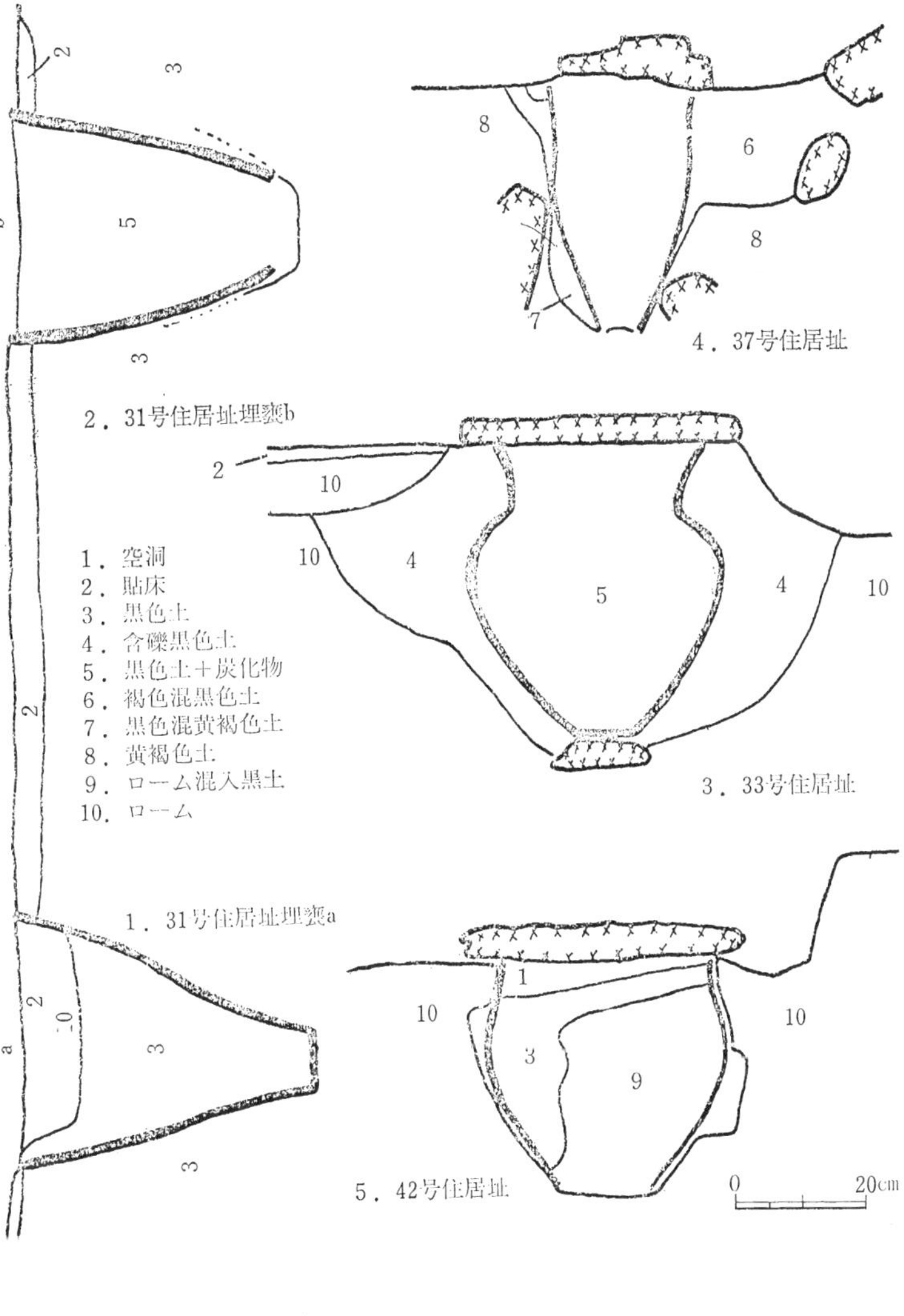

図33　荒神山遺跡埋甕出土状況断面図（『中央道発掘調査報告書』より）

を残す）。一辺四・三mの隅丸方形プラン。東壁ぎわに底部を欠いた埋甕（深鉢）が正位で埋設されていた。

※一七号住居址　縄文時代中期後葉（曽利Ⅱ式期新）。六・六五m×六mの円形プラン。東壁寄りに三個体の埋甕がある。埋甕No.1は壁寄り六五cm中央寄りにあり、胴部のみの土器を正位に埋めてローム蓋がしてある。埋甕No.2はNo.1より五〇cm中央部寄りに正位に埋めてあり、蓋はない。埋甕No.3はNo.1とNo.2の間、No.2に接してあり、完形に近い土器を正位に埋めて石蓋がしてある。埋甕の新旧関係はNo.3が新しく、No.2が最も古い。

※一八号住居址　縄文時代中期後葉（曽利Ⅱ式期）。径五・五×五・六mの円形プラン。埋甕は深鉢で、逆位で埋められ、胴部下半は破壊されている。炉址より六〇cmほど北東寄りに、内外面を朱塗りし、底部穿孔された壺形土器が逆位で埋設されていた。

※三一号新住居址　縄文時代中期後葉（曽利Ⅱ式期）。六・一×六mの円形プラン。東壁ぎわに底部が欠かれた埋甕（深鉢）が正位で埋設されて

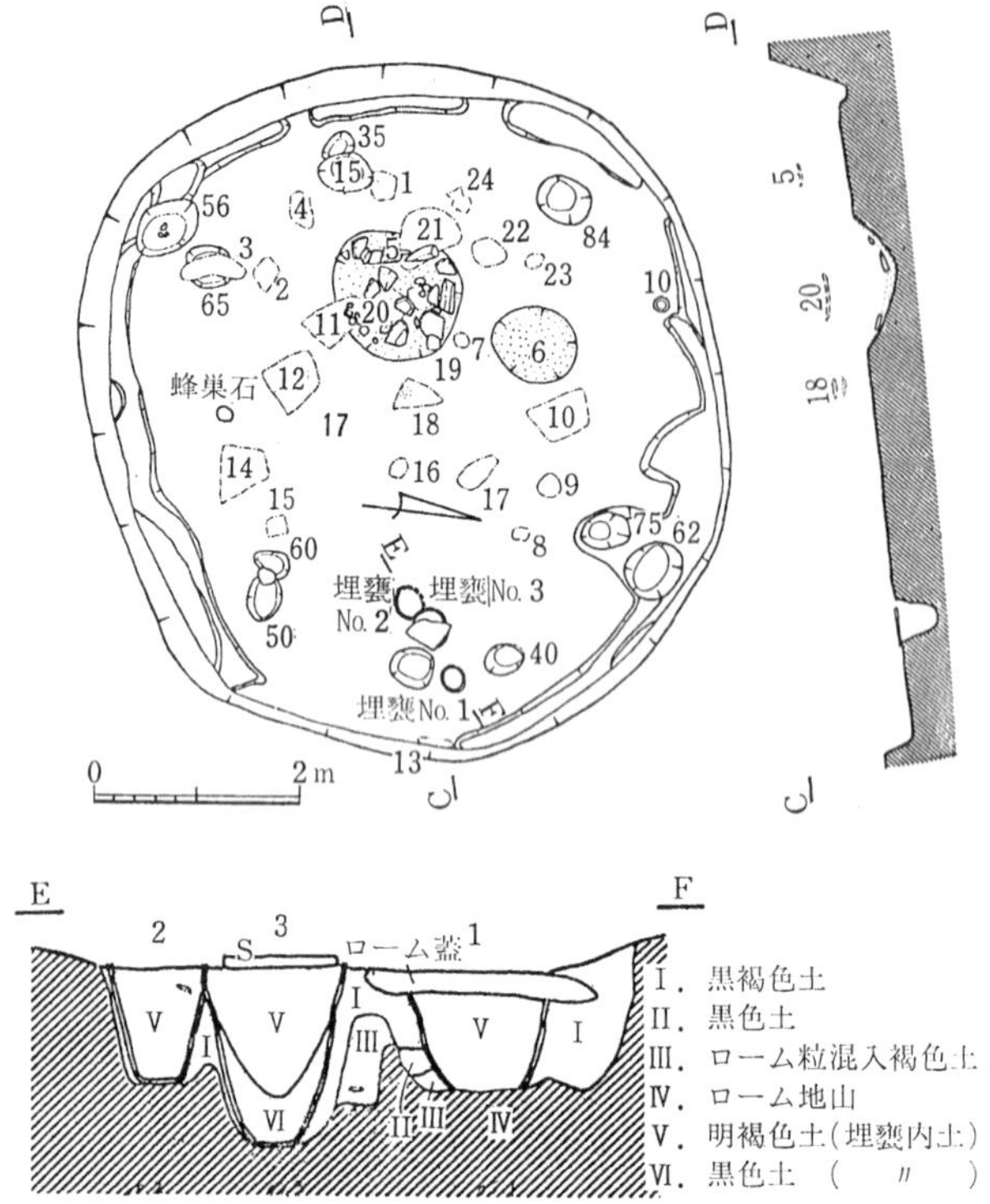

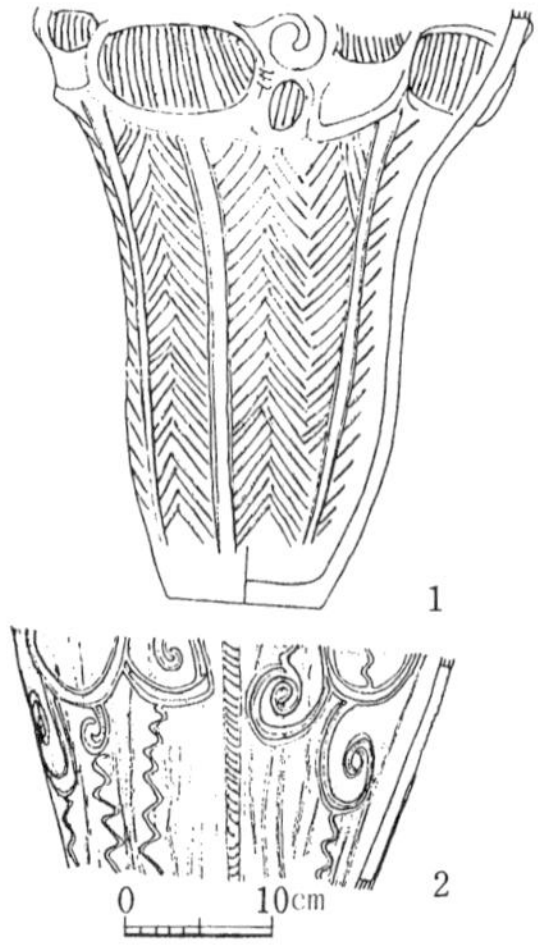

図34　荒神山遺跡17号住居址および埋甕とその出土状態
1　埋甕No.3　2　埋甕No.1
（『中央道発掘調査報告書』より）

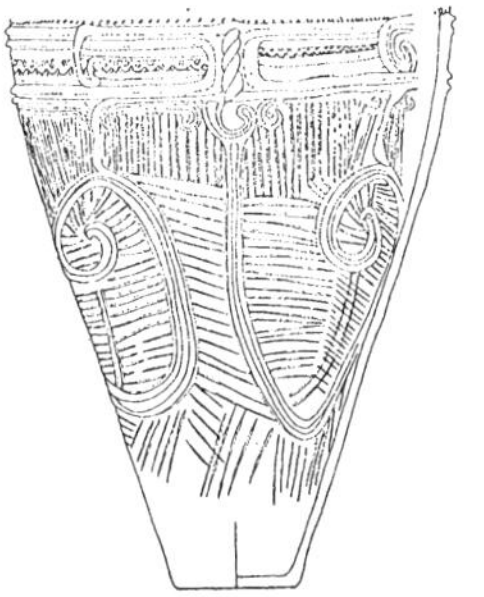

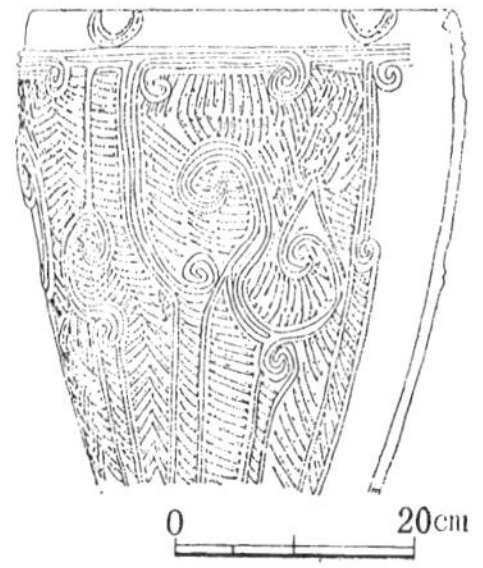

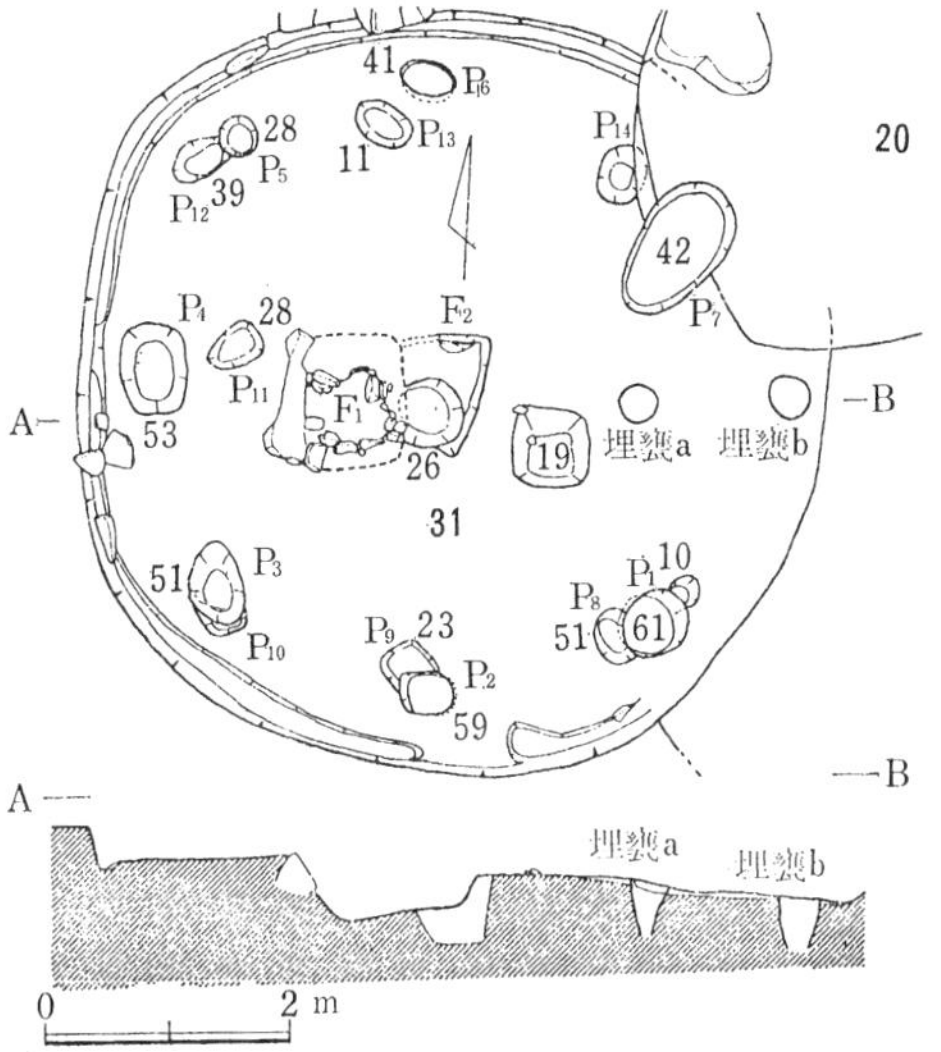

図35　荒神山遺跡31号住居址と埋甕
（『中央道発掘調査報告書』より）

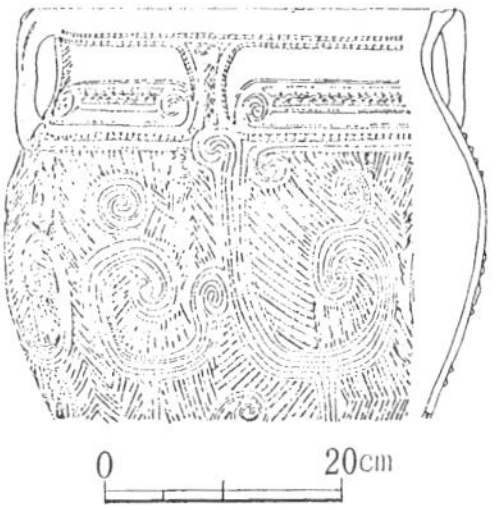

図36　荒神山遺跡42号住居址と埋甕（『中央道発掘調査報告書』より）

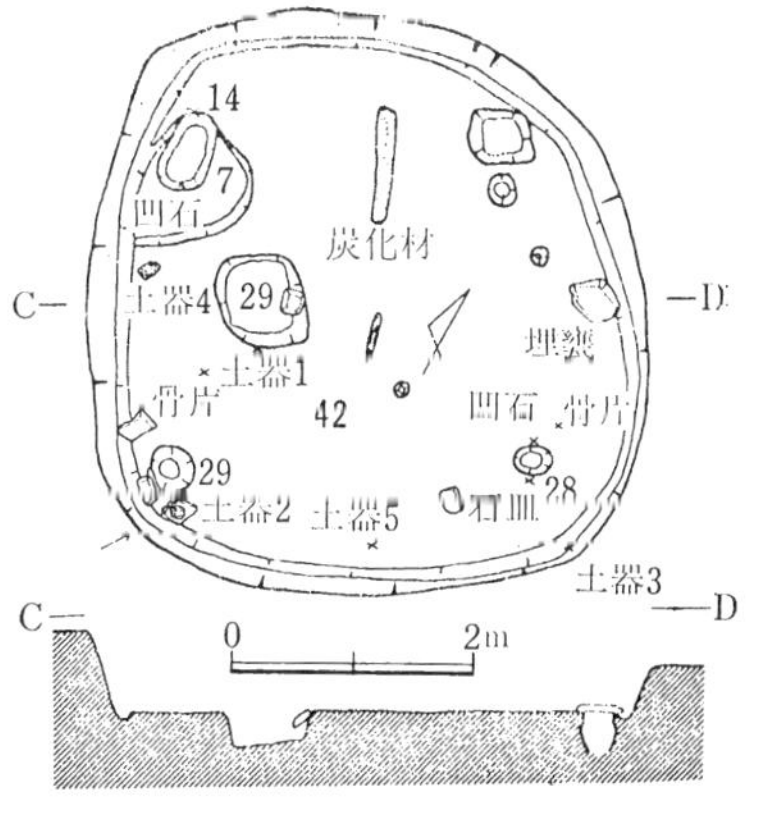

いた。（図35左下、三一号新住居址埋甕b）

＊三一号旧住居址　縄文時代中期後葉（曽利Ⅱ式期）。六・一×六mの円形プラン。口縁を欠く埋甕（深鉢）が正位に埋設されていた。（図35左上、三一号旧住居址埋甕a）

＊三三号住居址　縄文時代中期後葉（曽利Ⅱ式期、新しいほう）。四・九五×五・八mの楕円形プラン。東入り口部の埋甕は、口縁を欠く深鉢が正位で埋設され、蓋石があったが、内部には黒土が充満していた。

＊三七号住居址　縄文時代中期後葉（曽利Ⅱ式期）。東西の径四・四五mの不整円形のプラン。東入り口部の埋甕は、底部穿孔され、口縁部を欠失した深鉢で、正位に埋められ、石蓋として平板

な石が使われていた。

❋四二号住居址　縄文時代中期後葉(曽利Ⅱ式期)。四・五五×四・七mの不整円形プラン。東壁に接して底部を欠いた埋甕が正位で埋設されていた。平石を蓋とし、内部一〇cmほどが中空になっていた。

❋六六号住居址　縄文時代中期後葉（曽利Ⅱ式期)。三・九×四・〇五mの不整円形のプラン。埋甕は炉の真東に正位で埋められている。遺存状態はきわめて悪い。

❋六九号住居址　縄文時代中期末葉(曽利Ⅲ式期)。三・六四×四・〇三mの円形プラン。東壁直下に蓋石を有する埋甕（口縁部を欠く）があり、正位に埋められている。

図37　荒神山遺跡97号住居址および埋甕とその出土状態
（『中央道発掘調査報告書』より）

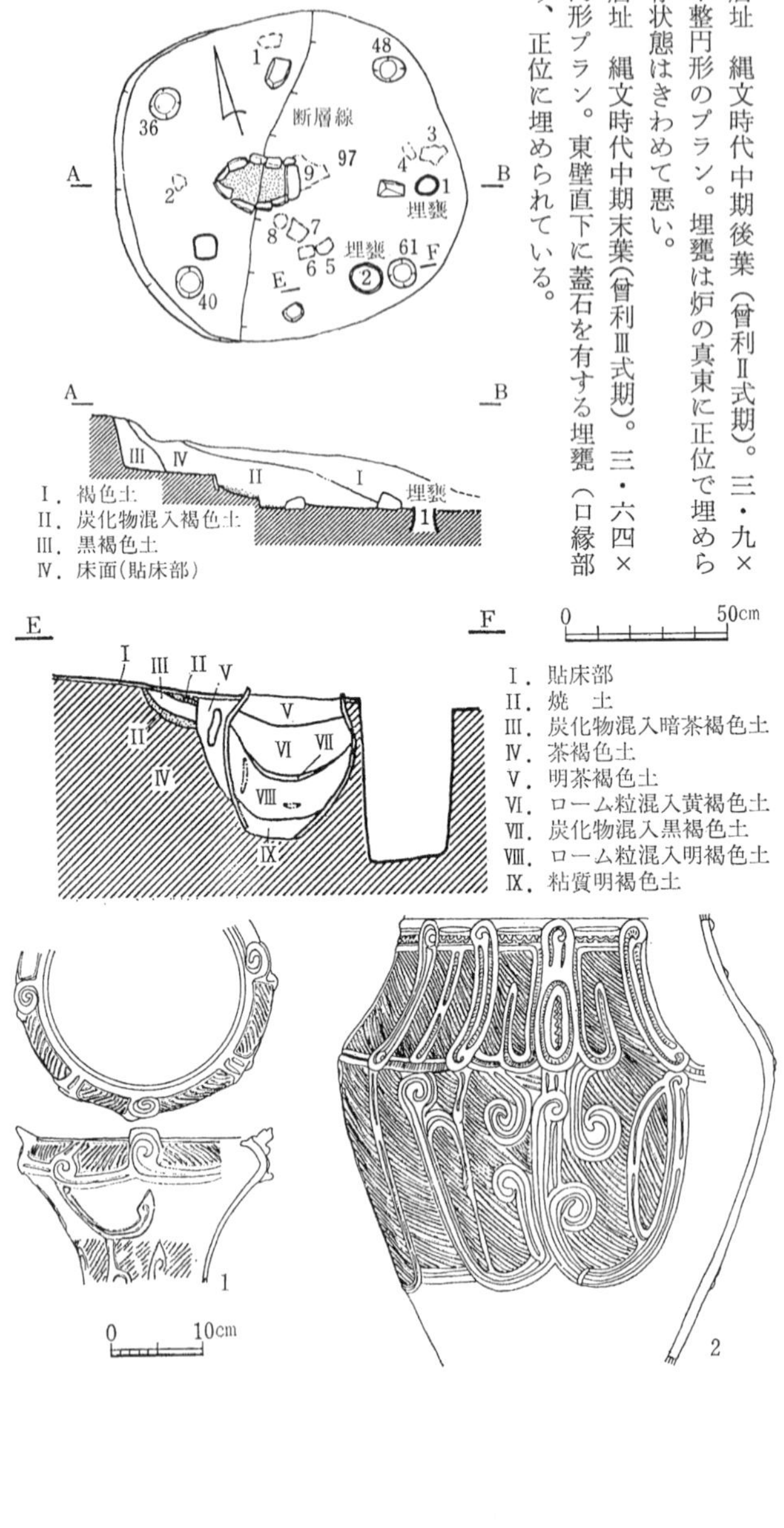

❋八〇号住居址　縄文時代中期中葉(井戸尻Ⅲ式期)。直径三・八mの円形プランと推定。P_1とP_2の間の地山の大石の間に深鉢を正位に埋めた埋甕（口縁部を欠く）がある。

❋八四号住居址　縄文時代中期後葉(曽利Ⅱ式期新)。三・八×

四ｍの不整方形のプラン。北東壁寄り中央に埋甕があり正位に埋められていた。深鉢で口縁部と底部を欠く。

❋八八号住居址　縄文時代中期後葉(曽利Ⅱ式期)。径四・二ｍの円形プラン。東側に石蓋のある埋甕がある。口縁部を欠き、底部を抜いた小型の壺が正位に埋められていた。

❋❋九七号住居址　縄文時代中期後葉(曽利Ⅱ式期古)。三・七×三・三ｍの円形プラン。東壁および南東壁寄りに埋甕がある。前者の埋甕No.1は逆位に埋められ、後者のNo.2は正位に埋められていた。いずれも底部を欠く。

❋一一三号住居址　縄文時代中期中葉（曽利Ⅳ式期）。プラン不明。埋甕は焼土より南側一ｍのところにあり、深鉢（口縁部を欠く）が正位に埋められていた。

　伴信夫・平出一治・木下平八郎「荒神山遺跡」『長野県中央道埋蔵文化財包蔵地発掘調査報告書　昭和四十八年度』
木下平八郎「一七号住居址」「六六号住居址」「一一三号住居址」、松永満夫「一八号住居址」「八八号住居址」、岡田正彦「六九号住居址」「八〇号住居址」「九七号住居址」、細川光貞「八四号住居址」『長野県中央道埋蔵文化財調査報告書　昭和四十九年度』昭和五十年

下ノ原遺跡　茅野市荒神

❋第一〇号住居址　縄文時代中期(加曽利ＥⅠ式期)。径五・五ｍの円形プラン。Ｐ１は入り口部の右側に位置する。貯蔵庫的のピットであろうか。周溝の北西部に壁をわずかに欠いて土器が一点埋められていた。

　宮坂虎次「下ノ原遺跡」『下ノ原遺跡川久保古墳』茅野市教育委員会　昭和五十年

中ツ原遺跡　茅野市湖東山口

◇第四号住居址　埋甕を発見した。口縁を床面とほぼ平らにし底部を欠除する。

　宮坂虎次『中ツ原・和田遺跡』茅野市教育委員会　昭和四十九年

茅野和田遺跡　茅野市玉川大字粟沢

〔集落の概要〕東遺跡の住居址は合計四七、前期前葉五、藤内式期六、井戸尻式期前半三、後半七、曽利Ⅱ式期一〇、Ⅲ式期一〇、Ⅳ式期四、Ⅴ式期二。西遺跡の住居址は計三〇、内訳は狢沢式期一、井戸尻式期四、曽利Ⅰ式期一八、Ⅳ式期二、Ⅴ式期一、後期三、晩期一である。

❋❋東二号住居址　縄文時代中期(曽利Ⅳ式期)。径五ｍの円形プラン。南壁ぎわに口縁部を欠く三個の小型の深鉢形土器が、いずれも直立して埋められていた。埋甕のうち西側のものに他の土器の胴下半部が納められ二重に重ねられていた。また一例は底部も欠き、他の一例は底部に大きな穴を打ちぬいていた。

❋東一五号住居址　縄文時代中期（曽利Ⅳ式期）。五・一二×四・七一ｍの不整円形プラン。南壁寄りの床面から埋甕を出土した。胴部下半を欠いた甕を逆さにしてすえ、三一×四〇cm、厚さ七cmの楕円形の板状の石で蓋をしている。

❋❋東一六号住居址　縄文時代中期(曽利Ⅳ式期)。四・五六×四・四四ｍの円形のプラン。西壁近く口径一五cmの埋甕が直立し

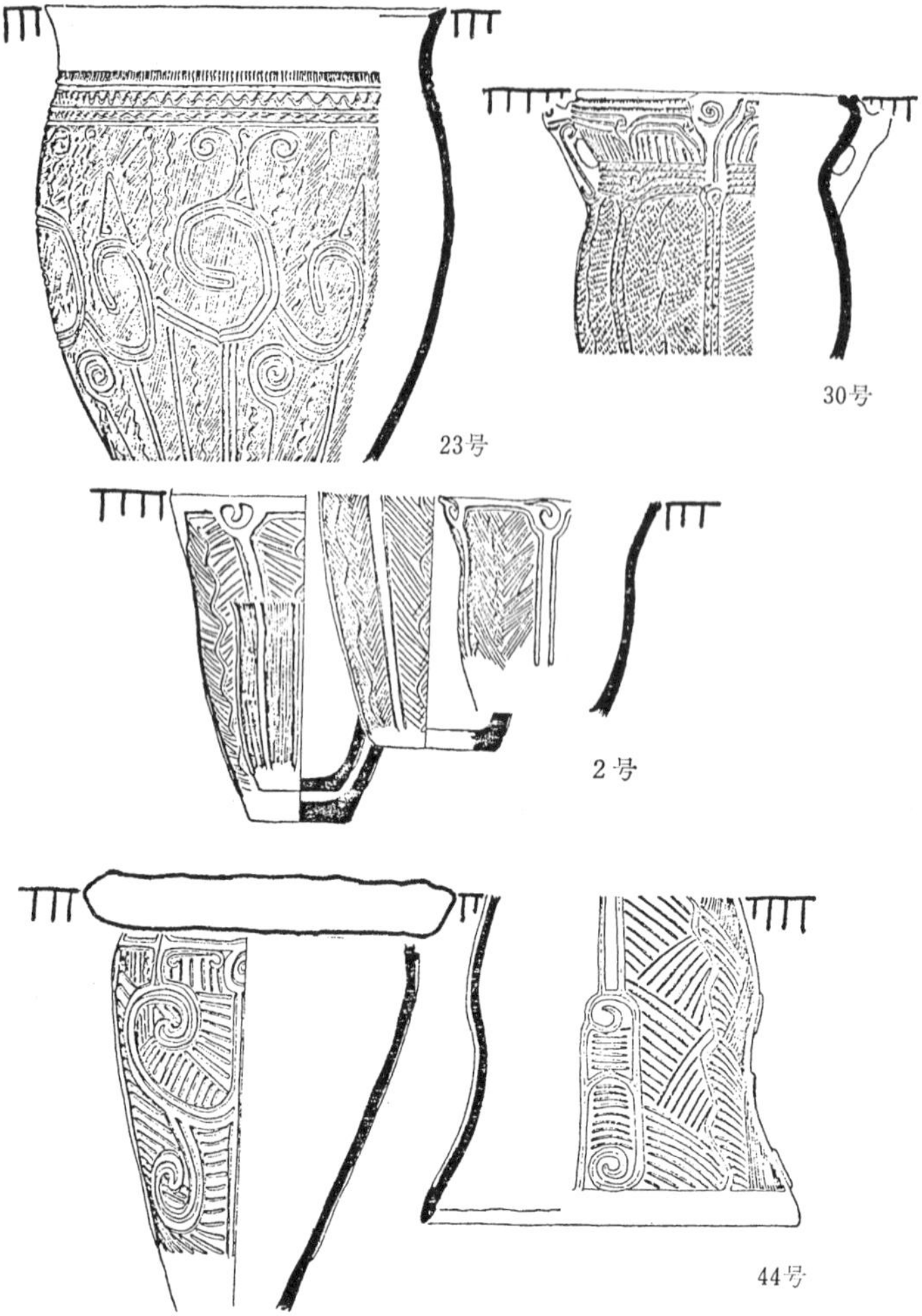

図38　茅野和田遺跡埋甕模式図(1/9)
(佐藤攻氏「茅野和田遺跡東地区の埋甕」より)

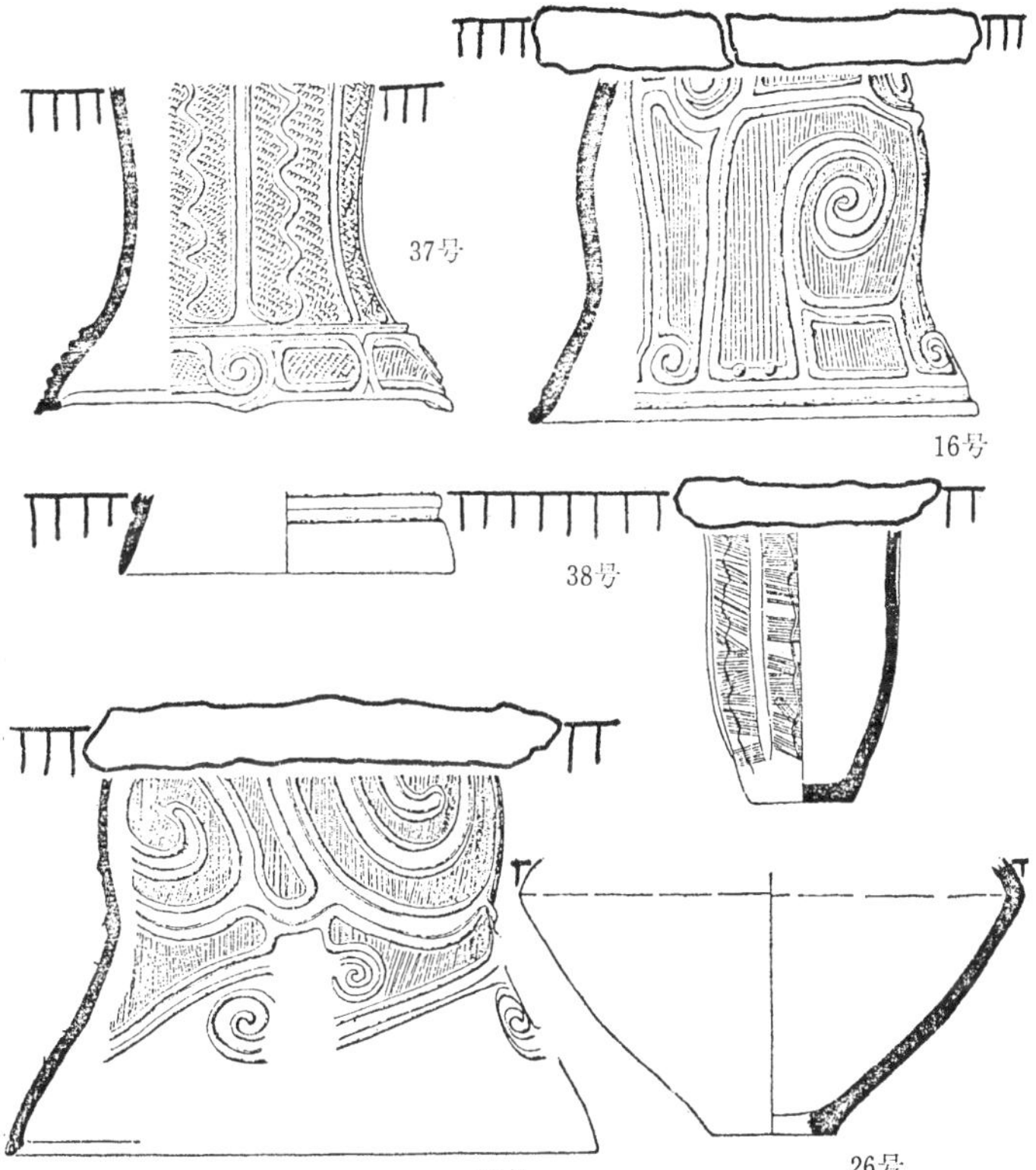

図39　茅野和田遺跡埋甕模式図（1／9）（佐藤攻氏「茅野和田遺跡東地区の埋甕」より）

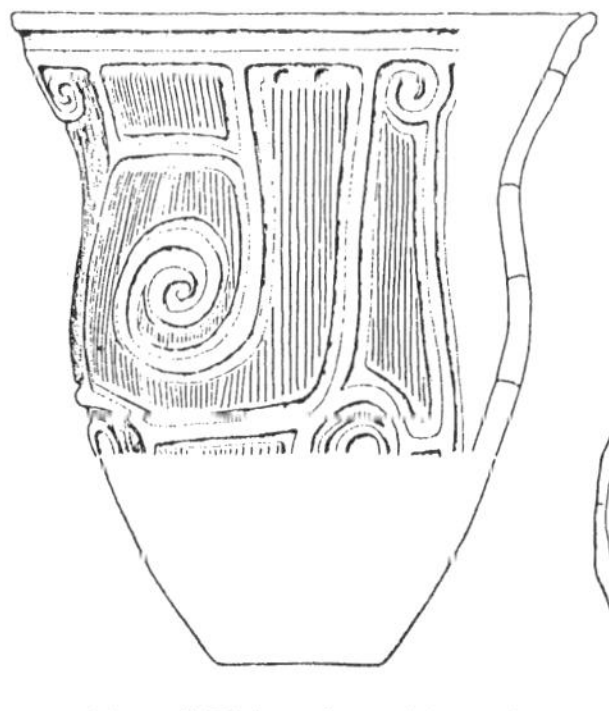

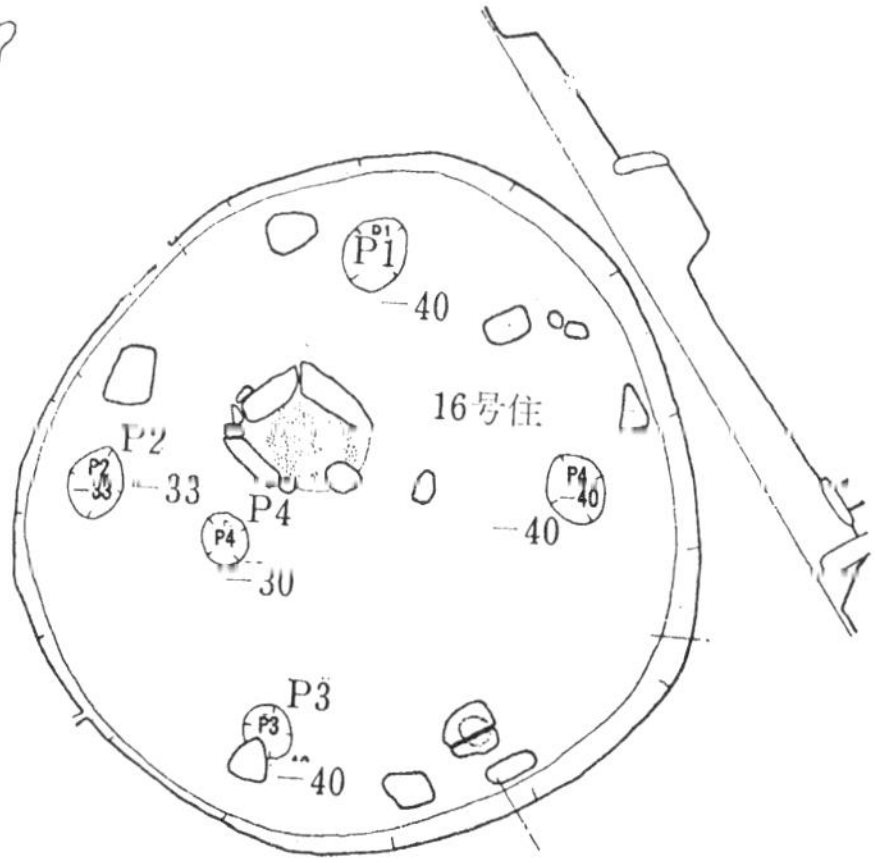

図40　茅野和田東16号住居址（1/100）と埋甕（1/9）

て出土した。また、南壁に近く胴下半を欠いた土器を倒立させ、扁平な石で蓋をした埋甕が出土した。

※東二三号住居址　縄文時代中期(曽利Ⅱ式期)。六・七×五・八mの隅丸方形のプラン。南壁中央部に近く埋甕が発見された。口径三八cm、高さ五八cmの底部を欠く大型のもので直立し、石蓋があった。

※東二六号住居址　縄文時代中期（曽利Ⅲ式期)。五・九五×五・四mの楕円形プラン。南壁に近く口縁部を欠き底部に穿孔した浅鉢形の埋甕を発見した。

※東三〇号住居址　縄文時代中期(曽利Ⅱ式期)。五・四×約六四mの楕円形プラン。南壁中央の周溝に接して正位に埋められた埋甕を発見した。胴下半を欠く。

※東三七号住居址　縄文時代中期(曽利Ⅲ式期)。五・六×五mの円形プラン。東南壁に近くやや内側寄りから底部を欠き倒立した埋甕を発見した。

※※東三八号住居址　縄文時代中期（曽利Ⅲ式期)。四・九×四・七mの円形プラン。南壁に近く扁平な石の下から口縁を欠いた埋甕が直立して発見された。また、その少し内側にも口縁部のみの埋甕があった。これは倒立させてあった。

※※東四四号住居址　縄文時代中期(曽利Ⅱ式期、Ⅲ式期)。径四・五mの円形プラン。南壁内側に並んで二個の埋甕がみつかった。胴下半部を欠いた土器で一つは倒立させ(曽利Ⅱ式期)、他の一つは直立させ(曽利Ⅲ式)、これには石蓋がなされていた。後者の中には別の土器底部が入れられていた。

※西一四号住居址　縄文時代中期(曽利Ⅳ式期)。径四mの円形プラン。北壁中央やや内側に埋甕があった。

※第三号住居址　縄文時代中期末葉。径六・二mの円形プラン。南側中央周溝に接して埋甕が遺存した。底部を平らに欠損する土器を逆さに伏せ、底に鉄平石を敷いていた。

林賢「東地区の遺跡」、宮坂光昭「西一四号住居址」「西一五号住居址」『茅野和田遺跡』茅野市教育委員会　昭和四十五年

佐藤攻「茅野和田遺跡東地区の埋甕」長野県考古学会誌一一号　昭和四十六年

宮坂虎次『中川原・和田遺跡』　昭和四十九年

与助尾根遺跡　茅野市豊平字東嶽

※第四址　縄文時代中期(加曽利E式期)。径四×四・四mの隅丸長方形プラン。南壁に近く埋甕がある。ピットに三二×三七cm、厚さ四cmの蓋石があり、口径一八・六cm、高さ二四cmの完形の甕形土器を直立させてあった。中の黒土を東大人類学教室の渡辺直経氏が分析した結果は、単なる腐蝕土であったという。

※第一五址　縄文時代中期(加曽利E式期)。径四・九mの隅丸方形プラン。南壁中央に近く埋甕があり、盤石の下に口径三七cm、高さ三五cm、底部を平らに欠いた朝顔形甕形土器を逆さまに埋めてあった。

宮坂英弌『尖石』茅野町教育委員会　昭和三十二年

尖石遺跡　茅野市（旧豊平村）東嶽

※第一址　縄文時代中期（加曽利E式期)。径四mの円形プラン。北東隅の壁に接し、四〇cmぐらいの高さに積まれた積石下部

の扁平な石の下に、大きな土器の下部を深さ二〇cmに埋め、粘土でかため直立させていた。内部には黒土がつまり、小型磨製石斧一がおさめられていた。

※第八址　縄文時代中期(加曽利E式期)。径五・一×四・五mの円形プラン。炉の西側にあったピットに、小さい椀形土器が口縁を床面と水平にして埋めてあった。ピットの周囲には小孔が点在しており、土器を中心に何らかの行事があったもののように思われた。

※第一五址　縄文時代中期(加曽利E式期)。径四・五mの円形プラン。完形の土器を南東側の壁ぎわに掘りこみ直立させていた。また、南側の壁ぎわに胴部下半を欠く土器を逆さに埋めてあった。

※第一九址　縄文時代中期(加曽利E式期)。径五・四×五mの円形プラン。南壁中央に近く埋甕があり、底部を欠く土器を逆さにして床面を平らに埋めてあった。口径二一cm、高さ三〇cm。

※第二〇址　縄文時代中期(加曽利E式期)。一辺六mの方形プラン。南壁中央に近く、埋甕がある。口径二六cm、高さ三七cmの底部を欠いた甕形土器の口縁を地床と平らにして埋める。

※第二八址　縄文時代中期(加曽利E式期)。一辺六mの隅丸方形プラン。東側の床面に南北に六〇cmほどの間隔をおいて、二個の土器を埋める。一つは口径四五cm、高さ三〇cm、他の一つは口径一五cmである。

宮坂英弌『尖石』茅野町教育委員会　昭和三十二年

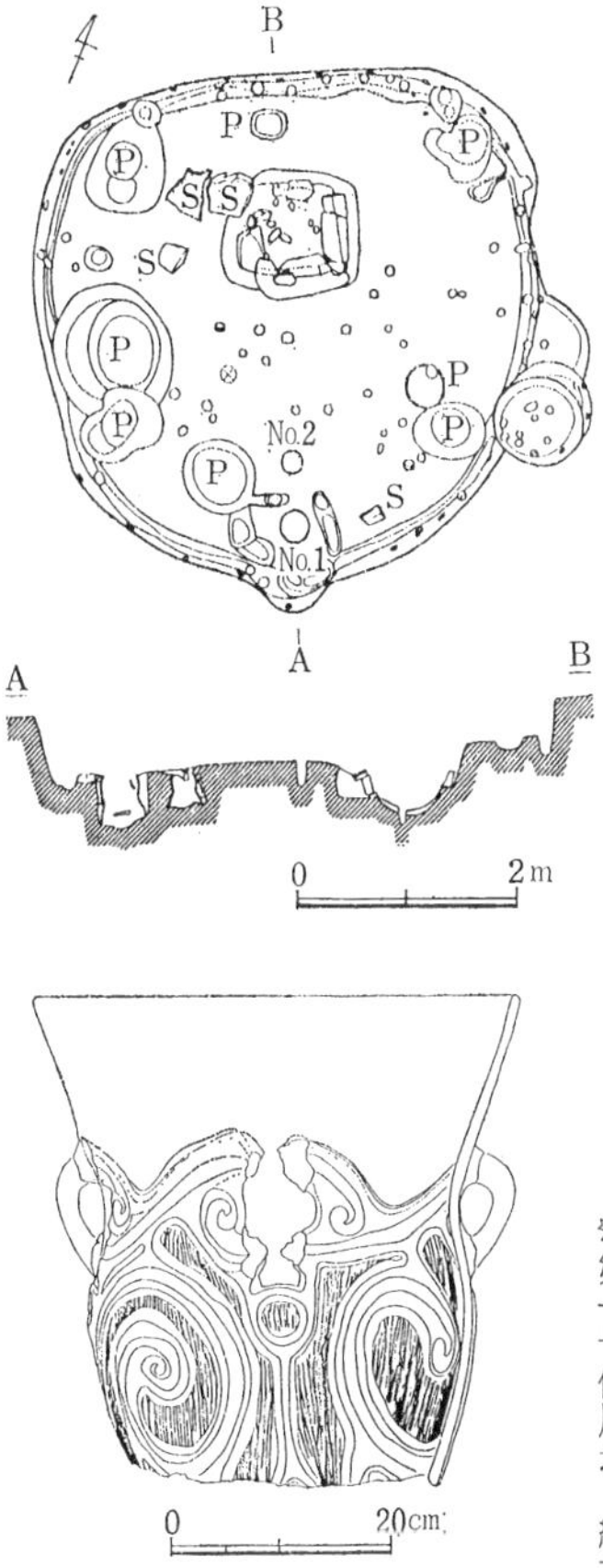

図41　よせの台遺跡第9号住居址と埋甕
（『よせの台遺跡』より）

よせの台遺跡　茅野市米沢字北大塩

※第一号住居址　縄文時代中期後半（曽利Ⅱ式期）。五・二×五・四mの隅丸方形プラン。南東壁寄りの入り口部の脇に胴下半を欠損した正位の埋甕（深鉢形土器、口径一九・四cm、現高一八・五cm）が埋設されている。

※第二号住居址　縄文時代中期後半（曽利Ⅳ式期）。四・四×三・九mの縦長楕円形プラン。南東壁に近く、出入り口部の内側わきに正位の埋甕があった。口縁部を欠く深鉢形土器で、現高

二三・五cm。

※第四号住居址　縄文時代中期後半（曽利Ｖ式期）。五・二×四・八ｍの隅丸方形プラン。南壁より一・二ｍ入った出入り口部に正位の埋甕が位置する。口縁部を欠く。深鉢形土器で、現高二二・五cm、埋甕のすぐ南側のP_{15}は、埋甕ピットであるかもしれない。

※第六号住居址　縄文時代中期後半（曽利Ⅳ式期）。六角形状プラン。南東壁に近く入り口部に正位の埋甕があった。胴上部を欠く、底抜きの深鉢で、現口径一七・三cm、現高二一cm。

※※第九号住居址　縄文時代中期後半（曽利Ⅲ式期）。四・五×四・六ｍの隅丸方形プラン。南東方向丸く張り出した出入り口部の内側に埋甕が二個主軸線上に並んでいた。張り出し部に近い埋甕は胴下半を欠く甕形土器で口径四三cm、現高四三・四cm、把手を欠き逆位に設置していた。その北側の埋甕は貼り床された下に、胴下半を欠く甕形土器（口径三二・三cm、現高二九・四cm）が逆位に埋められていた。

鵜飼幸雄ほか『よせの台遺跡』茅野市教育委員会　昭和五十三年

大畑遺跡　諏訪郡富士見町立沢字南原山

※※第一号住居址　縄文時代中期（曽利Ⅳ式期）。径五・八×五・四ｍの円形プラン。南壁に近く盤石があり、その下に口縁を床面と水平にした埋甕があり、その東側にも同様な埋甕が発見された。

※第五号住居址　縄文時代中期（曽利Ｖ式期）。四・六×四ｍの楕円形プラン。南壁に近く中央に直立した埋甕一がある。

※第六号住居址　縄文時代中期（曽利Ⅳ式期）。五・五×五ｍの楕円形プラン。南方入り口部には立石があり、それを右側にはいったところに胴下半を欠く倒立した埋甕一があった。

※第七号住居址　縄文時代中期（曽利Ⅲ式期）。円形プラン。南方壁ぎわに直立した埋甕一がある。底部を欠いている。

※第八号住居址　縄文時代中期（曽利Ⅳ式期）。円形プラン。南壁には大小四個のピット群が掘りこまれている。その一つは深さ六〇cmを越えるこれらピットの内がわに底部を欠く直立した埋甕が土器片の下から発見された。

武藤雄六「長野県諏訪郡富士見町大畑遺跡第三次調査報告」長野県考古学会誌第三号　昭和四十年

フジハラ遺跡　諏訪郡富士見町本郷ウツボキ字フジハラ

※竪穴址　縄文時代。広さ二間四方、土器に平石を二重に重ねて蓋をしてあった。あるいは一種の甕棺として葬ったものかもしれない。

鳥居龍蔵『諏訪史第一巻』信濃教育会諏訪部会　大正十三年

立沢遺跡　諏訪郡富士見町立沢

※※第三号住居址　縄文時代中期（曽利Ⅳ式期）。円形プラン。南側中央の周溝に近く、底を欠いた土器（口径五〇cm、現高四〇cm）を逆さに埋め、上に大きな長方形の自然石をのせていた。また他に床面下に埋甕一があった。

※第四号住居址　縄文時代中期（曽利Ⅰ式期）。径四・五ｍの円形プラン。南壁中央に近く、P_1とP_6との中間に口縁部と底部を失

った埋甕がある。

官坂英弌「立沢・立沢遺跡」『井戸尻』中央公論美術出版　昭和四十年

九兵衛尾根遺跡　諏訪郡富士見町烏帽子

❋第三号住居址　縄文時代中期(九兵衛尾根Ⅱ式期)。六×五・一mの楕円形プラン。炉の北側に穿たれたピットの中に底部を欠く深鉢形土器が埋められていた。

❋第六号住居址　縄文時代中期(井戸尻Ⅱ式期)。径四mの円形プラン。北西の壁に近く埋甕がある。

宮坂英弌「烏帽子・九兵衛尾根遺跡」『井戸尻』　昭和四十年

狢沢遺跡　諏訪郡富士見町烏帽子

❋第三号住居址　縄文時代中期(曽利Ⅰ式期)。円形プラン。西側の壁側に埋甕がある。

❋第四号住居址　縄文時代中期(井戸尻Ⅰ式期)。径五mの円形プラン。炉の北西側の床中央に埋甕がある。有孔鍔付土器であった。

武藤雄六・小平辰夫「烏帽子・狢沢遺跡」『井戸尻』

藤内遺跡　諏訪郡富士見町烏帽子

❋第七号住居址　縄文時代中期(井戸尻Ⅰ式期)。五・一×五・四mの円形プラン。南西隅に大型の鉢形土器の埋甕があり、上部に有頭石棒が直立して立っていた。

❋❋第九号住居址　縄文時代中期(井戸尻Ⅱ式期)。直径五・六mの円形プラン。北壁中央に近い床面および炉の東側に埋甕があった。

宮坂英弌・武藤雄六・小平辰夫「烏帽子、藤内遺跡」『井戸尻』昭和四十年

甲六遺跡　諏訪郡富士見町境

❋一号住居址　縄文時代中期末葉（曽利Ⅲ式期）。三・九五×三・七五mの円形プラン。埋甕は正位で南壁に接して埋められ、床面より六㎝ほど口縁部をのぞかせていたと推定される。底部を欠損している。蓋石は埋甕の北側にずれている。

❋三号住居址　縄文時代中期末葉（曽利Ⅲ式期）。四・六五×四・六〇mの円形プラン。埋甕は南側から検出された。蓋石は斜めに傾き、その下に両耳把手付土器が正位に埋設されていた。

平出一治「甲六遺跡　遺構と遺物」『長野県中央道埋蔵文化財包蔵地発掘調査報告書　昭和四十八年度』　長野県教育委員会　昭和四十九年

丸森遺跡　諏訪郡富士見町落合

❋第一号住居址　縄文時代中期(曽利Ⅴ式期)。径六mの円形プラン。南の隅から埋甕が発見された。上胴部～口縁部の大半を欠く。器高四五㎝、口径三四㎝の深鉢で、胴部は煤の付着がいちじるしく、内壁の器底近くに食物の炭化滓が厚く残着している。はげしく使用された煮沸用器である。

小林公明「丸森遺跡」『丸森・小丹沢遺跡発掘調査報告書』富士見町教育委員会　昭和五十年

居平遺跡　諏訪郡富士見町落合

❋第三号址　縄文時代中期(曽利Ⅴ式期)。一〇・五×七mの楕円形プラン。住居の南側から一群の河原石が並んだ状態で出て来

た。下には深さ一mのピットが垂直に掘りこまれており、そばに土器の下半部が埋設されていた。東の壁ぎわからも、石組の下のピットと同様にピットが発見された。

小林公明・藤森栄一「長野県諏訪郡居平遺跡」日本考古学年報一七　昭和三十九年度　昭和四十四年

曾利遺跡　諏訪郡富士見町池袋

〔集落の概要〕曾利遺跡の住居址は計七〇、その内訳は九兵衛尾根Ⅰ式期五、Ⅱ式期六、狢沢式期一、新道式期三、藤内Ⅰ式期六、Ⅱ式期五、井戸尻Ⅰ式期三、Ⅲ式期二、曾利Ⅰ式期一一、Ⅱ式期八、Ⅲ式期一〇、Ⅳ式期六、Ⅴ式期三、後期初頭一である。

❋第六号住居址　縄文時代中期(曾利Ⅲ式期)。円形プラン。西側壁に接して、埋甕があった。胴部以下を欠く大甕を倒立させ、上に平盤状の輝石安山岩の石蓋をしたものである。

❋第九号住居址　縄文時代中期(曾利Ⅲ式期)。円形プラン。北側寄りの床面から埋甕になった、土器の胴部が出土した。

❋第一四号住居址　縄文時代中期(曾利Ⅴ式期)。径七mの円形のプラン。南側入り口に近く深さ四五cmのピットがあり、中に埋甕があった。

❋第一六号住居址　縄文時代中期(曾利Ⅳ式期)。円形プラン。南西壁に接した柱穴状の穴に埋甕があった。大型の甕である。

❋第一八号住居址　縄文時代中期(曾利Ⅰ式期)。円形プラン。西壁の周溝の中に深いピットを掘って、その中に渦巻大把手付甕形土器を埋甕にしていた。

藤森栄一「池袋曾利遺跡」『井戸尻』昭和四十年

❋第二四号住居址　縄文時代中期末葉(曾利Ⅳ式期土器)。径三mの円形プラン。南西の壁ぎわに石蓋を伴った埋甕（深鉢）があった。正位で口縁部と底部を切断していた。上部に厚くすすが付着し、下部は灰赤色に変色し、内壁上部に炭化滓が残着している。煮沸器として使用した後に埋甕に転用されたものである。

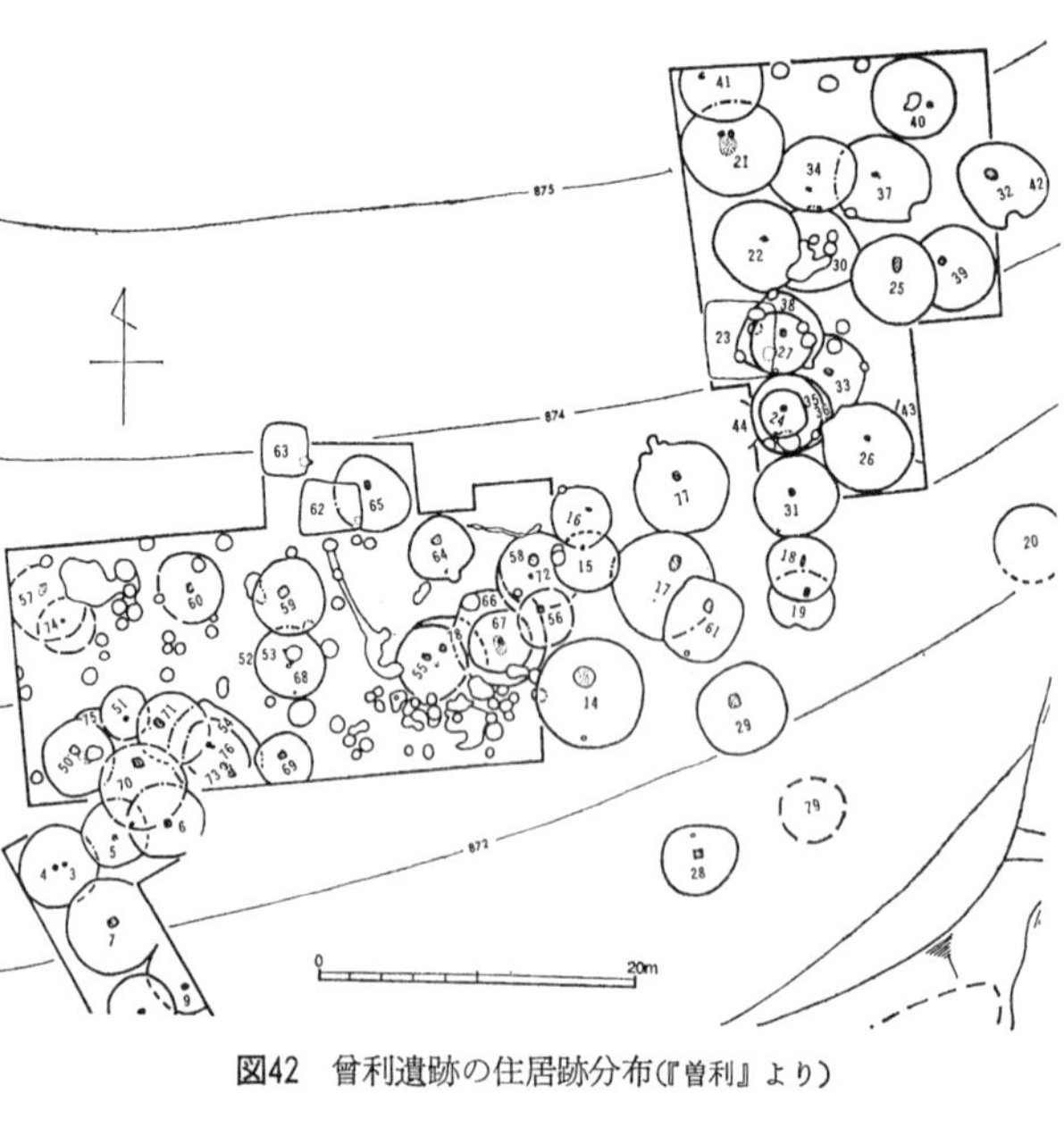

図42　曾利遺跡の住居跡分布(『曽利』より)

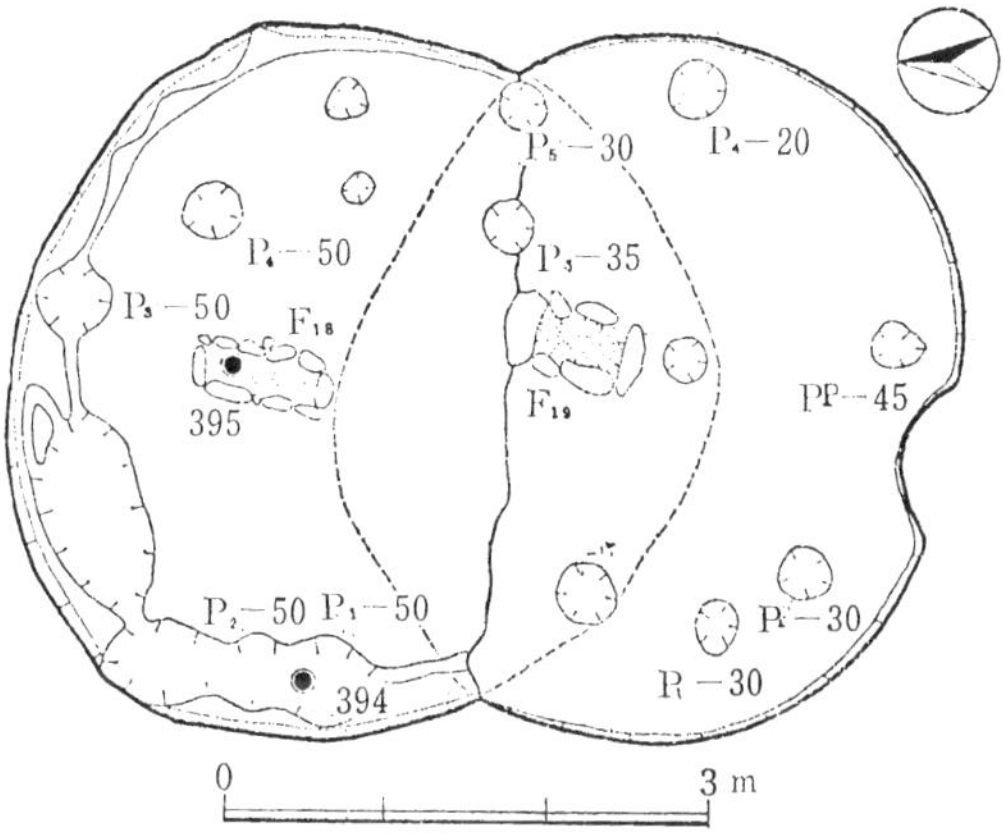

図43　曽利遺跡第18号住居址と埋甕（◉394）
（『井戸尻』より）

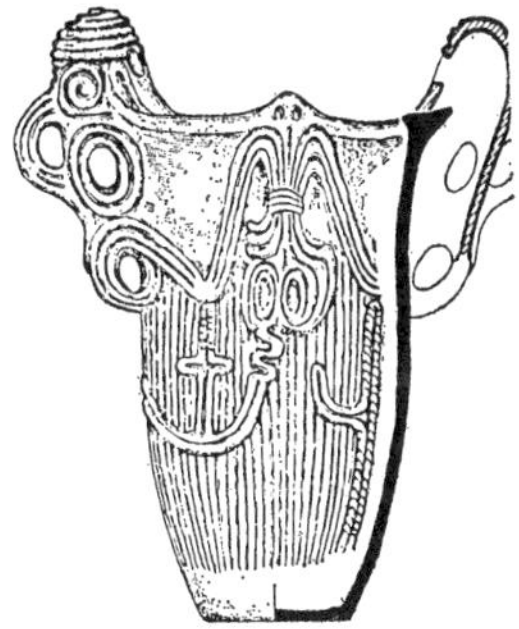

※第二七号住居址　縄文時代中期末葉(曽利Ⅲ式期)。径三・九mの円形プラン。南壁ぎわに胴部下半を平に切断した埋甕が正位で設置されていた。深鉢で、内壁の下部に炭化滓が目だち、煮沸器を転用したものである。

※第二八号住居址　縄文時代中期末葉(曽利Ⅲ式期)。五×四・五mの卵形のプラン。炉から北壁ぎわにかけて、約五cmの高さに土壇状の施設があり、北壁近くに底部の欠損した両耳壺が約八cmほど埋めこまれて伏せられていた(伏甕)。

※第二九号住居址　縄文時代中期後葉(曽利Ⅰ式期)。径約五mの円形プラン。東壁近くに高台部と口縁部を打ち欠いた台付土器の埋甕が設置されていた。

※第三一号住居址　縄文時代中期末葉(曽利Ⅳ式期)。径五mの円形プラン。南西の出入り口部に古い土器を使用した正位の埋甕が設置されていた。深鉢で、口唇部を欠き取り、底部も丸く抜かれていた。

※第五三号住居址　縄文時代中期末葉(曽利Ⅳ式期)。南壁に近く底部穿孔の埋甕の底部を検出した。

※第六一号住居址　縄文時代中期末葉(曽利Ⅲ式期)。五・三×四・八mの隅丸方形プラン。南西の周溝に接して埋甕が設置されていた。底部を抜いた両耳把手付甕で、安山岩の蓋石が沈みこんでいた。

※※第六四号住居址　縄文時代中期末葉(曽利Ⅳ式期)。径四mの不整円形プラン。南の入り口部には、埋甕が相接して二つあった。手前のほうがいくぶん高く埋設され、その際に先行した埋甕は半分こわされている。両者とも深鉢、正位の埋甕で、古い方は口縁～口頸部を欠き、底部穿孔する。新しい方は底部を抜いている。右手にわずか離れて平板状の石があったが、蓋石がずれたものだろう。

長崎元広・宮坂光昭・武藤雄六「住居址の調査（第三次）」、

小林公明「第五次の調査」『曾利』富士見町教育委員会　昭和五十三年

井戸尻遺跡　諏訪郡富士見町池袋

※※第四号住居址　縄文時代中期(井戸尻I式期)。径五・七×六・六mの楕円形プラン。西壁ぎわと炉の北側に埋甕があった。いずれも環状の片耳の突手のついた有孔鍔付土器である。前者には一種の丹塗りがしてあったらしい。三本指の不気味な表現がある。後者には、所々に丹彩が残っており、二匹の蛇が表現されている。

※第七号住居址　縄文時代中期(曾利I式期)。楕円形プラン。炉址の続きの掘り込み部には口縁だけの埋甕があり、口縁を下に向けていた。

※第一二号住居址　縄文時代中期(曾利V式期)。炉址の北には石蓋をした埋甕（深鉢）があった。

宮坂英弌「池袋・井戸尻遺跡」『井戸尻』昭和四十年

武藤雄六・宮坂光昭「長野県諏訪郡富士見町井戸尻遺跡第二次調査概報」信濃二〇巻一〇号　昭和四十三年

無坊塚遺跡　諏訪郡富士見町休戸

※第一号住居址　縄文時代中期（加曾利E式期）。径四・九×四・六mの円形プラン。東壁ぎわに埋甕がある。甕の口径八cm、高さ一八cm。

宮坂英弌「長野県諏訪郡無坊塚遺跡」日本考古学年報五　昭和二十七年度　昭和三十二年

広原遺跡　諏訪郡富士見町休戸

※第一号住居址　縄文時代中期末。径四・九mの円形プラン。東側壁ぎわに埋甕があった。

宮坂虎次「休戸・広原遺跡」『井戸尻』昭和四十年

殿村遺跡　諏訪郡下諏訪町高木

※第一号住居址　縄文時代中期(加曾利E式期)。直径三・八×三・四mの楕円形のプラン。南西側いっぱいに礫を並べており、その部分から、平板状の岩石を取り除いたところ完形土器を出した。

藤森栄一「原始時代」『下諏訪町誌上巻』昭和三十八年

月見松遺跡　伊那市下小沢

※第三号住居址　縄文時代中期（曾利II式期併行）。五・二×五・九五mの隅丸方形プラン。若干張り出した南壁を入ったところに埋甕が一つあった。

※※第七号住居址　縄文時代中期(曾利I式期併行)。一辺四・八mの隅丸方形プラン。東壁ぎわに埋甕が二つあった。

※第九号住居址　縄文時代中期(曾利II式期併行)。三・三×三・六mの隅丸方形プラン。北側の隅に埋甕が一つあった。

※第一二号住居址　縄文時代中期（五領ケ台式期併行）。四×四・四mの隅丸方形プラン。東側に埋甕があった。

※※四〇号住居址　縄文時代中期（曾利II式期併行）。南側の隅に直立する埋甕が三個並んで発見された。そのうち南端の一つには、平板な石で蓋をしてあった。いずれも口縁部と底部を欠く。

下平秀夫「住居址」『月見松遺跡緊急発掘調査報告書』伊那市

教育委員会　昭和四十三年

東田遺跡　伊那市柳沢

※第一号住居址　縄文時代中期(加曽利E式期)。五・八×五・二mの円形プラン。南東壁に近く正位の埋甕があった。

『南村・東田遺跡』伊那市教育委員会　昭和五十四年

丸山清水遺跡　伊那市平沢

※第四号住居址　縄文時代中期(加曽利E式期)。四・二×四・九五mの隅丸方形プラン。南壁中央部に近く正位の埋甕があった。下半分を欠損する。

※第九号住居址　縄文時代中期(加曽利E式期)。四・七五×四・五mの円形プラン。東壁に近く正位の埋甕がみられた。胴下半分を欠失する。

※※第一一号住居址　縄文時代中期(加曽利E式期)。四・八×五・四mの円形プラン。南東壁に接して正位の埋甕があり、その内側にも口縁を欠く正位の埋甕があった。

飯塚政美『丸山清水遺跡』伊那市教育委員会　昭和五十三年

丸山清水B遺跡　伊那市平沢

※第四号住居址　縄文時代中期(加曽利E式期)。四・二×四・九五mの隅丸方形プラン。南壁の中央部に近く正位の埋甕があった。胴下半部を欠損する。

※第九号住居址　縄文時代中期（加曽利E式期)。四・七五×四・五mの円形プラン。東壁の内側に寄った位置に正位の埋甕があった。胴下半部を欠く。

※※第一一号住居址　縄文時代中期（加曽利E式期)。四・八×五・四mの円形プラン。東壁中央部に接した所と、東南壁から入った所に正位の埋甕があった。後者は口縁を欠く。

飯塚政美「住居址」『丸山清水B遺跡』伊那市教育委員会　昭和五十三年

城平遺跡　伊那市西春近

※九号住居址　縄文時代後期初頭。四・六五×四・五mの楕円形プラン。東壁中央寄りから上部を欠損した埋甕が、石棒破片を中にさしこんだ状態で出土した。

根津清志「城平遺跡—九号住居址」『長野県中央道埋蔵文化財包蔵地発掘調査報告書　昭和四十七年度』長野県教育委員会

常輪寺下遺跡　伊那市西春近

※五号住居址　縄文時代中期(加曽利EⅡ式期)。径五mの円形プラン。炉の南東方に断面袋状のピットがある。形態より貯蔵穴と結論づけるのがもっとも妥当な考えのように思われる。北西の隅のピットには底部穿孔の伏甕があった。

※六号住居址　縄文時代中期(加曽利E式期)。四・五×五mの円形プラン。南東の隅、壁から四〇cm離れて、ホルンヘルスの平板状の石を二個クロスして重ねた下から、正位の埋甕が発見された。

※※八号住居址　縄文時代中期(加曽利E式期)。五×五・一五mの円形プラン。南壁中央に近く埋甕が南北に二つ並んで正位の状態で出土した。南側のそれは床とほぼ同一レベルであり、北側のほうは、一〇cmほど下がった位置にあった。

※※一一号住居址　縄文時代中期（加曽利E式期)。六・五×

六・一mの円形プラン。南壁中央に近くと、北壁の中央に近くに正位の状態で埋甕があった。

※※三号住居址　縄文時代中期(加曾利E式期)。円形プラン。南側の壁に近く埋甕が二個並んで発見された。西側のほうが一〇cmくらい下がっていた。

※一九号住居址　縄文時代中期(加曾利E式期)。五・四×五・四五mの円形プラン。南側にホルンヘルスの自然石、厚さ一〇cmくらいの下に正位の埋甕があった。

小池政美「常輪寺下遺跡―住居址」『北条・常輪寺下遺跡』伊那市教育委員会　昭和四十九年

小池政美「常輪寺下遺跡」『東方A・村岡北・村岡南・常輪寺下・北条遺跡』伊那市教育委員会　昭和五十年

南丘A遺跡　伊那市西春近

※三号住居址　縄文時代中期(加曾利E式期)。五×四・九mの円形プラン。南西側にキャリパー形の土器が、逆位に埋めらていた。底部は穿孔されており、床面より五cm浮いていた。口径二八・二cm、高さ三六・四cm。

小池政美「南丘A遺跡―三号住居址」『長野県中央道埋蔵文化財包蔵地発掘調査報告書　昭和四十七年度』

御殿場遺跡　伊那市富県

※※第五号住居址　縄文時代中期(加曾利E式期)。径約六・五mの長円形プラン。炉の西側と東側に土器を伏せて埋置していた。前者は、底部を欠損した高さ二五cm、口径二二cmの土器である。後者は口縁部を欠き、底部に一cmほどの穴を磨いたようにあけていた。高さ一九cm、径一四cm、また南壁近くに埋甕が一個石蓋の下から出土した。高さ三〇cm、径一八cm。

※第一三号住居址　縄文時代中期(加曾利E式期)。六×六・五mの楕円形プラン。南壁ぎわから平らな石を蓋とした直立した埋甕を出した。胴下半部を欠く。径三九cm、高さ四〇・七cmの土器である。

※第二三号住居址　縄文時代中期(加曾利E式期)。五・二×五mの円形プラン。東の隅の床に長さ四〇cm、厚さ二〇cmの砂岩の置き石があり、下から口径三五cm、高さ四五cmの正位の埋甕を発見した。底部だけを打ちぬいており、内部1/5ほどに細かい黒土が入っていたが、上部は中空であった。

伊那市教育委員会「御殿場遺跡緊急発掘調査概報」伊那路一一の一　昭和四十二年

山田遺跡　駒ヶ根市東伊那

※※第一号住居址　縄文時代中期(加曾利E式期)。五・〇五×四・七五mの隅丸方形プラン。南壁ぎわ石積みの下に正位の甕を埋置する。径四〇cm、高さ五三cm、口縁部と底部を欠く。また、炉の西方八〇cmに径一四cmの壺を埋めてあった。

※※第三号住居址　縄文時代中期(加曾利E式期)。六×五・八mの不整五角形のプラン。南壁ぎわに正位の埋甕があった。径三五cm、高さ六〇cmの深鉢である。また、西側床面中央に径三〇cm、高さ三〇cmの土器を埋めてあった。

※第四号住居址　縄文時代中期(加曾利E式期)。五・二×四・五mの隅丸方形プラン。南の両主柱穴を結ぶ直線の中心から外側

五〇cmに正位の埋甕があった。口径二三cm、高さ二七cm。

❋第五号住居址　縄文時代中期(加曽利E式期)。六×三・七mの長円形プラン。南壁を若干切りくずして六三×七二cm、深さ三〇cmの穴を掘り、中に口縁部と底部を欠失した無文の小型壺を埋めてあった。その中には土器の底部がはいっていた。あるいは貯蔵庫的な意味をもつものであろうか。

「伊那村遺跡第一次調査概報　友野良一〈山田第一号住居址〉、上川名昭〈山田第二・第三号住居址〉、宮坂英弌〈山田第四号住居址〉、亀井正道〈山田第五号住居址〉」信濃三巻六号　昭和二十六年

丸山遺跡　駒ヶ根市東伊那

❋第八号住居址　縄文時代中期（加曽利E式期）。六・一×六・四mの円形プラン。南壁ぎわ礫群の下に二個の埋甕があった。一つは口径二三cm、現高二六cmで底部を欠き、横に倒れていた。また、他は口径一九cm、高さ二八cmほどの甕で、斜めに傾いており、口縁には四個の把手があった。
河西清光ほか「伊那村遺跡第二次調査概要」信濃四巻一一号　昭和二十七年

丸山南遺跡　駒ヶ根市

❋第一号住居址　縄文時代中期(井戸尻Ⅲ式期)。五・五×六・五mの楕円形プラン。南壁ぎわに胴上部を欠く正位の埋甕（小型深鉢）があった。
❋第八号住居址　縄文時代中期(曽利Ⅱ式期)。五・二×五mの円形プラン。南壁に近く、貼り床より五cmさがって、底部せん孔の伏甕（深鉢形土器）が発見された。孔は径一・五cm、口縁を欠く。
❋第一六号住居址　縄文時代中期(曽利Ⅱ式期)。五×五・五mの隅丸長方形プラン。南壁ぎわに石蓋をした正位の埋甕が発見された。口縁部を欠く。入り口部の埋甕と考えられる。
❋第二五号住居址　縄文時代中期（井戸尻Ⅲ式期）。プラン不明。炉の西北から正位の埋甕（深鉢形土器）が発見された。
❋第三二号住居址　縄文時代中期(曽利Ⅱ式期)。四・八×四・九mの円形プラン。南東壁に近く、貼り床されたピットの中に口縁部と底部を欠く小型の深鉢形土器が埋設されていた。
『丸山南遺跡』駒ヶ根市教育委員会　昭和五十二年

上野原遺跡　駒ヶ根市（旧伊那村）

❋第一竪穴　縄文時代中期。五×四・二五mの円形プラン。南側の両主柱間には、埋甕して石蓋がしてあった。
宮坂英弌「長野県上伊那郡上野原遺跡」日本考古学年報三　昭和三十年

富士山遺跡　駒ヶ根市富士山

❋第一号住居址　縄文時代中期(曽利式期)。径五・五mの円形プラン。中央南壁に近く正位の埋甕を一個発見した。一つが他を壊して埋設されたもので、口縁と胴上半部を欠く。住居址の建て替えに関係すると思われる。
❋第五号住居址　縄文時代中期(曽利Ⅱ式期)。五・八×五・六mの隅丸方形プラン。中央南側周溝わきから底部を抜いた正位の埋甕が発見された。内面胴下半部には炭化物が付着する。

※第六号住居址　縄文時代中期（曽利式期の初め）。四・六×四・四ｍの胴張り方形プラン。中央南壁ぎわに近く口辺部と底部を欠いた埋甕が発見された。

吉村進「富士山遺跡―第一号住居址」、吉沢文夫「同第五号住居址」、田中清文「同第六号住居址」、和田武夫「同第一〇号住居址」『県営ほ場整備事業大田切地区埋蔵文化財緊急発掘調査報告』

藤助畑遺跡　駒ヶ根市中割

※第二号住居址　縄文時代中期末葉。三・六×三・二ｍの楕円形プラン。北壁に接して埋甕があった。床面に水平に口径三八cm、高さ三九cmの甕を直立に埋めたもので、口縁の一部を欠いている。

友野良一「藤助畑遺跡第二号住居址」『藤助畑・春日』駒ヶ根市教育委員会　昭和四十六年

北方Ｉ遺跡　駒ヶ根市赤穂

〔集落の概要〕縄文時代の住居跡は一二、その内訳は前期末一、藤内Ｉ式期一、曽利Ⅱ式期八、Ⅲ式期二である。

※第二号住居址　縄文時代中期（曽利Ⅱ式期）。径四・八ｍの円形プラン。東側に口縁部を欠いた正位の埋甕が出土した。

※第三号住居址　縄文時代中期（曽利Ⅱ式期）。一辺四・三ｍの隅丸方形プラン。東壁ぎわ中央に近く正位の埋甕が発見された。口縁部と底部を欠く。

※※第五号住居址　縄文時代中期（曽利Ⅱ式期）。五・三×四ｍの楕円形プラン。東側周溝ぎわに九〇センチほどの間隔をおいて正位の埋甕が二個発見された。両者とも底部を欠損する。

※※第六号住居址　縄文時代中期（曽利Ⅱ式期）。一辺四・五ｍの隅丸方形プラン。東壁ぞいに一ｍの間隔をおいて埋甕が二個発見された。一つは底部を欠き、一つは口縁部と胴下半部以下を欠いている。共に正位である。

※第七号住居址　縄文時代中期（曽利Ⅱ式期）。五・三×五ｍの変五角形プラン。南壁中央に近く正位の埋甕が出土した。底が抜かれている。

※第九号住居址　縄文時代中期（曽利Ⅱ式期）。五×五・七ｍの隅丸方形プラン。東壁中央寄りに口縁と底部を欠く正位の埋甕を発見した。

※※※第一〇号住居址　縄文時代中期（曽利Ⅱ式期）。径五・六ｍ前後の不整円形プラン。東側に正位の埋甕が三個近接して、床面より五cmほど下に埋設されていた。一つは底部と口縁を欠き、上に石がのっていた。二は口縁と底部を欠く。三は完形品である。

※第一一号住居址　縄文時代中期（曽利Ⅲ式期）。四・五×五ｍの隅丸方形プラン。南東の隅に口縁と底部を欠く正位の埋甕が発見された。

伊藤修「北方第Ｉ遺跡―第二号住居址―」『同第七号住居址」、吉沢文夫「同第三号住居址」、吉村進「同第五号住居址」、北沢雄喜「同第六号住居址」、福沢正陽「同第九号住居址」「同第一一号住居址」『県営ほ場整備事業大田切地区埋蔵文化財緊急発掘調査報告』

大城林遺跡　駒ヶ根市赤穂

※第一号住居址　縄文時代中期（曽利Ⅱ式期）。径三・八m前後の不整円形プラン。住居の南壁側に、床面よりわずかに低く逆位に埋め込まれた底部せん孔の埋甕が出土している。

※第一七号住居址　縄文時代中期（曽利Ⅱ式期）。一辺五・七mの胴張方形プラン。東壁中央壁ぎわに深鉢の胴下半部が埋められていた。

※第二九号住居址　縄文時代中期（曽利Ⅱ式期）。四・五×四mの楕円形プラン。東側に自然石をのせた埋甕があった。底部を欠く。

以上三例とも入り口にあたる位置に埋設されている。

福沢正陽「大城林遺跡―第一号住居址―」、吉村進「同第一七号住居址」「同第二九号住居址」『県営ほ場整備事業大田切地区埋蔵文化財緊急発掘調査報告』駒ヶ根市教育委員会　昭和四十九年

原垣外遺跡　駒ヶ根市赤穂字市場割

※第一六号住居址　縄文時代中期（曽利Ⅱ式期）。五・二×四・七mの楕円形プラン。炉より南西側に七〇×六〇cm、深さ一六cmのピットがあり、深鉢形土器の胴部が埋められていた。

※第二二号住居址　縄文時代中期（曽利Ⅱ式期）。五×五・五mの隅丸長方形プラン。南西側周溝のとぎれる入り口と推測される付近に、口縁部と底部を欠く正位の埋甕が発見された。上に平坦な丸い砂岩がおかれていた。

※※第二五号住居址　縄文時代中期（曽利Ⅰ～Ⅱ式期）。六×六mの六角形に近いプラン。南西壁寄り四〇cm内側に正位の埋甕があり、上に平盤な二つの石がのっていた。その東側のピットから大型の深鉢形土器の胴下半部が発見された。前者は新住居址の、後者は旧住居址のともに出入り口部の埋甕である。

※※第八号住居址　縄文時代中期（曽利Ⅱ式期）。プラン不明。南壁に近く埋甕二個が発見された。埋甕1（口唇と胴下半を欠く深鉢形土器）が、埋甕2をこわして設けられた。前者の内部からは、打製石斧一と深鉢形土器の胴部破片が出土したが、内部は覆土が充満していた。

※※第九号住居址　縄文時代中期（曽利Ⅱ式期）。円形プラン。南西壁に近く埋甕1と埋甕2が並んで発見された。ともに正位の埋甕で底部を欠く。また、西壁から一・六mほど内側から埋甕3が出土した。胴下半部を欠く伏甕である。

『原垣外遺跡』駒ヶ根市教育委員会　昭和五十三年

樋口内城館址　上伊那郡辰野町樋口矢沢原

〔集落の概要〕縄文時代の住居跡計五七、その内訳は勝坂式期一二、加曽利E式期四五である。

※二号住居址　縄文時代中期（加曽利E式期）。径五・〇七mの円形プラン。南東壁周溝から三〇m内側に平石を蓋にした埋甕が、正位で検出された。内には黒褐色土が充満しており遺物の検出はなかった。口縁部を欠く。

※四号住居址　縄文時代中期（加曽利E式期）。円形プラン。南東の周溝に接して正位の埋甕が検出された。口縁部を少し欠く。

※一〇号住居址　縄文時代中期（加曽利E式期）。円形プラン。南東壁から二五cm内側に、口縁と底部を欠く埋甕が正位の状態で検出された。

※※一二号住居址　縄文時代中期。四・五一×五・三mの円形プラン。正位の埋甕が二個並んで検出された。いずれも口縁部を欠く。

※二八号住居址　縄文時代中期(加曽利E式期)。径四・二八mの円形プラン。西壁内側三〇㎝の所に正位の埋甕があった。口縁部を欠く。

※三〇号住居址　縄文時代中期(加曽利E式期)。径四・一mの円形プラン。東周溝内に蓋石をした底部穿孔の埋甕が正位の状態で検出された。

※六六号住居址　縄文時代中期(加曽利E式期)。口縁を欠く埋甕が正位の状態で検出された。

※六七号住居址　縄文時代中期(加曽利E式期)。周溝に接して正位の状態で埋甕が検出された。深鉢で底部を欠損する。

※七〇号住居址　縄文時代中期(加曽利E式期)。径六mの円形プラン。南側周溝に近接して、正位の状態で埋甕が出土した。口縁と底部を欠損する。

※七三号住居址　縄文時代中期（加曽利E式期）。径五・二七mの円形プラン。南西側周溝内二〇㎝に埋甕が検出された。正位で平板石を蓋石にしている。口縁を欠き、底部に穿孔がある。

※七四号住居址　縄文時代中期(加曽利E式期)。五・一×五・一五mの円形プラン。南側主柱穴間、周溝より二五㎝内側に埋甕が正位で検出された。胴上部と底部を欠損し、内部に黒褐色土が充満し、下部から黒曜石破片一片を検出した。

※九二号住居址　縄文時代中期(加曽利E式期)。円形プラン。南側主柱穴間のほぼ中央、周溝の内側三〇㎝に、口縁を欠いた埋甕が正位で検出された。

※※一〇七号住居址　縄文時代中期(加曽利E式期)。径四・六八mの円形プラン。正位の埋甕が二個検出された。一つは南壁の内側五〇㎝の所にあり、口縁を欠く。他の一つは西壁の内側にあり、口縁を欠き、底部穿孔がみられる。

※一三一号住居址　縄文時代中期(加曽利E式期)。径四・八mの四隅の張った円形プラン。南側柱穴間ほぼ中央の周溝に接して正位の埋甕が検出されている。埋甕特有の懸垂渦巻文をもち、口縁を欠く。

※一三三号住居址　縄文時代中期(加曽利E式期)。径五・七四mの円形プラン。南側周溝に近接して正位の埋甕が検出された。

※※一三四号住居址　縄文時代中期(加曽利E式期)。径五・九四mの円形プラン。南西の壁から五〇㎝および一mの内側に二個の埋甕が正位の状態で検出された。いずれも口縁を欠く。また、その一つには底部穿孔がしてある。

※一三八号住居址　縄文時代中期(加曽利E式期)。径六・一五mの円形プラン。南西側周溝の内側二〇㎝の所に石蓋をした正位の埋甕が検出された。口縁部を欠く。

※※一四一号住居址　縄文時代中期(加曽利E式期)。プラン不明。二個の埋甕を確認した。いずれも底部を欠き、一つは口縁も欠く。

福沢幸一「樋口内城館址遺跡二号住居址」「一〇号住居址」「三〇号住居址」「六六号・八〇号住居址」「六七号住居址」

「一〇七号住居址」、市沢英利「四号住居址」、小松原義人「一二号住居址」「七〇号住居址」「七三号住居址」、根津清志「二八号住居址」「七四号住居址」「一三四号住居址」、一条隆好「九二号住居址」、山田瑞穂「一三一号住居址」、山岡栄子「一三三号住居址」、八木光則「一三八号住居址」、深沢健一「一四一号住居址」『長野県中央道埋蔵文化財包蔵地発掘調査報告書―上伊那郡辰野町その二―』長野県教育委員会　昭和四十九年

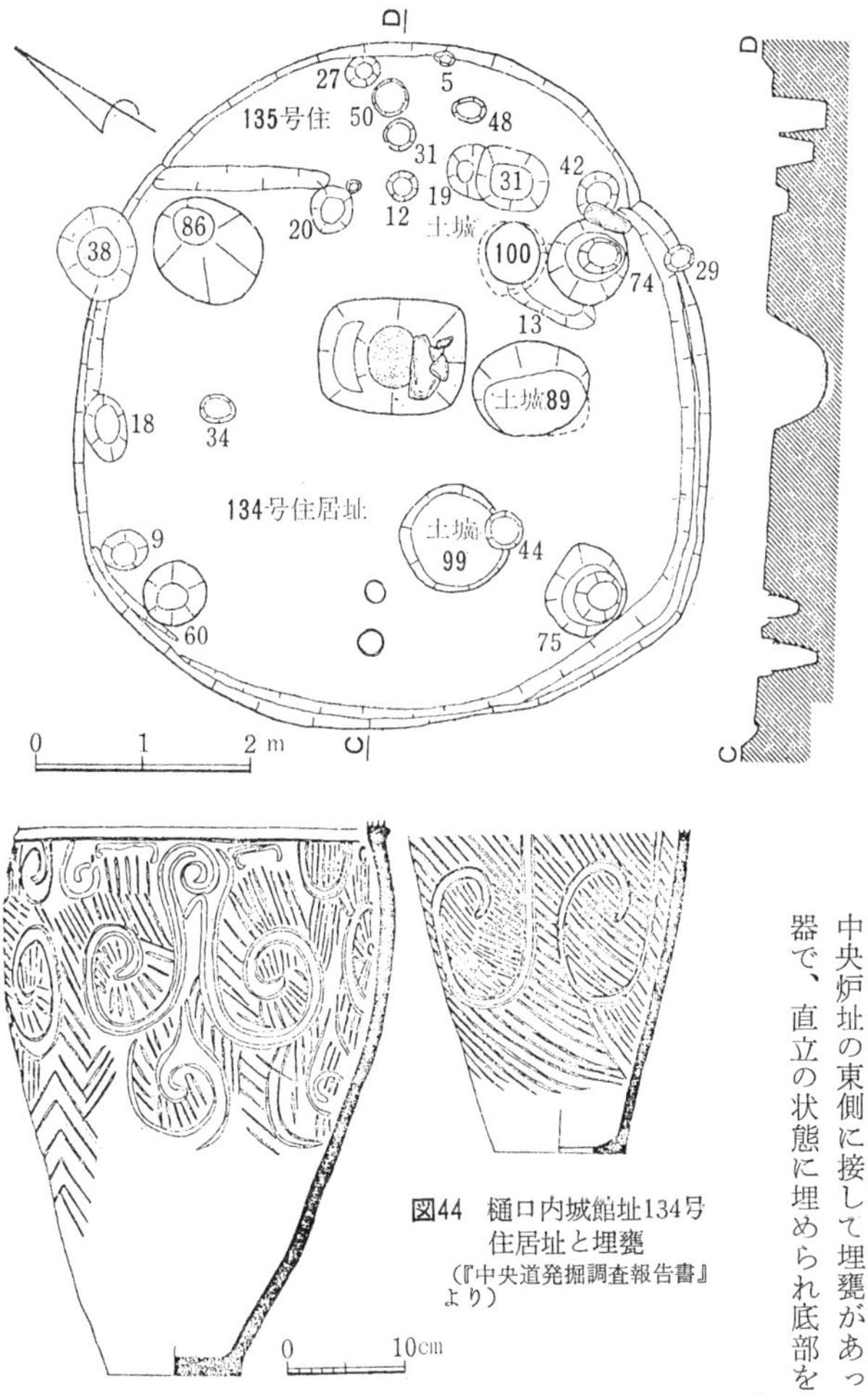

図44　樋口内城館址134号住居址と埋甕
（『中央道発掘調査報告書』より）

五反田遺跡　上伊那郡辰野町樋口

※第一五号住居址　縄文時代中期。径四m内外の円形プラン。中央炉址の東側に接して埋甕があった。波状に縁をもつ深鉢形土器で、直立の状態に埋められ底部を欠失していた。中からは何も検出されなかった。

『長野県中央道埋蔵文化財包蔵地発掘調査報告書　昭和四十七年度』長野県教育委員会　昭和四十八年

北高根A遺跡　上伊那郡南箕輪村高根

※※※六号住居址　縄文時代中期(加曾利E式期)。四・九×五・一五mの楕円形プラン。南東壁に近く、上に平石をのせた埋甕が口縁を上にして埋まっており、その西隣に接して口縁部を欠く同様な埋甕があった。炉の北側に近くいわゆる伏甕があった。胴下

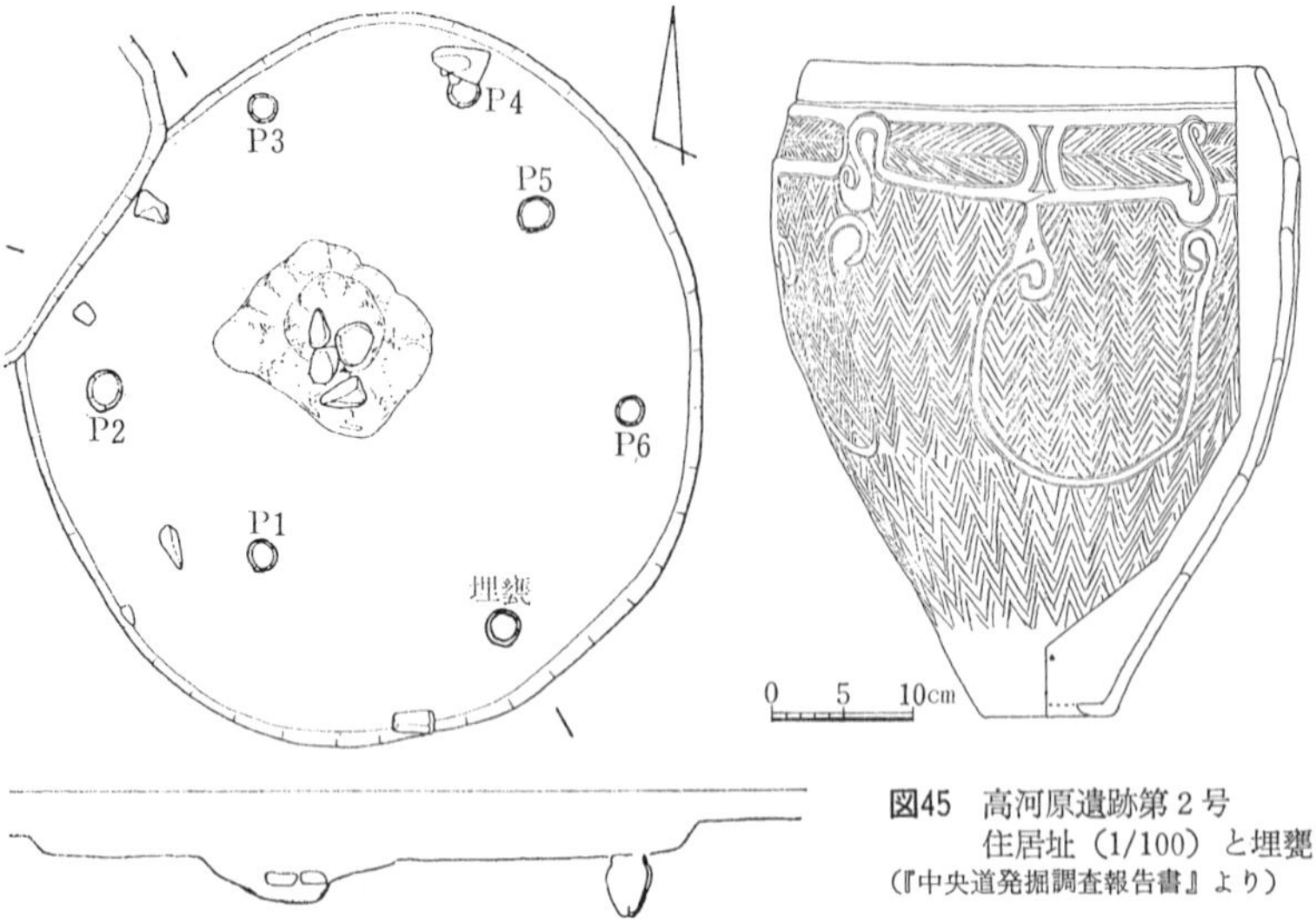

図45　高河原遺跡第２号
住居址（1/100）と埋甕
（『中央道発掘調査報告書』より）

半部を使用し、底部に穿孔がある。

山岡栄子「北高根A遺跡」『長野県中央道埋蔵文化財包蔵地発掘調査報告書　昭和四十七年度』長野県教育委員会　昭和四十八年

高河原遺跡　上伊那郡宮田村新田

＊第一号住居址　縄文時代中期(曽利Ⅲ、Ⅳ式期)。径約五ｍの円形プラン。南東壁に接して平板な石が発見され、その下から直立の埋甕が出土した。口縁を欠き、底部に穿孔してあった。中から一点の縦形の異形石匙を出した。意識的に納めたものであろう。

＊第二号住居址　縄文時代中期。五・七×五・一ｍの円形プラン。南側出口と思われる所の壁から四二㎝内側に埋甕があった。口径三二㎝、高さ四七㎝。口縁部を床面と水平の位置においていた。底部に穿孔しており、内部には黒土が充満し、底部から長さ四㎝ほどの刃物のように鋭利な黒曜石の破片が検出された。

＊第三号住居址　縄文時代中期。径約五ｍの不整円形プラン。南東側入り口と思われる部分、壁から三〇㎝の所に埋甕があった。一辺三〇㎝の平石の蓋石を上面を床面と同レベルにおき、口径三〇㎝、高さ四〇㎝の土器を直立して埋めてあり、底部を打ち抜いていたが中に別の土器の底部が入れ子のような状態でおかれていた。内部の黒土層から四×二㎝の鋭利な黒曜石の破片が出土した。

福沢幸一「高河原遺跡第一号住居址」、根津清志「高河原遺跡第二号住居址」「高河原遺跡第三号住居址」『長野県中央道埋蔵文化財発掘調査報告書　昭和四十六年度』長野県教育委員

会　昭和四十七年

田切町谷遺跡　上伊那郡飯島町田切

※第四号住居址　縄文時代中期（曽利Ⅱ・Ⅲ式期）。六・一×五・四mの楕円形プラン。東側壁に接して埋甕がみられる。高さ四七・五cm、四つの把手をもつ。

※第五号住居址　縄文時代中期(曽利Ⅱ式期)。径約四・五mの円形プラン。南南東の壁に接して埋甕がみられる。口縁部を欠く。現高三八cm。一対の把手のあった痕跡あり。

伊藤修「遺構」、赤羽義洋・伊藤修「遺物」『町谷』飯島町教育委員会　昭和五十年

尾越遺跡　上伊那郡飯島町七久保上通り

〔集落の概要〕住居跡は計二八。その内訳は加曽利EⅠ式期九、Ⅱ式期一五、堀之内式期二、加曽利B式期二である。

※※※三号住居址　縄文時代中期(加曽利EⅡ式期)。径四・九mの円形プラン。埋甕は三か所にあった。炉の南側の床面に破壊されて胴部のみのものがあり、東壁に近く、柱穴によって破壊されていたが、胴部の一部と掘りこみの穴が残っていた。また炉の北側床中央部にも底部穿孔された土器が逆位で埋められていた。これは口径一九・五cm、高さ三一・五cm。

※六号住居址　縄文時代中期(加曽利EⅠ式期)。五・五×五・一五mの円形プラン。南壁に近く正位の埋甕があった。口径四一cm、高さ五五cm、中から小型土器の胴下半や黒曜石の破片を出した。

※七号住居址　縄文時代中期(加曽利EⅠ式期)。五・五×六mの円形プラン。南西壁に近接して正位の埋甕があった。口径三一cm、高さ三五cm、底部を欠く。

※※※一二号住居址　縄文時代中期(加曽利EⅡ式期)。五・一×四・五mの円形プラン。埋甕は東南壁に近く二個、東南壁にくいこんで一個埋められている。前者のうちの一つは正位で他の一つをこわして埋められ、石蓋があった。口径二九・五cm、高さ三三・五cm、底が抜かれている。こわされたほうも正位で、口縁を欠き底部が抜かれ、中に他の土器の底部が入れてあった。上径三六・五cm、高さ四〇cm、後者も正位で口縁を欠く、口径二九cm、高さ三二cm。

※一三号住居址　縄文時代中期(加曽利EⅡ式期)。径五・五mの不整円形プラン。南西壁ぎわ周溝に接して胴下半を欠く土器を正位に埋めている。口径三〇cm、高さ一九cm。

※一四号住居址　縄文時代中期(加曽利EⅡ式期)。四・六×五mの円形プラン。炉の北東側の床面中央に逆位の埋甕がある。口縁と底部を欠いた小型土器で、口径一〇cm、高さ一一cm。

※※一八号住居址　縄文時代中期(加曽利EⅡ式期)。六・二×六・五mの円形プラン。埋甕は二個あり、一つは南東壁周溝に接し、正位に埋められ、他の一つは北東壁周溝に近く、逆位に埋められ破壊されていた。後者は底部の部分で底が抜かれていた。

※※※一九号住居址　縄文時代中期(加曽利EⅡ式期)。五×四・九mの円形プラン。埋甕は三か所にあった。その一は南壁周溝に接して、その二はそれより炉の方に寄った床面にいずれも正位に埋められ、その三は炉の東側床中央に逆位に埋められていた。

その一は口径二〇・五㎝、高さ三〇・五㎝のつば付壺形土器で大きな礫で囲まれた中におかれ、底部はぬかれていた。その二は底をぬいた土器底部（底径一二・五㎝、高さ一四㎝）の中に、さらに他の土器の底部（底径九・五㎝、高さ四㎝）を入れてあった。その三も底部のみのもので、穿孔されている。底径九㎝、高さ五㎝。

＊＊＊二二号住居址　縄文時代中期（加曽利EⅡ式期）。五・九×五・八mの円形プラン。埋甕は四か所にある。その一と二は、南壁ぎわの周溝に接して若干離れて正位に埋められ、その三と四は南東側の床の中央にやや離れて並んで逆位に埋められていた。その一は底部を欠く土器で口径三三㎝、高さ三八㎝、その二は底部に穿孔した土器で口径二九㎝、高さ四二㎝、中に他の土器の底部が入っていた。その三は底部が打ち抜かれた胴下半部で、底径八㎝、高さ一四㎝。その四は底部が穿孔された土器で、口径一六・五㎝、高さ二〇・五㎝。

＊二三号住居址　縄文時代後期（堀之内式期）。四・三×四・四mの不整方形プラン。西側床面中央に、床面を一〇㎝掘りくぼめ、中に胴上半を床上に出した口縁を欠く土器が直立していた。口径二一㎝、高さ二五㎝。

＊二四号住居址　縄文時代中期（加曽利EⅡ式期）。六・一×六・四mの円形プラン。南東壁に近く底の抜かれた鉢が正位に埋められていた。口径二九㎝、高さ二〇・五㎝。

＊＊二六号住居址　縄文時代中期（加曽利EⅡ式期）。円形プラン。西側床面の二か所に底部に穿孔された土器が逆位に埋められていた。穴は小孔でいずれも研磨されていた。その一は、口縁部を欠き、胴径一七㎝、高さ二〇・五㎝、同じ大きさぐらいの土器を割って胴部を巻くように埋めていた。その二はやや北側にあり口径一九㎝、高さ三二・五㎝の大きさである。

神村透「尾越遺跡三号住居址」「同一二号住居址」「同二六号住居址」、遮那藤麻呂「同六号住居址」、矢口忠良「同七号住居址」「同二二号住居址」、山岡栄子「同一三号住居址」「同二三号住居址」、根津清志「同一四号住居」、木下平八郎「同一八号住居址」「同一九号住居址」、今村善興「同二四号住居址」『長野県中央道埋蔵文化財包蔵地発掘調査報告書　昭和四十六年度』長野県教育委員会　昭和四十七年

末木健「伊那谷中部縄文中期後半の土器群とその性格」信濃三〇巻四号　昭和五十三年

鳴尾天白遺跡　上伊那郡飯島町七久保高遠原

＊三号住居址　縄文時代中期（加曽利EⅠ式期）。四・七×五・〇mの円形プラン。東側中央壁に接して埋甕がある。底部中央を打ち抜いて穿孔した口縁を欠失した土器を逆位に埋めていた。

＊五号住居址　縄文時代中期（加曽利EⅠ式期）。四・八×四・九五mの円形プラン。炉の南側床の中央から逆位の埋甕を発見した。口径一五㎝、高さ二八・五㎝、底部は打ち抜きで穿孔されている。

＊六号住居址　縄文時代中期（加曽利EⅠ式期）。四・一五×三・九mの円形プラン。西側周溝に接して胴下半を欠く土器を正位に埋めてあった。口径二七・五㎝、高さ二六・五㎝。

※一〇号住居址　縄文時代中期(加曽利ＥⅠ式期)。五・四×四・六ｍの楕円形プラン。南西壁に近く完形土器が正位に、東南の壁近く底部穿孔された土器が逆位に埋められていた。前者の埋甕は、口径三二cm、高さ四六・五cm、底部は打ち抜かれて穿孔されている。後者は口縁を欠いており、上径二二cm、高さ四〇cm。

矢口忠良「鳴尾天白遺跡三号住居址」、木下平八郎「鳴尾天白遺跡五号住居址」、遮那藤麻呂「鳴尾天白遺跡六号住居址」、今村善興「鳴尾天白遺跡一〇号住居址」『長野県中央道埋蔵文化財包蔵地発掘調査報告書　昭和四十六年度』

末木健「伊那谷中部縄文中期後半の土器群とその性格」信濃三〇巻四号　昭和五十三年

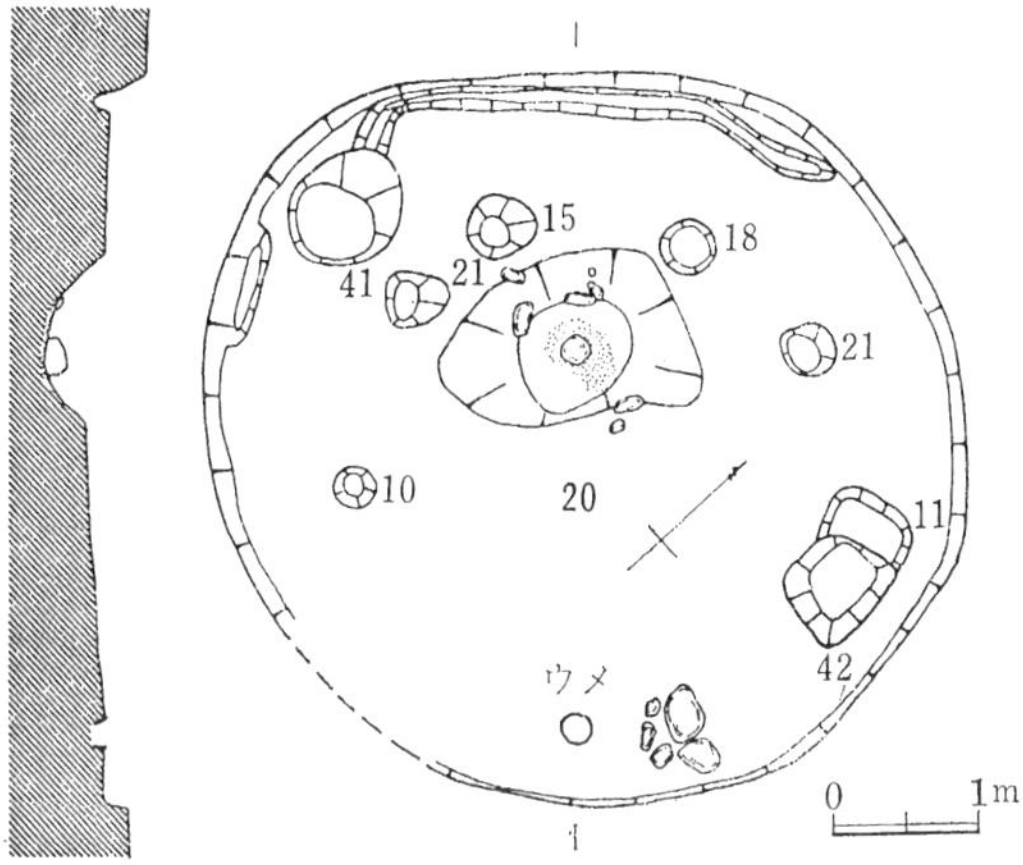

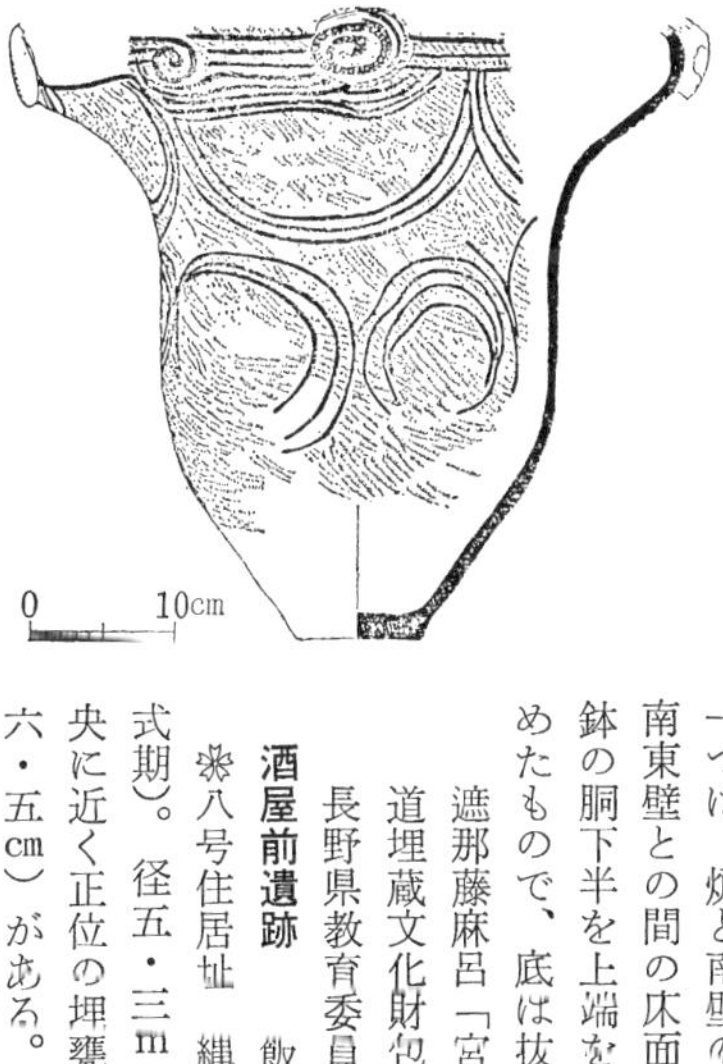

図46　小垣外・辻垣外遺跡20号住居址と埋甕
（『中央道発掘調査報告書』より）

宮崎Ｂ遺跡　飯田市座光寺

※一号住居址　縄文時代中期(加曽利Ｅ式期)。七・七×五・六ｍの楕円形プラン。南壁周溝に接した柱の根に埋甕があった。これは、いったん埋められたあと上に床面がかぶされていた。底部は抜いてある。

※二号住居址　縄文時代中期(加曽利Ｅ式期)。径五・六ｍの円形プラン。南東壁に近く柱穴の間に径一ｍ、深さ二〇cmの不整円形のピットがある。貯蔵穴と思われる。埋甕は二か所にある。一つは、炉と南壁の間の床面中央、一つは南東壁との間の床面で、いずれも小型の深鉢の胴下半を上端を床面と同じレベルに埋めたもので、底は抜いていない。

遮那藤麻呂「宮崎Ｄ遺跡」『長野県中央道埋蔵文化財包蔵地発掘調査報告書』長野県教育委員会　昭和四十六年

酒屋前遺跡　飯田市伊賀良大瀬木

※八号住居址　縄文時代中期（加曽利Ｅ式期）。径五・三ｍの円形プラン。東壁中央に近く正位の埋甕（口径三五cm、高さ二六・五cm）がある。胴下半を欠く深鉢で、

中に乳棒状石斧の破片があった。

❋一一号住居址　縄文時代中期(加曾利E式期後半)。四・五×四mの円形プラン。南壁中央に接して正位の埋甕がある。口縁を欠き上縁を磨いて平らにした深鉢で、上径二四cm、高さ三〇cm、胴下半に直径七cmの穴をうがつ。

岡田正彦「酒屋前遺跡」『長野県中央道埋蔵文化財包蔵地発掘調査報告書　昭和四十七年度』長野県教育委員会

小垣外・辻垣外遺跡　飯田市伊賀

❋二〇号住居址　縄文時代中期(加曾利E式期後半)。五・五×五・一mの円形プラン。南東壁中央に近く正位の埋甕がある。口縁を欠く深鉢で、上径四五cm、高さ四二cm。

矢口忠良「小垣外・辻垣外遺跡」『長野県中央道埋蔵文化財包蔵地発掘調査報告書　昭和四十七年度』長野県教育委員会

前の原遺跡　飯田市竜丘地区字桐林

❋四号住居址　縄文時代中期(加曾利E式期)。径六・二mの円形プラン。南側の周溝に接して埋甕がある。

❋❋一一号住居址　縄文時代中期(曾利Ⅲ式期)。五・八×六・一mの円形プラン。南側周溝に近く三個の埋甕が発見された。一は口縁部を欠き底抜き、現高五二cm、径四三cmの大型の深鉢。二は胴下部のみのもの、三は胴部のみで、口縁と底を欠く。

❋一八号住居址　縄文時代中期(曾利Ⅱ式期)。五・二×五・五mの円形プラン。南壁より北九〇cmの所に埋甕がある。底なし、逆位で、口径三一cm、径三九cmの大型の甕である。

❋❋二四号住居址　縄文時代中期(曾利Ⅱ式期)。円形プラン。埋甕(大型の深鉢)が二個並んでいた。一は正位で底部穿孔、口径四一・七cm、高さ五六・二cm。二は正位の底なしで、口径四三・七cm。

飯田市教育委員会『前の原・塚原』昭和五十年

上の平東部遺跡　飯田市伊賀良中村

❋二号住居址　縄文時代中期(加曾利E式期終末)。五・七×六・一五mの角のある円形プラン。南壁中央寄りに正位の埋甕があった。口縁部を欠く土器(胴径二九cm、高さ三三cm)をわずかに上端をだして埋めていた。

金井正彦「上の平東部遺跡」『長野県中央道埋蔵文化財包蔵地発掘調査報告書　昭和四十七年度』長野県教育委員会

柳田遺跡　飯田市山本湯川

❋一号住居址　縄文時代中期(加曾利E式期)。五・一×五・三mの円形プラン。南壁中央に近く正位の埋甕があった。上径三二cm、高さ三二cm、口縁と胴下半を欠き、床面よりわずかに出る。

市沢英利「柳田遺跡」『長野県中央道埋蔵文化財包蔵地発掘調査報告書　昭和四十七年度』長野県教育委員会　昭和四十八年

箱川原遺跡　飯田市竹佐

❋❋一号住居址　縄文時代中期(加曾利E式期)。円形プランの住居址の南側に埋甕が二つ並んで正位に埋置されていた。

❋二号住居址　縄文時代中期(加曾利E式期)。円形プランの住居址の南側に石蓋をした逆位の埋甕があった。

神村透「南信地方の埋甕について〈埋甕一覧表〉」長野県考

古学会誌一五号　昭和四十八年

庚申原Ⅱ遺跡　下伊那郡松川町大島

❋六号住居址　縄文時代中期(加曽利E式期)。五・七×五・八mの円形プラン。南東壁中央に近く正位の埋甕があった。底部を欠き、口縁を二cmほど床面にのぞかせていた。

❋七号住居址　縄文時代中期(加曽利E式期)。三・五×三mの円形プラン。南西壁中央に近く正位の埋甕があった。口縁と胴下半を欠き、六cmほど床面から出ていた。

❋八号住居址　縄文時代中期(加曽利E式期)。三・八五×四・三mの円形プラン。南壁中央直下に埋甕があった。底部と把手を欠損し、床面から口縁を一cmほど出していた。

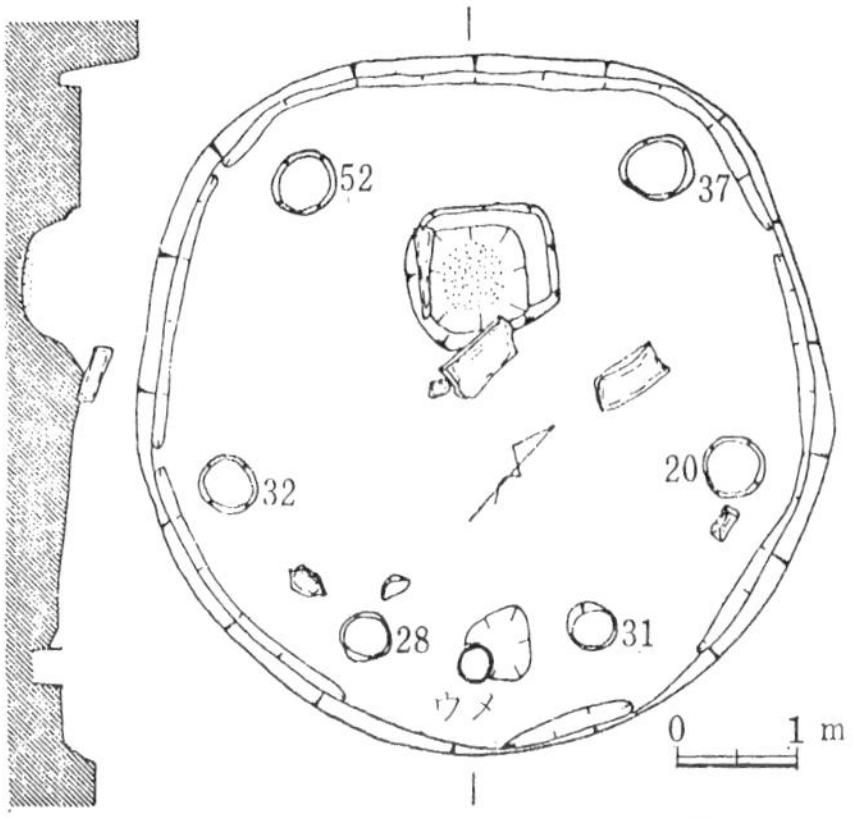

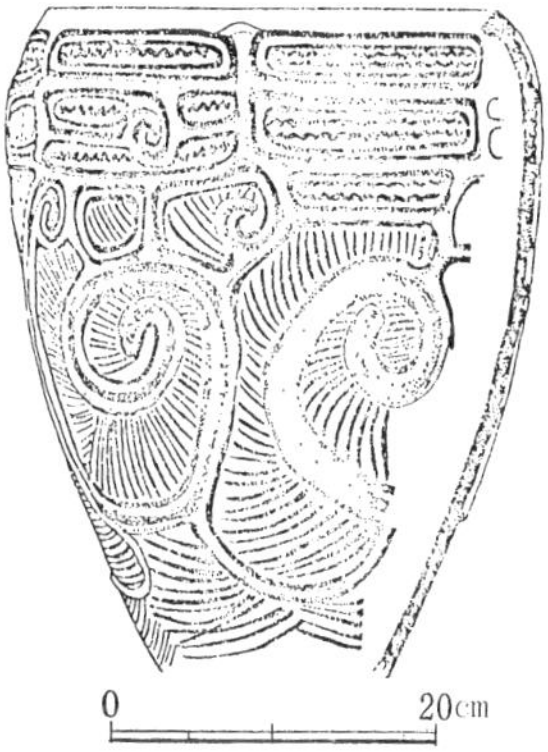

図47　庚申原Ⅱ遺跡六号住居址と埋甕（『中央道発掘調査報告書』より）

❋一〇号住居址　縄文時代中期(加曽利E式期)。四×四・一五mの円形プラン。南壁中央に接して正位の埋甕があった。底部を欠損し、口縁を二cmほど出していた。

❋一二号住居址　縄文時代中期（加曽利E式期)。五・五五×四・六五mの隅丸方形プラン。南壁中央直下に埋甕がある。底部中央に穿孔があり、口縁を床面より三cm出していた。

❋一三号住居址　縄文時代中期(加曽利E式期)。径二mの円形プラン。南東壁直下に埋甕があり、蓋石がのっていた。

❋❋一六号住居址　縄文時代中期(加曽利E式期)。五・八五×五・四五mの隅丸方形プラン。正位の埋甕が南壁中央寄りと、東壁中央寄りに二個ある。両者とも、頸部を欠損し底部を抜いている。前者は床面から二cm出ており、中から土器の底部と石器破片を出した。後者は一cm出ており、黒曜石の剝片を出した。

❋一七号住居址　縄文時代中期(加曽利E式期)。五・六×五・六五mの隅丸方形プラン。南壁中央に接して正位の埋甕があった。頸部上半を欠損。

矢口忠良『庚申原Ⅱ遺跡』『長野県中央道埋蔵文化財包蔵地発掘調査報告書昭和四十七年度』長野県教育委員会

中原Ⅰ遺跡　下伊那郡松川町大島

❋一号住居址　縄文時代中期（加曽利E式期)。プラン不明。底部を欠損した深鉢形土器（径四一cm、現高四一cm）を埋甕と

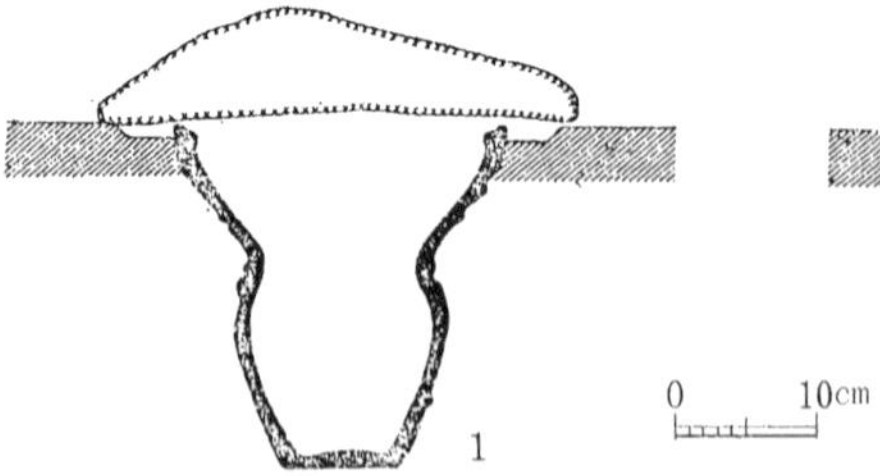

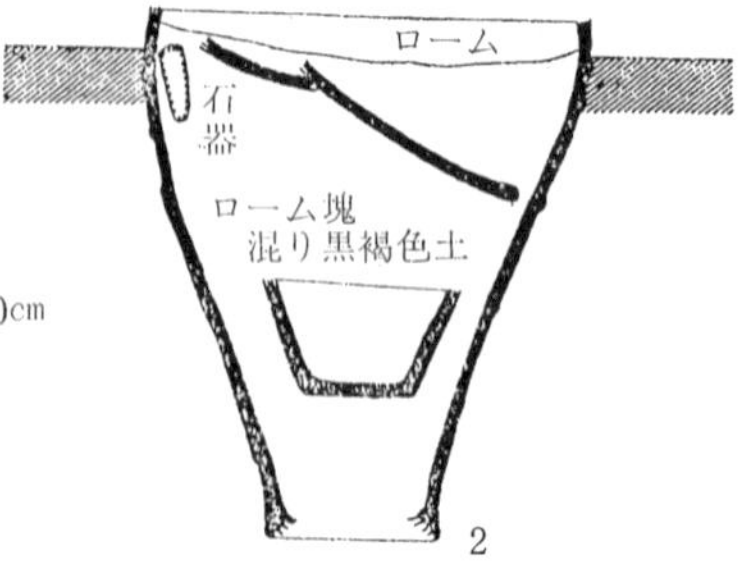

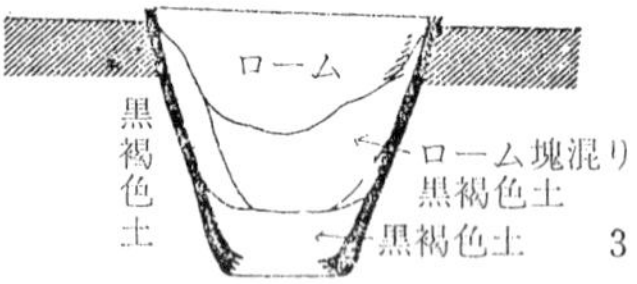

図48　庚申原Ⅱ遺跡埋甕状態図(1/10)
1.13号住居址　2.3.16号住居址
(『中央道発掘調査報告書』より)

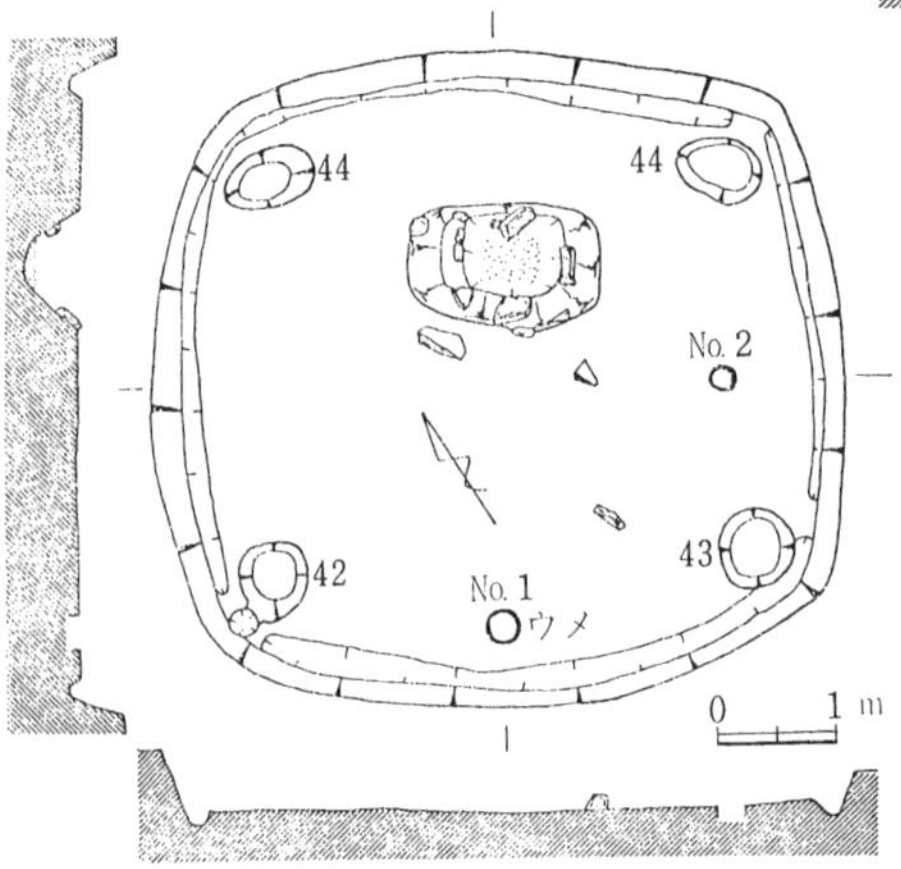

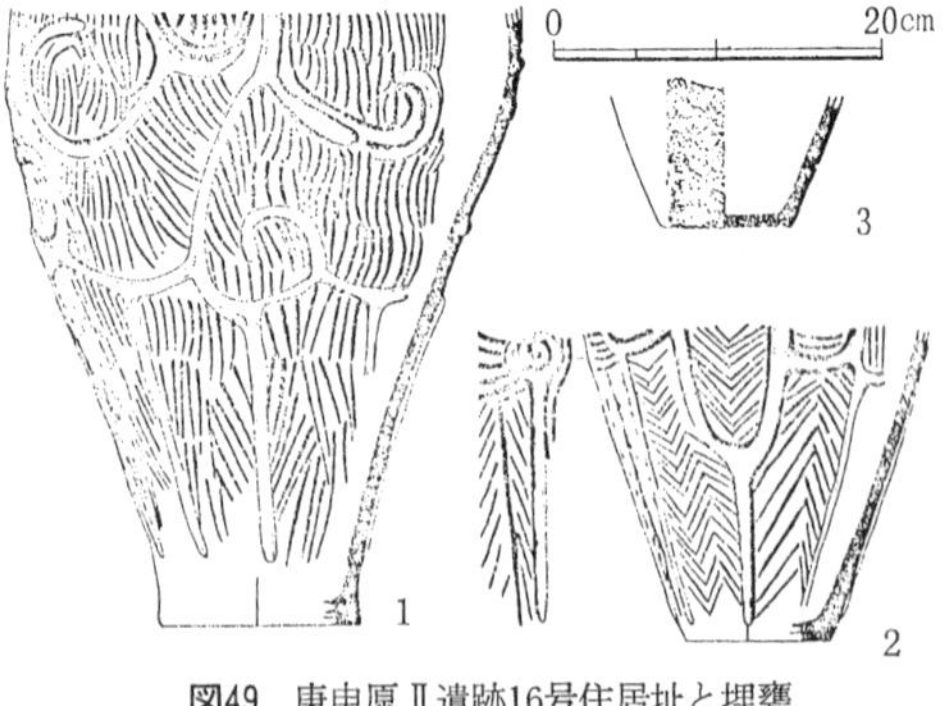

図49　庚申原Ⅱ遺跡16号住居址と埋甕
(『中央道発掘調査報告書』より)

していた。

※二号住居址　縄文時代中期(加曽利E式期)。五・三×五・七mの円形プラン。西壁中央部に近く完形の埋甕が正位で発見された。

※三号住居址　縄文時代中期(加曽利E式期)。四・七五×四・八mの円形プラン。西壁中央に接して埋甕が発見された。深鉢形土器の底部を抜き、中に口縁部を欠いた小型甕形土器をいれていた。

※六号住居址　縄文時代中期(加曽利E式期)。五・三×五mの

不整円形プラン。南壁中央に近く蓋石がずれた状態で正位の埋甕があった。胴下半部を欠損し、底に二個体分の大型の甕の破片がはいっていた。

岡田正彦「中原Ⅰ遺跡」『長野県中央道埋蔵文化財包蔵地発掘調査報告書　昭和四十七年度』長野県教育委員会

的場遺跡　下伊那郡松川町元大島古町

❋五号住居址　縄文時代中期（加曽利E式期）。四・七×五ｍの円形プラン。南壁ぎわの浅いピットに底部を抜く完形土器（口径一七cm、高さ二五cm）が横にして置かれ、北西壁ぎわに口縁と胴下部を欠く埋甕があった。

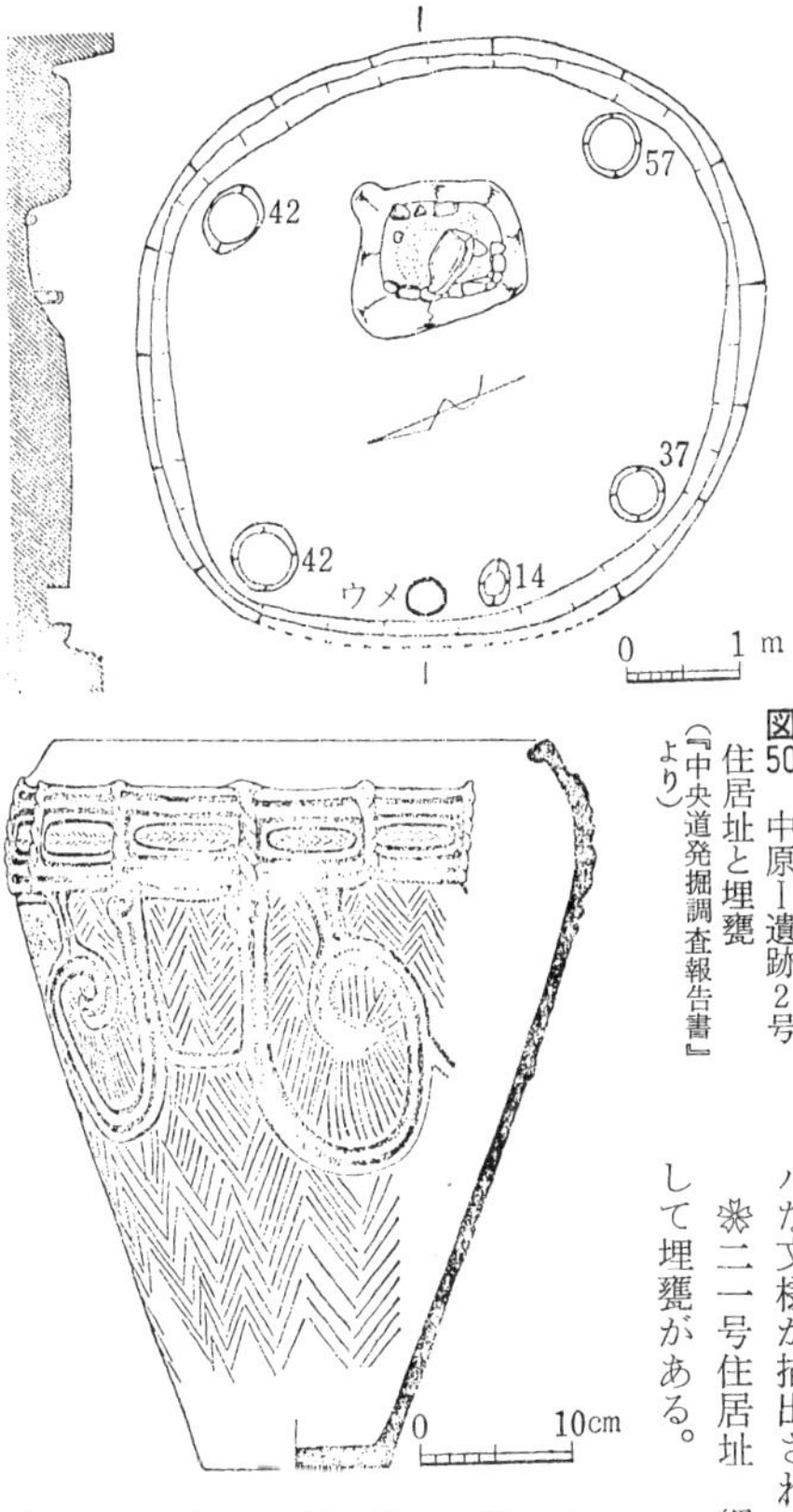

図50　中原Ⅰ遺跡2号住居址と埋甕（『中央道発掘調査報告書』より）

佐藤甦信・伴信夫「住居址」『的場』松川町教育委員会　昭和四十八年

伴野原遺跡　下伊那郡豊丘村神稲

〔集落の概要〕縄文時代の住居跡は計七七、その内訳は前期八、中期（井戸尻式期最末～曽利式各期）六九、埋甕あるものは一七曽利Ⅱ・Ⅲ式期のものである。

❋七号住居址　縄文時代中期。円形プラン。北東壁中央に接して埋甕がある。

❋一七号住居址　縄文時代中期。楕円形プラン。東壁中央に近く小型の埋甕がある。椀形のもので、底部にけ線刻によるマジカルな文様が描出されている。

❋二一号住居址　縄文時代中期。楕円形プラン。西壁中央に接して埋甕がある。

❋二六号住居址　縄文時代中期。隅丸方形プラン。南東壁中央に近く埋甕がある。この部分が張り出している。

❋❋三一号住居址　縄文時代中期。隅丸方形プラン。南東壁に近く三個の埋甕がある。

❋三三号住居址　縄文時代中期末葉。六・六×七・五ｍの楕円形プラン。南壁入り口部に、四〇×六〇cmの大きな花崗岩の平石があり、その下に埋甕が埋設されていた。埋甕は正位の状態で、蓋石は直接口縁部についており、内部にはきわめて軟質でさらさらした黒色土が充満していた。底のほうには木炭粒が多く確認された。南壁外側は削られており、この部分が入り口施設と考えられる。埋甕は口径三七cm、高さ五二cm、胎土中に一八五粒の炭化種子とその圧痕がみられる。ガマズミとされる。

※三四号住居址　縄文時代中期。隅丸長方形プラン。南壁に接して埋甕がある。

※四〇号住居址　縄文時代中期。円形プラン。西壁に接して埋甕がある。

※四二号住居址　縄文時代中期。円形プラン。南壁に接して埋甕がある。

※四七号住居址　縄文時代中期。隅丸長方形プラン。南壁に近く埋甕がある。

※五〇号住居址　縄文時代中期。隅丸方形プラン。西壁に接して埋甕がある。

※五九号住居址　縄文時代中期。円形プラン。南東壁に接して埋甕がある。

※六二号住居址　縄文時代中期。円形プラン。南壁中央に近く埋甕がある。

※六三号住居址　縄文時代中期。円形プラン。南壁に接して埋甕がある。

※六八号住居址　縄文時代中期。隅丸方形プラン。南壁に接して埋甕がある。

※七三号住居址　縄文時代中期。楕円形プラン。南東壁中央に近く埋甕がある。

※七五号住居址　縄文時代中期。円形プラン。南壁に近く埋甕がある。

酒井幸則「伴野原遺跡パン状炭化物」どるめん一三号　昭和五十二年

伊久間原遺跡　下伊那郡喬木村

※一四号住居址　縄文時代中期後半。四・三×四・四五mの隅丸方形プラン。南側の周溝の内側に石蓋をもつ埋甕がある。口縁を欠く甕形土器で底部に穿孔する。

※一五号住居址　縄文時代中期後半。四・二×四・四mの隅丸方形プラン。南側周溝をわずかに入った所に伏甕がある。底部を欠く大型の深鉢である。

佐藤甦信『伊久間原』喬木村教育委員会　昭和五十三年

城本屋遺跡　下伊那郡喬木村帰牛原

※二〇号住居址　縄文時代中期末葉。円形プラン。南西側に埋甕がある。胴部のみが埋められたもの。

※二九号住居址　縄文時代中期末葉(加曽利E式期)。五・二×五・三五mの円形プラン。埋甕が東側と北側の壁近くにある。前者は伏甕で胴下半を欠く。後者は、正位で口縁を欠く。

※三一号住居址　縄文時代中期末葉(加曽利E式期)。推定四・五×五mの円形プラン。東側壁に近く伏甕がある。胴下半を欠く土器を逆位に埋める。

※三六号住居址　縄文時代中期末葉。径六・九mの円形プラン。南側壁近くに埋甕があった。口縁部を欠く大型の深鉢（四個

の耳をもつ）を正位に埋める。

＊四七号住居址　縄文時代中期末葉(加曽利Ｅ式期)。径四・六ｍの円形プラン。西側に伏甕があった。底部を欠く口径四一㎝の大型深鉢を逆位に埋める。

＊五二号住居址　縄文時代中期末葉(加曽利Ｅ式期)。径五ｍの楕円形プラン。南東壁に近く埋甕があった。口縁部を欠き、正位に埋設する。

佐藤甦信『帰牛原城本屋』喬木村教育委員会　昭和五十二年

増野川子石遺跡　下伊那郡高森町山吹

＊四号住居址　縄文時代中期(加曽利Ｅ式期)。プラン不明。炉の南東に埋甕と思われる胴下半の土器を検出した。上径二一㎝、現高一七㎝。

酒井幸則「増野川子石遺跡」『長野県中央道埋蔵文化財包蔵地発掘調査報告書　昭和四十七年度』長野県教育委員会

増野新切遺跡　下伊那郡高森町山吹字増野

〔集落の概要〕住居跡の計は七八、すべて縄文時代中期、その内訳は井戸尻Ⅲ式期九、加曽利Ｅ式期六五、不明四である。

＊Ｂ三号住居址　縄文時代中期(加曽利Ｅ式期)。五・七×五・二五ｍの丸みの強い方形プラン。東壁中央部に近く正位の埋甕があった。口縁を欠く深鉢で、上径二〇・五㎝、現高二四㎝。

＊Ｂ四号住居址　縄文時代中期(加曽利Ｅ式期)。五・二五×四・四五ｍの丸みの強い長方形のプラン。南東壁中央部に近く埋甕がある。胴下半を欠く土器を口縁を下にして埋め、北東のふちに礫をのせていた。口径二八・五㎝、現高三一㎝。

＊Ｂ七号住居址　縄文時代中期(加曽利Ｅ式期)。五×五・三五ｍの隅丸方形プラン。南東壁中央に接して埋甕があった。底に打ち抜き孔のある深鉢を正位に埋め、南側の上縁に礫をおき、内部に横倒しにした底部の破片をいれてあった。埋甕は口径二五・五㎝、高さ三八・六㎝。

＊Ｂ九号住居址　縄文時代中期(加曽利Ｅ式期)。径五・八ｍの円形プラン。南東壁中央部の周溝に接して正位の埋甕がある。口縁を一部欠損して底部に穿孔がある。口径三七・五㎝、高さ五三・七㎝。

＊Ｂ一〇号住居址　縄文時代中期(加曽利Ｅ式期)。四・五五×四・六ｍの不整円形プラン。南壁中央部寄りに口縁と胴下部を欠く土器を正位に埋めていた。上径三四㎝、現高二七㎝。

＊Ｂ一一号住居址　縄文時代中期(加曽利Ｅ式期)。四・八五×四・六五ｍの丸みの強い方形プラン。南東壁中央部に近く、正位に埋められた二個の埋甕が東西に並んでいた。西側のほうは胴下部で、上径三〇㎝、現高二二㎝、中に横刃形石器がはいっていた。東側のほうは口縁を欠き、底が抜かれた土器で、中にエンド・スクレイパーがはいっていた。上径三八・五㎝、現高四三㎝。

＊Ｂ一三号住居址　縄文時代中期(加曽利Ｅ式期)。四・一×三・五ｍの隅丸方形プラン。南東壁中央部周溝に接して埋甕があった。口縁を欠く土器の上縁を床面より四㎝高くして正位に埋めていた。上径二九㎝、現高三六・五㎝。

＊Ｂ二〇号住居址　縄文時代中期(加曽利Ｅ式期)。四・五×五ｍの円形プラン。南東壁中央部に近く埋甕が二個並んでいた。

東側のほうは胴以上をけずられ、底を打ち抜いてある。西側のほうは口縁部をけずられている。上径三九cm、現高三三cmの大きさである。

❋B二二号住居址　縄文時代中期（加曾利E式期）。三・九×三・一mの隅丸長方形プラン。南壁中央部に近く埋甕があった。完形土器(径三〇cm、高さ四〇・五cm)を正位に埋め、中に底部を欠く土器（径二一・五cm、現高一四・五cm）と、胴上部を欠く土器（径一二cm、現高一二・五cm）をいれてあった。

❋B二三号住居址　縄文時代中期(加曾利E式期)。五×五・三五mの不整楕円形プラン。南東壁寄りに正位の埋甕（上径三三cm、現高三四・五cm）があった。口縁と底部を欠き、下に土器片を敷いていた。また、上縁西側にかかって扁平な石がおかれていた。

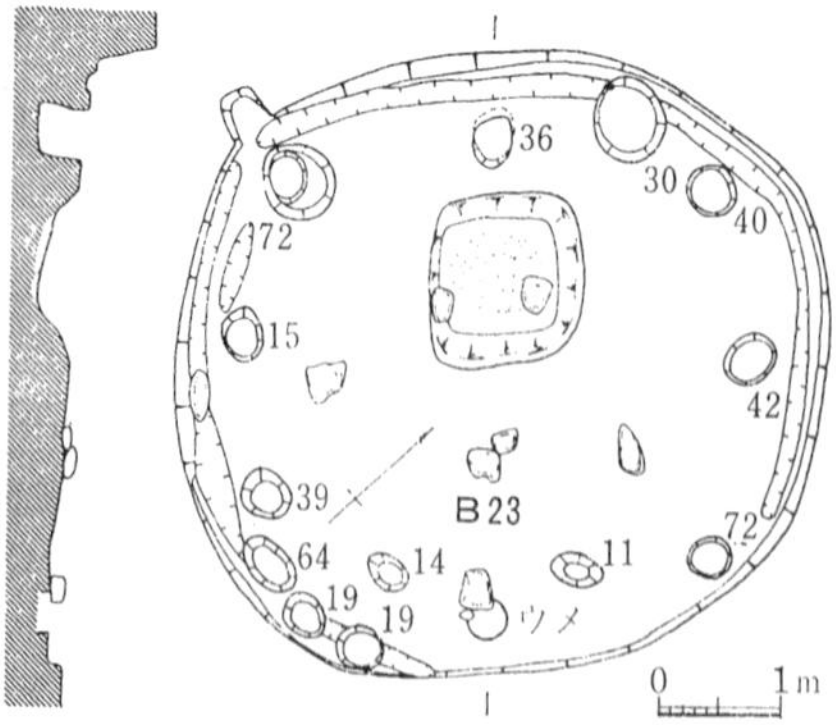

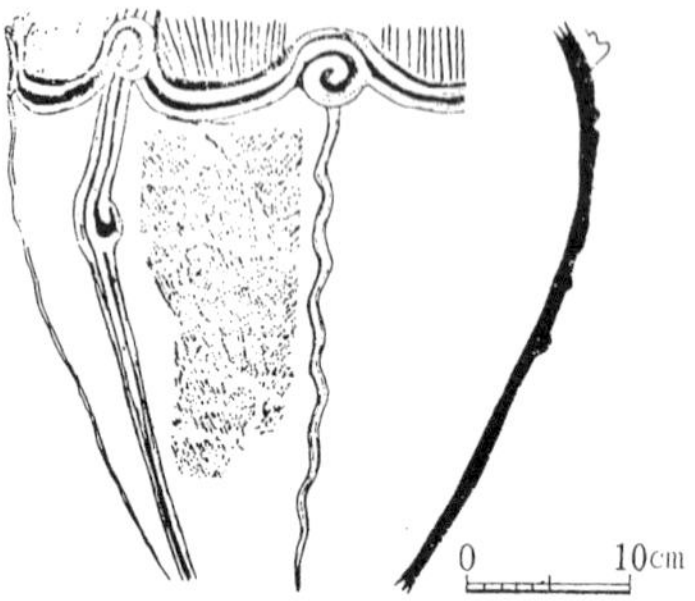

図51　増野新切遺跡B二三号住居址と埋甕（『中央道発掘調査報告書』より）

❋❋B二五号住居址　縄文時代中期(加曾利E式期)。径四・三五mの円形プラン。南東壁中央寄りに二個の埋甕が並んで正位に埋められていた。奥側のほうは口縁を欠く、上径一七cm、現高二四cm、外側のほうは口縁を欠き底部に穿孔する。上径三三cm、現高三六cm、東側上縁に石をのせてあった。

❋B二六号住居址　縄文時代中期(加曾利E式期)。五・一五×四・九mの円形プラン。入り口と思われる東壁の中央に接してわずかなくぼみがあり、平らな石がおかれていた。埋甕的な遺構と思われる。その西側に接して完形土器の底部を穿孔して逆位に埋めていた。口縁一四cm、高さ二五cm。

❋❋B二七号住居址　縄文時代中期(加曾利E式期)。一辺四・七五mの丸みの強い方形プラン。南東壁中央寄りに埋甕があった。口縁と胴下部を欠いた上径二六・五cm、現高二五cmの土器を正位に埋めていた。その北方に底部に穿孔された逆位の埋甕があった。上径一二・四cm、現高一三cm。

❋❋D一号住居址　縄文時代中期(加曾利E式期)。円形プラン。南壁中央に近く胴下部を欠く正位の埋甕があった。口径三七・三cm、現高三八cm、西壁寄りにもう一つの埋甕があった。口縁を欠き、底部を打ち抜かれたものに、他の土器の底部を下にあてて正位に埋められてい

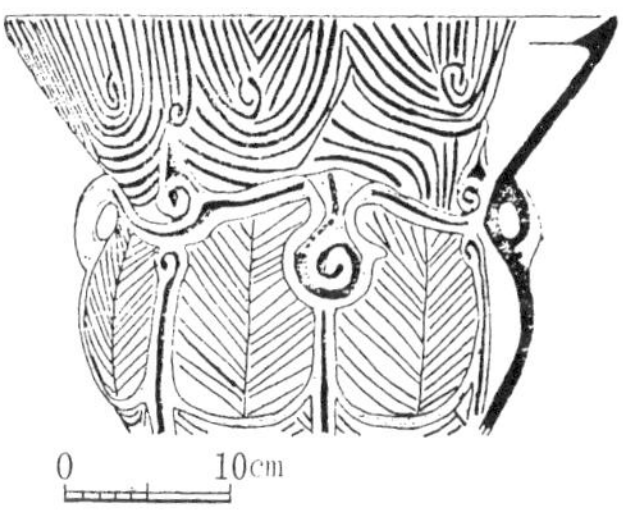

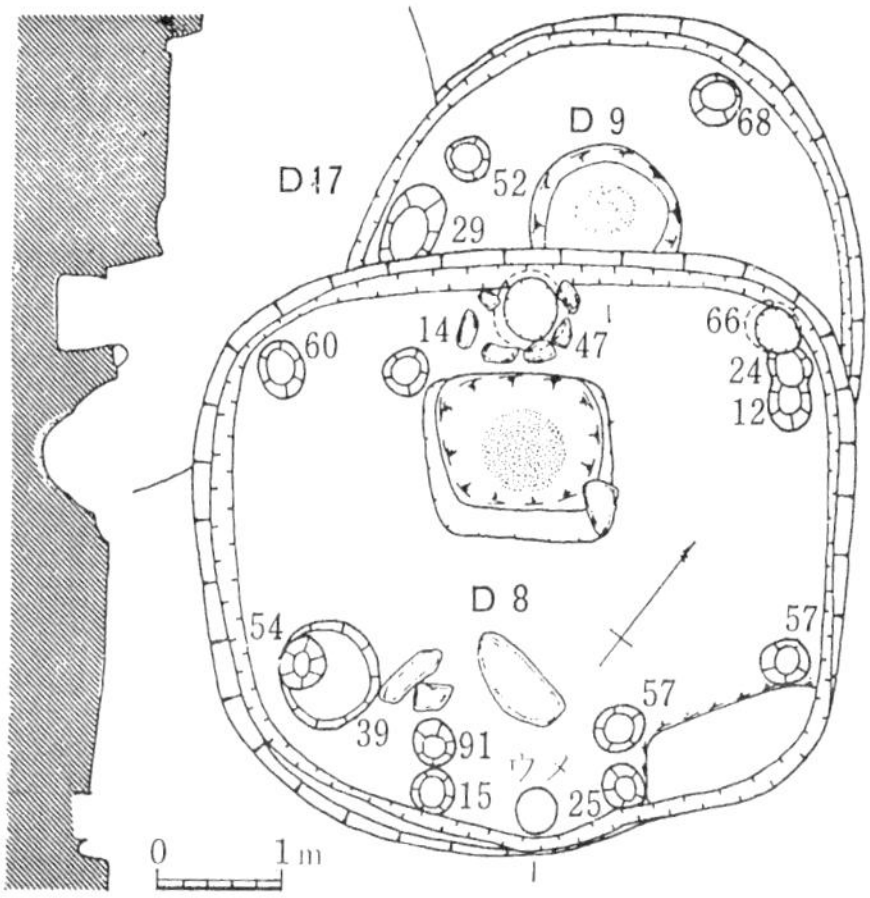

図52　増野新切遺跡Ｄ８号住居址と埋甕
（『中央道発掘調査報告書』より）

図53　増野新切遺跡Ｄ13号住居址と埋甕
（『中央道発掘調査報告書』より）

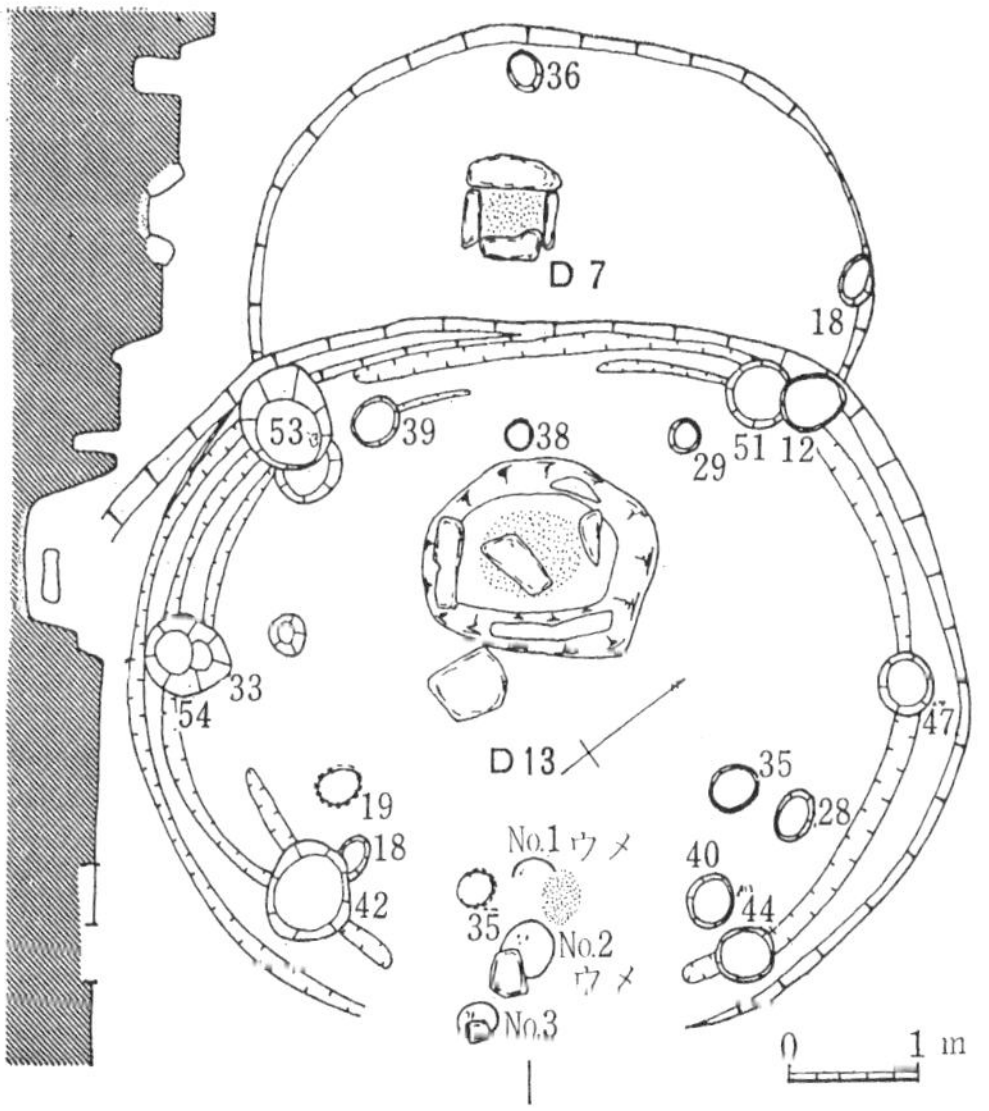

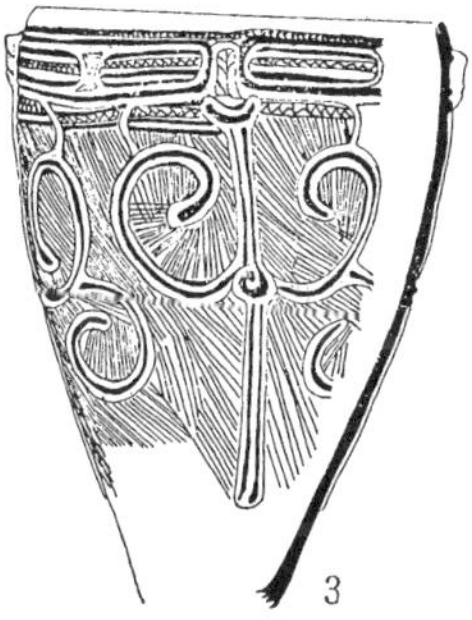

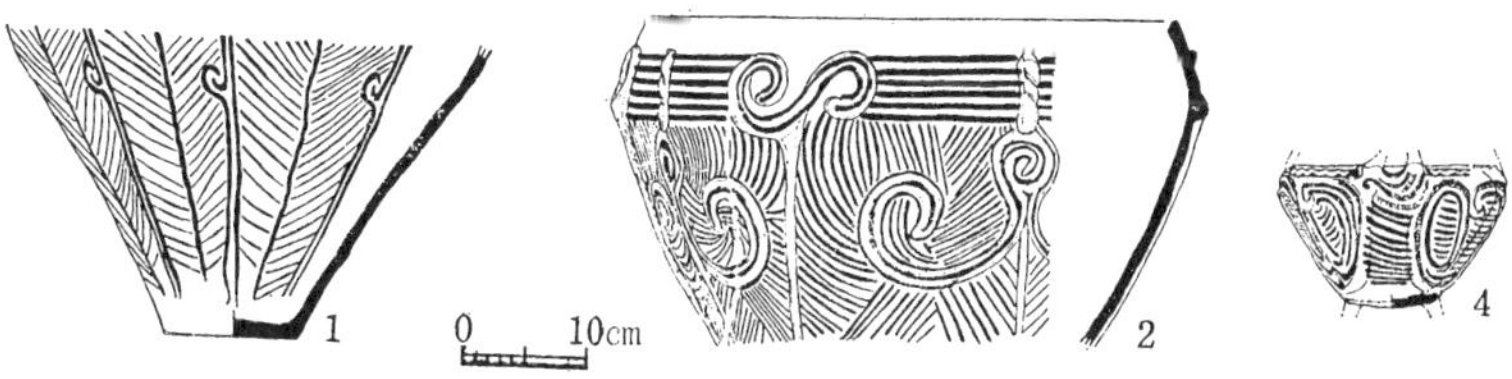

た。前者は上径二六・五cm、現高三一・五cm、後者は上径一四・五cm、現高六cm。

❋D二号住居址　縄文時代中期(加曽利E式期)。円形プラン。南壁中心に接して埋甕がある。口縁を欠き、底部を打ち抜いて正位に埋められていた。上径二九cm、現高四一・五cm。

❋D四号住居址　縄文時代中期(加曽利E式期)。径三・八mの円形プラン。東壁中心寄りに埋甕があった。口縁を欠く土器(上径一六cm、現高一八cm)を正位に埋め、石皿の破片をかぶせていた。

❋D八号住居址　縄文時代中期(加曽利E式期)。四・四×五・四mの隅丸方形プラン。南東壁の周溝に接して胴下半を欠く土器を正位に埋めていた。口径三七・五cm、現高二五cm。

❋D一〇号住居址　縄文時代中期(加曽利E式期)。円形プラン。炉の南西側に土器底部を床面に埋めていた。上径一四cm、現高六cm。

❋D一二号住居址　縄文時代中期(加曽利E式期)。五・一×五・二mの円形プラン。南東壁中央寄りに埋甕がある。口縁を欠く底部穿孔した土器が、上縁を床面から二cm高く正位に埋められており、内部には硬砂岩の剝片とスクレイパーがはいっていた。埋甕は上径二九・五cm、現高三九cm。

❋❋❋D一三号住居址　縄文時代中期(加曽利E式期)。六・四×五・六mの楕円形プラン。埋甕は南東壁中央寄りに三個並んでいた。いずれも正位で、奥側のものは胴上部を欠き、上径三九cm、現高二三・五cm。中のは胴下半を欠き、東側の上縁にかかって平らな石がおかれていた。上径四二・五cm、現高二五・五cm。外側のものは底部を打ち抜かれ、中に台付土器の坏部(上径一七cm、高さ一一・四cm)がはいっていた。口径三三cm、現高四七cm。

❋❋D一四号住居址　縄文時代中期(加曽利E式期)。七・五×六mの楕円形プラン。埋甕は二個ある。一つは南壁中央に近く、口縁と胴下半を欠く土器を正位に埋める。上径二八cm、現高一七・五cm。東壁中央の周溝に接して大きな完形土器を正位に埋め、西側上縁にかかるように平らな石をのせていた。口径三九cm、高さ四二cm。内部から土器片と黒曜石剝片を出す。

❋D一五号住居址　縄文時代中期(加曽利E式期)。五・二×五・五mの円形プラン。北壁中央に近く土器の底部を埋めていた。

❋D二四号住居址　縄文時代中期(加曽利E式期)。五・一×五・三五mの方形プラン。南東壁中央に近く埋甕がある。口縁を欠く土器を正位に埋めている。中から横刃形石器がでた。上径二二・五cm、現高二九・五cm、埋甕の北隣周溝に接してある深さ三三cmのピットは埋甕的な性格がありそうである。

❋D二六号住居址　縄文時代中期(加曽利E式期)。円形プラン。南東壁中央に近く埋甕があった。口縁を欠き正位に埋められ内底に凹み石がはいっていた。上径二七・五cm、現高五〇cm。

❋D二九号住居址　縄文時代中期(加曽利E式期)。一辺四・八mの方形プラン。南東壁中央に近く埋甕がある。口縁と底部を欠く土器を正位に埋め、その掘り込みの下部に礫をおいてあった。上径三八cm、現高三八cm。なお東壁に近く逆位の埋甕があった。

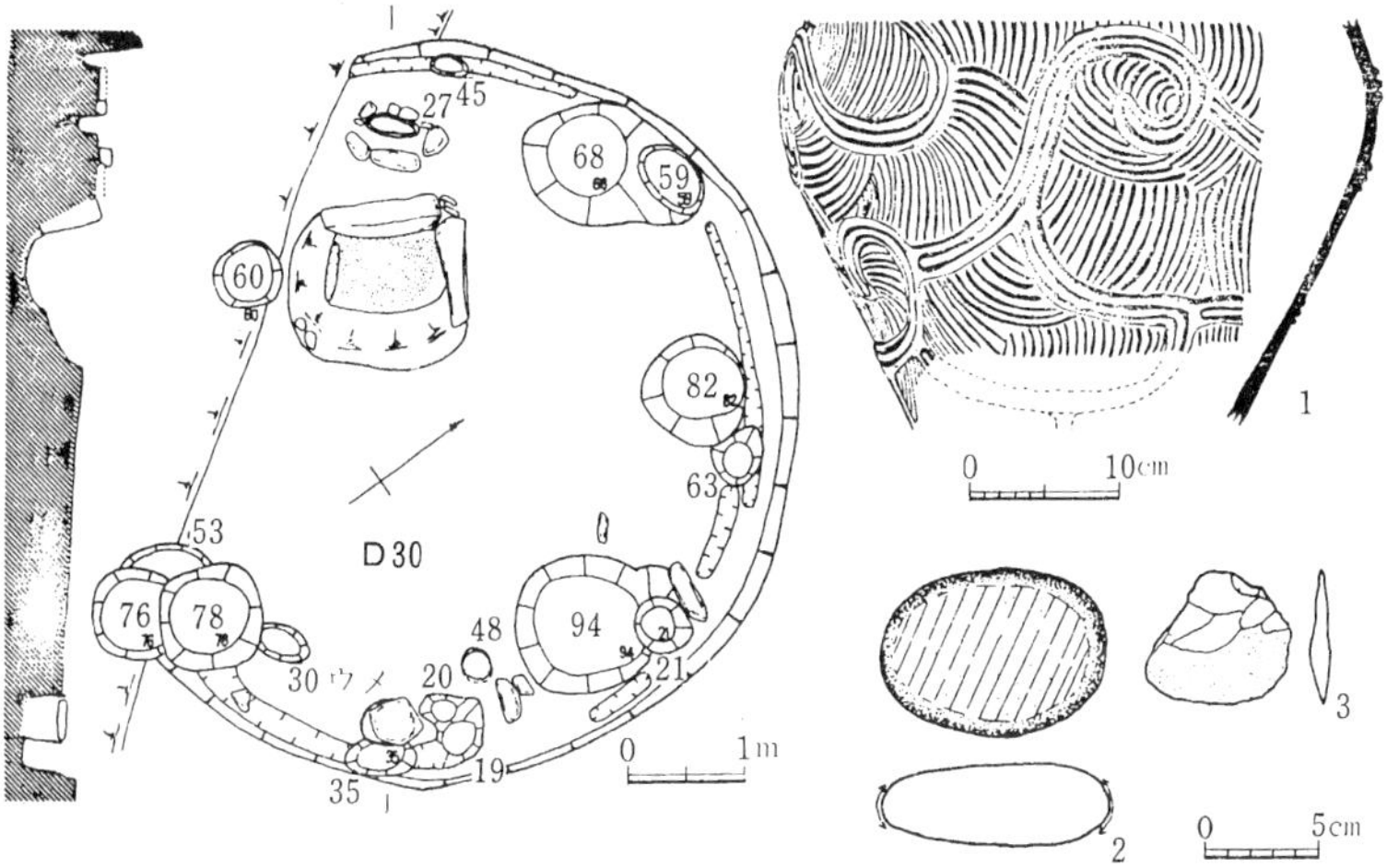

図54　増野新切遺跡D30号住居址と埋甕・磨石・横刃形石器（『中央道発掘調査報告書』より）

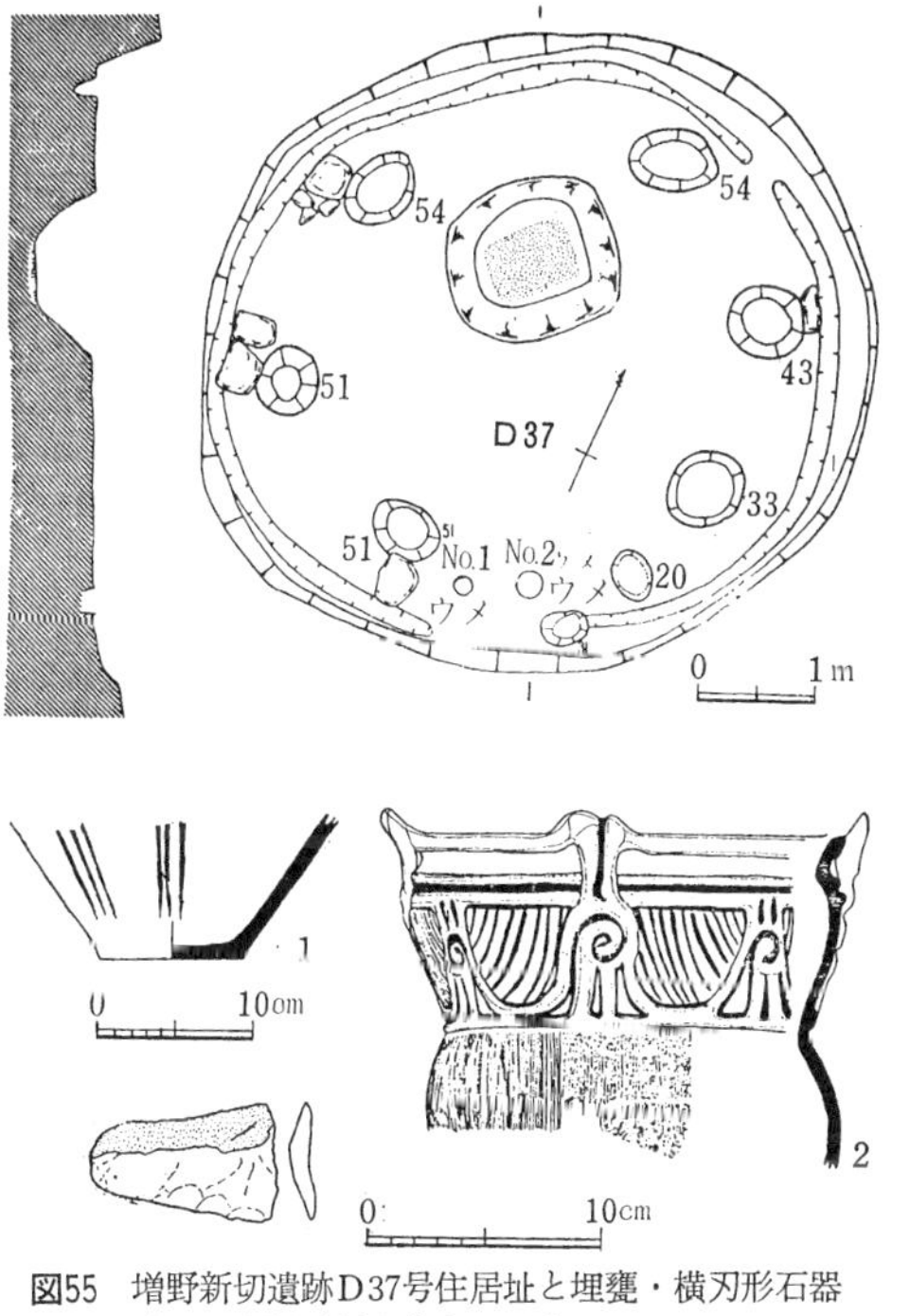

図55　増野新切遺跡D37号住居址と埋甕・横刃形石器（『中央道発掘調査報告書』より）

これも口縁と底部を欠く。径一七・八cm、現高一七cm。

❋D三〇号住居址　縄文時代中期(加曽利E式期)。径六・四五mの円形プラン。南東壁中央の周溝に接して埋甕がある。口縁と胴下半を欠く土器を正位に埋め、上に平らな石で蓋をしている。中には土器片・磨石・横刃形石器、底近くに黒曜石の剝片がはいっていた。埋甕は上径三一・五cm、現高二六cm。

❋D三二号住居址　縄文時代中期(加曽利E式期)。五×五・九mの円形プラン。南東壁中央寄りに正位の埋甕が二つ並ぶ。内

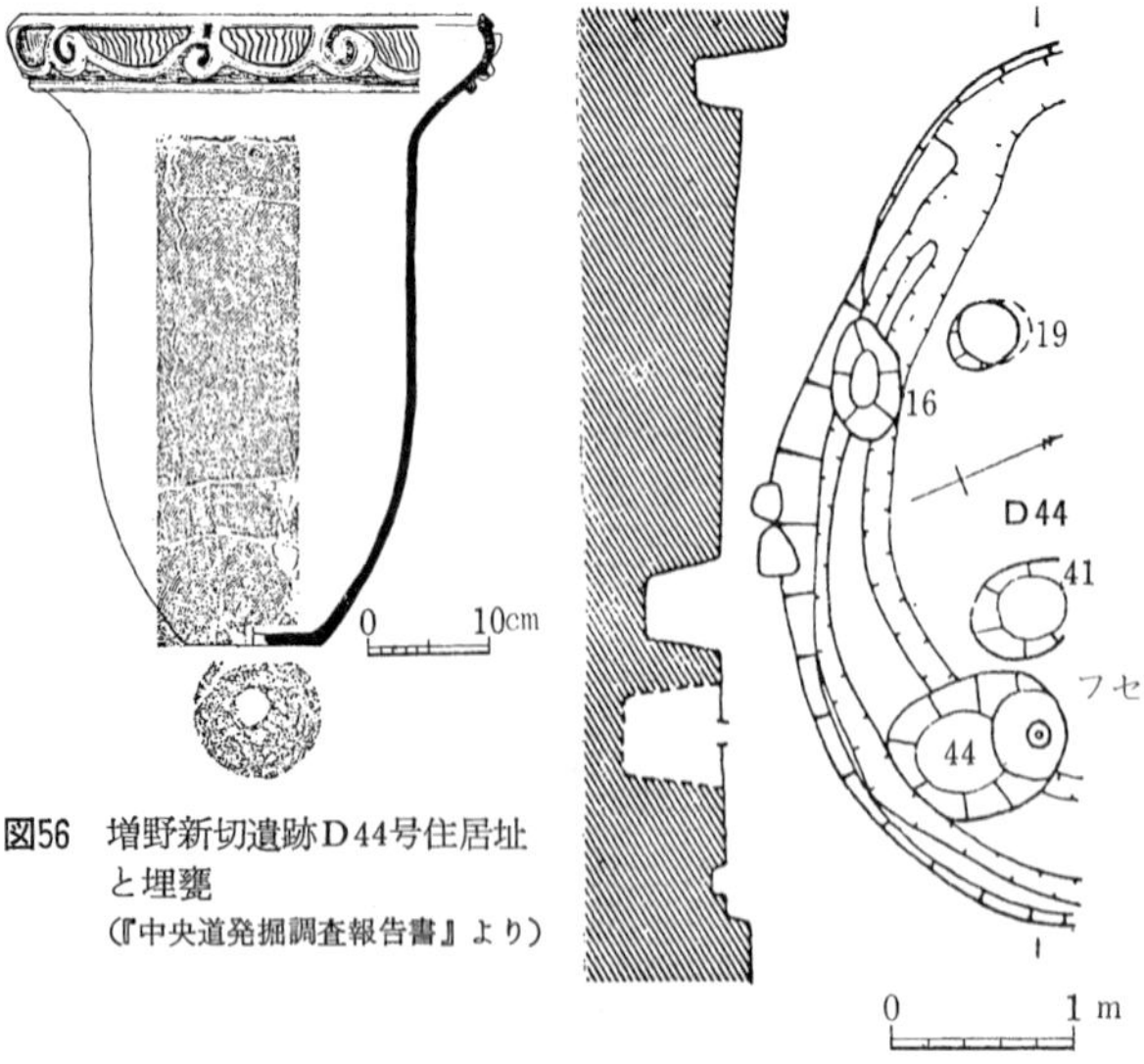

図56　増野新切遺跡D44号住居址と埋甕
(『中央道発掘調査報告書』より)

側のほうは口縁と胴下半を欠く。径二八・五cm、現高二七cm。外側のほうは口縁を欠き、底部に穿孔している。床面より上縁を四cm高くして埋め、中から黒曜石片を出した。上径二七cm、現高三五・五cm。

※D三六号住居址　縄文時代中期(加曽利E式期)。五×四・九mの方形プラン。南東壁中央周溝に接して埋甕がある。口縁と底部を打ち抜かれた土器を正位に埋めていた。上径三二cm、現高三五cm。

※※D三七号住居址　縄文時代中期(加曽利E式期)。五・八五×五・四五mの円形プラン。南壁中央に近く正位の埋甕が二個並ぶ。周溝はこの部分できれている。左側のほうは胴下半である。上径二一・五cm、現高八・五cm。右側のほうは胴下半を欠く。口径二八cm、現高一九cm、内部から横刃形石器が出ている。

※D四四号住居址　縄文時代中期(加曽利E式期)。円形プラン。南東の隅に逆位の埋甕があった。口径三八・五cm、高さ五二cm。底部中央に径三cmの穿孔がある。

※D四七号住居址　縄文時代中期(加曽利E式期)。方形プラン。東壁中央に近く正位の埋甕がある。完形の土器で、口縁三五・六cm、高さ四四・五cm。

※D四八号住居址　縄文時代中期(加曽利E式期)。四・七×五・一mの円形プラン。南壁に近く逆位の埋甕がある。口縁を欠き、底部を穿孔する。径一一・五cm、現高一六・五cm。

遮那藤麻呂・金井正彦「増野新切遺跡」『長野県中央道埋蔵文化財包蔵地発掘調査報告書　昭和四十七年度』長野県教育委員会　昭和四十八年

瑠璃寺前遺跡　下伊那郡高森町大島山

※中島地区三号住居址　縄文時代後期初頭(称名寺式期)。径三・四mの円形プラン。北東側、炉から八〇cmはなれた所に、口縁を八cmほどだして、甕を埋め、その中に石棒を直立させていた。

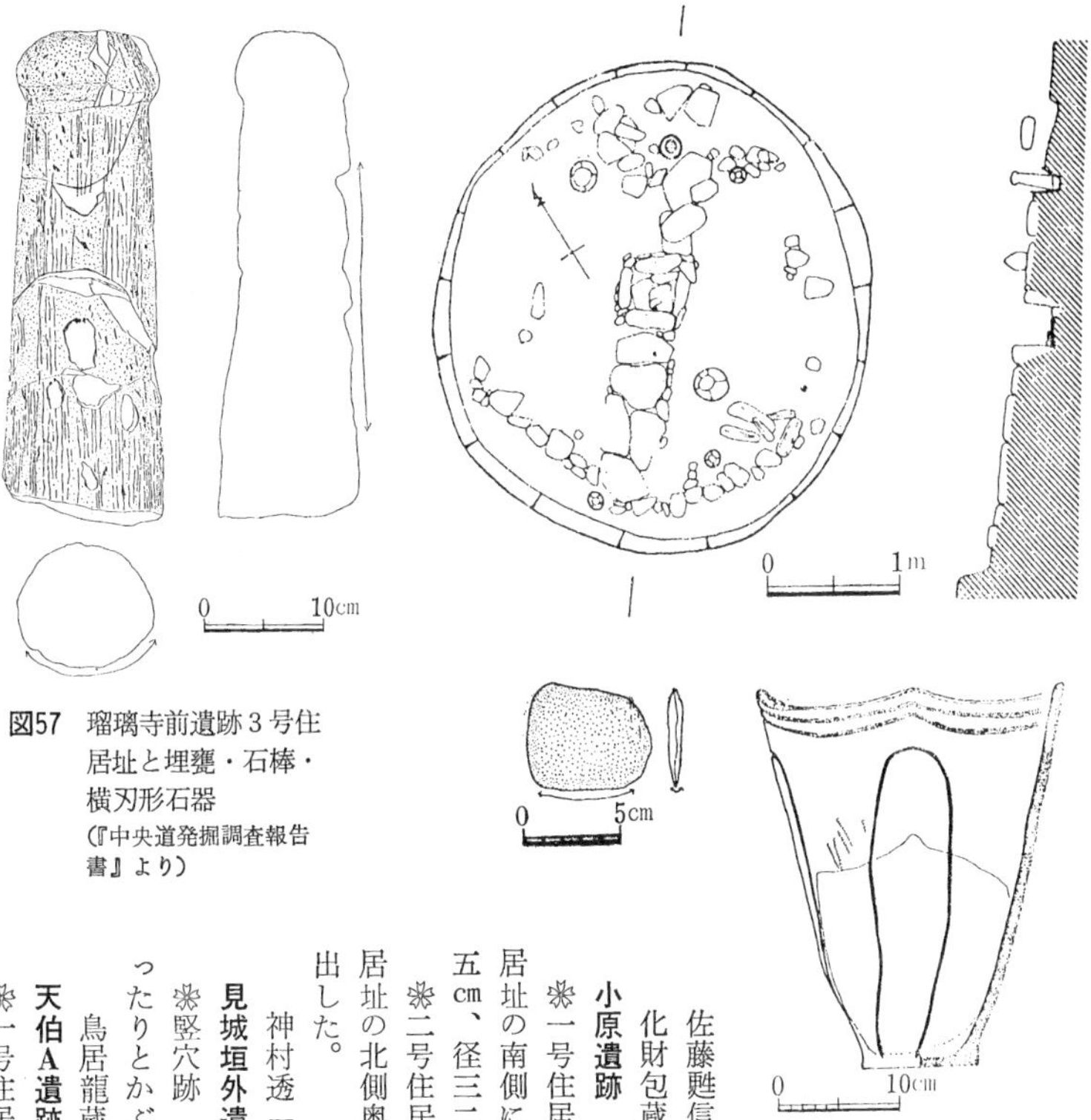

図57　瑠璃寺前遺跡３号住居址と埋甕・石棒・横刃形石器
（『中央道発掘調査報告書』より）

埋甕は深鉢形土器で、口径二六cm、高さ三一cm。中には木炭まじりの黒土がつめられ、横刃形石器が入っていた。石棒は高さ三九cm。頭部径一二cm、底部径一四cm、埋甕の口縁から一四cmのところまで埋められていた。その正面は火にあったらしく剝落がいちじるしく、その部分の土器も焼けている。なお、まわりには礫があり、当初は石壇があったと思われる。

佐藤甦信「瑠璃寺前遺跡―中島地区―」『長野県中央道埋蔵文化財包蔵地調査報告書　昭和四十六年度』昭和四十七年

小原遺跡　下伊那郡高森町下市田

＊一号住居址　縄文時代中期（加曾利E式期）。円形プランの住居址の南側に石蓋をした逆位の鉢が埋められていた。高さ二八・五cm、径三二cm。

＊二号住居址　縄文時代中期（加曾利E式期）。円形プランの住居址の北側奥部石壇に接して正位の埋甕があった。中から磨石を出した。

神村透「南信地方の埋甕について〈埋甕一覧表〉」

見城垣外遺跡　下伊那郡上郷村

＊竪穴跡　縄文時代。竪穴の底に直立した土器の上に平石をぴったりとかぶせてあった。

鳥居龍蔵『下伊那郡史』

天伯A遺跡　下伊那郡鼎町切石

＊一号住居址　縄文時代中期（加曾利E式期）。五・五×六mの

円形プラン。正位の埋甕が埋設されていた。

❋三号住居址　縄文時代中期(加曽利E式期)。円形プラン。南壁中央に接して埋甕がある。

❋五号住居址　縄文時代中期(加曽利E式期)。五・五mの円形プラン。南西の壁に接して埋甕がある。

❋❋六号住居址　縄文時代中期(加曽利E式期)。径六mの円形プラン。南壁に接して二個の埋甕がある。

❋九号住居址　縄文時代中期(加曽利E式期)。五・二×四・八mの円形プラン。南西壁に接して埋甕がある。

❋一八号住居址　縄文時代中期(加曽利E式期)。プラン不明。伏甕（倒立の埋甕）がある。

今村正治・遮那藤麻呂『鼎町天伯遺跡調査概報』鼎町教育委員会　昭和五十年

遮那藤麻呂「天伯A遺跡の遺構」『長野県中央道埋蔵文化財包蔵地発掘調査報告書―下伊那郡鼎町の二―』長野県教育委員会　昭和五十年

杉が洞遺跡　下伊那郡阿智村智里

❋四号住居址　縄文時代中期(加曽利E式期)。円形プラン。北壁寄りに口縁部と底部を欠失した埋甕（現高三二cm）があった。

『長野県中央道埋蔵文化財包蔵地発掘調査報告書　昭和四十五年度』長野県教育委員会　昭和四十六年

川畑遺跡　下伊那郡阿智村智里

❋一号住居址　縄文時代中期(加曽利E式期)。径六mの円形プラン。南側壁に近く径一・一m、深さ三〇cmの丸い大きな穴があり、中に人頭大の礫が積み重なっていた。貯蔵穴と思われる。埋甕は南壁に近く貯蔵穴に接して蓋石が床面と同レベルになるように埋められていた。口縁を欠き面を平らに調整し、底を抜き、内部に他の土器の底を入れていた。

『長野県中央道埋蔵文化財包蔵地発掘調査報告書　昭和四十五年度』昭和四十六年

岐阜県

堂之上遺跡　大野郡久々野町久々野

❋六号住居址　縄文時代中期(曽利Ⅲ式期並行)。一辺五・一mの隅丸方形プラン。東壁中央に近く口縁部を破損した大型埋甕が発見された。

❋一四号住居址　縄文時代中期(曽利Ⅲ式期並行)。四・二×四mの隅丸方形プラン。東壁中央部に近く板石を蓋石にして、底部が抜かれた大型埋甕が出土した。埋甕をはさんで浅く細長い穴が二か所掘られている。

❋❋二六号住居址　縄文時代中期（曽利Ⅲ式期並行、加曽利EⅢ式期並行)。五・五×五・四六mの隅丸方形プラン。南壁中央に接して正位の埋甕が二個発見され、埋甕をはさんで両側に小ピットがみられる。埋甕は重複しており、内側のものが古く（曽利Ⅲ式期)、外側のものが新しい（加曽利EⅢ式期)。

❋❋二七号住居址　縄文時代中期(曽利Ⅲ式期並行)。五・二×四・六mの隅丸方形プラン。北壁直下に正位の埋甕二個がある。

戸田哲也「発見された遺構」『堂之上遺跡』久々野町教育委員会　昭和五十三年

戸田哲也『堂之上遺跡』久々野町教育委員会　昭和五十五年

門端遺跡　大野郡清見村

※住居跡　縄文時代中期(加曽利E式期並行)。埋甕がある。

大参義一・安達厚三「縄文時代」『岐阜県史通史編原始』　昭和四十七年

水口遺跡　益田郡小坂町

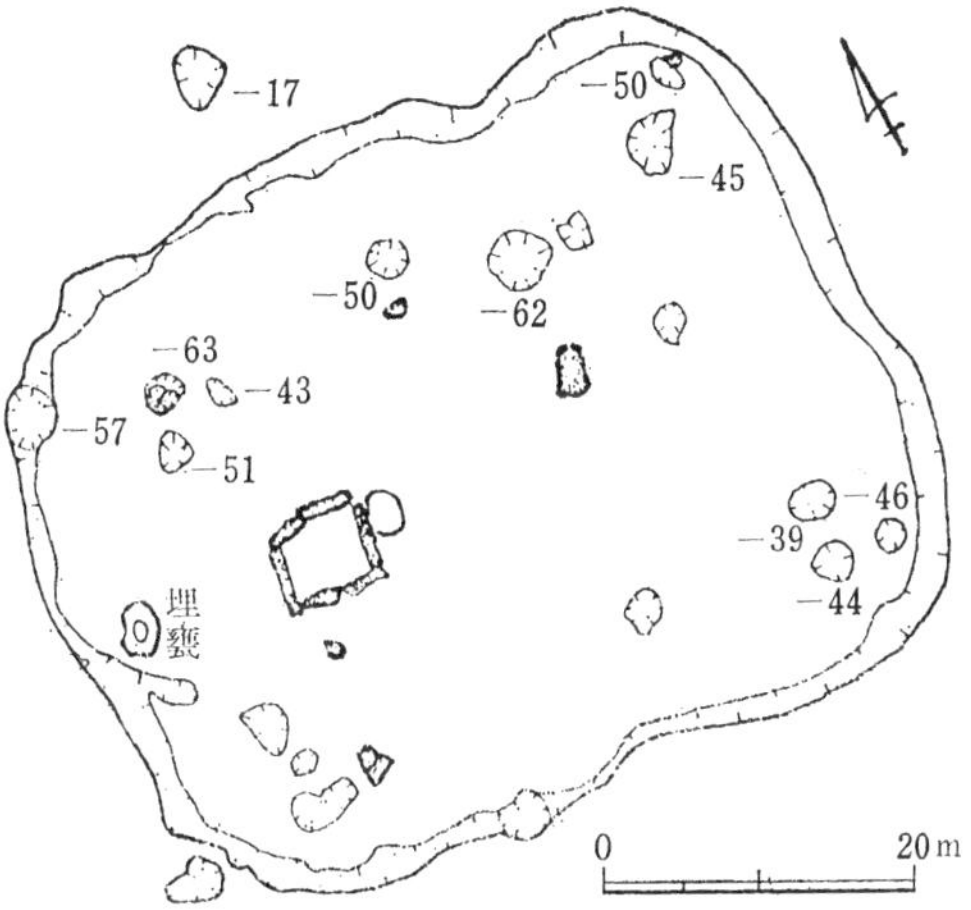

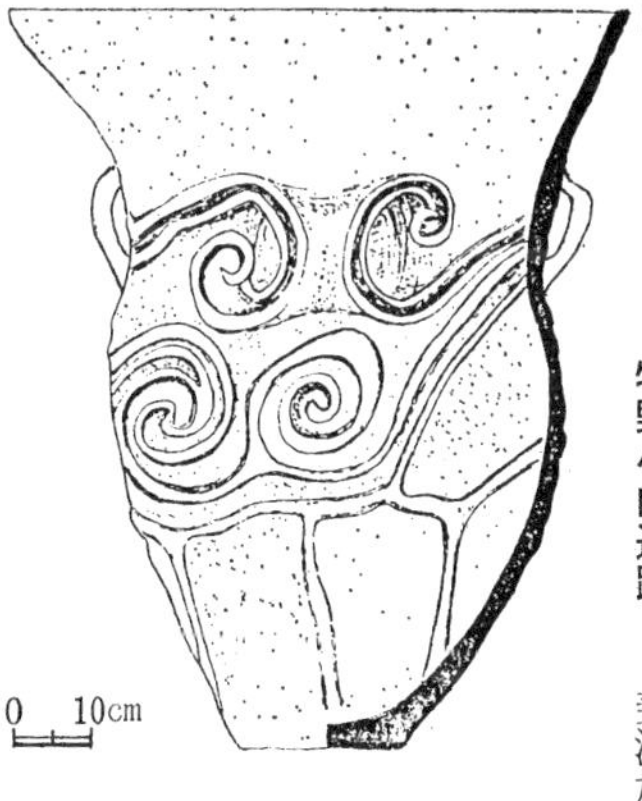

図58　炉畑遺跡第4号住居址と埋甕（『炉畑遺跡』より）

※※住居跡　縄文時代中期(加曽利E式期)。床面の一部に底部を欠いた土器二個が埋められていた。一つは中から骨片・木炭細片・石鏃が、他の一つにも骨片・石鏃一が入っていたという。

大参義一・安達厚三「縄文時代」『岐阜県史通史編原始』

湯屋遺跡　益田郡小坂町

※住居跡　縄文時代中期(加曽利E式期)。一辺二・二m、底部を打ち欠いた埋甕を出した。

大参義一・安達厚三「縄文時代」『岐阜県史通史編原始』

上畑遺跡　益田郡萩原町西上田

※※※住居跡　縄文時代中期。炉跡の北西に三個の埋甕があった。一つは扁平な石で蓋をし、他の二つにはそれぞれ傍に蓋と思われる扁平な石があった。

大参義一・安達厚三「縄文時代」『岐阜県史通史編原始』

牧野小山遺跡　美濃加茂市牧野小山

※島崎地区遺跡J三号住居址　縄文時代中期(島崎Ⅲ式期)。径三・三mの円形プラン。炉の南約一・五mに口縁と底部を欠く素文の深鉢を床面に埋置している。

※島崎地区遺跡J九号住居址　縄文時代中期(取組式期)。径約六mの円形プラン。炉址の南方二・五mに取組式期の口縁と底部を欠く埋甕がある。

増子康眞「縄文文化の遺構と遺物」

『牧野小山遺跡』岐阜県教育委員会　昭和四十八年

炉畑遺跡　各務原市鵜沼野中

※第四号住居址　縄文時代中期後半。隅丸方形プラン。西壁中央に近くほぼ完形の埋甕があった。高さ四五・五㎝。

※第五号住居址　縄文時代中期後半。三・二×三・九ｍの隅丸方形プラン。西壁中央に近く外側にほぼ完形の埋甕があった。

※第六号住居址　縄文時代中期後半。六×五ｍの隅丸方形プラン。南壁中央に近く深さ二六㎝のピットがあり、埋甕が出土した。

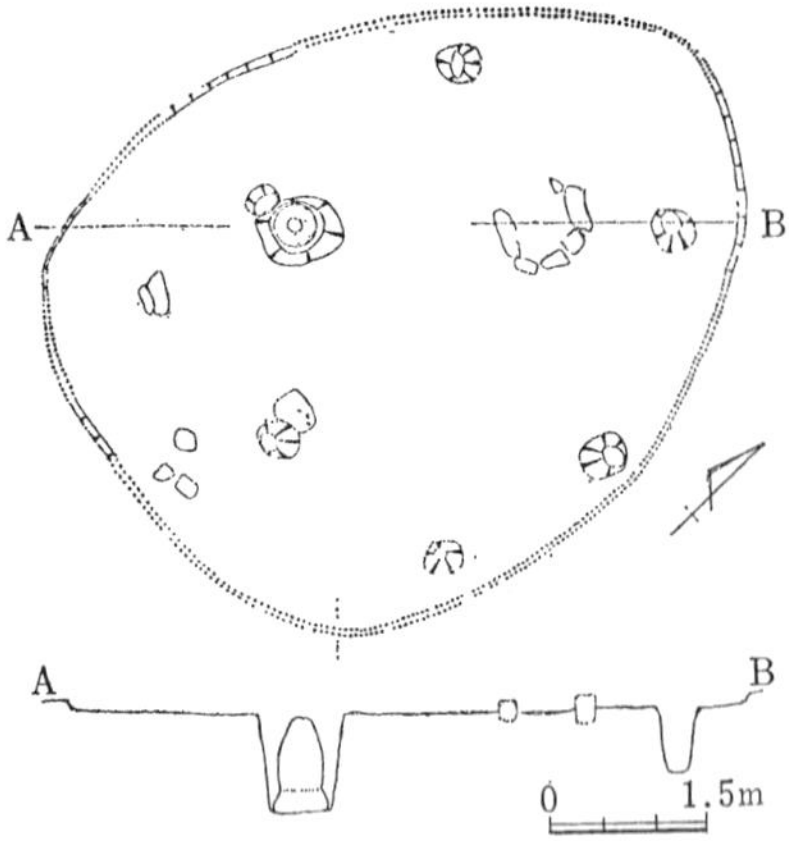

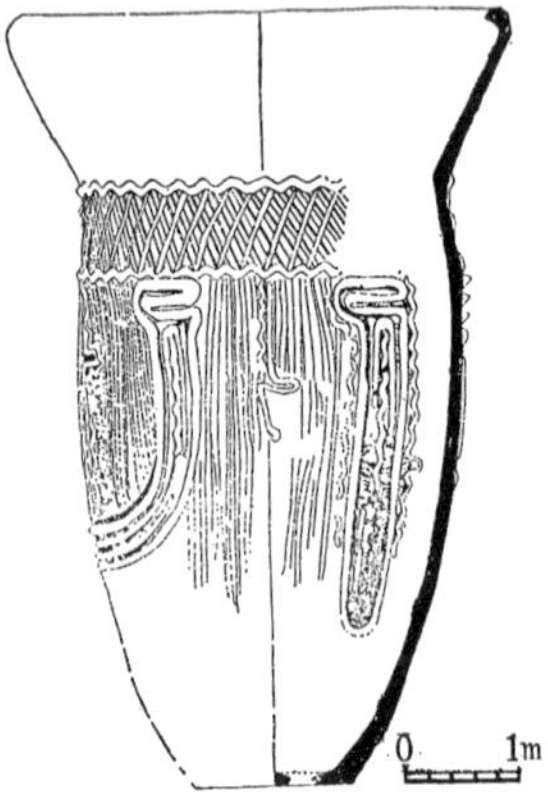

図59　千枚原遺跡第4号住居址と埋甕（『三島市千枚原遺跡』より）

※第八号住居址　縄文時代中期後半。隅丸方形プラン。北西の隅に埋甕があった。

大江伞『炉畑遺跡』各務原市教育委員会　昭和四十八年

中野遺跡　不破郡関が原町

※住居跡　縄文時代中期（加曾利ＥⅡ式期）。六×五・八ｍの隅丸方形プラン。東壁中心に近く、胴部下半を欠失した深鉢が埋められていた。

中野効四郎・檜崎彰一「中野遺跡」『東海道幹線増設工事に伴う埋蔵文化財発掘調査報告書』日本国有鉄道　昭和四十年

静岡県

千枚原遺跡　三島市千枚原

※第四号住居址　縄文時代中期（加曾利ＥⅠ式期）。楕円形プラン。西壁寄りの床面に穴があり、大型の深鉢が伏せてあった。

※第七号住居址　縄文時代中期（加曾利Ｅ式期）。七×六・一ｍの長円形プラン。北壁寄りの床面に径八〇㎝、深さ三〇㎝の穴があり、ここに土器がつぶれていた。

山内昭二『三島市千枚原遺跡』三島市教育委員会　昭和四十三年

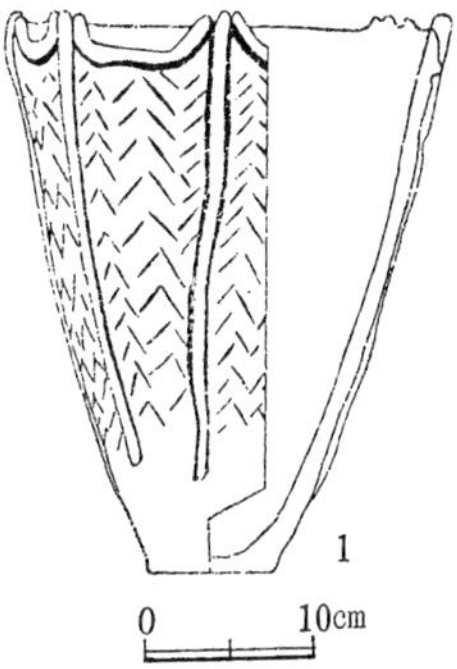

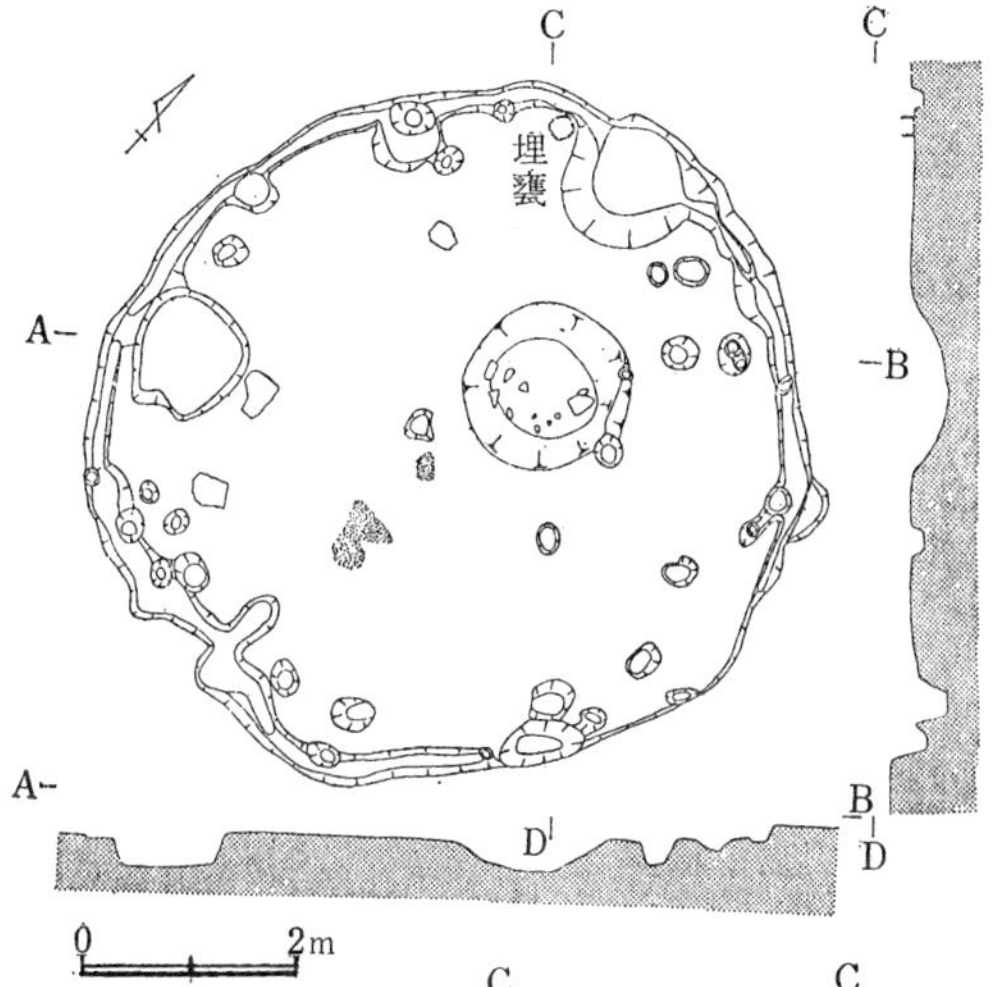

図60　千居遺跡第１住居址と埋甕
（『千居』より）

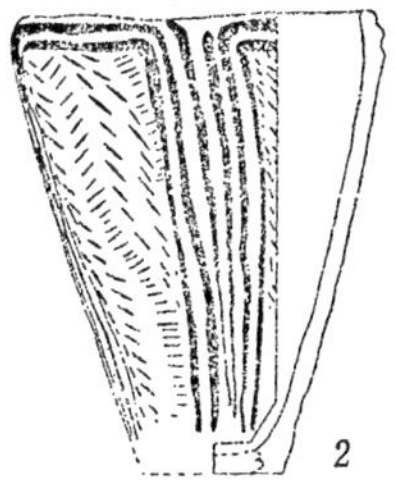

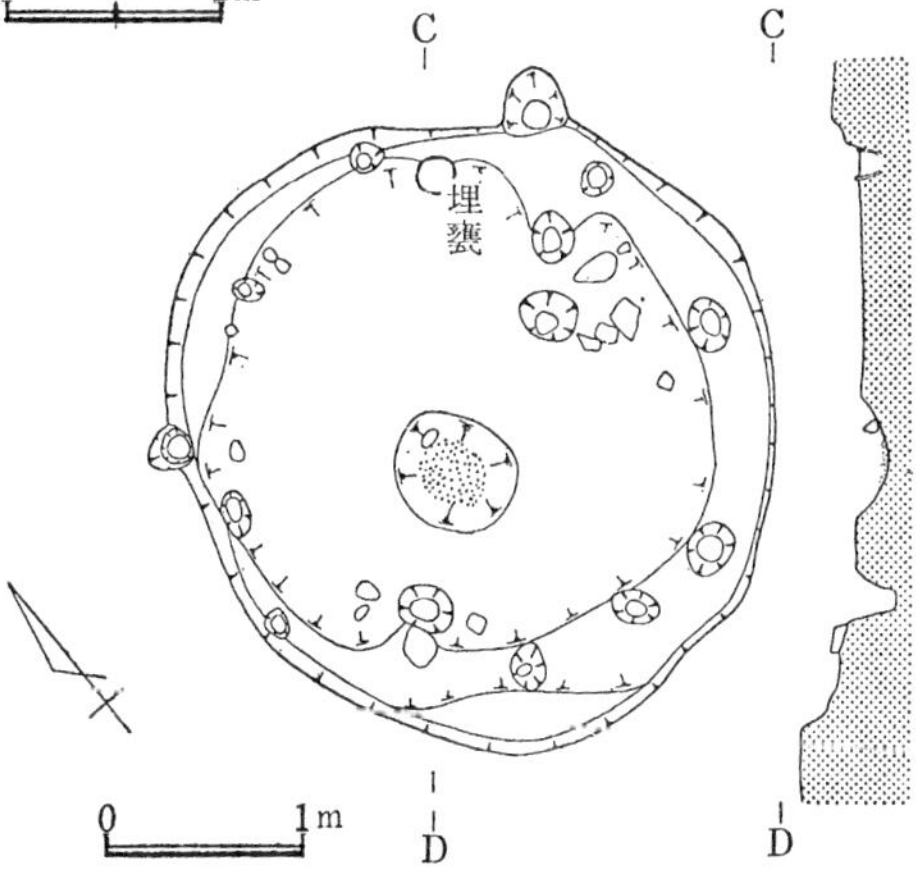

図61　千居遺跡第２住居址と埋甕
（『千居』より）

三福向原遺跡　田方郡大仁町

※第一住居址　縄文時代（加曽利ＥＩ式期）。四・三六×四ｍの円形プラン。南壁中央に近く、胴下半を欠く埋甕が発見された。

小野真一「遺跡の内容」『三福向原』大仁町教育委員会　昭和四十六年

出口遺跡　田方郡修善寺町大野

※※第五号住居址　縄文時代（加曽利ＥＩ式期）。径五ｍの円形プラン。北壁中央と東壁中央にそれぞれ埋設土器があった。その一つは完形の深鉢で、一つは胴部上半を欠く土器である。

※※第一六号住居址　縄文時代（加曽利ＥⅡ式期）。北東壁と、南東壁に近く、それぞれ埋設土器があった。その一つは底部を欠く深鉢であった。

長田実・小野真一『伊豆修善寺町出口遺跡調査報告』静岡県教育委員会　昭和三十九年

入谷平遺跡　田方郡修善寺町年川

※第四号住居址　縄文時代後期(称名寺式期)。埋甕がある。
※第九号住居址　縄文時代中期(加曽利EⅡ式期)。埋甕がある。

小野真一・白石竹雄「田方郡修善寺町入谷平遺跡緊急調査概報」『静岡県文化財調査報告第八集』静岡県教育委員会　昭和四十四年

見高（段間）遺跡　賀茂郡河津町見高字段間
※住居阯第二阯　縄文時代中期（加曽利EⅡ式期)。直径推定五・四mの円形プラン。炉の南東二・一mの所に自然石で上をおおうた甕を埋設してあった。

大場磐雄「南豆見高石器時代住居阯の研究」『石器時代の住居阯』昭和二年

※二号住居址　縄文時代中期(加曽利E式期並行)。径推定六・四mの円形プラン。埋甕が南壁に近く設けられていた。底部を欠き、直立する。
※※※※※三号住居址　縄文時代中期（加曽利E式期並行)。推定径五・六mの円形プラン。南側に六個の埋甕が集中して発見された。いずれも底部を欠き直立して埋置される。

栗野克巳「調査の概要」『河津町見高段間遺跡』河津町教育委員会　昭和五十四年

千居遺跡　富士宮市上条字千居
※第一住居址　縄文時代中期(加曽利EⅡ式期)。径六・六mの円形プラン。北側の壁ぎわと南西の壁ぎわに径一・一～一・二m深さ三〇㎝前後の貯蔵穴と思われるピットがあり、前者に近く深鉢の埋甕があった。
※第二住居址　縄文時代中期(加曽利EⅡ式期)。径三・三mの円形プラン。北壁に接して、底部を穿った深鉢の埋甕があった。
※第八住居址　縄文時代中期(加曽利EⅢ式期)。径七・三mの円形プラン。南壁に近く深鉢の埋甕があった。
※第一二住居址　縄文時代中期(加曽利EⅢ式期)。径三・五mの円形プラン。南西側に底部を欠く深鉢の埋甕があった。
※第一三住居址　縄文時代中期(加曽利EⅡ式期)。径三mの円形プラン。南壁中央に近く底部を欠く深鉢の埋甕があった。
※第一四住居址　縄文時代中期（加曽利EⅡ式期)。円形プラン。北西壁に近く口縁を欠く深鉢の埋甕があった。
※第一六住居址　縄文時代中期（加曽利EⅡ式期)。円形プラン。西壁に近く口縁を欠く深鉢の埋甕があった。

外岡龍二「住居址」『千居』加藤学園考古学研究所　昭和五十年

あとがき

「埋甕と胎盤のしまつ」に関する問題に取り組んでから十年余りの歳月がたった。

本書の第一章・第二章・第三章・第九章はすでに発表した次の論文を骨子として、加筆・増補などを行なったものである。

「戸口に胎盤を埋める呪術」月刊考古学ジャーナル四二号　昭和四十五年
「縄文と弥生―種族文化の重なり―」　民族学研究三六巻一号　昭和四十六年
「埋甕といわゆる貯蔵穴」　信濃二五巻八号　昭和四十八年
「胞衣塚について」　月刊文化財一二五号　昭和四十九年

第六章を除いて、ほとんどの各章は、昭和五十年ごろまでにほぼ完成していたのであるが、その後も開発などにともなう発掘調査による埋甕資料は、急激に増加し、民俗調査・民俗分布調査の進展にともない胎盤のしまつに関する民俗資料も増加の傾向にあったので、時間をかけてそれらの成果を集成するよう心がけ、あわせて文章の推敲を行なった。

住居内埋甕の資料は、昭和五十六年一月末現在で、本書後段の「埋甕の資料」に、そのほとんどを収録することができた。いっぽう各地の胎盤のしまつに関する習俗の調査結果の集成資料は、資料価値の高いものであるが、原稿枚数が二百字詰め二千枚余に達し、本書に収録できなくなったので、その刊行には、他日を期して、本書では、第一章や巻末の「胎盤処理の民俗分布図」に反映させるにとどまった。

本書の刊行にあたっては、多くの方々のお世話になった。その氏名は各章の末尾にしるしたが、ここにかえりみて、重ねて謝意を表したい。私に胎盤と埋甕の関連を考えさせるきっかけを生じさせた論文「縄文時代における埋甕風習」の著者渡辺誠氏には、立場は異にすることになったが、ずいぶん啓発された。また、桐原健氏・神村透氏の論文にも学ぶ所が多かった。小林達雄氏には、埋甕資料の集成前半期に職場を同じくしていたので、縄文式土器について懇切な御教示を得た。

神奈川県潮見台遺跡の発掘調査を主宰された関俊彦氏からは、埋甕の発見された住居の効果的な発掘写真を提供いただいた。また、西野元氏を通じて関根孝夫氏から、殿平賀貝塚の問題となっている住居跡の状況写真をいただき、ともに口絵を飾ることができた。

胎盤のしまつに関する習俗の新旧を区別するきめてとなった資料は、明治二十年代の各府県の規則であった。その究明のいとぐちとなった「奈良県清潔法施行規則」を見つけてくださったのは、広吉寿彦氏であった。

諸外国の胎盤の処理に関する習俗を多く納めたインドの学者グーイエの論文を教えていただき、マイクロフィルムを貸与いただいた高山純氏、グーイエの論文および、フレイザーの『金枝篇』の飜訳にお世話になった本村英子氏、貴重な蔵書のコピーをお送りくだされ、江戸時代の女子の教訓書に目をむけることを教えていただいた金関丈夫先生、原稿の浄書、民俗分布図の作製・トレスなどに協力してくれた妻木下幸子、なおまた、原稿の完成を長い間待ってくださった雄山閣の芳賀章内編集長、本書のレイアウト・図の仕上げ・校正等編集を担当された原木加都子氏など、お世話になった多くの方々に改めてお礼を申し上げる次第である。

本書が埋甕研究の基礎索引となり、日本の出産習俗の淵源を究明する踏み石の役割を果たすことになれば幸いである。

昭和五十六年二月二十日

木下　忠

埋甕《うめがめ》　―古代《こだい》の出産習俗《しゅっさんしゅうぞく》―【新装版】
●考古学選書●
ISBN4-639-00055-3〈全〉

■著者紹介■
木下　忠（きのした　ただし）
昭和4年12月22日生まれ。
広島文理科大学史学科国史専攻卒。文学博士。
文化庁文化財保護部主任文化財調査官、武蔵野美術大学講師等、歴任。

■著書論文■
『日本民俗地図』Ⅰ～Ⅶ（共編著）、「おおあし」（民具論集Ⅰ）、「島根県匹見町広瀬出土の犂鑱の再検討」（考古論集）など多数。

昭和56年4月25日　初版発行
平成17年5月25日　新装版発行

著者	木下　忠
発行者	宮田哲男
印刷	株式会社 熊谷印刷
製本	協栄製本株式会社
発行所	株式会社 雄山閣

〒102-0071　東京都千代田区富士見2-6-9
振替 00130-5-1685・電話 03(3262)3231
FAX.03(3262)6938
http://www.yuzankaku.co.jp

ISBN4-639-01889-4 C3321